U0541716

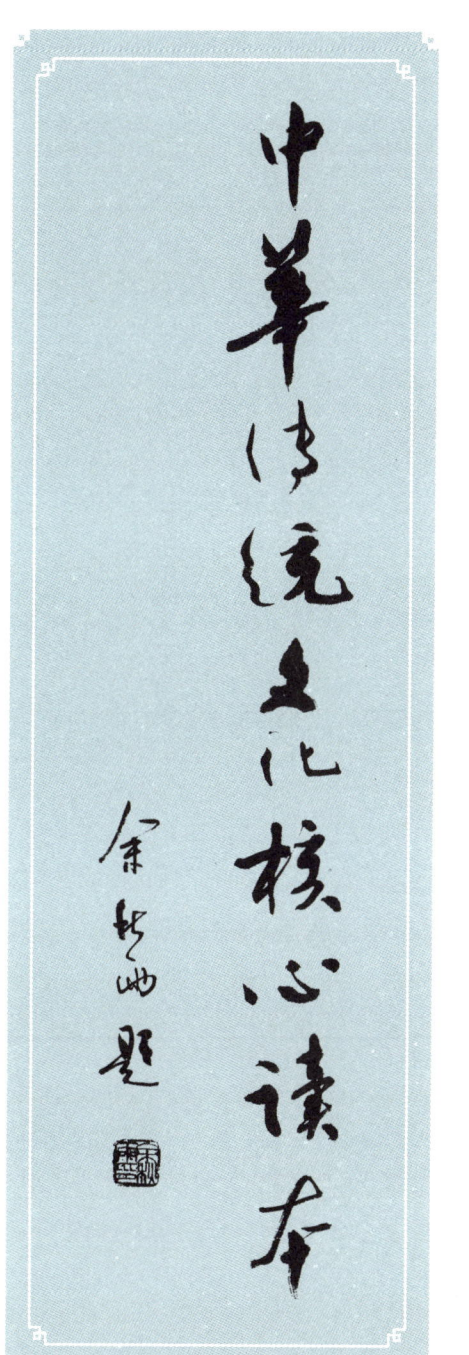

中华传统文化核心读本

传承中华文化精髓

建构国人精神家园

左传·吕氏春秋·战国策

[春秋] 左丘明 / 著
[战国] 吕不韦 / 编
[西汉] 刘向 / 编
吴茹芝 / 编译

天地出版社 | TIANDI PRESS

图书在版编目（CIP）数据

左传·吕氏春秋·战国策/（春秋）左丘明著；（战国）吕不韦，（西汉）刘向编；吴茹芝编译. —成都：天地出版社，2019.9
（中华传统文化核心读本：精选插图版）
ISBN 978-7-5455-4847-1

Ⅰ.①左… Ⅱ.①左…②吕…③刘…④吴… Ⅲ.①中国历史—春秋时代—编年体②杂家③中国历史—战国时代—史籍 Ⅳ.①K225.04②B229.21③K231.04

中国版本图书馆CIP数据核字（2019）第076152号

ZUOZHUAN·LÜSHICHUNQIU·ZHANGUOCE
左传·吕氏春秋·战国策

出 品 人	杨　政
作　　者	［春秋］左丘明　［战国］吕不韦　［西汉］刘　向
编　　译	吴茹芝
责任编辑	陈文龙　霍春霞
封面设计	思想工社
内文排版	麦莫瑞
责任印制	葛红梅

出版发行	天地出版社 （成都市槐树街2号　邮政编码：610014） （北京市方庄芳群园3区3号　邮政编码：100078）
网　　址	http://www.tiandiph.com
电子邮箱	tianditg@163.com
经　　销	新华文轩出版传媒股份有限公司

印　　刷	河北鹏润印刷有限公司
版　　次	2019年9月第1版
印　　次	2019年9月第1次印刷
开　　本	710mm×1000mm　1/16
印　　张	24.75
字　　数	513千字
定　　价	39.80元
书　　号	ISBN 978-7-5455-4847-1

版权所有◆违者必究

咨询电话：（028）87734639（总编室）
购书热线：（010）67693207（营销中心）

本版图书凡印刷、装订错误，可及时向我社营销中心调换

出版说明

中华文明历史悠久，源远流长。五千年的中华文明光辉灿烂，硕果累累，对后世产生了积极而深远的影响。作为华夏儿女，这是值得我们每一个人骄傲和自豪的地方。

中华传统文化，是中华文明在五千年的发展历程中诞生的成果之一，它以儒、道文化为主体，包含政治、经济、思想、艺术等各类物质和非物质文化。具体而言，中华传统文化包括诗、词、曲、赋、古文、书法、对联、灯谜、成语、中医、国画、传统节日、民族音乐等等，可谓博大精深，形式多样。

习近平总书记指出，中华优秀传统文化是我们最深厚的文化软实力，也是中国特色社会主义植根的文化沃土。中华优秀传统文化，滋养了中华民族的民族精神，赋予了中华民族伟大的生命力和凝聚力，是中华文明成果的创造力源泉。继承和发展中华优秀传统文化，学习、掌握其中的各种思想精华，不仅对我们树立正确的世界观、人生观、价值观大有裨益，而且也能为我们处理各种社会事务提供有益的启发和指导。

为弘扬中华优秀传统文化，满足广大读者对优秀传统文化的阅读需求，我们遴选了这套"中华传统文化核心读本·精选插图版"丛书。本丛书分"贤哲经典""历史民俗""文学菁华"三个系列，每个系列精选代表性的书目若干，基本涵盖了传统文化的各个类别。

为便于广大读者对传统经典的学习和吸收，本丛书对涉及古文的品种基本采用了注译和白话两种处理方式，以消除读者阅读的障碍。另外，本丛书每个品种都配有大量精美的古画插图，这些插图与内容互为补充，相得益彰，让读者在阅读中获得艺术的享受。

前言

《左传》是中国古代的一部编年体历史著作,全称《春秋左氏传》,原名《左氏春秋》,汉代时又名《春秋左氏》《左氏》,汉代以后才多称《左传》。它与《公羊传》《榖梁传》合称"春秋三传"。

《左传》相传是春秋末期的史官左丘明所著。司马迁、班固等人都认为《左传》是左丘明所写。唐朝的刘知几在《史通·六家》中说:"左传家者,其先出于左丘明。"现在一般认为《左传》非一时一人所作,成书时间大约在战国中期,是由战国时的一些学者编撰而成,其中主要部分可能是左丘明所写。

《左传》记叙了春秋时期自鲁隐公元年(前722年)至鲁哀公二十七年(前468年)共二百五十多年间各诸侯国的政治、经济、军事、外交等方面的历史事实,着重记叙当时诸侯列国之间的矛盾与斗争。作品比较真实地反映了当时的情况,它所记载的许多史事已经成为我国传统文化的重要组成部分。我国著名的史学泰斗顾颉刚先生说过:古史书至今,《左传》价值第一!

《左传》以《春秋》的记事为纲,增加了大量的历史事实和传说,叙述了丰富多彩的历史事件,描写了形形色色的历史人物,把《春秋》中的简短记事,发展成为完整的叙事散文。

《左传》虽是一部历史著作,但却有较高的文学价值。首先,它叙述复杂的历史事件有序,富有故事性、戏剧性,有紧张动人的情节；其次，它能通过典型事件、个性化的语言及细节描写，刻画出栩栩如生的人物形象；再次，它善于描写战事，特别注重叙述战争的起因、揭示决定战争胜负的各种因素，它既注意对巨大紧张的战斗场面的描述，也不忽视对细微生动的细节的描写，因而它所描述的战争既情节曲折、生动逼真，又头绪分明、井井有条；最后，它的语言具有精练、形象、表现力强的特点。《左传》开创了历史文学的先河，对后代传记文学，特别是司马迁的《史记》有很大影响。

《吕氏春秋》又名《吕览》，是秦相吕不韦召集门下宾客辑合百家九流之说编写而成的，成书于公元前239年左右。全书分为十二纪、八览、六论三部分，共二十六卷，一百六十篇，为杂家代表作之一。书中尊崇道家，肯定老子顺应客观的思想，但舍弃了其中消极的成分。同时，融合儒、墨、法、兵众家长处，形成了包括政治、经济、哲学、道德、军事各方面的理论体系。吕不韦的目的在于综合百家之长，总结历史经验教训，为以后的秦朝统治提供长久的方略。

《吕氏春秋》深得后世的好评。司马迁称它"备天地万物古今之事"，在《报任安书》中，甚至把它与《周易》《春秋》《国语》《离骚》等相提并论。客观地说，《吕氏春秋》不是一部系统的哲学著作，它有一定的思想价值，但更主要的是资料价值。它的一些寓言故事，至今仍脍炙人口，富有教育意义。

《战国策》是中国古代的一部史学名著。它是一部国别体史书。全书按东周、西周、秦国、齐国、楚国、赵国、魏国、韩国、燕国、宋国、卫国、中山国依次分国编写，共三十三卷，约十二万字。《战国策》主要记述了战国时纵横家的政治主张和策略，展示了战国时代的历史特点和社会风貌，是研究战国历史的重要典籍。

《战国策》的作者直到现在也没有确定，原有《国策》《国事》《短长》《事语》《长书》《修书》等名称。西汉末年，刘向校录群书时，在皇家藏书中发现了六种记录纵横家的写本，但是内容混乱，文字残缺。于是，刘向按照国别编订了《战国策》。《战国策》显然不是一时一人所作，刘向只是《战国策》的校订者和编订者。因其书所记录的，多是战国时纵横家为其所辅之国提出的政治主张和外交策略，因此刘向把这本书命名为《战国策》。

《战国策》全书对战国时期社会各阶层形形色色的人物，都有鲜明生动的描写，尤其是一系列士的形象，更是写得栩栩如生，光彩照人。纵横之士苏秦、张仪，勇毅之士聂政、荆轲，高节之士颜斶等，都个性鲜明，具有一定的典型意义，代表了士的不同类型。

《战国策》以波澜起伏的情节、个性化的语言、传神的形态和细节描写人物。《战国策》还用大量的寓言故事、逸闻掌故增强辩词的说服力。寓言的巧妙运用，成为《战国策》文章的一大特点。

本书编选时，有些篇目为了突出故事主线，做了适当删节。本书校点精当，并配以精美的插图，以达到图文并茂、生动形象的效果。此外，本书版式新颖，设计考究，双色印刷，装帧精美，除供广大读者阅读欣赏外，更具有极高的研究、收藏价值。

目 录

左 传

郑伯克段于鄢……003	宋昭之弑……071
周郑交质……006	晋灵公不君……074
小白争国……008	宋及楚人平……077
卫石碏大义灭亲……011	齐晋鞌之战……080
曹刿论战……014	楚归晋知罃……088
庆父不死，鲁难未已……016	晋侯梦大厉……089
卫懿公好鹤……019	吕相绝秦……090
齐桓公伐楚……021	晋楚鄢陵之战……093
宫之奇谏假道……023	晋祁奚举贤……101
晋骊姬之乱……026	师旷论卫人出其君……103
宋襄图霸……029	伯州犁问囚……104
秦晋韩之战……035	蔡声子论晋用楚材……105
晋公子重耳之亡……042	吴季札观乐……108
晋文公勤王……050	郑子产相国……111
鲁展喜犒齐师……053	晏婴叔向论齐晋季世……119
晋楚城濮之战……054	伍员奔吴……121
烛之武退秦师……065	晏婴论"和"与"同"……124
秦晋殽之战……067	鱄设诸刺吴王僚……125

申包胥如秦乞师 …………… 127
齐鲁夹谷之会 ……………… 128

伍员谏许越平 ……………… 130
楚白公之难 ………………… 132

吕氏春秋

本　生 ……………………… 139
重　己 ……………………… 143
贵　公 ……………………… 146
去　私 ……………………… 149
贵　生 ……………………… 152
情　欲 ……………………… 157
当　染 ……………………… 161
劝　学 ……………………… 166
尊　师 ……………………… 169
大　乐 ……………………… 174
侈　乐 ……………………… 177
古　乐 ……………………… 179
振　乱 ……………………… 187
论　威 ……………………… 189
爱　士 ……………………… 193
顺　民 ……………………… 196
节　丧 ……………………… 200

去　尤 ……………………… 204
听　言 ……………………… 207
本　味 ……………………… 210
义　赏 ……………………… 216
察　今 ……………………… 221
察　微 ……………………… 224
不　二 ……………………… 229
淫　辞 ……………………… 231
用　民 ……………………… 236
举　难 ……………………… 240
察　贤 ……………………… 245
爱　类 ……………………… 247
慎　行 ……………………… 251
察　传 ……………………… 255
贵　直 ……………………… 258
上　农 ……………………… 262

战国策

秦兴师临周而求九鼎……271
苏秦始将连横说
　秦惠王曰……273
司马错与张仪争论于
　秦惠王前……278
齐助楚攻秦……281
范雎至秦……285
邹忌修八尺有余……290
昭阳为楚伐魏……292
齐人有冯谖者……294
齐宣王见颜斶曰……298
田单将攻狄……302
张仪为秦破从连横……304
威王问于莫敖子华曰……307
魏王遗楚王美人……312
庄辛谓楚襄王曰……313

汗明见春申君……317
楚考烈王无子……319
知伯帅赵、韩、魏而伐
　范、中行氏……323
武灵王平昼闲居……328
秦攻赵于长平……336
秦围赵之邯郸……341
赵太后新用事……347
魏武侯与诸大夫浮于西河……351
秦王使人谓安陵君曰……352
韩傀相韩……355
燕昭王收破燕后即位……359
昌国君乐毅为燕昭王合
　五国之兵而攻齐……361
燕太子丹质于秦……366
昭王既息民缮兵……376

左传

郑伯克段于鄢

【原文】

　　初，郑武公娶于申，曰武姜，生庄公及共叔段[1]。庄公寤生[2]，惊姜氏，故名曰"寤生"，遂恶之。爱共叔段，欲立之。亟请于武公[3]，公弗许。

　　及庄公即位，为之请制[4]。公曰："制，岩邑也，虢叔死焉。佗邑唯命[5]。"请京[6]，使居之，谓之京城大叔。

　　祭仲曰："都，城过百雉[7]，国之害也。先王之制：都，不过参国之一；中，五之一；小，九之一。今京不度[8]，非制也，君将不堪。"公曰："姜氏欲之，焉辟害？"对曰："姜氏何厌之有？不如早为之所，无使滋蔓[9]！蔓，难图也。蔓草犹不可除，况君之宠弟乎？"公曰："多行不义，必自毙，子姑待之[10]。"

【注释】

〔1〕共：为其出奔国国名。段：为其名。
〔2〕寤（wù）生：指出生时足先出而头后出，即指妇女难产。寤，同"牾"。
〔3〕亟请：多次请求。
〔4〕制：地名，在今河南荥阳东北，地形险要。
〔5〕佗邑唯命：其他城邑当任其所请，无不唯命是听。
〔6〕京：地名，在今河南荥阳东南。
〔7〕城：城墙。雉：古代计算城墙面积的单位，高一丈、长三丈为一雉。
〔8〕不度：不合法度。
〔9〕滋蔓：滋长蔓延，比喻太叔势力将会不断扩张。
〔10〕姑：姑且。

【译文】

　　当初，郑武公娶了申国的女子为妻，名叫武姜。武姜生了庄公和共叔段。庄公是脚先头后出生的，这是难产，使姜氏受了惊吓，所以给他取名叫"寤生"，姜氏因此很讨厌他。姜氏喜爱共叔段，想立他为太子。她屡次向武公请求，武公不肯答应。

等到庄公继位为郑国国君，姜氏请求将制地作为共叔段的封邑。庄公说："制地是地势险峻之地，虢叔曾经死在那里。其他地方都可以听命。"姜氏又改请求封京城，让共叔段住在那里，大家称他为"京城太叔"。

祭仲说："凡属国都，城墙周围的长度超过三百丈，就会给国家带来危害。先王制定的制度：大的都城，不超过国都的三分之一；中等的，不超过五分之一；小的，不超过九分之一。现在京城的城墙不合法度，不是祖制所允许的，国君将忍受不了。"庄公说："姜氏要这样，哪里能避免祸害呢？"祭仲回答说："姜氏怎会得到满足？不如早做打算，不要使其势力滋长蔓延。一旦蔓延就难以对付了。蔓延的野草尚且不能铲除掉，何况是国君您宠爱的弟弟呢？"庄公说："多行不义之事，必然自取灭亡。你姑且等着吧！"

【原文】

既而大叔命西鄙[1]、北鄙贰于己[2]。公子吕曰："国不堪贰，君将若之何？欲与大叔，臣请事之；若弗与，则请除之。无生民心。"公曰："无庸[3]，将自及。"大叔又收贰以为己邑，至于廪延[4]。子封曰："可矣，厚将得众。"公曰："不义不暱[5]，厚将崩。"

大叔完聚，缮甲兵，具卒乘[6]，将袭郑。夫人将启之。公闻其期，曰："可矣！"命子封帅车二百乘以伐京。京叛大叔段，段入于鄢，公伐诸鄢。五月辛丑，大叔出奔共。

书曰："郑伯克段于鄢。"段不弟，故不言弟；如二君，故曰克；称郑伯，讥失教也；谓之郑志。不言出奔，难之也。

【注释】

[1]西鄙：西部的边邑。
[2]贰于己：指既听命于郑庄公，又听命于太叔自己。
[3]无庸：用不着。
[4]廪延：郑邑，在今河南延津。
[5]不义不暱：意指对君不义，对兄不亲。暱，同"昵"，亲。
[6]具卒乘：使步兵和车兵充实。卒，步兵。乘，车兵。

【译文】

不久，太叔命令西部和北部边境既听庄公的命令，又听自己的命令。公子吕说："国家不能忍受这种两面听命的情况，您打算怎么办？您要把君位让给太叔，下臣就去侍奉他；如果不给，那就请除掉他。不要让老百姓产生其他想法。"庄公说："用不着，他会自食其果。"太叔又收取原来两属的地方作为自己的封邑，并扩大到廪延。子封（即公子吕）说："可以动手了。势力一大，将会争得民心。"庄公说："没有正义就不能号召人，势力虽大，反而会崩溃。"

太叔整治城郭，储备粮草，补充武器装备，充实步兵车兵，准备袭击郑国都城。姜氏则打算作为内应打开城门。庄公听到太叔起兵的日期，说："可以了。"就命令子封率领二百辆战车进攻京城。京城的人反对太叔，太叔逃到鄢地。庄公又赶到鄢地进攻他。五月二十三日，太叔又逃到共国。

《春秋》说："郑伯克段于鄢。"太叔所作所为不像兄弟，所以不说"弟"字；兄弟相争，好像两个国君打仗一样，所以用个"克"字；把庄公称为"郑伯"是讥刺他没有尽教诲之责；《春秋》这样记载就表明了庄公的本来意思。不说"出奔"，是因为史官下笔有困难。

【原文】

遂寘姜氏于城颍[1]，而誓之曰："不及黄泉，无相见也。"既而悔之。颍考叔为颍谷封人[2]，闻之，有献于公，公赐之食，食舍肉[3]。公问之，对曰："小人有母，皆尝小人之食矣，未尝君之羹，请以遗之。"公曰："尔有母遗，繄我独无[4]！"颍考叔曰："敢问何谓也？"公语之故，且告之悔。对曰："君何患焉？若阙地及泉，隧而相见，其谁曰不然？"公从之。公入而赋："大隧之中，其乐也融融[5]！"姜出而赋："大隧之外，其乐也洩洩[6]！"遂为母子如初。

君子曰："颍考叔，纯孝也，爱其母，施及庄公。《诗》曰：'孝子不匮，永锡尔类。'其是之谓乎！"

【注释】

[1]寘（zhì）：同"置"。城颍：地名。在今河南临颍。

[2]封人：镇守边疆的官员。

[3]食舍肉：吃饭时把肉放置一边不吃。

[4]繄（yī）：发声词，无实义。

[5]融融：和乐相得的样子。

[6]洩洩：和乐舒畅的样子。

【译文】

于是庄公就把姜氏安置在城颍，发誓说："不到黄泉不再相见。"不久以后又后悔起来。当时颍考叔

郑庄公掘地见母

在颍谷做边疆护卫长官，听到这件事，就献给庄公一些东西。庄公赏赐他食物。在吃的时候，他把肉留下不吃。庄公问他为什么，他说："我有母亲，我孝敬她的食物她都已尝过了，就是没有尝过您的肉汤，请求让我带给她吃。"庄公说："你有母亲可送，咳！我却没有！"颍考叔说："请问这是什么意思？"庄公就对他说明了原因，并且告诉他自己很后悔。颍考叔回答说："您有什么可忧虑的呢？如果挖地见到泉水，开一条隧道在里面相见，谁又会说不对呢？"庄公听了颍考叔的意见。庄公进了隧道，赋诗说："在大隧中相见，多么快乐啊！"姜氏走出隧道，赋诗说："走出大隧外，多么舒畅啊。"于是母子像从前一样。

　　君子说："颍考叔可算是真正的孝子，爱他的母亲，扩大影响到庄公。《诗经》上说：'孝子的孝心没有穷尽，永远可以影响你的同类。'说的就是这样的事情吧！"

周郑交质

【原文】

　　三年春，王三月，壬戌，平王崩。赴以庚戌[1]，故书之。
　　夏，君氏卒，声子也。不赴于诸侯，不反哭于寝，不祔于姑，故不曰薨。不称夫人，故不言葬，不书姓。为公故，曰君氏。

【注释】

　　[1]赴：今作"讣"，讣告。

【译文】

鲁隐公三年春,周历三月二十四日,周平王死,讣告上写的是庚戌日,所以《春秋》也记载周平王去世那天为庚戌,即十二日。

夏季,君氏死,君氏就是声子。没有发讣告给诸侯,安葬后没有回到祖庙哭祭,没有把神主放在婆婆神主的旁边,所以《春秋》不称"薨"。又因为没有称她为"夫人",所以不记载下葬的情况,也没有记载她的姓氏。只是因为她是隐公的生母,所以才称她为"君氏"。

【原文】

郑武公、庄公为平王卿士。王贰于虢,郑伯怨王,王曰:"无之。"故周、郑交质[1]。王子狐为质于郑,郑公子忽为质于周。王崩,周人将畀虢公政[2]。四月,郑祭足帅师取温之麦[3]。秋,又取成周之禾[4]。周、郑交恶。

【注释】

〔1〕交质:相互为人质或抵押品。
〔2〕畀(bì):给予,换予。
〔3〕温:周王畿内小国,在今河南。
〔4〕成周:在今河南洛阳。

【译文】

郑武公、郑庄公先后担任周平王的卿士。周平王暗中又将朝政分托给虢公,郑庄公埋怨周平王,周平王说:"没有这回事。"所以周朝、郑国交换人质。王子狐在郑国做人质,郑国的公子忽在周朝做人质。周平王死后,周王室的人想把政权交给虢公。四月,郑国的祭足带兵割取了温地的麦子。秋天,又割取了成周的谷子。周朝和郑国结仇。

周平王

【原文】

　　君子曰："信不由中，质无益也。明恕而行，要之以礼，虽无有质，谁能间之？苟有明信，涧溪沼沚之毛[1]，蘋蘩蕰藻之菜[2]，筐筥锜釜之器[3]，潢汙行潦之水[4]，可荐于鬼神[5]，可羞于王公[6]，而况君子结二国之信，行之以礼，又焉用质？《风》有《采蘩》《采蘋》，《雅》有《行苇》《泂酌》，昭忠信也。"

【注释】

　　[1]沼：池塘。沚：水中的小块陆块。毛：指生长在涧溪池塘边的杂草。
　　[2]蘋：浅水中生长的小草。蘩：白蒿，或泛指蒿草。
　　[3]筐筥：皆为竹编器具，当时称方者为筐，圆者为筥。锜釜：皆金属炊具，无足称釜，有足称锜。
　　[4]潢汙：指积水。大者曰潢，小者曰汙。行潦：流淌着的雨水。潦，雨水。
　　[5]荐：向鬼神进献物品，特指猪、牛、羊等祭品。
　　[6]羞：美味食品。

【译文】

　　君子说："信任不是发自内心的，就是交换人质也无所补益。坦率、互谅地做事，再以礼法来约束，就算没有人质，又有谁能离间他们呢？如果能有开诚布公的信任，那些山涧、溪流、池塘、小洲的小草，那些浮萍、白蒿、水藻，那些形状各异的竹器、铜器，那些大大小小的积水，都可以作为信物进献给神灵，进献给王公。更何况君子们交结的是两国间的大信，是在依照礼法行事，又哪里用得上人质呢？《国风》中有《采蘩》《采蘋》，《大雅》中有《行苇》《泂酌》，这些诗歌都是在说明忠信之道啊。"

小白争国

【原文】

　　齐侯使连称、管至父戍葵丘，瓜时而往，曰："及瓜而代。"期戍，公问不至。请代，弗许。故谋作乱。僖公之母弟曰夷仲年，生公孙无知，有宠于僖公，衣服礼秩如适[1]。襄公绌之[2]。二人因之以作乱。连称有从妹在公宫，无宠，使间公，曰："捷，吾以女为夫人。"

【注释】

〔1〕礼秩：待遇等级。适：同"嫡"，正妻所生之子。
〔2〕绌：贬低其待遇。

【译文】

齐襄公派连称、管至父驻守葵丘，他们是瓜熟时节去的。当时齐襄公约定说："到明年瓜熟的时候派人去替换你们。"防守了一年，齐襄公杳无音讯，他们请求派人来代替，也未获批准。所以连称、管至父二人就策划谋反。齐僖公的同母兄弟叫夷仲年，生下公孙无知，深受僖公的宠爱，衣服礼仪的待遇等级和嫡子一般无二。齐襄公即位后降低了公孙无知的待遇，于是连称、管至父二人便利用公孙无知对齐襄公的不满，依靠着他发动叛乱。连称有个堂妹，在齐襄公的后宫，不受宠幸，就让她去监视齐襄公。公孙无知对她许诺说："事情成功，我就立你为君夫人。"

【原文】

冬十二月，齐侯游于姑棼，遂田于贝丘。见大豕，从者曰："公子彭生也。"公怒曰："彭生敢见！"射之，豕人立而啼。公惧，坠于车，伤足，丧屦。反，诛屦于徒人费。弗得，鞭之，见血。走出，遇贼于门，劫而束之。费曰："我奚御哉？"袒而示之背，信之。费请先入，伏公而出，斗，死于门中。石之纷如死于阶下。遂入，杀孟阳于床，曰："非君也，不类。"见公之足于户下，遂弑之，而立无知。

【译文】

冬季十二月，齐襄公视察姑棼，顺便在贝丘打猎。看见一头大野猪，侍从说："这是公子彭生！"齐襄公很生气，说："彭生岂敢来见我！"便用箭射它。野猪竟像人一样站起来嚎叫。齐襄公大惊失色，从车上跌了下来，伤了脚，丢了鞋子。回去以后，向侍人费要鞋子。费找不到鞋子，齐襄公就鞭打他，打得满身流血。费从宫中出来，在宫门口遇上叛贼。叛贼把他劫走并捆了起来。费说："我刚挨过齐襄公的鞭子，怎么会抵抗你们？"便解开衣服，让他们看背上的伤，叛贼信以为真。费请求先进宫去，进宫后把齐襄公藏好，然后出宫和叛贼搏斗，战死在宫门里。石之纷如死在台阶下。叛贼冲进宫中，在床上杀死齐襄公的替身孟阳，说："不是国君，样子不像。"他们发现齐襄公的脚露在门下面，就把齐襄公杀了，拥立公孙无知为国君。

【原文】

　　初，襄公立，无常[1]。鲍叔牙曰："君使民慢，乱将作矣！"奉公子小白出奔莒。乱作，管夷吾、召忽奉公子纠来奔。初，公孙无知虐于雍廪。

【注释】

　　[1]无常：行为违背常理。

【译文】

　　起初，齐襄公当国君之后，行为违背常理，鲍叔牙劝谏说："国君的行为如不合常理，百姓自然轻慢放纵，这样势必惹祸上身。"便护送公子小白逃到莒国。不久祸乱发生，管夷吾、召忽二人便护卫公子纠逃往鲁国。起初，公孙无知对待大夫雍廪十分残暴。

【原文】

　　九年春，雍廪杀无知。公及齐大夫盟于蔇，齐无君也。夏，公伐齐，纳子纠。桓公自莒先入。秋，师及齐师战于乾时，我师败绩。公丧戎路，传乘而归[1]。秦子、梁子以公旗辟于下道[2]，是以皆止[3]。

【注释】

　　[1]传乘而归：转乘轻车逃归。
　　[2]下道：小道。
　　[3]止：被俘获。

【译文】

　　九年春季，雍廪杀死公孙无知。鲁庄公和齐国的大夫在蔇地结盟，因为当时齐国没有国君。夏季，鲁庄公进攻齐国，准备护送公子纠回国即位。齐桓公，即公子小白从莒国抢先回到齐国。秋季，鲁军和齐军在乾时作战，鲁军大败。鲁庄公丢掉战车，乘坐轻车逃回。秦子、梁子打着鲁庄公的旗号躲在小道上吸引齐军注意力，都被齐军所俘。

【原文】

　　鲍叔帅师来言曰："子纠，亲也，请君讨之。管、召，仇也[1]，请受而甘心焉。"乃杀子纠于生窦[2]，召忽死之。管仲请囚，鲍叔受之，及堂阜而税之[3]。归而以告曰："管夷吾治于高傒，使相可也。"公从之。

【注释】

〔1〕管、召，仇也：管仲、召忽助公子纠，与桓公为敌，管仲曾射中小白带钩，故曰仇。仇，仇敌、仇人。

〔2〕生窦：鲁地，在今山东菏泽。

〔3〕堂阜：齐地，在今山东蒙阴。税之：指解去管仲之缚。税，同"脱"。

【译文】

鲍叔牙率领军队代表齐桓公来鲁国说："公子纠是我们国君的亲人，我们国君不忍杀他，请君王把他杀了。管仲、召忽，是我们国君的仇人，请把他们交给齐国我们才能甘心。"于是就在生窦把公子纠杀了，召忽自杀了。管仲请求把他押送回齐国，鲍叔牙接受请求，到了齐境堂阜就把管仲放了。回国后，鲍叔牙报告齐桓公说："管仲治国的才能超过高傒，可以让他辅助您。"齐桓公同意了。

鲁庄公乾时大战

卫石碏大义灭亲

【原文】

卫庄公娶于齐东宫得臣之妹，曰庄姜，美而无子，卫人所为赋《硕人》也。又娶于陈，曰厉妫，生孝伯，早死。其娣戴妫生桓公，庄姜以为己子。

【译文】

卫庄公娶了齐国太子得臣的妹妹，名叫庄姜。庄姜漂亮却没有生孩子，卫国人因此为她创作了《硕人》这篇诗。卫庄公又在陈国娶了一个妻子，名叫厉妫，生了孝伯，很小就死了。跟厉妫陪嫁来的妹妹戴妫，生了桓公，庄姜就把他作为自己的儿子。

【原文】

　　公子州吁，嬖人之子也，有宠而好兵，公弗禁，庄姜恶之。石碏谏曰："臣闻爱子，教之以义方，弗纳于邪。骄奢淫佚，所自邪也。四者之来，宠禄过也。将立州吁，乃定之矣，若犹未也，阶之为祸。夫宠而不骄，骄而能降，降而不憾，憾而能眕者鲜矣[1]。且夫贱妨贵，少陵长，远间亲，新间旧，小加大，淫破义，所谓六逆也。君义臣行，父慈子孝，兄爱弟敬，所谓六顺也。去顺效逆，所以速祸也。君人者将祸是务去，而速之，无乃不可乎？"弗听。其子厚与州吁游，禁之，不可。桓公立，乃老。

【注释】

　　[1] 眕（zhěn）：《说文》解作："目有所恨而止也。"即心中愤恨而能克制。

【译文】

　　公子州吁，是卫庄公宠妾的儿子，受到卫庄公的宠爱，喜好武事，卫庄公未加禁止。庄姜很讨厌州吁。石碏规劝卫庄公说："我听说喜欢自己的儿子，应当以道义去教育他，不要使他走上邪路。骄傲、奢侈、放荡、逸乐，这是走上邪路的开始。这四种恶习之所以发生，是由于宠爱太过分。如果准备立州吁做太子，那就定下来；如果还不定下来，会逐渐酿成祸乱。那种受宠而不骄横，骄横而能安于下位，地位在下而不怨恨，怨恨而能克制的人，是很少的。而且低贱妨害尊贵，年少欺凌年长，疏远离间亲近，新人离间旧人，弱小欺侮强大，淫欲破坏道义，这就是六种违理的事。国君行事得宜，臣子服从命令，父亲慈爱，儿子孝顺，兄爱弟、弟敬兄，这就是六种顺理的事。背离顺理的事而效法违理的事，这就会很快招致祸害。作为君主，应该尽力除掉祸害，现在却加速它的到来，恐怕不可以吧！"卫庄公不听劝告。石碏的儿子石厚和州吁交往，石碏禁止，但禁止不住。卫桓公即位时，石碏就退休了。

【原文】

　　四年春，卫州吁弑桓公而立。……

　　州吁未能和其民，厚问定君于石子[1]。石子曰："王觐为可[2]。"曰："何以得觐？"曰："陈桓公方有宠于王，陈、卫方睦，若朝陈使请，必可得也。"厚从州吁如陈。石碏使告于陈曰："卫国褊小，老夫耄矣，无能为也。此二人者，实弑寡君，敢即图之。"陈人执之，而请莅于卫。九月，卫人使右宰丑莅杀州吁于濮[3]，石碏使其宰獳羊肩莅杀石厚于陈。

【注释】

〔1〕定君：使君位得以稳定的方法。

〔2〕王觐：即觐王，朝见周天子。

〔3〕右宰：卫国官名。

【译文】

鲁隐公四年春，卫国的州吁杀死卫桓公而自立为国君。……

州吁不能安定他的百姓。石厚向石碏询问安定君位的办法。石碏说："朝觐周天子就可以取得合法地位。"石厚说："如何才能去朝觐呢？"石碏说："陈桓公正受到天子的宠信。现在陈、卫两国正互相和睦，如果朝见陈桓公，让他代为请求，就一定可达目的。"于是石厚就跟随州吁到了陈国。石碏派人告诉陈国说："卫国地方小，我老头子年纪大了，不能做什么事了。这两个人，确实杀死了我国君主，请您趁此机会抓住他们。"陈国人把这两个人抓住，而请卫国派人来陈国处理。九月，卫国人派右宰丑在陈国的濮地杀了州吁，石碏派他的管家獳羊肩在陈国杀了石厚。

【原文】

君子曰："石碏，纯臣也[1]，恶州吁而厚与焉。'大义灭亲'，其是之谓乎！"

【注释】

〔1〕纯臣：忠臣。

【译文】

君子说："石碏真是个忠臣。讨厌州吁，同时连儿子石厚一起处置。'大义灭亲'说的就是这样的情况吧！"

曹刿论战

【原文】

十年春，齐师伐我。公将战，曹刿请见[1]。其乡人曰："肉食者谋之[2]，又何间焉。"刿曰："肉食者鄙[3]，未能远谋。"乃入见。

【注释】

〔1〕曹刿：鲁人，出身低微，有智谋，长勺之战，协助鲁庄公打败强齐，创造以弱胜强的典型战例。
〔2〕肉食者：指在位的贵族。
〔3〕鄙：固陋无智谋。

【译文】

十年春季，齐国的军队攻打鲁国。庄公准备迎战。曹刿请求进见。他的同乡人说："那些天天吃肉的人在那里谋划，你又去参与什么！"曹刿说："吃肉的人鄙陋不通，不能作长远考虑。"于是入宫进见庄公。

【原文】

问何以战。公曰："衣食所安，弗敢专也，必以分人。"对曰："小惠未遍，民弗从也。"公曰："牺牲玉帛，弗敢加也，必以信。"对曰："小信未孚，神弗福也。"公曰："小大之狱，虽不能察，必以情。"对曰："忠之属也，可以一战，战则请从。"

【译文】

曹刿问庄公："凭什么来作战？"庄公说："暖衣饱食，不敢独自享受，一定分给别人。"曹刿回答说："小恩小惠不能周遍，百姓不会服从的。"庄公说："祭祀用的牛羊玉帛，不敢擅自增加，祝史的祷告一定反映实情。"曹刿回答说："一念之诚也不能代表一切，神明不会降福的。"庄公说："大大小小的案件，虽然不能完全洞察，但必定合情合理去办。"曹刿回答说："这是为百姓尽力的一种表现，可以凭这个打一下。打起来，请让我跟着去。"

【原文】

公与之乘。战于长勺。公将鼓之。刿曰："未可。"齐人三鼓，刿曰："可矣。"齐师败绩。公将驰之，刿曰："未可。"下视其辙[1]，登轼而望之[2]，曰："可矣。"遂逐其师。

【注释】

〔1〕辙：车轮留下的辙迹。
〔2〕轼：车前之横木，站在上面可以望到远方。

【译文】

庄公和曹刿同乘一辆兵车，与齐军在长勺展开战斗。庄公准备击鼓。曹刿说："还不行。"齐人三通鼓罢，曹刿说："可以了。"齐军大败。庄公准备追上去。曹刿说："还不行。"下车，细看齐军的车辙，然后登上车前横木远望，说："行了。"就追击齐军。

【原文】

既克，公问其故。对曰："夫战，勇气也。一鼓作气，再而衰，三而竭。彼竭我盈，故克之。夫大国难测也，惧有伏焉。吾视其辙乱，望其旗靡[1]，故逐之。"

【注释】

〔1〕靡：偃倒。

【译文】

战胜以后，庄公问曹刿取胜的缘故。曹刿回答："作战全凭勇气。第一通鼓振奋勇气，第二通鼓勇气就少了一些，第三通鼓勇气就没有了。他们的勇气没有了，而我们的勇气刚刚振奋，所以战胜了他们。大国的情况难以捉摸，恐有埋伏。我细看他们的车辙已经乱了，远望他们的旗子已经倒下，所以才追逐他们。"

庆父不死，鲁难未已

【原文】

初，公筑台临党氏，见孟任，从之。閟[1]。而以夫人言，许之，割臂盟公，生子般焉。雩[2]，讲于梁氏，女公子观之。圉人荦自墙外与之戏[3]。子般怒，使鞭之。公曰："不如杀之，是不可鞭。荦有力焉，能投盖于稷门[4]。"

【注释】

〔1〕閟：闭门也。
〔2〕雩：一种求雨的祭祀活动。
〔3〕圉人：养马者。
〔4〕盖：借为"盍"，门扇也。

【译文】

当初，庄公建造高台，可以看到党家，在台上望见党氏的女儿孟任，就跟着她走。孟任闭门拒绝。庄公答应立她为夫人，她答应了，割破手臂和庄公盟誓，后来就生了子般。一次求雨的祭祀活动，事先在梁家演习，庄公的女公子观看演习，圉人荦从墙外调戏她。子般发怒，让人鞭打荦。庄公说："不如杀掉他，这个人不能鞭打。他很有力气，能把稷门的城门扔出去。"

【原文】

公疾，问后于叔牙。对曰："庆父材。"问于季友，对曰："臣以死奉般。"公曰："乡者牙曰庆父材。"成季使以君命命僖叔，待于鍼巫氏，使鍼季酖之。曰："饮此，则有后于鲁国；不然，死且无后。"饮之，归，及逵泉而卒，立叔孙氏。

【译文】

庄公得病，向叔牙询问该立谁做继承人。叔牙回答说："庆父有才能。"庄公又征询季友的意见，季友回答说："臣尽死力来侍奉子般。"庄公说：

"刚才叔牙说'庆父有才能'。"季友就派人以国君的名义让叔牙等待在𫘪巫家里,让𫘪巫用毒酒毒死叔牙,说:"喝了这个,你的后代在鲁国还可以享有禄位;否则,不但你死了,而且没有后代了。"叔牙喝了毒酒,回家时走到逵泉就死去了。鲁国立他的后人为叔孙氏。

【原文】

八月癸亥,公薨于路寝。子般即位,次于党氏。冬十月己未,共仲使圉人荦贼子般于党氏。成季奔陈。立闵公。

秋八月,公及齐侯盟于落姑[1],请复季友也。齐侯许之,使召诸陈,公次于郎以待之。"季子来归"。嘉之也。

【注释】

〔1〕落姑:齐地。

【译文】

八月初五,鲁庄公在路寝去世。子般即位,住在党氏家里。冬十月初二,共仲(即庆父)派圉人荦在党家刺死子般。季友逃亡到陈国。立闵公为国君。

秋八月,闵公和齐桓公在落姑结盟,请求齐桓公帮助季友回国。齐桓公答应闵公的请求,派人从陈国召回季友,闵公驻扎在郎地等候他。《春秋》记载说"季子回到国内",称"季子",这是赞美季友。

【原文】

冬,齐仲孙湫来省难,书曰"仲孙",亦嘉之也。

仲孙归,曰:"不去庆父,鲁难未已。"公曰:"若之何而去之?"对曰:"难不已,将自毙,君其待之。"公曰:"鲁可取乎?"对曰:"不可。犹秉周礼[1]。周礼,所以本也。臣闻之,国将亡,本必先颠,而后枝叶从之。鲁不弃周礼,未可动也。君其务宁鲁难而亲之。亲有礼,因重固[2],间携贰[3],覆昏乱,霸王之器也。"

【注释】

〔1〕秉周礼:遵行周礼。
〔2〕因重固:依靠厚重稳固之国。
〔3〕间携贰:离间上下离心之国。

【译文】

冬季,齐国的仲孙湫来我国,为夏季的动乱向我们表示慰问,《春秋》称

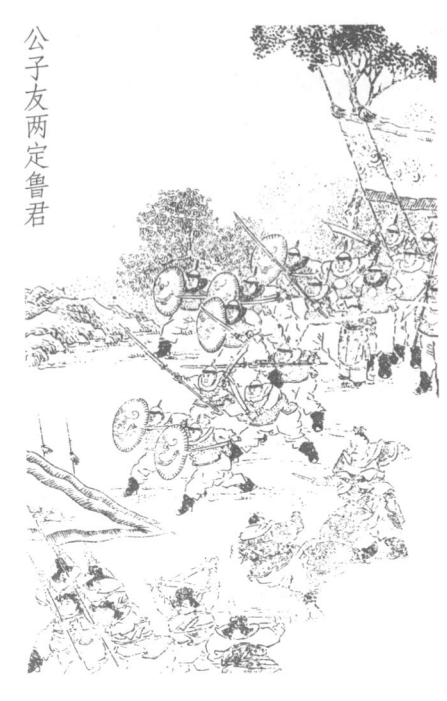

公子友两定鲁君

之为"仲孙",也是对他表示赞美。

仲孙湫回国说:"不除掉庆父,鲁国就不会太平。"齐桓公说:"怎么样才能除掉他?"仲孙回答说:"祸难不完,将会自取灭亡,您就等着吧!"齐桓公说:"我们能吞并鲁国吗?"仲孙湫说:"不行。他们还遵行周礼。周礼,是立国的根本。下臣听说:'国家将要灭亡,如同大树,躯干必然先行仆倒,然后枝叶才随着落下。'鲁国不抛弃周礼,是不能动它的。您应当帮鲁国平灭国内的暴乱,并且亲近它。亲近有礼仪的国家,依靠稳定坚固的国家,离间内部涣散的国家,灭亡昏暗动乱的国家,这样才能称霸称王。"

【原文】

初,公傅夺卜齮田,公不禁。秋八月辛丑,共仲使卜齮贼公于武闱。成季以僖公适邾。共仲奔莒,乃入,立之。以赂求共仲于莒,莒人归之。及密,使公子鱼请。不许,哭而往。共仲曰:"奚斯之声也!"乃缢。

【译文】

当初,闵公的老师强占鲁大夫卜齮田地,闵公并未禁止。秋季八月二十四,共仲派卜齮在武闱杀掉闵公。季友带着僖公逃往邾国。共仲逃到莒国,季友和僖公才返回鲁国,立僖公为国君。鲁人用财货向莒国求取共仲,莒国把共仲送回鲁国。当共仲到达密地时,让公子鱼请求季友赦免他。未被允许,公子鱼哭着回去。共仲说:"这是公子鱼的哭声啊,我活不成了!"于是上吊死了。

【原文】

闵公,哀姜之娣叔姜之子也,故齐人立之。共仲通于哀姜,哀姜欲立之。闵公之死也,哀姜与知之,故孙于邾。齐人取而杀之于夷,以其尸归,僖公请而葬之。

【译文】

闵公是哀姜的妹妹叔姜的儿子,所以齐人才拥立他为鲁君。共仲和哀姜通奸,哀姜想立共仲为国君。闵公被刺身亡,哀姜事先就知道内情,所以事发后逃奔到邾国。后来齐人向邾国要回哀姜,在夷地杀了她,把尸体运回齐国,僖公请求归还尸体予以安葬。

卫懿公好鹤

【原文】

冬十二月,狄人伐卫。卫懿公好鹤,鹤有乘轩者。将战,国人受甲者皆曰:"使鹤!鹤实有禄位,余焉能战?"公与石祁子玦,与宁庄子矢,使守,曰:"以此赞国,择利而为之。"与夫人绣衣,曰:"听于二子。"渠孔御戎,子伯为右,黄夷前驱,孔婴齐殿。及狄人战于荥泽,卫师败绩,遂灭卫。卫侯不去其旗,是以甚败。狄人囚史华龙滑与礼孔,以逐卫人。二人曰:"我,大史也,实掌其祭。不先,国不可得也。"乃先之。至则告守曰:"不可待也。"夜与国人出。狄入卫,遂从之,又败诸河。

【译文】

冬季十二月,狄人攻伐卫国。卫懿公喜欢鹤,有时还让他养的鹤坐大夫的车子。卫军要跟狄人作战了,奉命迎敌的人都说:"让鹤替你去杀敌吧!鹤实际上享有俸禄官位,我们没有禄位哪里能作战?"卫懿公把玉佩交给石祁子,表示要他决断国事,把箭交给宁庄子,表示要他誓死卫国,派他们防守,说:"用这两件信物执掌国政,只要有利于国,尽可便宜行事。"卫懿公又把绣衣交给夫人,说:"听从石祁子和宁庄子他们两人的。"渠孔为卫懿公驾着战车,子伯做车右,黄夷为先锋,孔婴齐做殿军。和狄人

卫懿公好鹤亡国

在荥泽交战，卫军大败，狄人便灭掉了卫国。在作战中，卫懿公不肯丢掉自己的旗帜，狄人便以他为攻击目标，所以惨败。狄人囚禁了史官华龙滑和礼孔，带着他们去追逐卫军。这两个人说："我们是卫国的太史官，掌管祭祀。不让我们先回去，你们就得不到卫国的国都。"于是让他们两人先回去了。他们到了国都，告诉守城的人说："抵抗不住了，快跑吧。"他们在夜里跟国都城内的人一起出城逃走。狄人进入卫国国都，紧跟着追击卫军，又在黄河边上打败了卫军。

【原文】

初，惠公之即位也少，齐人使昭伯烝于宣姜。不可，强之。生齐子、戴公、文公、宋桓夫人、许穆夫人。文公为卫之多患也，先适齐。及败，宋桓公逆诸河，宵济[1]。卫之遗民男女七百有三十人，益之以共、滕之民为五千人。立戴公以庐于曹。许穆夫人赋《载驰》。齐侯使公子无亏帅车三百乘、甲士三千人以戍曹。归公乘马，祭服五称，牛、羊、豕、鸡、狗皆三百，与门材；归夫人鱼轩，重锦三十两。

【注释】

〔1〕宵济：夜里渡过黄河。

【译文】

当年，卫惠公即位的时候还很年轻，齐人让卫惠公的庶兄昭伯和宣姜通婚。昭伯不同意，齐人强迫他接受。于是生下齐子、戴公、文公、宋桓夫人、许穆夫人。文公由于卫国经常发生祸患，在狄人入侵前先到了齐国。等到卫国战败，宋桓公在黄河岸边迎接卫国遗民，夜间渡河。卫国的遗民男女共计七百三十人，加上共地、滕地的百姓共有五千人。他们拥立戴公为国君，让他暂时寄住在曹邑。许穆夫人作了《载驰》这首诗。齐桓公派公子无亏率领战车三百辆、甲士三千人守卫曹邑。赠送给戴公乘车用的马匹，祭服五套，牛、羊、猪、鸡、狗各三百，以及做门用的木材；还赠给戴公夫人用鱼皮装饰的车子，熟细锦三十匹。

齐桓公伐楚

【原文】

四年春,齐侯以诸侯之师侵蔡。蔡溃,遂伐楚。

【译文】

鲁僖公四年春季,齐桓公率领各诸侯的联军侵入蔡国。蔡军大败而溃散,于是齐桓公接着去攻伐楚国。

【原文】

楚子使与师言曰:"君处北海,寡人处南海,唯是风马牛不相及也。不虞君之涉吾地也[1],何故?"管仲对曰:"昔召康公命我先君大公曰:'五侯九伯,女实征之,以夹辅周室。'赐我先君履[2]:东至于海,西至于河,南至于穆陵,北至于无棣。尔贡包茅不入[3],王祭不共,无以缩酒,寡人是征;昭王南征而不复,寡人是问。"对曰:"贡之不入,寡君之罪也,敢不共给?昭王之不复,君其问诸水滨。"师进,次于陉。

【注释】

〔1〕不虞:未料到。
〔2〕履:谓所践履之疆界。
〔3〕包茅:楚国向周王进贡的一种土特产,用来滤酒。

【译文】

楚成王派使者来到诸侯联军中说:"君王住在北方,我们住在南方,相隔遥远,即使发情的牛马狂奔相诱也不能彼此到达。可是没有料到君主竟然领兵进入我国,这是什么缘

故？"管仲回答说："从前召康公命令我们的先君太公说：'五侯和九伯，你都可以发兵征讨，以便共同辅佐王室！'赐给我们先君征讨的范围：东到大海，西到黄河，南到穆陵，北到无棣。你应该进贡王室的包茅还没有送去，使天子的祭祀缺乏物品，不能滤酒祭神，我为此前来追究。昭王南征到楚国没有回去，我为此前来责问！"使者回答说："贡品没有送上，这是我国国君的罪过，岂敢不供给？至于昭王没有回去的事，君王还是去问汉水边的人吧！"诸侯的军队继续前进，屯兵在楚国的陉地。

【原文】

夏，楚子使屈完如师，师退，次于召陵。

齐侯陈诸侯之师，与屈完乘而观之。齐侯曰："岂不穀是为[1]？先君之好是继。与不穀同好如何？"对曰："君惠徼福于敝邑之社稷[2]，辱收寡君，寡君之愿也。"齐侯曰："以此众战，谁能御之？以此攻城，何城不克？"对曰："君若以德绥诸侯，谁敢不服？君若以力，楚国方城以为城，汉水以为池，虽众，无所用之！"

【注释】

〔1〕不穀：不善，为诸侯自谦之词。
〔2〕徼：同"邀"，谋求。

【译文】

夏天，楚成王派遣屈完带兵到诸侯军驻地。诸侯军队撤退，驻扎在召陵。

齐桓公将所率领的军队排列成阵势，然后和屈完同乘一辆兵车观看。齐桓公说："诸侯发兵难道是为了我一个人吗？先君的友好关系应该继续保持，我们两国重修旧好怎么样？"屈完回答说："君王惠临敝国谋求福祉，安抚我君，这正是我君所希望的。"齐桓公说："用这样的军队作战，谁能抵抗他们？用这样的军队攻城，什么城攻打不下？"屈完回答说："君王如果用德义安抚诸侯，谁敢不服从？如果用武力，楚国有方城山作为城墙，有汉水作为护城河，君王的军队虽然众多，也没有什么地方能够用得上！"

【原文】

屈完及诸侯盟。

【译文】

屈完代表楚国和各诸侯订立了盟约。

宫之奇谏假道

【原文】

晋荀息请以屈产之乘与垂棘之璧，假道于虞以伐虢。公曰："是吾宝也。"对曰："若得道于虞，犹外府也。"公曰："宫之奇存焉。"对曰："宫之奇之为人也，懦而不能强谏。且少长于君，君昵之[1]。虽谏，将不听。"乃使荀息假道于虞，曰："冀为不道，入自颠𫐓，伐鄍三门。冀之既病，则亦唯君故。今虢为不道，保于逆旅[2]，以侵敝邑之南鄙。敢请假道，以请罪于虢。"虞公许之，且请先伐虢。宫之奇谏。不听，遂起师。夏，晋里克、荀息帅师会虞师伐虢，灭下阳。

【注释】

〔1〕昵：亲近。
〔2〕逆旅：客舍。

【译文】

晋大夫荀息请求用屈地所产的名马和垂棘出产的美玉，向虞国借路去攻打虢国。晋献公说："这些是晋国的宝物啊。"荀息回答说："假如从虞国借到路，宝物放在虞国，就如同放在晋国的外库一样。"晋献公说："有名臣宫之奇在那里，怕不能如愿吧。"荀息回答说："宫之奇的为人，懦弱而不能坚决进谏，而且从小就和虞君一起在宫中长大，虞君很亲近他，即使进谏，虞君也不会听从。"于是晋献公派荀息到虞国去借路，说："从前冀国不讲道义，由颠𫐓入侵你们虞国，攻打鄍邑的三面城门。晋国伐冀使冀国受到损伤，完全是为了给君王复仇。如今虢国也不讲道义，在客舍修筑堡垒，以侵占鄪国的南部边境。谨请求贵国借我们一条进兵之路，以便前往虢国兴师问罪。"虞公答应了，并且请求自己先行攻打虢国。宫之奇劝谏。虞公不接受，便出兵伐虢。夏天，晋国的里克、荀息率兵会合虞军，共同攻打虢国，灭亡了虢邑下阳。

【原文】

晋侯复假道于虞以伐虢。宫之奇谏曰："虢，虞之表也。虢亡，虞必从之。晋不可启，寇不可玩[1]。一之谓甚，其可再乎？谚所谓'辅车相依，唇亡齿寒'者，其虞、虢之谓也。"公曰："晋，吾宗也，岂害我哉？"对曰："大伯、虞仲，大王之昭也。大伯不从，是以不嗣。虢仲、虢叔，王季之穆也；为文王卿士，勋在王室，藏于盟府。将虢是灭，何爱于虞？且虞能亲于桓、庄乎？其爱之也，桓、庄之族何罪？而以为戮，不惟逼乎？亲以宠逼，犹尚害之，况以国乎？"公曰："吾享祀丰洁，神必据我[2]。"对曰："臣闻之：鬼神非人实亲，惟德是依。故《周书》曰：'皇天无亲，惟德是辅。'又曰：'黍稷非馨，明德惟馨。'又曰：'民不易物，惟德繄物。'如是，则非德民不和、神不享矣。神所冯依，将在德矣。若晋取虞，而明德以荐馨香，神其吐之乎？"弗听，许晋使。宫之奇以其族行，曰："虞不腊矣[3]！在此行也，晋不更举矣。"

【注释】

〔1〕玩：忽视。
〔2〕据：依靠，此指保护。
〔3〕腊：岁终大祭之名。

【译文】

晋献公再次向虞国借路去攻打虢国。宫之奇劝谏说："虢国是虞国的外围，假如虢国灭亡，虞国也必然跟着灭亡。晋国的野心不能启发，外国军队不可忽视。一次借路已经有些过分，难道还可以借第二次吗？俗话讲的'辅和车互相依存，嘴唇没有了，牙床就会感到寒冷'，说的就是虞国和虢国的关系。"虞公说："晋国是我的同宗，难道还会害我吗？"宫之奇回答说："太伯、虞仲，是周太王的儿子，太伯不跟随在侧，所以没有嗣位。虢仲、虢叔，是王季的儿子，他们都做过文王的卿士，对王室有功绩，受勋的记录藏在盟府。如今晋国将要灭掉虢国，对虞国又怎么会爱惜呢？况且，虞国跟晋国的关系能比桓叔、庄伯更为亲近吗？如果晋国爱惜亲族国家的话，那么桓叔、庄伯的族人有什么罪过？但却被杀戮，不就是因为他们使晋国感到了威胁吗？亲近的宗族由于受宠而有威胁，尚且杀害了他们，何况我们国家呢？"虞公说："我祭祀用的祭品丰盛洁净，神灵必定保护我。"宫之奇回答说："下臣听说，鬼神不亲近任何人，而只依从德行。所以《周书》说：'上天没有私亲，它只帮助有德行的人。'又说：'祭祀的黍稷不芳香，美德才芳香。'又说：'百姓不能改变祭物，只有德行能当作祭物。'这样说来，不是德行，百姓就不和顺，神灵也就不愿享用了。神灵所凭的，就在于德行。假如晋国取得了虞国，再发扬美德，用芳香的祭物去供奉神灵，神灵难道会吐出来吗？"虞公不听，答应了晋献公使者的要求。宫之奇带领着他的家族出走，说："虞国今年举行不了岁终大祭了！成功就在这一次，晋国不用另外出兵了。"

【原文】

冬十二月丙子朔，晋灭虢。虢公丑奔京师。师还，馆于虞。遂袭虞，灭之。执虞公及其大夫井伯，以媵秦穆姬。而修虞祀，且归其职贡于王。

【译文】

冬季，十二月初一，晋国灭掉虢国。虢公丑逃奔到京城。晋军回国，住在虞国，趁机袭击虞国，灭掉了它。俘虏了虞公和大夫井伯，将其作为秦穆姬的陪嫁随从。从此晋国代替虞国进行祭祀，并且把虞国的赋税奉献给周王室。

晋骊姬之乱

【原文】

　　初，晋献公欲以骊姬为夫人，卜之，不吉；筮之，吉。公曰："从筮。"卜人曰："筮短龟长，不如从长。且其繇曰[1]：'专之渝，攘公之羭[2]。一薰一莸，十年尚犹有臭。'必不可！"弗听，立之。生奚齐。其娣生卓子。

【注释】

　　[1]繇：用龟甲占卜所得之兆词。
　　[2]羭：公羊。

【译文】

　　早年，晋献公想立骊姬为夫人，占卜，不吉利；占筮，吉利。晋献公说："按占筮的结果做吧！"卜人说："依通常惯例，占筮常不灵验，占卜常常灵验，不如依照灵验的。况且它的兆词说：'专宠会发生变乱，将要偷走您的公羊。香草和臭草放在一起，十年以后还会有臭气。'一定不能按照占筮的结果去做！"献公不听，立了骊姬为夫人。骊姬生下奚齐，她的妹妹生了卓子。

【原文】

　　及将立奚齐，既与中大夫成谋。姬谓大子曰："君梦齐姜，必速祭之！"大子祭于曲沃，归胙于公。公田，姬置诸宫六日。公至，毒而献之。公祭之地，地坟[1]；与犬，犬毙；与小臣，小臣亦毙。姬泣曰："贼由大子！"大子奔新城。公杀其傅杜原款。

【注释】

　　[1]地坟：地面隆起如坟。

【译文】

　　等到准备立奚齐为太子时，骊姬已经和中大夫定下了计谋。骊姬对太子申生说:"国君梦见你母后齐姜,你一定要赶快去祭祀她。"太子到曲沃去祭祀,把祭肉带回给晋献公。当时晋献公正在外面打猎,骊姬把祭肉放在宫里六天。晋献公回来后,骊姬在肉中放上毒药献了上去。晋献公将肉祭地,地立即突起;把肉给狗吃,狗当场死掉;给侍臣吃,侍臣也死了。骊姬哭着说:"阴谋是从太子那里来的!"太子申生逃往新城,晋献公杀了他的老师杜原款。

【原文】

或谓大子:"子辞,君必辩焉。"大子曰:"君非姬氏,居不安,食不饱。我辞,姬必有罪。君老矣,吾又不乐。"曰:"子其行乎?"大子曰:"君实不察其罪。被此名也以出,人谁纳我?"十二月戊申,缢于新城。

姬遂谮二公子曰:"皆知之。"重耳奔蒲,夷吾奔屈。

【译文】

有人对太子说:"您如果声辩,国君一定会弄明白真相。"太子说:"国君没有骊姬,就吃不好,睡不好。我如果声辩,骊姬必定有罪。国君年事已高,骊姬有罪他会陷入痛苦,我也不可能高兴。"那人说:"那么你将逃走吗?"太子说:"国君既然没能明察我无罪,带着这个名声出去,谁会接受我?"十二月二十七日,太子在新城自尽。

骊姬又诬陷另外两位公子说:"太子的阴谋,他们也都参与了。"于是重耳逃往蒲城,夷吾逃往屈城。

【原文】

初,晋侯使士蔿为二公子筑蒲与屈,不慎,置薪焉。夷吾诉之。公使让之,士蔿稽首而对曰:"臣闻之:'无丧而戚,忧必仇焉。无戎而城,仇必保焉。'寇仇之保,又何慎焉?守官废命,不敬;固仇之保,不忠。失忠与敬,何以事君?《诗》云:'怀德惟宁,宗子惟城。'君其修德而固宗子,何城如之?三年将寻师焉,焉用慎?"退而赋曰:"狐裘龙茸,一国三公,吾谁适从?"

【译文】

当初,晋献公派士蒍替二位公子在蒲和屈两邑筑城,不小心,墙里放进了木柴。夷吾向晋献公报告了这件事。晋献公派人责备士蒍。士蒍叩头回答说:"臣听说过:'没有丧事而悲伤,忧愁就会随之而来。没有战事而筑城,反而为内部的敌人凭借据守。'敌人可以占据的地方,又有什么值得谨慎的呢?身在官位,而不接受君命,这是对君的不敬;如果为仇敌修筑坚固的城池,这是对国家的不忠。失去忠和敬,用什么来侍奉君主呢?《诗经》说:'心怀德行就是安宁,同宗子弟就是城池。'君王如果修养德行而使公子们的地位得以巩固,哪个城池能比得上?三年以后就要用兵,哪里用得着谨慎呢?"士蒍退出去作诗说:"狐皮袍子杂乱蓬松,一个国家有三位主人,我该一心跟从谁才好呢?"

【原文】

及难,公使寺人披伐蒲。重耳曰:"君父之命不校。"乃徇曰:"校者吾仇也。"逾垣而走。披斩其祛〔1〕。遂出奔翟。

【注释】

〔1〕祛:衣袖。

【译文】

等到太子申生被害的祸难发生之后,晋献公派遣寺人披攻打蒲城。重耳说:"君父的命令不能反对。"于是下令说:"谁抵抗君父的军队,谁就是我的敌人。"重耳跳墙正要逃跑,寺人披砍断了他的衣袖。重耳便逃亡到翟国。

【原文】

六年春,晋侯使贾华伐屈。夷吾不能守,盟而行。将奔狄,郤芮曰:"后出同走,罪也。不如之梁,梁近秦而幸焉。"乃之梁。

【译文】

六年春季,晋献公派大夫贾华领兵攻打屈城。夷吾守不住,和屈城百姓订立盟约后出走,准备逃亡到狄。晋大夫郤芮说:"您在重耳之后出走,又是去同一个狄,这就说明您有跟重耳同谋的罪过。不如前往梁国,梁国接近秦国而且得到它的信任。"于是夷吾到了梁国。

宋襄图霸

【原文】

宋公疾，大子兹父固请曰："目夷长且仁，君其立之！"公命子鱼，子鱼辞，曰："能以国让，仁孰大焉？臣不及也，且又不顺。"遂走而退。

【译文】

宋桓公得了重病，太子兹父一再向桓公请求："目夷年长而且仁爱，君王应该立他为国君！"宋桓公就要立目夷（子鱼）为君，子鱼推辞说："能够把国家推让给别人，世上还有比这更大的仁爱吗？我不及他，而且又不符合立君的礼制。"于是就快步退了出去。

【原文】

九年春，宋桓公卒。

宋襄公即位，以公子目夷为仁，使为左师以听政，于是宋治。故鱼氏世为左师。

【译文】

鲁僖公九年春季，宋桓公逝世。

宋襄公做了君主，认为公子目夷仁爱，让他担任左师掌管政事，宋国因此大治。所以目夷的后人鱼氏世世代代继承左师的官职。

【原文】

十六年春，陨石于宋，五，陨星也。六鹢退飞，过宋都，风也。周内史叔兴聘于宋，宋襄公问焉，曰："是何祥也[1]？吉凶焉在？"对曰："今兹鲁多大丧[2]，明年齐有乱，君将得诸侯而不终。"退而告人，曰："君失问。是阴阳之事，非吉凶所生也。吉凶由人。吾不敢逆君故也。"

【注释】

〔1〕祥：吉凶的征兆。

〔2〕今兹：今年。

【译文】

鲁僖公十六年春季，在宋国上空落下五块石头，这是坠落的流星。六只鹢鸟退着飞，经过宋国国都，这是因为风太大了。周内史叔兴到宋国访问时，宋襄公询问这两件事，说："这预示着什么？是主吉还是主凶呢？"叔兴回答说："今年鲁国大概有大的丧事，明年齐国有动乱，君王将得到诸侯的拥护，却很难持久。"他退下来告诉别人说："宋君问事不恰当，这是属于阴阳方面的事情，人事吉凶与此没有关系。吉凶由人的行为决定。我这样回答，是因为不敢违抗国君的命令。"

【原文】

齐侯之夫人三：王姬〔1〕，徐嬴，蔡姬，皆无子。齐侯好内〔2〕，多内宠。内嬖如夫人者六人：长卫姬，生武孟；少卫姬，生惠公；郑姬，生孝公；葛嬴，生昭公；密姬，生懿公；宋华子，生公子雍。公与管仲属孝公于宋襄公，以为大子。雍巫有宠于卫共姬，因寺人貂以荐羞于公〔3〕，亦有宠。公许之立武孟。管仲卒，五公子皆求立。冬十月乙亥，齐桓公卒。易牙入，与寺人貂因内宠以杀群吏，而立公子无亏。孝公奔宋。十二月乙亥，赴。辛巳，夜殡〔4〕。

【注释】

〔1〕王姬：周王室之女。

〔2〕好内：好女色。

〔3〕荐羞：进献美味。羞，同"馐"。

〔4〕殡：入殓。

【译文】

齐桓公的三位夫人：王姬、徐嬴、蔡姬，都没有儿子。齐桓公爱好女色，爱妃很多。宫中受宠的女人中待遇如同夫人的有六人：大卫姬，生武孟；小卫姬，生惠公；郑姬，生孝公；葛嬴，生昭公；密姬，生懿公；宋华子，生公子雍。齐桓公和管仲把孝公托付给宋襄公，并立他为太子。雍巫受到卫共姬的宠信，又由于寺人貂的关系，有机会把美味进献给齐桓公，所以也受到齐桓公的宠信。齐桓公答应他们立武孟为太子。管仲死后，五位公子争夺王位。冬天，十月初七，齐桓公去世。易牙进入宫内，和寺人貂依靠那些内宠杀掉一批不同意立公子无亏（即武孟）为君的大夫，立公子无亏为国君。孝公逃亡到宋国。十二月初八，向诸侯国发出讣告。十四日晚，将齐桓公大殓入棺。

【原文】

十八年春，宋襄公以诸侯伐齐。三月，齐人杀无亏。

郑伯始朝于楚。楚子赐之金[1]，既而悔之，与之盟曰："无以铸兵！"故以铸三钟。

齐人将立孝公，不胜，四公子之徒遂与宋人战。夏五月，宋败齐师于甗，立孝公而还。

秋八月，葬齐桓公。

【注释】

[1]金：指铜。

【译文】

鲁僖公十八年春季，宋襄公率领诸侯联军攻打齐国。三月，为讨好宋国，齐国人杀了公子无亏。

郑文公第一次到楚国朝见。楚成王赐给他铜，不久又后悔，就和郑文公盟誓说："不许用铜铸造兵器。"因此郑文公拿它铸了三口钟。

齐国准备立孝公为新君，却又挡不住其他四位公子及其党羽的反对，孝公逃奔到宋国，四位公子的党羽就和宋军作战。夏季五月，宋国在甗地打败齐军，立孝

公为新君，然后回国。

秋天，八月，为齐桓公举行葬礼。

【原文】

十九年春，宋人执滕宣公。

夏，宋公使邾文公用鄫子于次睢之社，欲以属东夷。司马子鱼曰："古者六畜不相为用，小事不用大牲，而况敢用人乎？祭祀，以为人也。民，神之主也。用人，其谁飨之？齐桓公存三亡国以属诸侯，义士犹曰薄德。今一会而虐二国之君，又用诸淫昏之鬼，将以求霸，不亦难乎？得死为幸！"

【译文】

鲁僖公十九年春季，宋国人俘虏了滕宣公。

夏天，宋襄公派邾文公杀鄫子来祭祀次睢的社神，想以此使东夷各国来归附。司马子鱼说："古代六畜不能相互用作祭品，小祭祀不用大牺牲，何况用人做祭品呢？祭祀，是为人祈福。百姓，是神的主人。用人祭祀，有哪个神会来享用？齐桓公保存了鲁、卫、邢三个被灭亡的国家，而称霸诸侯，义士们还说他德薄；如今君王一次会盟就伤害了两个国家的君主，又用人来祭昏邪的鬼神，想以此谋取霸业，不是很难吗？如果能善终，就算幸运了！"

【原文】

宋人围曹，讨不服也。子鱼言于宋公曰："文王闻崇德乱而伐之，军三旬而不降；退修教而复伐之，因垒而降。《诗》曰：'刑于寡妻[1]，至于兄弟，以御于家邦。'今君德无乃犹有所阙，而以伐人，若之何？盍姑内省德乎？无阙而后动？"

【注释】

[1]刑：典范。寡妻：嫡妻。

【译文】

宋军围攻曹国，是为了惩罚曹国不肯服从宋国。子鱼对宋襄公说："从前周文王听到崇国国内德行昏乱，发兵去讨伐，打了三十天，崇军不投降。文王自动退兵，回国加强教化，不久再去攻打，就住在原先所筑营壁中，崇国人就投降了。《诗经》说：'先给嫡妻做典范，然后推及兄弟，以此来治理家族和邦国。'如今君主的德行恐怕还有所欠缺，凭这去攻打别的国家，能把它怎么样呢？何不暂且退兵回去，看看自己的德行是否需要提高，等到德行没有欠缺时再行动。"

【原文】

二十年，宋襄公欲合诸侯。臧文仲闻之，曰："以欲从人，则可，以人从欲，鲜济。"

【译文】

鲁僖公二十年，宋襄公准备会合诸侯。鲁国的臧文仲听到了这件事，说："克制自己的欲望，服从众人的合理要求是可以的，强制别人服从自己的欲望，成功的可能性微乎其微。"

【原文】

二十一年春，宋人为鹿上之盟，以求诸侯于楚，楚人许之。公子目夷曰："小国争盟，祸也。宋其亡乎？幸而后败。"

秋，诸侯会宋公于盂。子鱼曰："祸其在此乎！君欲已甚，其何以堪之？"于是楚执宋公以伐宋。冬，会于薄以释之。子鱼曰："祸犹未也，未足以惩君。"

【译文】

鲁僖公二十一年春季，宋人和齐人、楚人在宋国的鹿上举行会盟，并向楚国要求，让已归附楚国的中原诸侯推选自己为盟主，楚国答应了。公子目夷说："小国争当盟主，无异于自取灭亡。宋国也许要灭亡了吧！能多维持一段时间就算是幸运的了。"

秋天，宋公和楚子、陈侯、蔡侯、郑伯、许男、曹伯在宋国的盂地举行会盟。子鱼说："灾祸可能就要在这里发生吧！国君如此贪得无厌，其他诸侯怎么受得了呢？"在盟会上，楚国俘虏了宋襄公并攻打宋国。冬天，诸侯在薄地会盟，放回了宋襄公。子鱼说："灾祸还没有结束，这一次还不足以惩罚国君。"

【原文】

二十二年三月，郑伯如楚。

夏，宋公伐郑。子鱼曰："所谓祸在此矣！"

楚人伐宋以救郑。宋公将战，大司马固谏曰："天之弃商久矣。君将兴之，弗可赦也已。"弗听。

【译文】

鲁僖公二十二年三月，郑文公到楚国访问。

夏天，宋襄公征讨郑国。子鱼说："这就是我所说的灾祸！"

楚国派兵攻打宋国，以救援郑国。宋襄公准备迎战，大司马子鱼坚决进谏说："上天遗弃宋国已经很久了。君王想要复兴它，违背上天的意志，罪不可赦。"宋襄公不听。

【原文】

冬十一月己巳朔，宋公及楚人战于泓。宋人既成列，楚人未既济[1]。司马曰："彼众我寡，及其未既济也，请击之。"公曰："不可。"既济而未成列，又以告。公曰："未可。"既陈而后击之，宋师败绩。公伤股，门官歼焉。

【注释】

[1]济：渡过。

【译文】

冬季，十一月初一，宋襄公在泓水边上跟楚人交战。宋国军队已经摆好阵势，楚国军队还没有全部渡过泓水。大司马子鱼说："楚国人多势众，我军人少势弱，趁他们还没有全部渡河的时候，请君主下令进攻。"宋襄公说："不可以。"楚军全部渡河还没有布好阵势的时候，大司马子鱼又建议立即发动攻击。宋襄公说："还不可以。"一直等到楚军已经摆好阵势，才下令开战。结果宋军大败，宋襄公腿部受伤，护卫国君的左右亲兵全部阵亡。

【原文】

国人皆咎公。公曰："君子不重伤，不禽二毛[1]，古之为军也，不以阻隘也。寡人虽亡国之馀，不鼓不成列。"子鱼曰："君未知战。勍敌之人[2]，隘而不列，天赞我也；阻而鼓之，不亦可乎？犹有惧焉。且今之勍者，皆吾敌也。虽及胡耇[3]，获则取之，何有于二毛？明耻教战，求杀敌也。伤未及死，如何勿重？若受重伤，则如勿伤[4]。爱其二毛，则如服焉。三军以利用也，金鼓以声气也。利而用之，阻隘可也；声盛致志，鼓儳可也。"

【注释】

〔1〕二毛：有白发掺杂在黑发之间的老年人。
〔2〕勍：强大。
〔3〕耇：多寿。
〔4〕如：应当。

【译文】

宋国人都责备宋襄公。宋襄公说："君子不攻击已经受伤的人，不捉拿头发花白的老人。古代行军作战，不在地势险要的地方阻击敌方。我虽然是商朝亡国的后代，但不进攻没有布好阵势的敌军。"子鱼说："君王不会打仗。强大的敌人在险要的地方无法布阵，这是上天在帮助我军；趁势堵截将他们加以攻击，有什么不可以的？即使如此，还害怕不能取胜呢。更何况现在我们要面对的有实力的对手，都是我们的敌人。哪怕是老人，俘获了就抓回来，何必考虑他头发是否花白呢？让军队懂得什么是耻辱，训练他们作战的方法，目的就是杀敌。敌人受了伤而没有死，为什么不可以再伤害他一次？假如可怜敌人的受伤人员而不去再次伤害，那么一开始就不应当伤害他。怜悯敌人中头发花白的老人，那就干脆向他们投降。三军将士，有利时就加以利用；鸣金击鼓，是用声音来鼓舞士气。出现有利的机会，而加以利用，在险路进行攻击是可以的；战鼓的声音高而士气高昂，趁着敌人没有摆开阵势而加以攻击，也无可厚非。"

秦晋韩之战

【原文】

晋侯之入也，秦穆姬属贾君焉[1]，且曰："尽纳群公子。"晋侯烝于贾君[2]，又不纳群公子，是以穆姬怨之。晋侯许赂中大夫，既而皆背之。赂秦伯以河外列城五，东尽虢略，南及华山，内及解梁城，既而不与。晋饥，秦输之粟；秦饥，晋闭之籴。故秦伯伐晋。

卜徒父筮之，吉："涉河，侯车败。"诘之，对曰："乃大吉也。三败，必获晋君。……"

【注释】

〔1〕属：同"嘱"，托付。

〔2〕烝：晚辈与长辈通奸。

【译文】

晋惠公回国继承君位的时候，秦穆公夫人把太子申生之妃贾君托付给他，并且说："把公子们都接回晋国。"结果晋惠公和贾君通奸，而且不接各位公子回国，因此秦穆公夫人怨恨晋惠公。晋惠公曾经答应给中大夫馈送财礼，后来食言了。答应送给秦穆公黄河以南的五座城，东边到原来虢国的边界，南边到华山，还包括黄河之内的解梁城，后来都没给。晋国发生饥荒，秦国送粮食给它；秦国发生饥荒，晋国却拒绝让它购买粮食。所以秦穆公出兵攻打晋国。

秦穆公的卜徒父用筮草占卜，得到吉卦，占词说："渡过黄河，晋惠公的战车败北。"秦穆公追问他，卜徒父回答说："这是大吉大利的卦，连败他们三次之后，必然俘获晋君。……"

【原文】

三败及韩，晋侯谓庆郑曰："寇深矣，若之何？"对曰："君实深之，可若何！"公曰："不孙[1]。"卜右，庆郑吉，弗使。步扬御戎，家仆徒为右。乘小驷，郑入也。庆郑曰："古者大事，必乘其产，生其水土而知其人心，安其教训而服习其道。唯所纳之，无不如志。今乘异产，以从戎事，及惧而变，将与人易[2]。乱气狡愤，阴血周作，张脉偾兴[3]，外强中干，进退不可，周旋不能。君必悔之。"弗听。

【注释】

〔1〕不孙：指出言无礼。孙，通"逊"，谦和。

〔2〕易：反。

〔3〕偾兴：紧张突起。偾，紧张。

【译文】

晋国连败三次之后，撤退到韩原。晋惠公对庆郑说："敌人已经深入了，应该怎么办？"庆郑回答说："君王让他们深入进来，能够怎么办？"晋惠公说："你说话太放肆！"晋惠公叫卜师占卜车右的人选，结果庆郑得吉卦。但是晋惠公不用他。改让步扬驾驭战车，家仆徒担任车右。驾车的马，是以前郑国献纳的。庆郑说："古代参加战争，一定用本国出产的马。出生在本乡本土，知道主人的心意，听从主人的调教，熟习这里的地形，随你怎样鞭策驱使，没有不如意的。现在君王用别国出产的马来打仗，一旦马由于恐惧而失去正常状态，必然违反人的意图。脾气烦躁不安，血液在全身奔流，血管紧张突起，外表强壮而内部虚弱无力，进不能攻，退不能守，周旋奔驰也不行。那时君王必然要后悔的。"晋惠公不听。

【原文】

九月，晋侯逆秦师，使韩简视师。复曰："师少于我，斗士倍我。"公曰："何故？"对曰："出因其资，入用其宠，饥食其粟，三施而无报，是以来也。今又击之，我怠秦奋，倍犹未也。"公曰："一夫不可狃[1]，况国乎？"遂使请战，曰："寡人不佞[2]，能合其众而不能离也。君若不还，无所逃命！"秦伯使公孙枝对曰："君之未入，寡人惧之；入而未定列，犹吾忧也。苟列定矣，敢不承命！"韩简退，曰："吾幸而得囚。"

【注释】

〔1〕狃：轻慢。
〔2〕不佞：不才。

【译文】

九月，晋惠公亲自迎战秦军，派韩简侦察军情。韩简回来说："秦军兵力比我们少，能作战的人员却超过我们的一倍。"晋惠公说："什么原因？"韩简回答说："君王亡命在外的时候，得到过秦国的帮助；回国即位，也是因为他们的帮助；发生饥荒，吃了他们送的粮食。三次施恩惠给我们，君王都没有报答，因为这样秦国才来讨伐我们。如今您又出兵迎击秦军，所以我军自知理亏而懈怠，秦军出于愤慨而奋勇，斗志相差一倍还不止啊！"晋惠公说："即使匹夫还不能让人轻慢，何况是一个国家呢？"于是派韩简向秦军约战，说："寡人不才，能集合我的部下却不能随便让他们离开。君王如果不回去，寡人就没有办法回避进军的命令！"秦穆公派公孙枝回答说："当初晋君没有回到晋国的时候，我一直为他担忧；回国而没有定位以前，我仍替他担忧。如今君位已定，我怎敢不接受贵君的作战命令！"韩简退下去，说："我如果能被秦军俘虏，免死于战场，就算是幸运了。"

【原文】

　　壬戌，战于韩原。晋戎马还泞而止[1]。公号庆郑，郑曰："愎谏违卜[2]，固败是求，又何逃焉？"遂去之。梁由靡御韩简，虢射为右，辂秦伯[3]，将止之，郑以救公误之，遂失秦伯。秦获晋侯以归。

【注释】

　　[1]还：盘旋。
　　[2]违卜：违反卜辞。
　　[3]辂：迎战。

【译文】

　　十四日，秦、晋两军在韩原交战。晋惠公的马陷入烂泥中盘旋不得出。晋惠公向庆郑大声求救，庆郑说："不听劝谏，违反卜辞，本来是自求失败，现在又为什么要逃跑呢？"于是就离开了。梁由靡驾驭韩简的战车，虢射担任车右，迎击秦穆公的战车，将要俘虏他。因为庆郑叫他们快去救援晋惠公而耽误了良机，以致未能捉住秦穆公。最后，秦军俘虏了晋惠公回国。

【原文】

　　晋大夫反首拔舍从之[1]，秦伯使辞焉，曰："二三子何其戚也[2]！寡人之从晋君而西也，亦晋之妖梦是践，岂敢以至？"晋大夫三拜稽首，曰："君履后土而戴皇天，皇天后土，实闻君之言。群臣敢在下风。"

　　穆姬闻晋侯将至，以大子罃、弘与女简璧登台而履薪焉；使以免服衰绖逆[3]，且告曰："上天降灾，使我两君匪以玉帛相见，而以兴戎。若晋君朝以入，则婢子夕以死；夕以入，则朝以死。唯君裁之！"乃舍诸灵台。

【注释】

　　[1]反首：头发由头上披散下来。

〔2〕慼：忧伤。

〔3〕免服：去冠束发。

【译文】

晋国的大夫披头散发，拆除帐篷，跟随晋惠公。秦穆公派人告诉说："诸位为什么这般忧伤啊！我陪伴晋君西去，只是应验了晋国的妖梦罢了，岂敢做得太过分呢？"晋国的大夫听了三拜叩头说："君王脚踩后土，头顶皇天，皇天后土都听到了君主的话，下臣们就在下边听候吩咐。"

秦穆公夫人听说晋惠公就要来到秦国，领着太子罃、次子弘和女儿简璧登上高台，踩着事先铺好的柴草将要自焚；同时派遣使者拿着丧服去迎接秦穆公，说："上天降下灾祸，使得我们两国国君不是用玉帛之礼相见，而是兴师动戈。如果晋国国君早晨进入（国都），那么贱妾就晚上死；晚上进入，那么我就早晨死。请君主仔细决定！"于是秦穆公安排晋惠公居住在灵台。

【原文】

大夫请以入。公曰："获晋侯，以厚归也。既而丧归，焉用之？大夫其何有焉！且晋人慼忧以重我[1]，天地以要我[2]。不图晋忧，重其怒也；我食吾言，背天地也。重怒难任，背天不祥，必归晋君！"公子縶曰："不如杀之，无聚慝焉[3]。"子桑曰："归之而质其大子，必得大成。晋未可灭而杀其君，只以成恶。且史佚有言曰：'无始祸，无怙乱，无重怒。'重怒难任，陵人不祥。"乃许晋平。

【注释】

〔1〕重：通"动"，感动。

〔2〕要：约束。

〔3〕聚慝：相聚为恶。

【译文】

秦国大夫都请求把晋惠公押进国都。秦穆公说："俘获晋惠公，本来是大获全胜回来的，如果一回来就要发生丧事，大夫又能得到什么呢？况且晋国人用忧愁来感动我，用天地威灵来约束我。如果不考虑晋国的忧愁，这就会加重他们的愤怒；我如果自食其言，这就是违背天地。加重晋人的愤怒，难以承当；违背天地，必不吉祥，必须释放晋惠公回国才行！"公子縶说："不如杀了国君，免得相聚为恶。"子桑说："放晋惠公回去，把他的太子作为人质，必然更为有利。如今既然不能灭掉晋国，杀掉他们的国君，只会互相增加仇恨。况且史佚说过：'不要制造祸端，不要趁火打劫，不要加重愤怒。'加重愤怒，使人难以承当；欺凌别人，会不吉利。"于是秦国答应了晋国的求和。

【原文】

晋侯使郤乞告瑕吕饴甥，且召之。子金教之言，曰："朝国人而以君命赏。且告之曰：'孤虽归，辱社稷矣！其卜贰圉也。'"众皆哭。晋于是乎作爰田。吕甥曰："君亡之不恤，而群臣是忧，惠之至也。将若君何？"众曰："何为而可？"对曰："征缮以辅孺子[1]。诸侯闻之，丧君有君，群臣辑睦，甲兵益多，好我者劝，恶我者惧，庶有益乎！"众说，晋于是乎作州兵。

【注释】

[1]征缮：征收赋税，修整军备。

【译文】

晋惠公派郤乞回国告诉瑕吕饴甥，并召他前来谈判。子金替郤乞出谋献策说："把国都城内的人都召集到宫门前，以国君的名义赏赐他们，并且告诉他们说：'我虽然侥幸回来了，但已经给国家带来了耻辱！还是占卜择日立子圉为新君吧。'"郤乞照子金的主意去办了，众人都感动得哭了。晋国就在这时改变田制。瑕吕饴甥说："国君对自己被俘流亡在外并不担忧，反而为群臣担忧，这是最大的恩惠了。我们准备怎样报答国君？"众人问道："怎么做才好呢？"瑕吕饴甥回答说："征收赋税，修整军备，辅佐新君。诸侯知道晋国失去了国君，又有新君继位，群臣和睦相处，武器装备更加多了，对我们友好的就会勉励我们，憎恶我们的就会害怕我们，这或许会有好处吧！"众人很高兴。晋国就在这时创立了"州兵"制度。

【原文】

十月，晋阴饴甥会秦伯，盟于王城。秦伯曰："晋国和乎？"对曰："不和。小人耻失其君而悼丧其亲，不惮征缮以立圉也，曰：'必报仇！宁事戎狄。'君子爱其君而知其罪，不惮征缮以待秦命，曰：'必报德，有死无二。'以此不和。"秦伯曰："国谓君何？"对曰："小人慼，谓之不免；君子恕，以为必归。小人曰：'我毒秦，秦岂归君？'君子曰：'我知罪矣，秦必归君。贰而执之，服而舍之，德莫厚焉，刑莫威焉！服者怀德，贰者畏刑，此一役也，秦可以霸。纳而不定，废而不立，以德为怨，秦不其然！'"秦伯曰："是吾心也。"改馆晋侯，馈七牢焉。

【译文】

十月，晋国的阴饴甥会见秦穆公，在王城订立盟约。秦伯说："晋国君臣和睦吗？"阴饴甥回答说："不和睦。小人因失去国君而感到可耻，因亲人战死而感到悲哀，不怕征收赋税和修整军备之劳，以立圉为新君，他们说：'一定要报仇，宁肯侍奉戎狄也在所不惜。'君子爱护国君而了解他的错误，不怕征收赋税和修整军备之劳，以等候秦国送回国君的命令，他们说：'一定要报答秦国的恩惠，死也不敢有二心。'因为这样而意见不合。"秦穆公说："晋国上下认为秦国将如何处置晋君呢？"阴饴甥回答说："小人忧愁，认为他不会被赦免。君子坦然，认为他一定会回来。小人说：'我们得罪了秦国，秦国难道肯放回我们的国君吗？'君子说：'我们已经认罪了，秦国一定会放回国君。有了二心就把他抓起来，服了罪就释放他，德行没有比这更宽厚的，刑罚没有比这更严厉的了。服罪的人怀念恩德，有二心的人畏惧刑罚，由于这次战争，秦国可以称霸诸侯了。如果当初贵国送国君回去却不使他的君位得到安定，或者废掉他而不立新君，使当初的恩德变为怨恨，秦国不会这样做吧！'"秦穆公说："这正是我的心意啊！"于是改变对晋惠公的待遇，让晋惠公住在馆舍里，馈送牛、羊、猪各七头。

【原文】

蛾析谓庆郑曰："盍行乎？"对曰："降君于败，败而不死，又使失刑，非人臣也。臣而不臣，行将焉入？"十一月，晋侯归。丁丑，杀庆郑而后入。

是岁，晋又饥。秦伯又饩之粟，曰："吾怨其君，而矜其民。且吾闻唐叔之封也，箕子曰：'其后必大。'晋其庸可冀乎[1]？姑树德焉，以待能者！"于是秦始征晋河东，置官司焉。

【注释】

〔1〕其庸：难道。

【译文】

晋大夫蛾析对庆郑说："你何不逃走呢？"庆郑回答说："使国君陷于失败，失败了不死反而逃走，又使国君无法施行刑罚，这就不是人臣所应做的了。做臣下的而不守为臣之道，又能逃到哪里去呢？"十一月，晋惠公回国。二十九日，晋惠公杀了庆郑，然后进入国都。

这一年，晋国又发生饥荒。秦穆公再次送给他们粮食，说："我怨恨他们的国君而哀怜他的百姓。而且我听说当初唐叔受封的时候，箕子曾说：'他的后代必定昌盛。'晋国难道是可以随便得到的吗？我们姑且树立恩德，以等待有才能的人。"这时候，秦国开始在晋国河东之地征税，设置官吏，掌管政事。

晋公子重耳之亡

【原文】

晋公子重耳之及于难也，晋人伐诸蒲城。蒲城人欲战，重耳不可，曰："保君父之命而享其生禄，于是乎得人。有人而校[1]，罪莫大焉！吾其奔也。"遂奔狄。从者狐偃、赵衰、颠颉、魏武子、司空季子。

狄人伐廧咎如，获其二女：叔隗、季隗，纳诸公子。公子取季隗，生伯儵、叔刘。以叔隗妻赵衰，生盾。将适齐，谓季隗曰："待我二十五年，不来而后嫁。"对曰："我二十五年矣，又如是而嫁，则就木焉。请待子！"处狄十二年而行。

【注释】

〔1〕校：同"较"，较量，对抗。

【译文】

晋公子重耳遭受祸难的时候，晋国派兵在蒲城攻打他。蒲城人想要迎战，重耳不同意，说："我是依赖父王的命令才享有养生的禄邑，因此才得到百姓的拥护。有了百姓的拥护就要与父王对抗，没有比这罪过更大的了！我还是逃亡吧。"于是就逃到狄国。跟随的有狐偃、赵衰、颠颉、魏武子、司空季子。

狄人攻打廧咎如时，俘虏了他们的两个女儿叔隗和季隗，把她们送给重耳。重耳娶了季隗，生下伯儵、叔刘；他把叔隗送给赵衰做妻子，生下赵盾。重耳准备到齐国去，对季隗说："等我二十五年，不回来再改嫁。"季隗回答说："我已经二十五岁了，再过二十五年重新嫁人，那时就快进棺材了。我等您。"重耳在狄国住了十二年之后离去。

【原文】

过卫，卫文公不礼焉。出于五鹿，乞食于野人，野人与之块。公子怒，欲鞭之。子犯曰："天赐也！"稽首，受而载之。

及齐，齐桓公妻之，有马二十乘，公子安之。从者以为不可。将行，谋于桑下。蚕妾在其上，以告姜氏。姜氏杀之，而谓公子曰："子有四方之志，其闻之者吾杀之矣。"公子曰："无之。"姜曰："行也。怀与安，实败名。"公子不可。姜与子犯谋，醉而遣之。醒，以戈逐子犯。

齐姜氏趁醉遣夫

【译文】

重耳路过卫国，卫文公不以礼相待。经过五鹿时，重耳一行人向乡下人讨饭吃，乡下人给他一块泥土。重耳很生气，想鞭打他。子犯说："这是上天的赐予啊！"重耳叩头道谢，接过土块放在车上带走。

重耳到达齐国，齐桓公为他娶妻，送他八十匹马。重耳便安于齐国的生活不想再走了。跟随出逃的人认为这样不行。他们准备让重耳离开齐国，并聚集在桑树下面商量。恰好有个养蚕女奴在树上采桑，听到了，便报告给姜氏。姜氏怕走漏消息就杀了她，然后对公子重耳说："您有远大志向，听到这种打算的人，我已经把她杀了。"重耳说："没有这回事。"姜氏说："您走吧！留恋妻室和贪图安逸，实在败坏您的功名。"重耳不肯离开。姜氏同子犯商量，用酒把重耳灌醉，然后把他送走。重耳酒醒，生气得拿起戈追逐子犯。

【原文】

及曹，曹共公闻其骈胁，欲观其裸。浴，薄而观之。僖负羁之妻曰："吾观晋公子之从者，皆足以相国。若以相，夫子必反其国。反其国，必得志于诸侯。得志于诸侯，而诛无礼，曹其首也。子盍蚤自贰焉[1]。"乃馈盘飧，置璧焉。公子受飧反璧。

及宋，宋襄公赠之以马二十乘。

【注释】

〔1〕蚤：通"早"，在一定时间以前。

【译文】

到达曹国，曹共公听说重耳腋下的肋骨连成一片，因此想要趁重耳裸露身体的时候看一看。重耳洗澡的时候，他隔着帘子从外面偷看。曹大夫僖负羁的妻子说："我看晋公子的随从，都是足以做国家辅臣的人才。如果有他们辅佐，晋公子必定能回晋国做国君。回到了晋国，一定能在诸侯中称雄。那时惩罚以前对他无礼的国家，曹国就会排在前面。您何不趁早向他表示一些不同的态度呢？"于是僖负羁就馈赠重耳一盘晚餐，里面藏着一块玉璧。重耳接受了晚餐，退还玉璧。

到达宋国，宋襄公送给重耳八十匹马。

【原文】

及郑，郑文公亦不礼焉。叔詹谏曰："臣闻天之所启，人弗及也。晋公子有三焉，天其或者将建诸，君其礼焉。男女同姓，其生不蕃。晋公子，姬出也，而至于今，一也。离外之患[1]，而天不靖晋国，殆将启之，二也。有三士足以上人而从之，三也。晋、郑同侪，其过子弟，固将礼焉，况天之所启乎？"弗听。

【注释】

〔1〕离：同"罹"，遭受。

【译文】

重耳到达郑国，郑文公也不以礼相待。大夫叔詹劝谏说："臣听说上天要帮助的人，别人是不能左右的。晋公子重耳有三件特殊的事非他人所能比，上天或许将要立他为国君吧，君主还是以礼相待为好。凡是父母同姓通婚，子孙必然不会昌盛；姬姓的晋公子重耳，又是姬姓女子所生，却能健康地活到今天，这是一。晋公子遭受陷害而亡命在外，可是上天却一直不让晋国安定，也许是将要帮助他了，这是二。有三个超出一般人的才干的人跟随着他，这是三。晋国和郑国地位平等，他们的子弟路过，本来就应该以礼相待，何况是上天所要帮助的人呢？"郑文公不听。

【原文】

及楚，楚子飨之，曰："公子若反晋国，则何以报不穀？"对曰："子女玉帛则君有之，羽毛齿革则君地生焉。其波及晋国者，君之余也，其何以报君？"曰："虽然，何以报我？"对曰："若以君之灵，得反晋国，晋、楚治兵，遇于中原，其辟君三舍。若不获命，其左执鞭弭[1]，右属櫜鞬，以与君周旋。"子玉请杀之，楚子曰："晋公子广而俭，文而有礼。其从者肃而宽，忠而能力。晋侯无亲，外内恶之。吾闻姬姓，唐叔之后，其后衰者也，其将由晋公子乎！天将兴之，谁能废之？违天必有大咎！"乃送诸秦。

【注释】

〔1〕弴：此指不加装饰的弓。

【译文】

重耳到达楚国，楚成王设享礼款待他，说："公子如果返回晋国即位，将用什么来报答我呀？"重耳回答说："子、女、玉、帛，君王已经拥有了；鸟羽、皮毛、象牙、犀革，那是君王土地上生产的。散及晋国的，已经是君王的剩余之物了。我能用什么来报答您呢？"楚成王说："尽管这样，究竟用什么来报答呢？"重耳回答说："假如托君王的福，能回到晋国，日后晋、楚两国演兵习武，在中原相遇，那我将把军队后撤三舍。这时如果还得不到君王的谅解而退兵，那就只好左手拿着鞭和弓，右手挎着箭袋和弓囊，同君王较量一番了。"子玉请求楚成王杀掉重耳。楚成王说："晋公子志向远大而生活俭朴，言谈举止文雅而合乎礼仪。他的随从态度严肃而待人宽厚，忠诚而能为主人尽力。如今晋国国君没有亲人，国外诸侯和国内臣民都讨厌他。我听说唐叔的后代，是姬姓中最后衰亡的，这很可能要由晋公子重耳来重振国势吧！上天将帮助他兴起，谁能废掉他呢？违反天意，必定会有大的灾难！"于是就把重耳送往秦国。

【原文】

秦伯纳女五人。怀嬴与焉。奉匜沃盥，既而挥之。怒曰："秦、晋匹也，何以卑我！"公子惧，降服而囚。

他日，公享之。子犯曰："吾不如衰之文也，请使衰从。"公子赋《河水》，公赋《六月》。赵衰曰："重耳拜赐！"公子降，拜，稽首，公降一级而辞焉。衰曰："君称所以佐天子者命重耳，重耳敢不拜。"

【译文】

秦穆公送给重耳五个女子，怀

赢是其中的一个。有一次，怀赢捧着盛水器皿伺候公子盥洗。重耳洗完之后，挥着湿手，让怀赢走开。怀赢生气地说："秦、晋两国地位相等，您为什么轻视我？"公子重耳害怕了，脱去上衣，把自己捆绑起来，以表谢罪。

有一天，秦穆公设宴款待重耳。子犯说："我不像赵衰那样长于文辞，请您让赵衰随行赴宴吧。"席间，公子诵《河水》这首诗，秦穆公诵《六月》这首诗。赵衰说："重耳，请拜谢君王的美意！"重耳走下台阶，拜，叩头。秦穆公走下一个台阶施礼辞谢。赵衰说："君王用辅佐天子的诗来命令重耳，重耳岂敢不拜？"

【原文】

二十四年春，王正月，秦伯纳之，不书，不告入也。及河，子犯以璧授公子曰："臣负羁绁从君巡于天下[1]，臣之罪甚多矣，臣犹知之，而况君乎？请由此亡。"公子曰："所不与舅氏同心者，有如白水。"投其璧于河。

济河，围令狐[2]，入桑泉[3]，取臼衰[4]。二月甲午，晋师军于庐柳[5]。秦伯使公子絷如晋师。师退，军于郇[6]。辛丑，狐偃及秦、晋之大夫盟于郇。壬寅，公子入于晋师。丙午，入于曲沃。丁未，朝于武宫。戊申，使杀怀公于高梁。不书，亦不告也。

【注释】

[1] 羁：马络头。绁：系人与畜之绳索，此指马缰绳。
[2] 令狐：地名，在今山西临猗西。
[3] 桑泉：在今山西临猗。
[4] 臼衰：地名，在今山西。
[5] 庐柳：在今山西临猗。
[6] 郇：地名，在今山西临猗。

【译文】

二十四年春，周历正月。秦穆公把公子重耳送回晋国。《春秋》里没有记载这件事，因为重耳回国之事没有向鲁国报告。到达黄河岸边，子犯把一块玉璧交给公子重耳，说："臣下背着马笼头马缰绳跟您在天下巡行，臣下的罪过很多，臣下自己尚且知道，何况您呢？请您允许我从此离开您吧。"公子重耳说："我如果不和舅父一条心，可以指着黄河水发誓。"就把他的玉璧扔进了黄河。

重耳等一行渡过黄河，包围了令狐，进入桑泉，攻取了臼衰。二月甲午日，晋怀公的军队驻扎在庐柳。秦穆公派遣公子絷到晋怀公军队里陈说利害。晋军退，驻扎在郇地。辛丑日，狐偃和秦国、晋怀公的大夫在郇地结盟。壬寅日，公子重耳进入晋国军队，掌握了军队。丙午日，重耳进入曲沃。丁未日，重耳朝拜祖庙武宫。戊申日，重耳派人在高梁杀死晋怀公。《春秋》没有记载这件事，也是晋国没有来鲁国报告的缘故。

【原文】

吕、郤畏逼，将焚公宫而弑晋侯。寺人披请见，公使让之，且辞焉，曰："蒲城之役，君命一宿，女即至。其后余从狄君以田渭滨，女为惠公来求杀余，命女三宿，女中宿至[1]。虽有君命，何其速也。夫袪犹在。女其行乎。"对曰："臣谓君之入也，其知之矣。若犹未也，又将及难。君命无二，古之制也。除君之恶，唯力是视，蒲人、狄人，余何有焉？今君即位，其无蒲、狄乎？齐桓公置射钩而使管仲相，君若易之，何辱命焉？行者甚众，岂唯刑臣。"公见之，以难告。三月，晋侯潜会秦伯于王城。已丑晦，公宫火。瑕甥、郤芮不获公，乃如河上，秦伯诱而杀之。晋侯逆夫人嬴氏以归。秦伯送卫于晋三千人，实纪纲之仆。

【注释】

[1]中宿：第二夜。

【译文】

吕甥、郤芮两家害怕祸难逼近，准备焚烧公宫室并杀死晋文公重耳。寺人披请求进见。晋文公派人责备他，而且拒绝接见，说："蒲城之战，献公命令你过一个晚上到达蒲城，你当天就到了。后来我跟随狄君在渭水边上打猎，你奉惠公之命追杀我，惠公命令你三个晚上以后到达，你第二个晚上就到了。虽然有国君的命令，但是为什么那么快呢？当初被你砍掉的那只袖子还在，你还是走吧！"寺人披回答说："小臣原来认为国君回国以后，应该懂得为君之道了。如果还没有，又将会遇到祸难。执行国君的命令不能三心二意，这是自古以来的制度。除去国君所厌恶的人，我是尽力而为。杀一个蒲人或狄人，对我来说有什么关系呢？现在您继位做国君，难道就没有像当年在蒲城和狄城那样的反对者吗？齐桓公把射钩的事放在一边，而让管仲辅佐他。君王如果改变这种做法，我会自己走的，哪里需要君王的命令呢？那样的话要走的人很多，岂止我一个？"晋文公于是接见了寺人披，寺人披就把吕、郤将作乱的事报告了晋文公。三月，晋文公秘密地和秦穆公在王城会见。三月三十日，晋文公的宫殿起火。瑕甥、郤芮找不到晋文公，于是就追赶到黄河边上，秦穆公把他们诱骗过去杀死了。晋文公迎接夫人嬴氏回国。秦穆公赠送给晋国三千名卫士，都是一些得力的臣仆。

【原文】

　　初，晋侯之竖头须[1]，守藏者也[2]。其出也，窃藏以逃，尽用以求纳之。及入，求见。公辞焉以沐。谓仆人曰："沐则心覆，心覆则图反，宜吾不得见也。居者为社稷之守，行者为羁绁之仆，其亦可也，何必罪居者？国君而仇匹夫，惧者甚众矣。"仆人以告，公遽见之。

【注释】

〔1〕竖：未成年的随从。
〔2〕守藏：保管财物。

【译文】

　　当初，晋文公有个小侍臣名叫头须，是保管财物的。当年晋文公逃亡时，头须偷了财物潜逃，把这些财物都用来设法让晋文公回国。等到晋文公回国，头须请求进见。晋文公推托说正在洗头而不愿见他。头须对晋文公的仆人说："洗头的时候心是向下倒过来的，心倒过来，考虑问题就颠倒了，难怪我不能被接见了。留在国内的人是国家的守卫者，跟随在外的是背着马笼头马缰绳的仆人，这两种人都是一样的，何必把留在国内的人视为有罪的人呢？身为国君而仇视普通人，那么害怕的人就多了。"仆人把这些话告诉晋文公，晋文公立即接见了他。

【原文】

　　狄人归季隗于晋，而请其二子。文公妻赵衰，生原同、屏括、楼婴。赵姬请逆盾与其母，子余辞。姬曰："得宠而忘旧，何以使人？必逆之！"固请，许之。来，以盾为才，固请于公，以为嫡子，而使其三子下之，以叔隗为内子，而己下之。

【译文】

　　狄人把季隗送回晋国，而请求留下她的两个儿子。晋文公把女儿嫁给赵衰，生了原同、屏括、楼婴。赵姬请求接回赵盾和他的母亲叔隗。赵衰辞谢不肯。赵姬说："得到新宠而忘记旧好，以后还怎么使用别人？一定要把他们接回来。"赵姬坚决请求，赵衰同意了。回来以后，赵姬认为赵盾有才，坚决向赵衰请求，把赵盾作为嫡子，而让她自己生的三个儿子居于赵盾之下，让叔隗作为正妻，而自己居于她之下。

【原文】

晋侯赏从亡者，介之推不言禄，禄亦弗及。推曰："献公之子九人，唯君在矣。惠、怀无亲，外内弃之。天未绝晋，必将有主。主晋祀者，非君而谁？天实置之，而二三子以为己力，不亦诬乎？窃人之财，犹谓之盗，况贪天之功以为己力乎？下义其罪，上赏其奸，上下相蒙，难与处矣。"其母曰："盍亦求之？以死，谁怼？"对曰："尤而效之，罪又甚焉，且出怨言，不食其食。"其母曰："亦使知之，若何？"对曰："言，身之文也。身将隐，焉用文之？是求显也[1]。"其母曰："能如是乎？与女偕隐。"遂隐而死。晋侯求之，不获。以绵上为之田[2]，曰："以志吾过，且旌善人。"

【注释】

〔1〕求显：追求显达。
〔2〕绵上：地名，在今山西介休。

【译文】

晋文公赏赐跟随他逃亡的人，介之推没有提及禄位，禄位也没有加给他。介之推说："献公有九个儿子，现今只有国君在世了。惠公、怀公没有亲近的人，国内外的人都抛弃了他们。上天不使晋国灭绝，必定会有君主。主持晋国宗庙祭祀的人，不是重耳又会是谁？这实在是上天要立重耳为君，而他们这些随从逃亡的人却贪天之功以为己力，这不是欺骗吗？偷别人的财物，尚且叫作盗，何况贪天之功以为自己的功劳呢？下面的人把贪功的罪过当成合理，上面的人对欺骗的行为加以赏赐，上下互相欺诈蒙骗，这就难以和他们相处了。"介之推的母亲说："你为什么不去求赏？否则就这样死去，又能怨谁？"介之推回答说："明知错误而去效法，错误就更大了。而且我口出怨言，不能再接受他的俸禄。"他的母亲说："要不然也让他知道一下，怎么样？"介之推回答说："言辞，是身体的文饰。身体将要隐藏，哪里用得着文饰？这只不过是去求显达罢了。"他的母亲说："你能做到这样吗？那么我和你一起隐居起来。"于是母子俩一起隐居到死。晋文公派人到处寻找他们都没有找到，就把绵上的田封给介之推，说："就用这来记载我的过失，并且表扬好人吧。"

晋文公勤王

【原文】

二十四年冬，王使来告难曰："不穀不德，得罪于母弟之宠子带，鄙在郑地氾，敢告叔父。"臧文仲对曰："天子蒙尘于外，敢不奔问官守。"王使简师父告于晋，使左鄢父告于秦。

【译文】

鲁僖公二十四年冬季，周天子派使者前来报告王子带之乱，说："我缺乏德行，得罪了母亲所宠爱的儿子带，现在僻居在郑国的氾地，特此报告叔父。"鲁大夫臧文仲回答说："天子在外边蒙受尘土，岂敢不赶紧去问候。"周天子还派简师父去晋国报告，派左鄢父到秦国报告。

【原文】

二十五年春，秦伯师于河上，将纳王。狐偃言于晋侯曰："求诸侯，莫如勤王。诸侯信之，且大义也。继文之业，而信宣于诸侯，今为可矣。"使卜偃卜之，曰："吉，遇黄帝战于阪泉之兆[1]。"公曰："吾不堪也。"对曰："周礼未改，今之王，古之帝也。"公曰："筮之。"筮之，遇《大有》☰之《睽》☱[2]，曰："吉，遇'公用享于天子'之卦。战克而王飨，吉孰大焉？且是卦也，天为泽以当日，天子降心以逆公，不亦可乎？《大有》去《睽》而复，亦其所也。"

【注释】

〔1〕阪泉：古地名，在今河北涿鹿。
〔2〕《大有》：六十四卦之一，卦象为乾下离上。《睽》：六十四卦之一，卦象为兑下离上。

【译文】

鲁僖公二十五年春季，秦穆公把军队驻扎在黄河边上，准备以武力护送周天子回朝。狐偃对晋文公说："求得诸侯的拥护，没有比为天子效力更好的方法了。可以得到诸侯的信任，而且合乎大义。既继承了文侯的事业，又让众诸侯知道自己讲信用，现在可以做了。"晋文公让卜偃占卜，卜偃说："吉利。得到的是黄帝在阪泉作战的征兆。"晋文公说："我当不起啊。"卜偃回答说："周室的礼制没有改变，现在的王，就是古代的帝。"晋文公说："占筮！"占筮结果为《大有》卦变为《睽》卦。卜偃说："吉利。得到'公被天子设享礼招待'这一卦，象征作战胜利后天子设享礼招待，还有比这更大的吉利吗？而且这一卦，天变成水泽以承受太阳的照耀，象征天子自己降格而迎接您，这不也很好吗？《大有》变成《睽》，终将回到《大有》，也是理所当然的。"

【原文】

晋侯辞秦师而下。三月甲辰，次于阳樊，右师围温，左师逆王。夏四月丁巳，王入于王城，取大叔于温，杀之于隰城[1]。

戊午[2]，晋侯朝王。王享醴，命之宥。请隧[3]，弗许，曰："王章也[4]。未有代德，而有二王，亦叔父之所恶也。"与之阳樊、温、原[5]、欑茅之田[6]。晋于是始启南阳[7]。

阳樊不服，围之。苍葛呼曰[8]："德以柔中国，刑以威四夷，宜吾不敢服也。此谁非王之亲姻，其俘之也？"乃出其民。

【注释】

〔1〕隰城：在今河南武陟。

〔2〕戊午：四月四日。

〔3〕请隧：请求允许其死后以天子之礼安葬。隧，即隧道，天子之墓有隧道，诸侯则无。

〔4〕王章：王者所享之典章礼制。

〔5〕原：在今河南济源。

〔6〕欑茅：在今河南修武。

〔7〕南阳：指黄河以北，太行山以南一带。

〔8〕苍葛：阳樊人之首领。

【译文】

晋文公辞退秦军，顺流而下。三月十九日，军队驻扎在阳樊，右翼部队包围温地，左翼部队迎接周天子。夏四月初三，周天子进入王城，在温地抓获太叔王子带，把他杀死在隰城。

四月初四，晋文公朝见周天子。周天子用甜酒招待晋文公，晋文公回敬周天子酒。晋文公请求死后用隧道之礼葬他，周天子没有允许，说："这是天子的丧葬规格。还没有取代周室的德行而有两个天子，这也是叔父所不喜欢的。"周天子赐给晋文公阳樊、温、原、攒茅的田地。晋国从此时开始开辟南阳。

阳樊人不服，晋国军队包围了阳樊。苍葛大喊说："要用德行来安抚中原国家，刑罚只用来威慑四方夷狄，你们用武力，难怪我们不敢降服。这里谁不是天子的亲戚，岂能做俘虏呢？"于是晋军只好放阳樊的百姓出城。

【原文】

冬，晋侯围原，命三日之粮。原不降，命去之。谍出，曰："原将降矣。"军吏曰："请待之。"公曰："信，国之宝也，民之所庇也[1]。得原失信，何以庇之？所亡滋多。"退一舍而原降。迁原伯贯于冀[2]。赵衰为原大夫，狐溱为温大夫。

卫人平莒于我，十二月，盟于洮，修卫文公之好，且及莒平也。

晋侯问原守于寺人勃鞮，对曰："昔赵衰以壶飧从[3]，径，馁而弗食。"故使处原。

【注释】

〔1〕庇：庇护，庇荫。

〔2〕冀：在今山西河津。

〔3〕飧：食物。

【译文】

冬季，晋文公率军包围原邑，命令携带三天的军粮。到了第三天，原邑不投降，晋文公就下令离开。间谍从城里出来，说："原邑准备投降了。"晋国的军官说："请等待一下。"晋文公说："信用，是国家的宝贝，是庇护百姓的东西。得到原邑而失去信用，用什么庇护百姓？只怕失去的东西将更多。"晋国退兵三十里，原邑投降。晋文公把原伯贯迁到冀地。任命赵衰做原大夫，狐溱做温大夫。

卫国人调停莒国和我国的关系。十二月，鲁僖公和卫成公、莒庆在洮地结盟，重修卫文公时双方建立的友好关系，同时和莒国讲和。

晋文公向寺人勃鞮询问镇守原邑的人选。勃鞮回答说："以前赵衰用壶携带了食物跟随您，一个人走在小道上，不管多饿也不去吃给您带的食物。"所以晋文公就任命赵衰为原大夫。

鲁展喜犒齐师

【原文】

夏，齐孝公伐我北鄙。

公使展喜犒师，使受命于展禽。齐侯未入竟[1]，展喜从之，曰："寡君闻君亲举玉趾，将辱于敝邑，使下臣犒执事。"齐侯曰："鲁人恐乎？"对曰："小人恐矣，君子则否。"齐侯曰："室如悬磬[2]，野无青草，何恃而不恐？"对曰："恃先王之命。昔周公、大公股肱周室，夹辅成王。成王劳之，而赐之盟曰：'世世子孙，无相害也。'载在盟府，大师职之。桓公是以纠合诸侯，而谋其不协，弥缝其阙，而匡救其灾，昭旧职也。及君即位，诸侯之望曰：'其率桓之功。'我敝邑用是不敢保聚，曰：'岂其嗣世九年，而弃命废职，其若先君何？君必不然。'恃此以不恐。"齐侯乃还。

【注释】

〔1〕竟：同"境"。

〔2〕室如悬磬：是说家里什么东西也没有，空空荡荡。主要指粮食尽竭。磬，同"磬"，一种用石或玉雕成的乐器，中空，排在架上，敲之有声。

【译文】

夏季,齐孝公进攻我国北部边境。

僖公派遣展喜犒劳军队,派他向展禽请教如何措辞。齐孝公的军队还没有进入我国国境,展喜出境迎见,然后跟随着他,说:"我的君主听说君王亲自出动大驾,将要光临敝邑,所以派遣下臣来慰劳您的军队。"齐孝公问:"鲁国人害怕吗?"展喜回答说:"小人害怕了,君子就不是这样。"齐孝公说:"房屋中像挂起的磬一样空无一物,四野里连青草都没有,靠什么不害怕?"展喜回答说:"靠的是先王的命令。从前我们的始祖周公、贵国的太公辅佐周室,在左右协助成王。成王慰劳他们,赐给他们盟约,说:'你们世世代代的子孙不要互相侵犯。'这个盟约仍藏在盟府之中,由太史保管。贵国的先君齐桓公因此联合诸侯,而商讨解决他们之间的纠纷,弥补他们的缺失,救援他们的灾难,这都是显扬贵国太公的职责。等到您即位,各国盼望说:'他一定会继续桓公的功业!'因此敝邑不敢聚众防守,都说:'难道齐侯即位九年,就背弃成王之命,废弃太公之职了吗?否则,他怎么对得起太公和桓公呢?齐侯一定不会这样做的。'靠着这一点,所以不害怕。"齐孝公于是撤兵回国。

晋楚城濮之战

【原文】

楚子将围宋,使子文治兵于睽[1],终朝而毕,不戮一人[2]。子玉复治兵于蒍[3],终日而毕,鞭七人,贯三人耳。国老皆贺子文,子文饮之酒。蒍贾尚幼,后至,不贺。子文问之,对曰:"不知所贺。子之传政于子玉,曰:'以靖国也。'靖诸内而败诸外,所获几何?子玉之败,子之举也,举以败国,将何贺焉?子玉刚而无礼,不可以治民,过三百乘,其不能以入矣。苟入而贺,何后之有?"

【注释】

[1]治兵:指临战前的军事演习。
[2]戮:责罚。
[3]蒍:楚邑,地点不详。

【译文】

楚成王准备包围宋国，派遣子文在睽地军事演习。子文一早上就完事了，不责罚一个人。子玉又在蒍地军事演习，一天才完事，鞭打七个人，用箭射穿三个人的耳朵。楚国的老臣们都祝贺子文，子文招待他们喝酒。蒍贾年纪小，后到，不祝贺。子文问他为什么，回答说："不知道祝贺什么。您把政权传给子玉，说：'为了安定国家。'安定于内而失败于外，所得到的有多少？子玉的对外作战失败，是由于您的推荐。推举而使国家失败，有什么可贺的呢？子玉刚愎无礼，不能让他治理军队，他率领的兵车超过三百乘，恐怕就不能胜利回来了。如果凯旋了，再祝贺，有什么晚的呢？"

【原文】

冬，楚子及诸侯围宋。宋公孙固如晋告急。先轸曰："报施、救患，取威、定霸，于是乎在矣。"狐偃曰："楚始得曹，而新昏于卫，若伐曹、卫，楚必救之，则齐、宋免矣。"于是乎蒐于被庐[1]，作三军，谋元帅。赵衰曰："郤縠可[2]。臣亟闻其言矣[3]，说礼、乐而敦《诗》《书》[4]。《诗》《书》，义之府也；礼、乐，德之则也；德、义，利之本也。《夏书》曰：'赋纳以言，明试以功，车服以庸。'君其试之。"乃使郤縠将中军，郤溱佐之。使狐偃将上军，让于狐毛而佐之。命赵衰为卿，让于栾枝、先轸。使栾枝将下军，先轸佐之。荀林父御戎，魏犨为右[5]。

【注释】

〔1〕蒐（sōu）：检阅军队。
〔2〕郤縠（hú）：晋大夫。
〔3〕亟闻：屡次听到，常常听到。
〔4〕敦：崇尚。
〔5〕魏犨（chōu）：又称魏武子。

【译文】

冬季，楚成王和诸侯包围宋国。宋国的公孙固到晋国报告紧急情况。先轸说："报答宋国的施恩，救援宋国的患难，在诸侯中取得威望，成就霸业，都在这一仗了。"狐偃说："楚国刚刚得到曹国的同盟，又新近与卫国联姻，如果攻打曹、卫两国，楚国必定救援，那么齐国和宋国就可以免于被攻了。"晋国因此在被庐阅兵，建立上、中、下三军，商量元帅的人选。赵衰说："郤縠可以胜任。我屡次听他谈论，他喜爱礼、乐而崇尚《诗》《书》。《诗》

《书》，是道义的府库；礼乐，是德行的准则；道德礼义，是利益的根本。《夏书》说：'使用一个人，应全面听取他的意见，把具体的任务交给他，使他受到明白的考验，如果成功，用车马服饰作为酬劳。'您不妨试一下！"于是晋国派郤縠率领中军，郤溱辅助他；派狐偃率领上军，狐偃让给狐毛而自己辅助他；任命赵衰为卿，赵衰让给栾枝、先轸；命栾枝率领下军，先轸辅助他。荀林父为晋文公驾驭战车，魏犨担任车右。

【原文】

晋侯始入而教其民，二年欲用之。子犯曰："民未知义，未安其居。"于是乎出定襄王，入务利民，民怀生矣[1]，将用之。子犯曰："民未知信，未宣其用[2]。"于是乎伐原以示之信，民易资者[3]，不求丰焉[4]，明征其辞[5]。公曰："可矣乎？"子犯曰："民未知礼，未生其共。"于是乎大蒐以示之礼，作执秩以正其官[6]。民听不惑，而后用之。出穀戍，释宋围，一战而霸，文之教也。

【注释】

[1] 怀生：安于生计。
[2] 未宣其用：未明守信的作用。宣，明也。
[3] 易资：交换商品，即做买卖。
[4] 不求丰：不妄求多得财物，占对方便宜。丰，多得。
[5] 明征其辞：明证其言无欺，恪守信义。
[6] 执秩：掌管爵禄等级之官。

【译文】

晋文公一回国，就训练百姓作战，过了两年，就想使用他们作战。子犯说："百姓还不知道道义，还没能各安其位。"于是在外，晋文公安定周襄王的君位；在内，致力于为百姓谋福利。百姓于是都安于他们的生计。晋文公又打算使用他们作战，子犯说："百姓还不知道信用，还不能明白守信的作用。"于是晋文公就攻打原国来让百姓明白守信的作用，百姓做买卖不求暴利，交易分明，恪守信义。晋文公说："行了吗？"子犯说："百姓还不知道礼义，没能使他们产生恭敬之心。"因此举行盛大的阅兵来让百姓看到礼义，建立执秩来规定官员的职责。等到百姓看到事情就能明辨是非，然后才使用他们作战。于是，赶走穀地的驻军，解除宋国的包围，一战而称霸诸侯。这都是文公的教化所致。

【原文】

二十八年春，晋侯将伐曹，假道于卫，卫人弗许。还，自南河济[1]，侵曹伐卫。正月戊申，取五鹿[2]。二月，晋郤縠卒。原轸将中军，胥臣佐下军，上德也。

晋侯、齐侯盟于敛盂[3]。卫侯请盟，晋人弗许。卫侯欲与楚，国人不欲，故出其君，以说于晋。卫侯出居于襄牛[4]。

公子买戍卫，楚人救卫，不克。公惧于晋，杀子丛以说焉。谓楚人曰："不卒戍也。"

【注释】

[1]南河：即南津，亦称济河、棘河，在今河南，河道现已淤塞。
[2]五鹿：卫地，在今河南濮阳。
[3]敛盂：卫地，在今河南濮阳。
[4]襄牛：卫地，在今山东。

【译文】

二十八年春季，晋文公准备攻打曹国，向卫国借路。卫国不答应。晋军回师，从南边渡过黄河，入侵曹国，攻打卫国。正月初九，占取了五鹿。二月，晋中军将郤縠死了，由原轸（即先轸）率领中军，胥臣为下军佐，这是重视才德。

晋文公和齐昭公在敛盂结盟。卫成公请求参加盟约，晋国人不答应。卫成公想转而结好楚国，国内的人们不愿意，所以赶走了他们的国君卫成公，以此取悦晋国。卫成公离开国都住在襄牛。

公子买戍守卫国，楚国人救援卫国，没有成功。鲁僖公害怕晋国，杀了公子买来讨好晋国。骗楚国人说："戍守期限未到他就想撤走，所以杀了他。"

【原文】

晋侯围曹，门焉，多死。曹人尸诸城上，晋侯患之。听舆人之谋曰："称舍于墓。"师迁焉。曹人凶惧，为其所得者，棺而出之。因其凶也而攻之。三月丙午，入曹。数之以其不用僖负羁，而乘轩者三百人也，且曰："献状。"令无入僖负羁之宫而免其族，报施也。魏犨、颠颉怒曰："劳之不图，报于何有？"爇僖负羁氏。魏犨伤于胸，公欲杀之，而爱其材。使问且视之，病，将杀之。魏犨束胸见使者，曰："以君之灵，不有宁也。"距跃三百，曲踊三百，乃舍之。杀颠颉以徇于师，立舟之侨以为戎右。

【译文】

晋文公发兵包围曹国,攻城门时战死了很多人。曹军把晋军的尸体陈列在城上,晋文公很担心。他听了士兵们的主意,声称"要在曹国人的墓地宿营"。晋文公就把军队迁行曹人墓地。曹国人十分恐惧,就把他们得到的晋军尸体装进棺材运出来。趁着曹军恐惧的时候,晋军开始攻城。三月初八,晋军攻入曹国都城。晋人责备曹国不任用僖负羁,做官坐车的反倒有三百人,并且说:"要供认当年观看晋文公洗澡的罪状。"晋文公下令不许进入僖负羁的家里,同时赦免他的族人,这是为了报答僖负羁当年的恩惠。魏犨、颠颉发怒说:"不为我们这些有功劳苦劳的人着想,还报答个什么恩惠?"于是放火烧了僖负羁的家。魏犨胸部受伤,晋文公想杀死他,但又爱惜他的才能,因此派使者去慰问他,并察看他的病情,如果伤势很重,就准备杀了他。魏犨捆紧胸部出见使者,说:"托国君的福,我不是好好的吗?"说着就向前跳三次,拍掌三次,又回身耸跳三次,拍掌三次。晋文公于是就饶恕了他,而杀死颠颉通报全军,立舟之侨为车右。

【原文】

宋人使门尹般如晋师告急。公曰:"宋人告急,舍之则绝,告楚不许。我欲战矣,齐、秦未可,若之何?"先轸曰:"使宋舍我而赂齐、秦,藉之告楚。我执曹君,而分曹、卫之田以赐宋人。楚爱曹、卫,必不许也。喜赂怒顽,能无战乎?"公说,执曹伯,分曹、卫之田以畀宋人。

【译文】

宋国派门尹般向晋军求救。晋文公说:"宋国来报告危急情况,不去救他就断绝了交往;请求楚国撤兵,楚人一定不答应。我们要同楚国作战,齐国和秦国又不同意。怎么办?"先轸说:"设法让宋国丢开我国,而去给齐国、秦国赠送财礼,假借他们两国去请求楚国退兵。我们扣留曹国国君,把曹国、卫国的田地分赐给宋国。楚国与曹国、卫国亲善,必定不答应齐国和秦国的请求。齐国和秦国既高兴于得了宋国的财礼,又恼怒楚国的顽抗,这样,他们能不参战吗?"晋文公听了很高兴,就扣住曹共公,把曹国和卫国的田地分给了宋国人。

【原文】

楚子入居于申,使申叔去穀,使子玉去宋,曰:"无从晋师。晋侯在外十九年矣,而果得晋国。险阻艰难,备尝之矣;民之情伪,尽知之矣。天假之年,而除其害。天之所置,其可废乎?《军志》曰[1]:'允当则归。'又曰："知难而退。'又曰：'有德不可敌。'此三志者，晋之谓矣。"子玉使伯棼请战，曰："非敢必有功也，愿以间执谗慝之口。"王怒，少与之师，唯西广、东宫与若敖之六卒实从之。

【注释】

〔1〕《军志》：古之兵书，已佚。

【译文】

楚成王驻兵于申城，让申叔撤离穀地，让子玉撤离宋国，说："不要去追逐晋国军队！晋文公流亡在外十九年，结果得到了晋国，当了国君。险阻艰难，他都尝过了；民情真假，他都知道了。上天给予他这样长的寿命，又帮他把政敌都剪除了，这是上天要树立他，难道可以废除吗？《军志》说：'适可而止。'又说：'知难而退。'又说：'有德的人不可抵挡。'这三条记载，都适用于晋国。"子玉派遣伯棼向成王请战，说："不敢说一定能立功，愿意以此塞住奸邪小人的嘴巴。"楚成王发怒，给他少量军队，只有右军西广、东宫太子属下和若敖氏的亲兵六百人跟去。

【原文】

子玉使宛春告于晋师曰："请复卫侯而封曹，臣亦释宋之围。"子犯曰："子玉无礼哉！君取一，臣取二，不可失矣。"先轸曰："子与之，定人之谓礼，楚一言而定三国，我一言而亡之。我则无礼，何以战乎？不许楚言，是弃宋也；救而弃之，谓诸侯何？楚有三施，我有三怨，怨仇已多，将何以战？不如私许复曹、卫以携之，执宛春以怒楚，既战而后图之。"公说，乃拘宛春于卫，且私许复曹、卫。曹、卫告绝于楚。

【译文】

子玉派宛春通告晋军说："请恢复卫侯的君位，同时把土地退还曹国，我也就解除对宋国的包围。"子犯说："子玉无礼啊！给我们国君的，只是解除对宋国的包围一项好处；他为人臣，要求君王给出的，却是复卫封曹两项好处。这次作战的机会不可失掉。"先轸说："君王应答应他，安定别人叫作礼，楚国一句话而安定三国，我们一句话而使它们灭亡。那是我们无礼，这样，拿什么作战呢？不答应楚国的请求，这是抛弃宋国；既然来救援，结果又抛弃它，怎么向诸侯列国交代呢？楚国一句话给三国带来恩惠，我们一句话使三国都埋怨我们。怨仇已经多了，准备拿什么作战？不如私下答应恢复曹国和卫国来离间他们，扣留宛春来激怒楚国，其余的等打完仗再说。"晋文公很高

先轸诡谋激子玉

兴,于是把宛春囚禁在卫国,同时私下允诺恢复曹、卫。曹、卫于是宣告与楚国绝交。

【原文】

子玉怒,从晋师。晋师退。军吏曰:"以君避臣,辱也。且楚师老矣,何故退?"子犯曰:"师直为壮,曲为老。岂在久乎?微楚之惠不及此,退三舍辟之,所以报也。背惠食言,以亢其仇,我曲楚直,其众素饱,不可谓老。我退而楚还,我将何求?若其不还,君退臣犯,曲在彼矣。"退三舍。楚众欲止,子玉不可。

【译文】

子玉发怒,追逐晋军。晋军撤退。军吏说:"我们国君倒要躲避他们臣下,这是耻辱;而且楚军长期在外,士气已经衰疲,我们为什么撤退?"子犯说:"出兵作战,有理就气壮,无理就气衰,哪里在于在外边时间的长短呢?如果没有楚国的恩惠,我们就没有今天。退三舍躲避他们,就是作为报答。背弃恩惠而说话不算数,又去庇护他们的敌人,我们理亏而楚国理直,加上他们的士气一向饱满,不能算是衰疲。我们退走,如果楚军也撤回,我们还苛求什么?如果他们不撤兵,那么,为君的已经退兵,为臣的还要进犯,他们就理亏了。"晋军退走三舍。楚国将士要求停下来,子玉不同意。

【原文】

夏四月戊辰,晋侯、宋公、齐国归父、崔夭、秦小子憖次于城濮。楚师背酅而舍[1],晋侯患之。听舆人之诵曰:"原田每每[2],舍其旧而新是谋。"公疑焉。子犯曰:"战也。战而捷,必得诸侯。若其不捷,表里山河,必无害也。"公曰:"若楚惠何?"栾贞子曰:"汉阳诸姬,楚实尽之。思小惠而忘大耻,不如战也。"晋侯梦与楚子搏,楚子伏己而盬其脑,是以惧。子犯曰:"吉。我得天,楚伏其罪,吾且柔之矣。"

【注释】

〔1〕背酅（xī）而舍：背靠险阻之地安营，以示决战之志。
〔2〕原田每每：宽阔平坦的土地，植物生长繁茂。

【译文】

夏四月初一，晋文公、宋成公、齐国大夫国归父和崔夭、秦国的小子憖驻军城濮。楚军背靠着险要丘陵扎营，晋文公担心楚人凭险进攻。他听到士兵念诵："宽阔平坦的土地，绿草油油，丢开旧的而对新的加以犁锄。"晋文公仍然犹豫不决。子犯说："出战吧！战而得胜，一定得到诸侯拥戴。如果不胜，我国外有大河，内有高山，一定没有什么害处。"晋文公说："那楚国的恩惠怎么办？"栾枝说："汉水以北的姬姓诸国都被楚国吞并了。何必想着小恩惠，而忘记大耻大辱，不如出战。"晋文公梦见和楚王搏斗，楚王伏在自己身上吮吸自己的脑浆，因而害怕。子犯说："这是吉兆。我在下面脸朝天，是我得天助；他在上面脸朝地，是楚国服罪。我们将要以柔制服他们了。"

【原文】

子玉使斗勃请战，曰："请与君之士戏，君冯轼而观之，得臣与寓目焉。"晋侯使栾枝对曰："寡君闻命矣。楚君之惠，未之敢忘，是以在此。为大夫退，其敢当君乎？既不获命矣，敢烦大夫，谓二三子：'戒尔车乘，敬尔君事，诘朝将见。'"

晋车七百乘，韅、靷、鞅、靽。晋侯登有莘之虚以观师〔1〕，曰："少长有礼，其可用也。"遂伐其木，以益其兵〔2〕。

【注释】

〔1〕虚：同"墟"，土丘或废城址。此指莘国之废城墙。
〔2〕兵：指兵器，如矛、戈等，皆以木为柄。

【译文】

子玉派斗勃向晋国请战，说："我军愿和君王的斗士做一次角力游戏，请君王靠着车轼观看，得臣可以陪同君王一起观看。"晋文公派栾枝回答说："我们国君听到贵国的命令了。楚君的恩惠，我们不敢忘记，所以才撤到这里。我们以为大夫已经退兵了，臣下难道敢抵挡国君吗？既然大夫不肯退兵，那就烦请大夫对贵国将士们说：'驾好你们的战车，忠于你们的国事，明天早晨将见面。'"

晋国战车七百辆，装备齐全。晋文公登上莘国的废城墙检阅军队，说："年少的和年长的，排列有序，合于礼，可以使用了。"于是命令砍伐山上的树木，补充武器。

【原文】

己巳，晋师陈于莘北，胥臣以下军之佐当陈、蔡。子玉以若敖六卒将中军，曰："今日必无晋矣。"子西将左，子上将右。胥臣蒙马以虎皮，先犯陈、蔡。陈、蔡奔，楚右师溃。狐毛设二旆而退之。栾枝使舆曳柴而伪遁，楚师驰之，原轸、郤溱以中军公族横击之。狐毛、狐偃以上军夹攻子西，楚左师溃。楚师败绩。子玉收其卒而止，故不败。

晋师三日馆、谷，及癸酉而还。甲午，至于衡雍，作王宫于践土。

【译文】

初二，晋军在莘北摆开阵势，下军副帅胥臣率军抵御陈、蔡两国军队。子玉用若敖的亲兵作为中军，说："今天一定会消灭晋军。"子西率领左军，子上（即斗勃）率领右军。胥臣把老虎皮蒙在战马身上，先攻陈、蔡两军。陈、蔡两军奔逃，楚军的右翼部队溃散。狐毛竖起两面大旗，冒充晋中军撤退，栾枝让兵车拖着木柴假装逃走，楚军追击。原轸、郤溱率领中军的禁卫军拦腰袭击楚军。狐毛、狐偃率领上军夹攻子西，楚国的左翼部队溃败。楚军大败。子玉收兵不动，所以得以不败。

晋军休整三天，吃楚军留下的粮食，到初六起程回国。二十七日，晋军到达衡雍，晋文公在践土为周天子建造了一座行宫。

【原文】

乡役之三月，郑伯如楚致其师。为楚师既败而惧，使子人九行成于晋。晋栾枝入盟郑伯。五月丙午，晋侯及郑伯盟于衡雍。丁未，献楚俘于王：驷介百乘，徒兵千。郑伯傅王，用平礼也。己酉，王享醴，命晋侯宥。王命尹氏及王子虎、内史叔兴父策命晋侯为侯伯，赐之大辂之服[1]，戎辂之服[2]，彤弓一[3]，彤矢百，玈弓矢千[4]，秬鬯一卣[5]，虎贲三百人。曰："王谓叔父，敬服王命，以绥四国，纠逖王慝。"晋侯三辞，从命，曰："重耳敢再拜稽首，奉扬天子之丕显休命[6]。"受策以出，出入三觐。

【注释】

〔1〕大辂：大车也。天子之车称大辂，祭祀时乘用，可以赐有功之诸侯。大辂为总名，又具体分为玉辂、金辂、象辂、革辂、木辂五种。

〔2〕戎辂：兵车。

〔3〕彤弓：赤色之弓。

〔4〕玈弓矢：黑色之弓箭。

〔5〕秬鬯：指用黑黍加香草酿成的香酒，古人用以降神。秬，黑黍。卣：

酒器。

〔6〕丕显休命：形容天子的命令伟大、光明、美好。丕，大也。休，美也。

【译文】

这一战役之前的三个月，郑文公派军队到楚国助战。因为楚军失败，郑文公害怕了，派遣子人九同晋国讲和。晋国的栾枝进入郑国和郑文公订立盟约。五月初九，晋文公和郑文公在衡雍结盟。初十，晋文公把楚国的战俘献给周天子：驷马披甲的战车一百辆，步兵一千人。郑文公作为相礼，用的是周平王时的礼仪。十二日，周天子设享礼用甜酒招待晋文公，又允许他向自己回敬酒。周天子命令尹氏、王子虎和内史叔兴父以策书任命晋文公为诸侯的领袖，赐给他大辂车、戎辂车以及相应的服装仪仗，红色的弓一把、红色的箭一百支，黑色的弓十把、黑色的箭一千支，黑黍加香草酿造的香酒一卣，勇士三百人，说："天子对叔父说：'请恭敬地服从天子的命令，以安抚四方诸侯，惩治王朝的邪恶之人。'"晋文公辞谢三次，才接受命令，说："重耳谨再拜叩头，接受并发扬天子伟大、光明、美好的赐命。"于是晋文公接受策书离开了成周。从进入成周到离开，晋文公朝觐天子三次。

【原文】

卫侯闻楚师败，惧，出奔楚，遂适陈，使元咺奉叔武以受盟。癸亥，王子虎盟诸侯于王庭，要言曰："皆奖王室，无相害也。有渝此盟，明神殛之，俾队其师，无克祚国，及尔玄孙，无有老幼。"君子谓是盟也信，谓晋于是役也，能以德攻。

【译文】

卫成公听说楚军失败，害怕，逃亡到楚国，又逃到陈国，派元咺侍奉叔武去接受诸侯的盟约。二十六日，王子虎和诸侯在天子的住处盟誓，约定说："大家都要辅助王室，不要互相残害！谁要违背盟约，就要受到神的诛杀，使他的军队败亡，不能享有国家，而且一直殃及子孙，不论老幼。"君子认为这次盟约是守信用的，认为晋国在这次战役中，能够用道德的力量来讨伐楚国。

【原文】

　　初，楚子玉自为琼弁、玉缨[1]，未之服也。先战，梦河神谓己曰："畀余，余赐女孟诸之麋[2]。"弗致也，大心与子西使荣黄谏，弗听。荣季曰："死而利国，犹或为之，况琼玉乎？是粪土也，而可以济师，将何爱焉？"弗听。出，告二子曰："非神败令尹，令尹其不勤民，实自败也。"既败，王使谓之曰："大夫若入，其若申、息之老何？"子西、孙伯曰："得臣将死。二臣止之曰：'君其将以为戮。'"及连穀而死。

　　晋侯闻之而后喜可知也，曰："莫余毒也已！蒍吕臣实为令尹，奉己而已，不在民矣。"

【注释】

　　[1]琼弁、玉缨：皆为马的装饰品。琼弁，饰以赤玉的马冠，即在马笼头上缀以赤玉。玉缨，是在马鞅上饰以玉。

　　[2]孟诸：指宋国之沼泽地，在今河南商丘。麋：同"湄"，水边草地。

【译文】

　　当初，楚国的子玉自己制作了镶玉的马冠、马鞅，还没有使用。作战之前，梦见黄河河神对他说："把这些东西送给我，我赐给你孟诸的沼泽地。"子玉没有送去。他儿子大心和子西让荣黄劝谏，子玉不听。荣黄说："如果有利于国家，牺牲性命也要去做，何况是美玉呢？和国家比起来，这不过是粪土而已。如果可以使军队打胜仗，有什么可爱惜的？"子玉仍然不肯。荣黄出来告诉大心、子西说："不是神明让令尹失败，而是令尹不以百姓的事情为重，实在是自取失败啊。"子玉战败之后，楚成王派使臣对子玉说："申、息的子弟大多战死了，大夫如果回来，怎么向申、息两地的父老交代呢？"子西、孙伯（即大心）对使者说："子玉打算自杀，我们两个阻拦他说：'不要自杀，等着国君来制裁你吧。'"到达连穀，子玉就自杀了。

晋文公听说子玉自杀了，喜形于色，说："子玉一死，再没有人能害我了。芍吕臣接任令尹，不过是奉养自己而已，并不是为了百姓。"

烛之武退秦师

【原文】

九月甲午，晋侯、秦伯围郑，以其无礼于晋，且贰于楚也。晋军函陵[1]，秦军汜南[2]。

佚之狐言于郑伯曰："国危矣，若使烛之武见秦君，师必退。"公从之。辞曰："臣之壮也，犹不如人，今老矣，无能为也已。"公曰："吾不能早用子，今急而求子，是寡人之过也。然郑亡，子亦有不利焉。"许之。

【注释】

[1]函陵：在今河南新郑。
[2]汜：水名。

【译文】

九月初十，晋文公、秦穆公率军包围郑国，因为郑国当年对晋文公无礼，而且亲附楚国。晋军驻扎在函陵，秦军驻扎在汜水南。

佚之狐对郑文公说："国家危急了。如果派遣烛之武去见秦穆公，秦、晋两国一定退兵。"郑文公采纳了这个建议。烛之武推辞说："臣下年壮的时候，尚且不如别人；现在老了，无能为力了。"郑文公说："我没能及早任用您，现在形势危急而来求您，这是我的过错。但郑国灭亡，对您也不利啊。"于是烛之武答应了。

【原文】

夜，缒而出[1]，见秦伯，曰："秦、晋围郑，郑既知亡矣。若亡郑而有益于君，敢以烦执事。越国以鄙远，君知其难也，焉用亡郑以陪邻？邻之厚，君之薄也。若舍郑以为东道主，行李之往来[2]，共其乏困[3]，君亦无所害。且君尝为晋君赐矣，许君焦、瑕，朝济而夕设版焉，君之所知也。夫晋，何厌之有？既东封郑，又欲肆其西封，若不阙秦，将焉取之？阙秦以利晋，唯君图之。"

【注释】

〔1〕缒：用绳子绑住身子，从城墙上吊下去。
〔2〕行李：往来之使者。
〔3〕共其乏困：供其食宿之需。

【译文】

夜里，烛之武用绳子把自己从城墙上吊到城外，进见秦穆公，说："秦、晋两国包围郑国，郑国已经知道自己要灭亡了。如果灭亡郑国而对您有好处，那就麻烦你们进攻吧。越过别国而以远方的土地作为边邑，您知道是很困难的，哪里用得着灭亡郑国去增加邻国——晋国的土地呢？邻国的实力加强，你们就要被削弱。如果赦免郑国，让郑国做东路上的主人，贵国使者经过郑国，可供应他食宿之需，这样对您也没有害处。而且您曾经给晋国国君施加过恩惠，他答应把焦、瑕两地送给您作为报答，可是他早晨渡过河回国，晚上就设版筑城，这是您所知道的。晋国哪有满足？如果已经灭了郑国，晋国把郑国作为它东边的疆界，就必定要肆意扩大它西边的疆界。扩大西边的疆界，如果不侵占秦国的领土，还能到哪里取得土地呢？损害秦国而利于晋国的事，请您考虑。"

【原文】

秦伯说，与郑人盟，使杞子、逢孙、扬孙戍之，乃还。
子犯请击之。公曰："不可。微夫人之力不及此。因人之力而敝之，不仁；失其所与，不知；以乱易整，不武。吾其还也。"亦去之。

【译文】

秦穆公很高兴，就和郑国人结盟，留下杞子、逢孙、扬孙在郑国戍守，自己就撤兵回去了。
子犯请求攻击秦军。晋文公说："不行。如果没有他们的力量，我们不会有今天这个地位。靠了别人的力量，反而伤害他，这是不仁；失掉了同盟国，这是不智；用动乱代替和睦，这是不武。我们还是回去吧。"晋文公也撤兵离开郑国。

秦晋殽之战

【原文】

（僖公三十二年）冬，晋文公卒。庚辰，将殡于曲沃[1]，出绛，柩有声如牛。卜偃使大夫拜，曰："君命大事，将有西师过轶我[2]，击之，必大捷焉。"

杞子自郑使告于秦曰："郑人使我掌其北门之管，若潜师以来，国可得也。"穆公访诸蹇叔，蹇叔曰："劳师以袭远，非所闻也。师劳力竭，远主备之，无乃不可乎！师之所为，郑必知之。勤而无所，必有悖心。且行千里，其谁不知？"公辞焉。召孟明、西乞、白乙，使出师于东门之外。蹇叔哭之曰："孟子，吾见师之出而不见其入也。"公使谓之曰："尔何知？中寿，尔墓之木拱矣。"蹇叔之子与师，哭而送之，曰："晋人御师必于殽。殽有二陵焉。其南陵，夏后皋之墓也；其北陵，文王之所辟风雨也。必死是间，余收尔骨焉。"秦师遂东。

【注释】

〔1〕殡：人死入殓而未葬。
〔2〕过轶：越境而过。轶，自后过前。

【译文】

冬季，晋文公死。十二月初十，准备把晋文公的棺材送往曲沃停放，离开绛城，棺材里发出像牛叫的声音。卜偃请晋大夫们跪拜，说："国君在发布军事命令：西边的军队将越过我国境内，如果攻击他们，必定大胜。"

秦将杞子从郑国派人报告秦穆公说："郑国人让我掌管都城北门的钥匙，如果偷偷发兵前来，可以占领他们的国都。"秦穆公为此咨询蹇叔。蹇叔说："使军队疲劳而去侵袭相距遥远的国家，我还没有听说过。军队疲劳，战斗力衰竭，远方的国家又有防备，恐怕不行吧！我们军队的行动，郑国一定会知道，费了力气不讨好，军队一定将产生抵触情绪。而且行军千里，又有谁会不知道？"秦穆公不接受他的意见，召见孟明、西乞、白乙，让他们在东门外出兵。蹇叔哭着送他们说："孟明，我看到军队出去而看不到回来了！"秦穆公派人对他说："你知道什么？如果你活到六七十岁就死去，你坟上的树木已经长到一抱粗了。"蹇叔的儿子也在这次出征的军队里，蹇叔哭着送他，说："晋国人必定在殽伏击你们。殽有两座山陵。它的南陵，是夏后皋的坟墓；它的北陵，是文王避过风雨的地方。你必定死在两座山陵之间，我去那里收你的尸骨吧！"秦国军队于是出发东进。

【原文】

三十三年春，秦师过周北门，左右免胄而下[1]，超乘者三百乘。王孙满尚幼，观之，言于王曰："秦师轻而无礼，必败。轻则寡谋，无礼则脱[2]。入险而脱，又不能谋，能无败乎？"

及滑，郑商人弦高将市于周，遇之，以乘韦先[3]，牛十二犒师，曰："寡君闻吾子将步师出于敝邑，敢犒从者，不腆敝邑[4]，为从者之淹，居则具一日之积，行则备一夕之卫。"且使遽告于郑。

【注释】

[1]左右免胄而下：古之兵车，御者在中，持弓者在左，持矛者在右。过王城时，左右下车并脱去头盔，表示向天子致敬。胄，武士的头盔，古称"兜鍪"。

[2]脱：粗疏大意。

[3]以乘韦先：先送上四张熟皮革。古人馈赠礼品先以薄物为引，后送贵重之物。乘，四。韦，熟皮革。

[4]不腆：为当时客套话，不富厚之意。

【译文】

三十三年春季，秦国军队经过成周王城的北门，战车上除御者以外，车左、车右都脱去头盔，下车步行；又有三百辆战车的将士，刚下车又轻率地一跃登车而去。王孙满年纪还小，看到了，对周天子说："秦国军队轻佻而无礼，一定失败。轻佻就缺少计谋，无礼就会粗疏大意。进入险地而粗疏大意，又没有谋略，能不打败仗吗？"

秦军到达滑国，郑国的商人弦高准备到成周做买卖，碰到秦军,先送秦军四张熟皮革做引礼,再送十二头牛犒劳秦军,说:"我们国君听说贵军行军将经过敝邑,谨派我来犒赏您的部下。敝邑虽不富裕,不过为了贵军在这里停留,住下就预备一天的供应,离开就准备一夜的守卫。"弦高同时又派邮车紧急向郑国报告。

【原文】

郑穆公使视客馆,则束载、厉兵、秣马矣。使皇武子辞焉,曰:"吾子淹久于敝邑,唯是脯资、饩牵竭矣。为吾子之将行也,郑之有原圃[1],犹秦之有具囿也[2],吾子取其麋鹿,以闲敝邑,若何?"杞子奔齐,逢孙、扬孙奔宋。

孟明曰:"郑有备矣,不可冀也。攻之不克,围之不继,吾其还也。"灭滑而还。

【注释】

〔1〕原圃:郑国放养禽兽的猎场,在今河南。
〔2〕具囿:秦国放养禽兽的猎场,在今陕西凤翔。

【译文】

郑穆公派人去探看秦将杞子等人驻扎的馆舍,发现他们已经装束好行装,磨利武器,喂饱马匹了。郑穆公派皇武子辞谢他们,说:"大夫们久住在敝邑,敝邑的干肉、粮食、牲口都竭尽了。为了大夫们将要离开,郑国的原圃,就如同秦国的具囿,大夫们自己猎取麋鹿,使敝邑得到休息,诸位认为怎么样?"于是杞子逃到齐国,逢孙、扬孙逃到宋国。

孟明说:"郑国已有防备,袭击郑国已无指望了。攻打郑国不能取胜,包围它又没有后援,我们还是回去吧。"于是灭掉了滑国就回去了。

【原文】

晋原轸曰:"秦违蹇叔,而以贪勤民,天奉我也。奉不可失,敌不可纵,纵敌患生,违天不祥,必伐秦师。"栾枝曰:"未报秦施而伐其师,其为死君乎?"先轸曰:"秦不哀吾丧而伐吾同姓,秦则无礼,何施之为?吾闻之,一日纵敌,数世之患也。谋及子孙,可谓死君乎?"遂发命,遽兴姜戎,子墨衰绖,梁弘御戎。莱驹为右。

夏四月辛巳,败秦师于殽,获百里孟明视、西乞术、白乙丙以归。遂墨以葬文公,晋于是始墨[1]。

文嬴请三帅,曰:"彼实构吾二君,寡君若得而食之,不厌,君何辱讨焉!使归就戮于秦,以逞寡君之志,若何?"公许之。

晋襄公墨缞败秦

先轸朝，问秦囚。公曰："夫人请之，吾舍之矣。"先轸怒曰："武夫力而拘诸原，妇人暂而免诸国。堕军实而长寇仇〔2〕，亡无日矣。"不顾而唾。

【注释】

〔1〕始墨：由此开始，以穿黑色丧服为俗。

〔2〕堕军实：毁弃将士们获得的战果。堕，毁也。军实，战斗成果，此指俘获的秦囚。

【译文】

晋国的先轸说："秦君违背蹇叔的忠告，由于他的贪婪之心而使百姓劳苦，这是上天给予我们的机会。机会不能丢失，敌人不能随便放走。放走敌人，就会发生祸患；违背天意，就不吉利。一定要进攻秦国军队。"栾枝说："没有报答秦国的恩惠反而攻打它的军队，心中还有死去的国君吗？"先轸说："秦国不为我们的丧事悲伤，反而攻打我们的同姓国家，秦国就是无礼，还讲什么恩惠？我听说'一天放走敌人，就是几代的祸患'。我们要为子孙后代打算，这可以对死去的国君说了吧！"于是就发布出击秦军的命令，并且立即动员姜戎的军队参战。晋文公的儿子晋襄公穿着染成黑色的丧服出征，梁弘为他驾驭战车，莱驹作为车右。

夏四月十三日，晋军在殽打败秦国军队，并且俘虏了百里孟明视、西乞术、白乙丙三个指挥官。于是就穿着黑色的丧服安葬晋文公。晋国从此开始以黑色丧服为俗。

文嬴请求把三位指挥官释放回国，说："他们挑拨我们两国国君的关系，秦君如果抓到他们，就是吃他们的肉也不会解恨，何必劳君王去惩罚他们呢？让他们回到秦国受刑，以满足秦君的意愿，怎么样？"晋襄公同意了。

先轸朝见晋襄公，问起秦国的俘虏，晋襄公说："母亲代他们提出请求，我就放他们走了。"先轸生气地说："勇士们花力气在战场上抓获他们，一个女人仓促之间说几句话就在国都把他们放了。这是毁弃自己的战果而长了敌人的志气，这样下去晋国快要灭亡了！"说完在襄公面前不回头就吐唾沫。

【原文】

公使阳处父追之，及诸河，则在舟中矣。释左骖[1]，以公命赠孟明。孟明稽首曰："君之惠，不以累臣衅鼓[2]，使归就戮于秦，寡君之以为戮，死且不朽。若从君惠而免之，三年将拜君赐。"

秦伯素服郊次，乡师而哭，曰："孤违蹇叔，以辱二三子，孤之罪也。"不替孟明，曰："孤之过也，大夫何罪？且吾不以一眚掩大德[3]。"

【注释】

[1] 释左骖：把左边那匹马解下来。左骖，古之兵车由四匹马并列驾驶，最左边的一匹称"左骖"。

[2] 衅鼓：以血涂鼓。此处是杀死之意。衅，古代器物如钟、鼓等新成，要杀牲以血涂祭，称"衅"。

[3] 眚：眼病。引申为过失。

【译文】

晋襄公派阳处父追赶放走的三个人，追到黄河边上，他们已经上船了。阳处父解下左边的骖马，以晋襄公的名义赠送给他们。孟明叩头拜谢说："承蒙君王的恩惠，不用我们这些被囚之臣去祭鼓，让我们回到秦国去受刑，秦君如果杀了我们，死而不朽。如果托贵君的恩惠而赦免我们，三年之后我们再来拜谢贵君的恩赐。"

秦穆公穿着素服在郊外等待孟明他们，并对着被释放回来的将士号哭，说："我违背了蹇叔的忠告，使你们几位受到侮辱，这是我的罪过啊。"秦穆公没有撤换孟明的职务，说："这是我的过错，大夫有什么罪？而且我不能用一次的过失来掩盖你们的大德。"

宋昭之弑

【原文】

七年夏四月，宋成公卒。于是公子成为右师，公孙友为左师，乐豫为司马，鳞矔为司徒，公子荡为司城，华御事为司寇。

昭公将去群公子，乐豫曰："不可！公族，公室之枝叶也；若去之，则本根无所庇荫矣。葛藟犹能庇其本根[1]，故君子以为比，况国君乎？此谚所谓'庇焉而纵寻斧焉'者也。必不可！君其图之。亲之以德，皆股肱也，谁敢携贰？若之何去之？"不听。

【注释】

〔1〕葛藟（lěi）：葡萄科植物。

【译文】

鲁文公七年夏四月，宋成公去世。这时候公子成担任右师，公孙友担任左师，乐豫担任司马，鳞矔担任司徒，公子荡担任司城，华御事担任司寇。

宋昭公准备铲除诸公子，乐豫说："不行！国君的同族是公室的枝叶；如果剪除枝叶，那么树干、树根就没有庇护的东西了。葛藟尚且能庇护它的躯干和根脉，所以君子用它比喻兄弟之间的互相保护，何况是国君呢？这就是谚语所说的'有树遮阴，却要用斧头砍掉它'。一定不可这样做！君王仔细考虑一下。应该用德行去亲近诸公子，他们都是左右辅弼之臣，谁敢存二心？为什么要除掉他们呢？"昭公不听劝。

【原文】

穆、襄之族率国人以攻公，杀公孙固、公孙郑于公宫。六卿和公室，乐豫舍司马以让公子卬。昭公即位而葬。

宋襄夫人，襄王之姊也，昭公不礼焉。夫人因戴氏之族，以杀襄公之孙孔叔、公孙钟离及大司马公子卬，皆昭公之党也。司马握节以死，故书以官。司城荡意诸来奔，效节于府人而出〔1〕。公以其官逆之，皆复之。亦书以官，皆贵之也。

宋公子鲍礼于国人，宋饥，竭其粟而贷之。年自七十以上，无不馈饴也，时加羞珍异。无日不数于六卿之门。国之材人，无不事也；亲自桓以下，无不恤也。公子鲍美而艳，襄夫人欲通之，而不可，夫人助之施。昭公无道，国人奉公子鲍以因夫人。

【注释】

〔1〕效节：将符节交还。

【译文】

穆公、襄公的族人率领国人攻打昭公，在宫中杀死了公孙固和公孙郑。幸亏六卿出面调停，使公室之间和解，乐豫放弃司马的官职，把它让给公子卬。昭公即位后为宋成公举行葬礼。

宋襄公夫人是周襄王的姐姐，宋昭公慢待了她。宋襄公夫人依靠戴氏的族人，杀了襄公的孙子孔叔、公孙钟离和大司马公子卬，这几个人都是宋昭公的党羽。大司马手握着符节而死，所以《春秋》记下他的官职。司城荡意诸逃奔到鲁国，把他的符节交还给管府库的人，然后出奔。文公仍然以迎接司城的礼仪接待他，他的随从文公也按照原官职的礼仪接待。《春秋》都记载官名，表示尊重。

宋国的公子鲍对国人以礼相待。宋国发生饥荒，公子鲍把粮食全部拿出来施舍。对年纪在七十岁以上的老人，没有不送东西的，还不时地送珍贵食品。他天天进出六卿的大门商谈国事。对国内有才能的人，没有不加侍奉的；对亲属中桓公以下的子孙，没有不加周济的。公子鲍英俊而且服饰艳丽，襄公夫人想和他私通，公子鲍不肯，襄公夫人就帮他施舍。宋昭公无道，国内的人尊奉公子鲍而依附襄公夫人。

【原文】

于是，华元为右师，公孙友为左师，华耦为司马，鳞瞷为司徒，荡意诸为司城，公子朝为司寇。初，司城荡卒，公孙寿辞司城，请使意诸为之。既而告人曰："君无道，吾官近，惧及焉。弃官，则族无所庇。子，身之贰也[1]，姑纾死焉。虽亡子，犹不亡族。"

既，夫人将使公田孟诸而杀之。公知之，尽以宝行。荡意诸曰："盍适诸侯？"公曰："不能其大夫至于君祖母以及国人，诸侯谁纳我？且既为人君，而又为人臣，不如死。"尽以其宝赐左右以使行。夫人使谓司城去公，对曰："臣之而逃其难，若后君何？"

【注释】

〔1〕身之贰：儿子是自身的替代者。

【译文】

当时，华元任右师，公子友任左师，华耦任司马，鳞瞷任司徒，荡意诸任司城，公子朝任司寇。当初，司城荡死了，其子公孙寿辞去司城之职，请求让自己的儿子荡意诸担任。后来他告诉别人说："国君无道，我的官职接近国君，害怕灾祸加身。如果丢掉官职不干，家族就没有庇护了。儿子，是我的替代者，姑且由他代替我，让我晚点死去。这样，即使失去儿子，也不至于灭亡家族。"

不久，襄公夫人准备让宋昭公在孟诸打猎，并趁机杀死他。宋昭公知道以后，带上全部珍宝出走。荡意诸说："为何不逃奔至其他诸侯国呢？"宋昭公说："得不到自己的大夫以至君祖母以及国人的信任，哪个诸侯肯接纳我？而且已经做了别人的君主，再做别人的臣下，不如死了好。"昭公把他的珍宝全部赐给左右侍从，让他们离去。襄公夫人派人告诉司城荡意诸，让他离开宋昭公,他回答说:"做他的臣下,而在有灾难的时候离开他,怎么侍奉以后的国君呢?"

【原文】

冬十一月甲寅,宋昭公将田孟诸,未至,夫人王姬使帅甸攻而杀之。荡意诸死之。书曰:"宋人弑其君杵臼。"君无道也。文公即位,使母弟须为司城。华耦卒,而使荡虺为司马。

【译文】

冬十一月二十二日,宋昭公准备去孟诸打猎,还没有到达,襄公夫人王姬就派甸地的军帅进攻并杀死昭公,荡意诸为此也死了。《春秋》记载说:"宋人弑其君杵臼。"这是因为昭公无道。宋文公即位,派同母弟弟须做了司城。华耦死后,派荡虺做了司马。

晋灵公不君

【原文】

晋灵公不君,厚敛以彫墙[1];从台上弹人,而观其辟丸也;宰夫胹熊蹯不熟[2],杀之,置诸畚,使妇人载以过朝。赵盾、士季见其手,问其故,而患之。将谏,士季曰:"谏而不入,则莫之继也。会请先,不入则子继之。"三进,及溜,而后视之,曰:"吾知所过矣,将改之。"稽首而对曰:"人谁无过?过而能改,善莫大焉。《诗》曰:'靡不有初,鲜克有终[3]。'夫如是,则能补过者鲜矣。君能有终,则社稷之固也,岂唯群臣赖之。又曰:'衮职有阙,惟仲山甫补之。'能补过也。君能补过,衮不废矣。"

【注释】

[1]彫(diāo):同"雕",绘饰。
[2]胹(ér)熊蹯(fán)不熟:烹制熊掌未达到烂熟。胹,炖,煮。熊蹯,熊掌,味美难熟。
[3]靡不有初,鲜克有终:见《诗经·大雅·荡》。事情无不有好的开始,很少能有好的结果。

【译文】

晋灵公做事违反为君之道，重重地征税用来装饰宫室墙壁；从高台上用弹丸打人，以观看群臣躲避弹丸的样子取乐；厨子烧煮熊掌没有熟透，灵公便杀死他，将尸体放在畚箕里，让宫女用头顶着走过朝廷。赵盾和士季看到死尸的手，问明缘由，感到担忧。他们准备进谏，士季对赵盾说："如果同时劝谏而不被采纳，就没有人接着劝谏了。请让我士季先去，不被采纳，你再接着劝谏。"士季前进三次，行了三次礼，到达屋檐下，晋灵公才转眼看他，说："我知道自己的过错了，打算改正。"士季叩头回答说："谁能没有过错？有了过错能够改正，就没有比这再好的事情了。《诗经》说：'事情无不有好的开始，很少能有好的结果。'正因为这样，知错即改的人就更少了。君王能够有好结果，那国家就有了保障，岂止是群臣有了依赖。《诗经》又说：'周宣王有了过失，只有仲山甫来弥补。'这说的是能补过的事。君王能够弥补过失，就不会荒废国君的职事了。"

【原文】

犹不改。宣子骤谏，公患之，使𫷷麑贼之[1]。晨往，寝门辟矣，盛服将朝。尚早，坐而假寐。麑退，叹而言曰："不忘恭敬，民之主也。贼民之主，不忠；弃君之命，不信。有一于此，不如死也。"触槐而死。

秋九月，晋侯饮赵盾酒，伏甲，将攻之。其右提弥明知之，趋登，曰："臣侍君宴，过三爵，非礼也。"遂扶以下。公嗾夫獒焉[2]，明搏而杀之。盾曰："弃人用犬，虽猛何为！"斗且出。提弥明死之。

【注释】

〔1〕𫷷（chú）麑（ní）：晋之大力士。
〔2〕嗾：用声音指使狗。獒：大犬，猛犬。

【译文】

晋灵公依然不改正过错。赵盾屡次进谏，晋灵公很讨厌他，派𫷷麑刺杀他。𫷷麑凌晨潜入赵家，见赵盾的卧室门已经开了，赵盾穿着整齐的朝服，准备上朝。时间还早,赵盾正坐着打瞌睡。钼麑退出来,叹气说:"不忘记对国君的恭敬,真是百姓的领袖。刺杀百姓的领袖,就是不忠;丢弃国君的命令,就是不信。不忠与不信,我总占有一件,我不如死去。"于是钼麑头撞槐树而死。

秋天九月,晋灵公请赵盾喝酒,预先埋伏下甲士,打算杀死赵盾。赵盾的车右提弥明察觉了,快步登上殿堂,说:"臣下侍奉国君饮酒,超过三杯,就不合礼了。"于是就扶了赵盾下殿。晋灵公嗾使恶狗扑过去,提弥明上前搏斗,把狗杀了。赵盾说:"废弃忠良之人而用猛犬,犬虽然凶猛,但又有什么用!"赵盾一边搏斗一边退了出去,提弥明为掩护赵盾被杀死。

【原文】

初,宣子田于首山[1],舍于翳桑[2],见灵辄饿,问其病。曰:"不食三日矣。"食之,舍其半。问之,曰:"宦三年矣,未知母之存否,今近焉,请以遗之。"使尽之,而为之箪食与肉[3],置诸橐以与之。既而与为公介,倒戟以御公徒,而免之。问何故。对曰:"翳桑之饿人也。"问其名居,不告而退,遂自亡也。

乙丑,赵穿攻灵公于桃园。宣子未出山而复。大史书曰:"赵盾弑其君[4]。"以示于朝。宣子曰:"不然。"对曰:"子为正卿,亡不越竟,反不讨贼,非子而谁?"宣子曰:"呜呼!《诗》云'我之怀矣,自诒伊戚',其我之谓矣。"

【注释】

[1]首山:首阳山,又作"雷首山",在今山西永济。
[2]翳桑:地名,在首阳山间。
[3]箪:盛食物的小圆筐。
[4]"大史"句:董狐认为晋君被杀,赵盾负主要责任,故作如此记载。大史,太史,朝廷史官,此指晋太史董狐。

【译文】

当初,赵盾在首阳山打猎,住在翳桑,看见一个叫灵辄的人饿得厉害,赵盾问他得了什么病。他说:"已经三天没吃东西了。"赵盾给他食物,他留下一半。问他为什么,他说:"在外做官三年了,不知道母亲是否健在,现在快到家了,请让我把这些食物留给她。"赵盾让他吃完,并且又给他准备了一筐饭和一些肉,放在袋子里给了他。后来灵辄做了晋灵公的甲士,在这次事件中,倒过戟来抵御晋灵公的其他甲士,使赵盾免于祸难。赵盾问他为什么这样做,他回答说:"我就是翳桑那个饿倒的人。"赵盾问他的姓名、住处,他不回答就退了出去,并自己逃亡他处。

九月二十六日，赵穿在桃园杀死晋灵公。赵盾还没有走出晋国国境，就回来再度做卿。太史董狐记载说："赵盾弑其君。"并将史书出示于朝廷。赵盾说："事实不是这样。"太史说："您身为正卿，逃亡而没有走出国境，回来不惩罚凶手，弑君的人不是您还是谁？"赵盾说："哎呀！《诗经》说：'我怀恋故国，反而给自己带来了忧伤。'恐怕说的就是我吧。"

【原文】

孔子曰："董狐，古之良史也，书法不隐。赵宣子，古之良大夫也，为法受恶。惜也，越竟乃免。"

宣子使赵穿逆公子黑臀于周而立之。壬申，朝于武宫。

【译文】

孔子说："董狐，是古代的好史官，据事直书而不加隐讳。赵宣子，是古代的好大夫，为了坚持记史的原则而蒙受弑君的恶名。太可惜了，他如果走出国境，就可以免于弑君的罪名了。"

赵盾派赵穿去成周接回公子黑臀，并立他为国君。十月初三，公子黑臀到武宫朝祭，即位为君。

宋及楚人平

【原文】

楚子使申舟聘于齐，曰："无假道于宋。"亦使公子冯聘于晋，不假道于郑。申舟以孟诸之役恶宋，曰："郑昭宋聋，晋使不害，我则必死！"王曰："杀女，我伐之！"见犀而行。

及宋，宋人止之。华元曰："过我而不假道，鄙我也。鄙我，亡也。杀其使者必伐我，伐我亦亡也。亡一也。"乃杀之。楚子闻之，投袂而起，屦及于窒皇，剑及于寝门之外，车及于蒲胥之市。秋九月，楚子围宋。

【译文】

楚庄王派申舟前往齐国聘问，说："不要向宋国借路。"同时，又派公子冯到晋国聘问，也不向郑国借道。申舟在孟诸之战得罪了宋国，对楚王说："郑

楚庄王

国明白，宋国昏聩，去晋国的使者将平安无事，我则必死无疑！"楚庄王说："宋国如果杀了你，我就出兵讨伐它！"申舟把儿子申犀引见给楚庄王，然后才出发。

到达宋国，宋国人拦住了他。华元说："经过我国却不请求借路，是视我国为楚国边邑的做法；把我国当作边邑，这等于亡国。杀掉它的使者，楚国必然会讨伐我国；讨伐我国也是亡国。反正都一样是亡国。"于是就杀了申舟。楚庄王听到这个消息后，甩开袖子站起来，侍者一直追到寝宫门外才给他穿上鞋子，追到寝宫的殿门外才送上佩剑，车驾追到蒲胥街市才赶上他。秋九月，楚庄王围攻宋国。

【原文】

宋人使乐婴齐告急于晋，晋侯欲救之。伯宗曰："不可。古人有言曰：'虽鞭之长，不及马腹。'天方授楚，未可与争。虽晋之强，能违天乎？谚曰：'高下在心。'川泽纳污，山薮藏疾，瑾瑜匿瑕，国君含垢，天之道也。君其待之！"乃止。

【译文】

宋国人派乐婴齐向晋国告急。晋景公想救援宋国，伯宗说："不行。古人有话说：'鞭子虽然长，却打不到马肚子。'上天正在帮助楚国，不能和它相争。晋国虽然强盛，能够违背上天的意愿吗？俗话说：'或高或低，全在心里。'河流湖泽可以容纳污泥浊水，山林草丛可以躲藏猛兽毒虫，美玉藏匿着瑕疵，国君也得忍受耻辱，这是天定的常道。君王还是再等等吧！"晋景公于是停止发兵救宋。

【原文】

使解扬如宋，使无降楚，曰："晋师悉起，将至矣。"郑人因而献诸楚。楚子厚赂之，使反其言。不许。三而许之。登诸楼车，使呼宋人而告之。遂致其君命。楚子将杀之，使与之言曰："尔既许不穀，而反之，何故？非我无信，女则弃之。速即尔刑。"对曰："臣闻之，君能制命为义[1]，臣能承命为信，信载义而行之为利。谋不失利，以卫社稷，民之主也。义无二信，信无二命。君之赂臣，不知命也。受命以出，有死无霣，又可赂乎？臣之许君，以成命也。死而成命，臣之禄也。寡君有信臣，下臣获考死，又何求？"楚子舍之以归。

【注释】

〔1〕制命：制定正确的命令。

【译文】

晋侯派解扬前往宋国，让宋人不要降服楚国，说："晋国的援军都已经出发，快要到达了。"解扬经过郑国时，郑人把他抓了起来，并献给楚国。楚王用大量财物贿赂他，让他说晋国没有出兵，解扬不答应。威逼再三他才答应。楚王让他登上瞭望车，按照楚国人的意思向宋国人喊话，解扬便趁机传达了晋君的命令。楚王准备杀掉他，派人对他说："你已经答应了我，现在又反悔，是什么缘故？不是我们不讲信义，是你抛弃了它。你快去接受死刑吧！"解扬回答说："下臣听说，国君能够制定正确的命令就是义，臣下能够接受和执行命令就是信，以臣下的信去贯彻君王的义并加以推广就是利益。谋划而不失去利益，并以此来捍卫社稷，就是万民的主人。贯彻义不能有两种相互矛盾的信，守信的臣子也不能同时接受两种相互矛盾的命令。君王赠给臣下财物，说明君王不懂得命令的含义。臣下接受国君的命令出使他国，宁可去死也不能废弃国君的命令，怎么可以因财物而改变呢？臣下之所以答应君王，那是为了借机会完成君命。即使死了而能完成使命，这是臣下的福分。寡君用守信的臣子，臣下死得其所，我还追求什么呢？"楚王于是赦免了解扬，放他回国。

【原文】

夏五月，楚师将去宋，申犀稽首于王之马前，曰："毋畏知死而不敢废王命。王弃言焉。"王不能答。申叔时仆，曰："筑室反耕者，宋必听命！"从之。宋人惧，使华元夜入楚师，登子反之床，起之，曰："寡君使元以病告，曰：'敝邑易子而食，析骸以爨。虽然，城下之盟，有以国毙，不能从也。去我三十里，唯命是听。'"子反惧，与之盟，而告王。退三十里。宋及楚平，华元为质，盟曰："我无尔诈，尔无我虞。"

【译文】

夏季五月，楚军准备撤离宋国，申犀在楚王的马前叩头说："毋畏（申舟）甘冒杀身之祸而不敢废弃君王的命令，君王却抛弃了自己的诺言。"楚王无法回答。当时申叔时为楚王驾车，说："修建好房子，让种田的人回来种田，宋国必然会听命于楚国！"楚王采纳了他的计策。宋人感到害怕，派华元在夜间潜入楚营，登上令尹子反的床，把他叫起来，说："寡君派华元前来把严重的困难告诉你们，说：'城里已经断粮，交换儿子杀了来吃，把尸骨劈开当柴火做饭。尽管这样，我们宁可让国家灭亡，也不会接受城下之盟。贵国退兵三十里，我们就唯命是听。'"子反感到害怕，便和华元私下盟誓，然后把情况报告给楚王。楚庄王下令退兵三十里。宋国和楚国议和，华元入楚作为人质，盟誓说："我不骗你，你不欺我！"

齐晋鞌之战

【原文】

二年春，齐侯伐我北鄙，围龙[1]。顷公之嬖人卢蒲就魁门焉，龙人囚之。齐侯曰："勿杀，吾与而盟，无入而封。"弗听，杀而膊诸城上[2]。齐侯亲鼓，士陵城。三日，取龙，遂南侵，及巢丘[3]。

卫侯使孙良夫、石稷、宁相、向禽将侵齐，与齐师遇。石子欲还，孙子曰："不可。以师伐人，遇其师而还，将谓君何？若知不能，则如无出。今既遇矣，不如战也。"

石成子曰："师败矣，子不少须，众惧尽。子丧师徒，何以复命？"皆不对。又曰："子，国卿也。陨子，辱矣。子以众退，我此乃止。"且告车来甚众。齐师乃止，次于鞫居[4]。新筑人仲叔于奚救孙桓子，桓子是以免。

【注释】

〔1〕龙：地名，在今山东泰安东南。
〔2〕脾诸城上：暴尸于城上。
〔3〕巢丘：地名，其地与龙邑相近，当不出泰安境内。
〔4〕鞠（jú）居：卫地，在今河南封丘。

【译文】

二年春季，齐顷公进攻我国北部边境，包围龙地。齐顷公的宠臣卢蒲就魁攻打城门，龙地的人把他擒获。齐顷公说："不要杀，我和你们盟誓，不进入你们的境内。"龙地的人不听，把卢蒲就魁杀了，暴尸于城上。齐顷公亲自击鼓，兵士爬登城墙。三天，占取龙地。于是就向南攻打，到达巢丘。

卫穆公派遣孙良夫、石稷、宁相、向禽率兵侵袭齐国，和齐军相遇。石稷打算撤回，孙良夫说："不行。带领军队攻打别人，遇上敌人就回去，打算怎么向国君交代呢？如果知道打不过，就应当不出兵。现在既然和敌军相遇，不如一战。"

石稷说："军队战败了，您如果不暂时停止抵御敌军，就会全军覆灭。您丧失了军队，如何报君命？"大家都不回答。石稷又说："您，是国家的卿。损失了您，对国家是一种羞耻。您带着众人撤退，我留下来抵挡。"同时通告全军，说大批援军的战车已来到。齐国的军队也因此停止前进，驻扎在鞠居。新筑大夫仲叔于奚援救了孙桓子（即孙良夫），孙桓子因此得免于难。

【原文】

孙桓子还于新筑，不入，遂如晋乞师。臧宣叔亦如晋乞师。皆主郤献子。晋侯许之七百乘。郤子曰："此城濮之赋也[1]。有先君之明与先大夫之肃[2]，故捷。克于先大夫，无能为役，请八百乘。"许之。郤克将中军，士燮佐上军，栾书将下军，韩厥为司马，以救鲁、卫。臧宣叔逆晋师，且道之。季文子帅师会之。

及卫地，韩献子将斩人，郤献子驰，将救之，至则既斩之矣。郤子使速以徇，告其仆曰："吾以分谤也[3]。"

【注释】

〔1〕赋：出兵之数额。
〔2〕肃：敏捷。
〔3〕分谤：分担受谤之责。

【译文】

孙桓子回到新筑，不进国都，就到晋国请求出兵。臧宣叔也到晋国请求出兵。两人都通过郤克向晋景公请求。晋景公答应派出七百辆战车。郤克说："这是城濮之战中我军的战车数。当时有先君的明察和先大夫的敏捷才能，所以得胜。我郤克和先大夫相比，还不足以做他们的仆人。请发八百乘战车。"晋景公答应了。郤克率领中军，士燮辅佐上军，栾书率领下军，韩厥做司马，以救援鲁国和卫国。臧宣叔迎接晋军，并作为向导开路。季文子率领军队和他们会合。

到达卫国境内，韩厥要杀人，郤克驾车疾驰赶去，打算救下那个人。等赶到时，已经杀了。郤克派人将尸体在全军中示众，还告诉他的御者说："我用这样的做法来分担人们对韩厥的非议。"

【原文】

师从齐师于莘[1]。六月壬申，师至于靡笄之下[2]。齐侯使请战，曰："子以君师，辱于敝邑，不腆敝赋[3]，诘朝请见[4]。"对曰："晋与鲁、卫，兄弟也。来告曰：'大国朝夕释憾于敝邑之地。'寡君不忍，使群臣请于大国，无令舆师淹于君地。能进不能退，君无所辱命。"齐侯曰："大夫之许，寡人之愿也；若其不许，亦将见也。"齐高固入晋师，桀石以投人，禽之而乘其车，系桑本焉，以徇齐垒，曰："欲勇者贾余馀勇。"

【注释】

〔1〕莘：有多处，此当为卫、齐边界之莘邑，在今山东。
〔2〕靡笄：山名，即今山东济南千佛山。
〔3〕不腆：不厚也，为当时谦辞。
〔4〕诘朝：明日早晨。

【译文】

晋、鲁、卫联军在莘地追上齐军。六月十六日，军队到达靡笄山下。齐顷公派人请战，说："您带领贵国国君的军队光临敝邑，敝国将以不强大的军队，要求和你们在明天早晨相见决战。"郤克回答说："晋和鲁、卫是兄弟国家，鲁、卫前来告诉我们说：'大国不分早晚都在敝邑的土地上发泄气愤。'寡君不忍，派我们这些下臣前来向大国请求，同时又不让我军长久地停留在贵国。我们只能前进不能后退，您的命令是不会不照办的。"齐顷公说："大夫允许决战，正是齐国的愿望；如果不允许，也要兵戎相见的。"齐国的高固攻入晋军，举起石头掷向晋军，抓住晋兵，然后坐上他的战车，把桑树根系在车上，巡行到齐营说："想要勇气的人可以来买我多余的勇气！"

【原文】

癸酉，师陈于鞌。邴夏御齐侯，逢丑父为右。晋解张御郤克，郑丘缓为右。齐侯曰："余姑翦灭此而朝食。"不介马而驰之。郤克伤于矢，流血及屦，未绝鼓音，曰："余病矣。"张侯曰："自始合，而矢贯余手及肘，余折以御，左轮朱殷[1]，岂敢言病？吾子忍之！"缓曰："自始合，苟有险，余必下推车，子岂识之？然子病矣！"张侯曰："师之耳目，在吾旗鼓，进退从之。此车一人殿之，可以集事！若之何其以病败君之大事也？擐甲执兵[2]，固即死也，病未及死，吾子勉之！"左并辔[3]，右援枹而鼓[4]，马逸不能止，师从之。齐师败绩。逐之，三周华不注[5]。

【注释】

[1] 左轮朱殷（yān）：左边车轮被血染成赤黑色。殷，赤黑色。
[2] 擐（huàn）甲执兵：穿着甲胄，拿着武器。擐，穿着。
[3] 左并辔：驭者本是双手执辔，今将右手所执并于左手，由一只左手执辔驭车。
[4] 右援枹（fú）而鼓：腾出右手执鼓槌，代郤克击鼓。枹，鼓槌。
[5] 华（huà）不注：山名，在今山东济南东北。

【译文】

十七日，齐、晋两军在鞌地摆开阵势。邴夏为齐顷公驾车，逢丑父作为车右。晋国的解张为郤克驾车，郑丘缓作为车右。齐顷公说："我姑且消灭了这些人再吃早饭。"马不披甲，驰向晋军。郤克受了箭伤，血流到鞋子上，但是鼓声不断，说："我受伤了！"解张说："从一开始交战，箭就射穿了我的手和肘，我折断了箭杆继续驾车，左边的车轮都染成黑红色了，哪里敢说受伤？您忍着点吧！"郑丘缓说："从一开始交战，如果遇到险阻，我必定下车推车，您难道了解吗？不过您真是受伤了！"解张说："军队的耳目，在于我们的旌旗和鼓声，前进后退都要听从旗鼓的指挥。这辆车子由一个人坐镇，战事就可以成功。为什么要因为受伤而败坏国君的大事？身披盔甲，手执武器，本来就抱定必死的决心，现在受伤还没有到死的程度，你还是尽力而为吧！"于是就左手握马缰，右手拿着鼓槌，代郤克击鼓。马失去控制，一直向前奔跑不能停止，全军就跟着冲上去。齐军大败，晋军追赶齐军，绕华不注山跑了三圈。

【原文】

韩厥梦子舆谓己曰："旦辟左右。"故中御而从齐侯。邴夏曰："射其御者，君子也。"公曰："谓之君子而射之，非礼也。"射其左，越于车下。射其右，毙于车中，綦毋张丧车，从韩厥，曰："请寓乘。"从左右，皆肘之，使立于后。韩厥俛，定其右。逢丑父与公易位。将及华泉，骖絓于木而止。丑父寝于辂中，蛇出于其下，以肱击之，伤而匿之，故不能推车而及。韩厥执絷马前，再拜稽首，奉觞加璧以进，曰："寡君使群臣为鲁、卫请，曰：'无令舆师陷入君地。'下臣不幸，属当戎行，无所逃隐。且惧奔辟，而忝两君。臣辱戎士，敢告不敏，摄官承乏。"丑父使公下，如华泉取饮。郑周父御佐车，宛伐为右，载齐侯以免。韩厥献丑父，郤献子将戮之，呼曰："自今无有代其君任患者，有一于此，将为戮乎！"郤子曰："人不难以死免其君。我戮之不祥，赦之以劝事君者。"乃免之。

【译文】

韩厥梦见他父亲子舆对他说："明天交战时不要站在战车左右两侧。"因此，韩厥就站在中间驾战车而追赶齐顷公。邴夏说："射那位驾车人，他是君子。"齐顷公说："认为他是君子而射他，这不合于礼。"射车左，车左死在车下。射车右，车右死在车里。綦毋张丢失了战车，跟上韩厥说："请允许我搭乘您的战车。"上车后，准备站在车左或车右，韩厥用肘推他，让他站在自己身后。韩厥弯下身子，放稳车右的尸体。逢丑父和齐顷公趁机互换位置。将要到达华泉，骖马被树木绊住而不能行走。前几天，逢丑父睡在栈车里，有一条蛇爬到他身边，他用手臂去打蛇，手臂受伤，但隐瞒了这件事，因此这时他不能用臂推车前进，这样才被韩厥追上。韩厥握着马缰走向马前，跪下叩头，捧着酒杯加上玉璧献上，说："寡君派臣下们替鲁、卫两国请求，说：'不要让军队久留于齐国的土地。'下臣不幸，正好在军队服役，不能逃避军役。而且也害怕奔走逃避成为两国国君的耻辱。下臣勉强充当一名战士，谨向君王禀告我的无能，但由于人手缺乏，只好承当这个职位。"逢丑父要齐顷公下车，到华泉取水。郑周父驾驭副车，宛伐为车右，载上齐顷公逃走而使其免于被俘。韩厥献上逢丑父，郤克要杀死他。逢丑父喊叫说："到现在为止还没有代替他的国君受难的人，有一个这样的人在这里，还要被杀死吗？"郤克说："一个人不怕用死来使国君免于祸患，我杀了他，不吉利。赦免了他，用来勉励侍奉国君的人。"于是就赦免了逢丑父。

【原文】

齐侯免，求丑父，三入三出。每出，齐师以帅退。入于狄卒，狄卒皆抽戈楯冒之[1]。以入于卫师，卫师免之，遂自徐关入[2]。齐侯见保者，曰："勉之！齐师败矣。"辟女子，女子曰："君免乎？"曰："免矣。"曰："锐司徒免乎？"曰："免矣。"曰："苟君与吾父免矣，可若何？"乃奔。齐侯以为有礼，既而问之，辟司徒之妻也。予之石窌[3]。

【注释】

〔1〕楯：同"盾"。冒：遮拦，庇护。
〔2〕徐关：齐地，在今山东淄博。
〔3〕石窌（jiào）：齐地，在今山东长清。

【译文】

齐顷公免于被俘以后，寻找逢丑父，在敌军中三进三出。每次出来的时候，齐军都簇拥着护卫他后退。进入狄人军队中，狄人的士兵都拿出戈和盾保护齐顷公。进入卫国军队中，卫军也对他们不加伤害。于是，齐顷公就从徐关进入齐国国都临淄。齐顷公看到守军，说："你们努力吧！齐军战败了！"齐顷公的座车前进时，前卫叫一个女子躲开，这个女子问："国君免于祸难了吗？"说："免了。"她又问："锐司徒免于祸难了吗？"说："免了。"她说："如果国君和我父亲免于祸难了，还要怎么样？"就跑开了。齐顷公认为她知礼，查询以后，才知道她是辟司徒的妻子，就赐给她石窌作为封地。

【原文】

晋师从齐师，入自丘舆[1]，击马陉。齐侯使宾媚人赂以纪甗、玉磬与地。不可，则听客之所为。宾媚人致赂，晋人不可，曰："必以萧同叔子为质，而使齐之封内尽东其亩。"对曰："萧同叔子非他，寡君之母也。若以匹敌，则亦晋君之母也。吾子布大命于诸侯，而曰：'必质其母以为信。'其若王命何？且是以不孝令也。《诗》曰：'孝子不匮，永锡尔类。'若以不孝令于诸侯，其无乃非德类也乎？先王疆理天下，物土之宜，而布其利。故《诗》曰：'我疆我理，南东其亩。'今吾子疆理诸侯，而曰'尽东其亩'而已，唯吾子戎车是利，无顾土宜，其无乃非先王之命也乎？反先王则不义，何以为盟主？其晋实有阙。四王之王也，树德而济同欲焉。五伯之霸也，勤而抚之，以役王命。今吾子求合诸侯，以逞无疆之欲。《诗》曰：'布政优优，百禄是遒。'子实不优，而弃百禄，诸侯何害焉！不然，寡君之命使臣则有辞矣，曰：'子以君师辱于敝邑，不腆敝赋，以犒从者。畏君之震，师徒桡败[2]，吾子惠徼齐国之福，不泯其社稷，使继旧好，唯是先君之敝器、土地不敢爱。子又不许，请收合馀烬，背城借一。敝邑之幸，亦云从也。况其不幸，敢不唯命是听。'"鲁、卫谏曰："齐疾我矣。其死亡者，皆亲昵也。子若不许，仇我必甚。唯子，则又何求？子得其国宝，我亦得地，而纾于难，其荣多矣。齐、晋亦唯天所授，岂必晋？"晋人许之，对曰："群臣帅赋舆，以为鲁、卫请。若苟有以藉口，而复于寡君，君之惠也。敢不唯命是听。"

【注释】

〔1〕丘舆：齐邑，在今山东益都。
〔2〕桡败：失败。

【译文】

晋军追赶齐军，从丘舆进入齐国，进攻马陉。齐顷公派遣宾媚人把纪甗、玉磬和土地送给战胜诸国以求和，并指示他说："如果他们不同意讲和，就随他们怎么办吧。"宾媚人献上财礼，晋人不同意，说："一定要让萧同叔子作为人质，同时使齐国境内的田垄全部改成东向。"宾媚人回答说："萧同叔子不是别人，是寡君的母亲。如果从对等的地位来说，那也就是晋君的母亲。您在诸侯中发布重大的命令，反而说：'一定要把他的母亲作为人质才能取信。'您又打算怎么对待周天子的命令呢？而且这样做，就是用不孝来号令诸侯。《诗》说：'孝子的孝心没有竭尽，永远可以感染你的同类。'如果用不孝号令诸侯，这恐怕不符合道德的准则吧！先王对天下的土地定疆界，分地理，因地制宜，做有利的布置。所以《诗》说：'我划定疆界，分别地理，南向东向开辟田亩。'现在您让诸侯定疆界、分地理，反而只说什么'把田垄全部改成东向'，不顾地势是否适宜，只管自己兵车进出的方便，恐怕不符合先王的政令吧！违反先王的遗命就是不合道义，怎么能做诸侯盟主？晋国在这点上确实是有过失的。四王之所以能统一天下，是因为他们能树立德行而满足诸侯的共同愿望；五伯之所以能领导诸侯，是因为他们勤劳而安抚诸侯，共同为天子效命。现在您要求会合诸侯，来满足自己没有止境的欲望。《诗》说：'政事的推行宽大和缓，各种福禄都将积聚。'如果您不能宽大，丢弃了各种福禄，这对诸侯有什么损害呢？如果您不肯答应讲和，寡君命令我使臣，还有一番话要说：'您带领贵国国君的军队光临敝邑，敝邑用很少的财富，来犒劳您的随从。害怕贵国国君的威严，我军战败。承蒙您惠临为齐国求福，如果不灭亡我们的国家，让齐、晋两国继续过去的友好，那么先君留下的破旧器物和土地，我们是不敢爱惜的。您如果不肯允许，我们就请求收集残兵败将，背靠自己的城墙再决一死战。如果敝邑有幸战胜，也会依从贵国的；如果不幸战败，哪敢不唯命是听？'"鲁、卫两国劝谏郤克说："齐国怨恨我们了。齐国死去和溃散的，都是齐侯的宗族亲戚。您如果不肯答应，必然更加仇恨我们。即使是您，还有什么可追求的？如果您得到齐国的国宝，我们也得到土地，而缓和了祸难，这荣耀也就很多了。齐国和晋国都是由上天授予的，难道一定只有晋国永久胜利吗？"晋国人答应了，回答说："下臣们率领兵车，来为鲁、卫两国请求。如果有话可以向寡君复命，这就是君王的恩惠了。岂敢不唯命是听？"

【原文】

禽郑自师逆公。

秋七月，晋师及齐国佐盟于爰娄，使齐人归我汶阳之田。公会晋师于上鄸[1]，赐三帅先路三命之服，司马、司空、舆帅、候正、亚旅，皆受一命之服。

【注释】

[1]上鄸（míng）：齐、卫交界之地，在今山东阳谷。

【译文】

禽郑从军中去迎接鲁成公。

秋季七月，晋军和齐国的宾媚人在爰娄结盟，让齐国把汶阳的土田归还我国。成公在上鄸会见晋军，把先路和三命的车服赐给三位高级将领，司马、司空、舆帅、候正、亚旅都接受了一命的车服。

楚归晋知罃

【原文】

晋人归公子榖臣与连尹襄老之尸于楚，以求知罃。于是荀首佐中军矣，故楚人许之。

王送知罃，曰："子其怨我乎？"对曰："二国治戎[1]，臣不才，不胜其任，以为俘馘[2]。执事不以衅鼓，使归即戮，君之惠也。臣实不才，又谁敢怨？"王曰："然则德我乎？"对曰："二国图其社稷，而求纾其民，各惩其忿，以相宥也[3]。两释累囚以成其好。二国有好，臣不与及，其谁敢德？"王曰："子归，何以报我？"对曰："臣不任受怨，君亦不任受德，无怨无德，不知所报。"王曰："虽然，必告不榖。"对曰："以君之灵，累臣得归骨于晋，寡君之以为戮，死且不朽。若从君之惠而免之，以赐君之外臣首；首其请于寡君，而以戮于宗，亦死且不朽。若不获命，而使嗣宗职，次及于事，而帅偏师，以修封疆。虽遇执事，其弗敢违。其竭力致死，无有二心，以尽臣礼，所以报也。"王曰："晋未可与争。"重为之礼而归之。

【注释】

〔1〕治戎：交战。

〔2〕俘馘（guó）：指俘虏。俘，指生俘。馘，指杀死割下左耳。

〔3〕相宥（yòu）：相互原谅。

【译文】

晋国人把楚国公子榖臣和连尹襄老尸首归还给楚国，以此要求换回知罃。当时荀首已经是中军副帅，所以楚国人答应了。

楚共王送别知罃，说："你怨恨我吗？"知罃回答说："两国交战，下臣没有才能，不能胜任，所以做了俘虏。君王的左右没有用我的血来祭鼓，而让我回国受刑，这是君王的恩惠啊。下臣实在没有才能，又敢怨恨谁呢？"楚共王说："那么你感激我吗？"知罃回答说："两国为自己的国家利益打算，希望让百姓得到安宁，各自抑止自己的愤怒，求得互相原谅，两边都释放俘虏，以建立友好关系。两国友好,下臣不曾与谋,又敢感激谁呢?"楚共王说:"你回去,用什么报答我?"知罃回答说:"下臣无所怨恨,君王也不值得感恩,没有怨恨,没有恩德,就不知道该报答什么。"楚共王说:"尽管这样,也一定要把你的想法告诉我。"知罃回答说:"承蒙君王的福佑,被囚的下臣能够带着这把骨头回晋国,寡君如果加以诛戮,死而不朽。如果由于君王的恩惠而赦免下臣,把下臣赐给君王的外臣荀首,荀首向我君请求,而把下臣杀戮在自己的宗庙中,也死而不朽。如果得不到我君诛戮的命令,而让下臣继承宗子的职位,按次序承担晋国的政事,率领部分军队保卫边疆,虽然碰到君王的左右,我也不敢违背礼义回避,要竭尽全力以至于死,没有二心,以尽到为臣的职责,这就是所报答于君王的。"楚共王说:"晋国是不能够和它相争的。"于是就对知罃重加礼遇,放他回晋国。

晋侯梦大厉

【原文】

晋侯梦大厉,被发及地,搏膺而踊[1],曰:"杀余孙,不义。余得请于帝矣!"坏大门及寝门而入。公惧,入于室。又坏户。公觉,召桑田巫[2]。巫言如梦。公曰:"何如?"曰:"不食新矣。"公疾病,求医于秦。秦伯使医缓为之。未至,公梦疾为二竖子,曰:"彼,良医也。惧伤我,焉逃之?"其一曰:"居肓之上,膏之下,若我何?"医至,曰:"疾不可为也。在肓之上[3],膏之下[4],攻之不可,达之不及,药不至焉,不可为也。"公曰:"良医也。"厚为之礼而归之。六月丙午,晋侯欲麦,使甸人献麦,馈人为之。召桑田巫,示而杀之。将食,张[5],如厕,陷而卒。小臣有晨梦负公以登天,及日中,负晋侯出诸厕,遂以为殉。

【注释】

〔1〕搏膺:自捶其胸。踊:跳也。

〔2〕桑田巫:指桑田之巫者。

〔3〕肓:指心脏与隔膜区间。

〔4〕膏:指心脏尖部之脂肪。

〔5〕张:通"胀",肚子发胀。

【译文】

晋景公梦见一个厉鬼,头发披散长可及地,捶胸跳跃,说:"你杀了我的子孙,这是不义。我请求为子孙复仇,已经得到天帝的允许了!"厉鬼毁掉宫门和寝门走了进来。晋景公害怕,躲进内室,厉鬼又毁掉内室的门。晋景公醒来,召见桑田的巫人问吉凶。巫人所说的和晋景公梦见的情况一样。晋景公说:"怎么样?"巫人说:"君王吃不到新收的麦子了!"晋景公病重,到秦国请良医。秦桓公派医缓给晋景公诊病。医缓还没有到达,晋景公又梦见疾病变成两个小孩,一个说:"他是个好医生,恐怕会伤害我们,往哪儿逃好?"另一个说:"我们待在肓的上边,膏的下边,看他拿我们怎么办?"医缓来了,说:"病已不能治了,病在肓的上边,膏的下边,灸不能用,针达不到,药物的力量也到不了,已不能治了。"晋景公说:"真是好医生啊。"于是馈赠给他丰厚的礼物让他回去。六月初六,晋景公想吃新麦饭,让管食物的人献麦,厨师烹煮。景公召见桑田巫人来,把煮好的新麦给他看,然后杀了他。景公将要进食,突然肚子发胀,便上厕所,跌进厕所坑里死去。有一个宦官早晨梦见背着晋景公登天,等到中午,被派把晋景公从厕所坑里背出来,于是就把他殉葬了。

吕相绝秦

【原文】

夏四月戊午,晋侯使吕相绝秦,曰:"昔逮我献公,及穆公相好,戮力同心,申之以盟誓,重之以昏姻。天祸晋国,文公如齐,惠公如秦。无禄,献公即世,穆公不忘旧德,俾我惠公,用能奉祀于晋。又不能成大勋,而为韩之师。亦悔于厥心,用集我文公,是穆之成也。

"文公躬擐甲胄[1],跋履山川,逾越险阻,征东之诸侯,虞、夏、商、周之胤,而朝诸秦,则亦既报旧德矣。郑人怒君之疆场,我文公帅诸侯及秦围郑。秦大夫不询于我寡君,擅及郑盟。诸侯疾之,将致命于秦。文公恐惧,绥静诸侯,秦师克还无害,则是我有大造于西也[2]。

【注释】

[1]躬擐甲胄:文公亲自身披甲胄。躬,亲也。擐,贯也。

〔2〕大造：重大贡献，重大功劳。

【译文】

夏四月初五，晋厉公派遣吕相去和秦国断绝外交关系，说："从前我国先君晋献公和贵国先君秦穆公互相友好，合力同心，用盟誓来表明，再用婚姻加深这种关系。后来上天降祸于晋国，文公逃亡齐国，惠公逃亡秦国。不幸，献公去世。穆公不忘记过去的恩德，使我们惠公因此能回到晋国主持祭祀。但没能完成好这一重大的功业，于是导致韩原之战。穆公对俘获惠公一事有些懊悔，因此促成了我们文公回国即位，这都是秦穆公的功劳。

"文公亲自身披甲胄，跋涉山川，经历艰难险阻，征服东方的诸侯，让虞、夏、商、周的后裔都向秦国朝见，这样也就报答了秦国过去的恩德了。郑国人侵犯君王的边境，我们文公率领诸侯和秦国共同包围郑国。可是秦国的大夫不和我们国君商量，擅自和郑国订立了盟约。诸侯憎恨这件事，打算和秦国拼死一战。文公担心，安抚诸侯，使秦军得以平安回国而没有受到损害，这就是我晋国有大功于秦国之处。

【原文】

"无禄，文公即世。穆为不吊，蔑死我君，寡我襄公，迭我殽地，奸绝我好[1]，伐我保城，殄灭我费滑，散离我兄弟，扰乱我同盟，倾覆我国家。我襄公未忘君之旧勋，而惧社稷之陨，是以有殽之师。犹愿赦罪于穆公。穆公弗听，而即楚谋我。天诱其衷，成王陨命，穆公是以不克逞志于我。

"穆、襄即世，康、灵即位。康公，我之自出，又欲阙翦我公室[2]，倾覆我社稷，帅我蟊贼[3]，以来荡摇我边疆。我是以有令狐之役。康犹不悛，入我河曲，伐我涑川[4]，俘我王官，翦我羁马，我是以有河曲之战。东道之不通，则是康公绝我好也。

【注释】

〔1〕奸绝我好：拒绝同我和好。奸，通"扞"。
〔2〕阙翦：损害，削减。
〔3〕蟊贼：食庄稼之害虫。此喻危害晋国之人，主要指公子雍。
〔4〕涑川：涑水，在今山西西南部。

【译文】

"不幸，文公去世。秦穆公不肯来吊唁，蔑视我们故去的国君，以为我们晋襄公软弱可欺，突然侵犯我国殽地，拒绝同我国和好，攻打我国边境城堡，灭掉我们的盟友滑国,离间我们的兄弟之邦,扰乱我们的同盟之国,妄图颠覆我们的国家。我们襄公没有忘记秦君过去的恩德,而又害怕国家的颠覆,这样才有殽之战。我国国君仍然愿意向穆公解释我们的罪过。穆公不听,反而勾结楚国来打我们的主意。天意保佑我国,楚成王丧命,因此穆公对我晋国的算计不能得逞。

"穆公、襄公去世,康公、灵公即位。秦康公,是我国穆姬所生的,又想削弱我们的公室,颠覆我们的国家,率领我国的内奸,前来骚扰我国边疆,因此我国才发动了令狐之战。秦康公还是不肯悔改,又侵入我国河曲,攻打我国涑川,掠取我国王官,割断我国的羁马,因此我国又发动了河曲之战。秦国东边的道路不通,那是由秦康公同我们断绝友好关系造成的。

【原文】

"及君之嗣也,我君景公引领西望曰:'庶抚我乎!'君亦不惠称盟,利吾有狄难,入我河县,焚我箕、郜[1],芟夷我农功,虔刘我边垂。我是以有辅氏之聚。君亦悔祸之延,而欲徼福于先君献、穆,使伯车来,命我景公曰:'吾与女同好弃恶,复修旧德,以追念前勋。'言誓未就,景公即世,我寡君是以有令狐之会。君又不祥,背弃盟誓。白狄及君同州,君之仇仇,而我之昏姻也。君来赐命曰:'吾与女伐狄。'寡君不敢顾昏姻,畏君之威,而受命于吏。君有二心于狄,曰:'晋将伐女。'狄应且憎,是用告我。楚人恶君之二三其德也,亦来告我曰:'秦背令狐之盟,而来求盟于我,昭告昊天上帝、秦三公、楚三王曰,余虽与晋出入,余唯利是视。不穀恶其无成德,是用宣之,以惩不壹。'诸侯备闻此言,斯是用痛心疾首,昵就寡人。寡人帅以听命,唯好是求。君若惠顾诸侯,矜哀寡人,而赐之盟,则寡人之愿也。其承宁诸侯以退[2],岂敢徼乱。君若不施大惠,寡人不佞,其不能以诸侯退矣。敢尽布之执事,俾执事实图利之!"

【注释】

〔1〕箕:在今山西,临近黄河。郜(gào):在今山西,与箕邑相距不远,亦临近黄河。

〔2〕承宁:止息,安静。

【译文】

"等到君王继位以后,我们的国君晋景公伸着脖子望着西边说:'秦国大概要安抚我们了吧!'可是君王仍不肯加恩结盟,反而趁我国有狄人的祸乱,侵入我国黄河沿岸的县邑,焚烧我国的箕地、郜地,抢割、毁坏我国的庄稼,骚扰我国的边境，我国因此发动了辅氏之战。君王也后悔战祸的蔓延，而想求福于先君晋献公和秦穆公，派伯车前来命令我们景公说：'我跟你同心同德，抛弃怨恨，恢复以往的恩德，以追念前人的功业。'盟约还没有达成，我国晋景公就去世了。因此我们国君才和贵国国君有令狐的会见。但君王又萌不良之心，背弃了盟誓。白狄和君王同在雍州境内，他们是君王的仇敌，却是我晋国的姻亲之国。君王前来命令说：'我与你共同征讨狄。'我国君不敢顾念姻亲关系，畏惧君王的威严，因而接受贵国使臣传来的命令。但君王又对狄人有了别的念头，告诉他们说：'晋国将要攻打你们。'对君王的做法，狄人表面接受，心中却憎恨，因此将这话告诉我们。楚国人也讨厌君王的反复无常，也来告诉我们说：'秦国背弃了令狐的盟约，而来向我国请求结盟，并对着皇天上帝、秦国的三位先公、楚国的三位先王祝告：我虽然和晋国有往来，我只是唯利是图。我们讨厌秦君反复无常，因此把事情公布出来，以惩戒言行不一的人。'诸侯听到了这些话，因此才对秦国感到痛心疾首，都来和我国君亲近。我国君率领诸侯以听候君王的命令，只是为了请求和好。君王如果友好仁慈地顾念诸侯，怜悯我国君，而赐我们以盟约，是我国君的愿望。那就可以安定诸侯而使之退走，岂敢谋求战乱？如果君王不施大恩大惠，寡人不才，恐怕就不能率领诸侯退走了。谨把内心的话陈述于君王的左右执事，请执事权衡利害吧。"

晋楚鄢陵之战

【原文】

晋侯将伐郑，范文子曰："若逞吾愿[1]，诸侯皆叛，晋可以逞。若唯郑叛，晋国之忧，可立俟也。"栾武子曰："不可以当吾世而失诸侯，必伐郑。"乃兴师。栾书将中军，士燮佐之。郤锜将上军，荀偃佐之。韩厥将下军，郤至佐新军，荀䓨居守。郤犨如卫，遂如齐，皆乞师焉。栾黡来乞师，孟献子曰："有胜矣。"戊寅，晋师起。

【注释】

〔1〕逞：作满足解，下文"逞"字作施展解。

【译文】

晋厉公打算讨伐郑国，范文子说："如果满足我的愿望，那么只有当诸侯都背叛我们时，我们才能出兵征讨。如果只是一个郑国背叛，那么晋国的忧患，可能马上就来了。"栾书说："不能在我们这一辈执政的时候失去诸侯的拥护，一定要征讨郑国。"于是就发兵。栾书率领中军，士燮作为辅佐；郤锜率领上军，荀偃作为辅佐；韩厥率领下军，郤至作为新军辅佐。荀罃留守晋国。郤犨前往卫国，接着到齐国，请求两国出兵。栾黡前来请求出兵，孟献子说："晋国可能得胜了。"四月十二日，晋军出兵。

【原文】

郑人闻有晋师，使告于楚，姚句耳与往。楚子救郑。司马将中军，令尹将左，右尹子辛将右。过申，子反入见申叔时，曰："师其何如？"对曰："德、刑、详、义、礼、信，战之器也。德之施惠，刑以正邪，详以事神，义以建利，礼以顺时，信以守物。民生厚而德正，用利而事节，时顺而物成。上下和睦，周旋不逆，求无不具，各知其极。故《诗》曰：'立我烝民，莫匪尔极。'是以神降之福，时无灾害，民生敦庬，和同以听，莫不尽力以从上命，致死以补其阙。此战之所由克也。今楚内弃其民，而外绝其好，渎齐盟，而食话言，奸时以动，而疲民以逞。民不知信，进退罪也。人恤所厎，其谁致死？子其勉之！吾不复见子矣。"姚句耳先归，子驷问焉，对曰："其行速，过险而不整。速则失志，不整丧列。志失列丧，将何以战？楚惧不可用也。"

【译文】

郑国人听到晋国出兵，就派使者报告楚国，姚句耳同行。楚共王救援郑国。司马子反率领中军，令尹子重率领左军，右尹子辛率领右军。路过申地，子反拜见申叔时，说："这次作战结果会怎么样？"申叔时回答说："德行、刑罚、和顺、道义、礼法、信用，这是战争的手段。德行用来施予恩惠，刑罚用来纠正邪恶，和顺用来侍奉神灵，道义用来获取利益，礼法用来适合时宜，信用用来保有万物。人民生活丰厚，德行就端正；使用人民若于国家有利，事情就合于法度；时宜合适，万物就有所成就。这样就能上下和睦，行为处事就不会受阻，有所需求无不具备，各人都懂得行事的准则。所以《诗经》说：'先王治理百姓，让他们无不懂得行为准则。'这样，神灵就降福于他，四时没有灾害，百姓生活富足，齐心一致地听从指挥，没有不尽力以服从上面命令的，不顾性命来弥补国家的损失，这就是战争之所以能够胜利的原因。现在楚国对内抛弃他的百姓，对外弃绝友好国家，亵渎神圣的盟约而说话不算数，违背农时而发动战争，以百姓的疲劳来满足自己的欲望。人民不知道什么是信用，进退都是罪过。士卒在为奔赴前线担忧，还有谁肯卖命送死？您努力自勉吧！我不会再看到您了。"姚句耳先回郑国，子驷询问情况，他回答说："楚军行军迅速，经过险要的地方时不加整饬。动作太快就会考虑不周，不加整饬，就会失去队形队列。考虑不周，队列丧失，凭什么能作战？楚国恐怕不能依靠了。"

【原文】

五月，晋师济河。闻楚师将至，范文子欲反，曰："我伪逃楚，可以纾忧。夫合诸侯，非吾所能也，以遗能者。我若群臣辑睦以事君，多矣。"武子曰："不可。"

六月，晋、楚遇于鄢陵。范文子不欲战。郤至曰："韩之战，惠公不振旅；箕之役，先轸不反命；邲之师，荀伯不复从。皆晋之耻也。子亦见先君之事矣。今我辟楚，又益耻也。"文子曰："吾先君之亟战也，有故。秦、狄、齐、楚皆强，不尽力，子孙将弱。今三强服矣，敌楚而已。唯圣人能外内无患，自非圣人，外宁必有内忧。盍释楚以为外惧乎？"

【译文】

五月，晋军渡过黄河。听说楚军将要到达，范文子想撤回去，说："我们假装逃避楚军，这样就能够缓解国内的忧患。会合诸侯，不是我们所能做到的，还是把它留给有能力的人吧。如果我们群臣能和衷共济地侍奉国君，这就够了。"栾武子说："不行。"

六月，晋、楚两军在鄢陵相遇。范文子不想交战。郤至说："韩之战，惠公失败归来；箕之战，先轸不能回国复命；邲之战，荀伯不能再跟楚军周旋，这都是晋国的耻辱。您也了解先君时代的情况了。现在我们如果逃避楚军，又会给晋国增添耻辱。"范文子说："我们先君屡次征战，是有原因的。秦国、狄人、齐国、楚国都很强大，如果我们不尽自己的力量征战，子孙将会被削弱。现在秦、狄、齐三个强国已经顺服，敌人仅楚国而已。只有圣人才能够使外部、内部都没有祸患。我们不是圣人，外部安定，内部必然还有忧患，何不放过楚国，把它作为引起戒惧的外部国家呢？"

【原文】

甲午晦，楚晨压晋军而陈。军吏患之。范匄趋进[1]，曰："塞井夷灶，陈于军中，而疏行首。晋、楚唯天所授，何患焉？"文子执戈逐之，曰："国之存亡，天也。童子何知焉？"栾书曰："楚师轻窕[2]，固垒而待之，三日必退。退而击之，必获胜焉。"郤至曰："楚有六间[3]，不可失也：其二卿相恶；王卒以旧；郑陈而不整；蛮军而不陈；陈不违晦；在陈而嚣，合而加嚣，各顾其后，莫有斗心，旧不必良。以犯天忌，我必克之。"

【注释】

〔1〕范匄（gài）：士燮之子，一称范宣子。时年尚幼，故下文其父称之为"童子"。

〔2〕轻窕：不沉着，不庄重，浮躁。窕，同"佻"。

〔3〕间：间隙，弱点。

【译文】

六月最后一日，楚军在清早逼近晋军而摆开阵势。晋国的军吏为此担心。范匄跑进营帐，说："填井平灶，在军营中摆开阵势，把队伍行列间的距离放宽。晋、楚两国都是上天赐予的国家，有什么可担心的？"范文子拿起戈驱逐他，说："国家的存亡，是天意，小孩子知道什么？"栾书说："楚军轻浮急躁，我们只要加固营垒而等待他们，三天后楚军必退。趁他们退走时加以追击，一定获胜。"郤至说："楚军有六个弱点，这次的机会不可失掉：楚国的两个卿互相排斥；楚共王的亲兵都是年老的旧卒；郑国虽然摆开阵势，但军容不整齐；蛮人虽有军队，但并未摆开阵势；楚军摆阵不避晦日；士兵在阵中喧闹，两军相遇就更加喧闹，各军彼此观望，没有战斗意志，旧卒不一定精良。所有这些都触犯了天意和兵家大忌，我们一定能战胜他们。"

【原文】

楚子登巢车以望晋军〔1〕，子重使大宰伯州犁侍于王后〔2〕。王曰："骋而左右，何也？"曰："召军吏也。""皆聚于军中矣！"曰："合谋也。""张幕矣。"曰："虔卜于先君也。""彻幕矣！"曰："将发命也。""甚嚣，且尘上矣！"曰："将塞井夷灶而为行也。""皆乘矣，左右执兵而下矣！"曰："听誓也。""战乎？"曰："未可知也。""乘而左右皆下矣。"曰："战祷也。"伯州犁以公卒告王。苗贲皇在晋侯之侧，亦以王卒告。皆曰："国士在，且厚，不可当也。"苗贲皇言于晋侯曰："楚之良，在其中军王族而已。请分良以击其左右，而三军萃于王卒，必大败之。"公筮之，史曰："吉。其卦遇《复》卦，曰：'南国蹙，射其元王中厥目。'国王伤，不败何待？"公从之。

【注释】

〔1〕巢车：瞭望敌人之战车。后代巢车有八轮，车上立高杆，杆顶装有辘轳，用绳子牵引木屋升降。当需要观察敌情时，君主或元帅偕同谋士乘木屋升至杆顶，观毕降下。春秋时巢车当与之相近。

〔2〕大宰：官名，掌王族事务。大，通"太"。伯州犁：晋大夫伯宗之

子，因其父被杀而奔楚。

【译文】

楚共王登上巢车瞭望晋军。子重让太宰伯州犁侍立于楚共王身后。楚共王问："车子时左时右地驰骋，这是何故？"伯州犁回答说："这是在召集军吏。""都聚集在军帐之中了。"伯州犁说："这是在一起谋划军务。""帐幕张开了。"伯州犁说："这是在虔诚地向先君问卜。""帐幕撤除了。"伯州犁说："这是将要发布命令了。""喧闹得厉害，而且尘土飞扬起来了。"伯州犁说："这是准备填井平灶摆开阵势。""都登上战车了，但将领和车右都拿着武器下车了。"伯州犁说："这是要去听取主帅的誓师号令。""要出战了吗？"伯州犁说："还不知道。""晋军上了战车，但将领和车右又下来了。"伯州犁说："这是战前的祈祷。"伯州犁把晋厉公亲兵的情况向楚共王报告。苗贲皇站在晋厉公的旁边，也把楚共王亲兵的情况向晋厉公报告。晋厉公左右的将士们都说："楚国杰出的人才全在军中，而且人数众多，不能抵挡。"苗贲皇对晋厉公说："楚国的精兵仅仅是中军的亲兵而已。请把我们的精兵分成两部分，去攻击他们的左右军，再集中三军攻打楚王亲兵，一定可以大败楚军。"晋厉公让太史占筮。太史说："吉利。得到《复》卦。卦辞说：'南方的国家窘迫，射它的国王，中其一目。'国家窘迫，国王受伤，楚国不失败，还等什么呢？"晋厉公按这个卦去做。

【原文】

有淖于前，乃皆左右相违于淖。步毅御晋厉公，栾鍼为右。彭名御楚共王，潘党为右。石首御郑成公，唐苟为右。栾、范以其族夹公行。陷于淖。栾书将载晋侯，鍼曰："书退，国有大任，焉得专之。且侵官，冒也；失官，慢也；离局，奸也。有三罪焉，不可犯也。"乃掀公以出于淖。

癸巳，潘尪之党与养由基蹲甲而射之[1]，彻七札焉[2]。以示王，曰："君有二臣如此，何忧于战？"王怒曰："大辱国。诘朝尔射，死艺。"吕锜梦射

养由基

月，中之，退入于泥。占之，曰："姬姓，日也。异姓，月也，必楚王也。射而中之，退入于泥，示必死矣。"乃战，射共王中目。王召养由基，与之两矢，使射吕锜，中项，伏弢。以一矢复命。

【注释】

〔1〕蹲甲而射之：把铠甲叠起来用箭去射。蹲，积叠。
〔2〕彻七札：透过七层甲。

【译文】

晋军前面有泥沼，于是晋军都或左或右地避开泥沼而行。步毅驾驭晋厉公的战车，栾铖作为车右。彭名驾驭楚共王的战车，潘党作为车右。石首驾驭郑成公的战车，唐苟作为车右。栾氏、范氏带领着他们私族部队左右护卫着晋厉公前进。战车陷在泥沼里。栾书打算让晋厉公乘坐自己的战车。他儿子栾铖说："栾书退下去！国家有许多重大任务，你哪能一人包办了？而且侵夺别人的职权，这是冒犯；丢弃自己的职责，这是怠慢；离开自己的部下，这是错误的。这三条罪过，都是不能触犯的。"于是他托起晋厉公的战车，将它推出泥沼。

六月二十八日，楚大夫潘尪的儿子潘党和楚大夫养由基把铠甲叠起来去射，穿透了七层。拿去给楚共王看，说："君王有这样两个臣下在这里，还有什么可担心的？"楚共王发怒说："太羞辱国家了！明早作战，你们射箭，将会死在这技艺上。"这天晚上，晋将吕锜梦见自己射月亮，射中了，自己却退进了泥坑。占梦人占卜，说："姬姓，是太阳；异姓，是月亮，这一定是楚共王了。射中了他，自己又退进泥坑，你一定会战死。"等到作战时，吕锜射中了楚王的眼睛。楚王召唤养由基，给他两支箭，让他射吕锜。养由基射中吕锜的脖子，吕锜伏在弓套上死了。养由基拿着剩下的一支箭向楚共王复命。

【原文】

郤至三遇楚子之卒，见楚子必下，免胄而趋风。楚子使工尹襄问之以弓，曰："方事之殷也，有韎韦之跗注，君子也。识见不榖而趋，无乃伤乎？"郤至见客，免胄承命，曰："君之外臣至，从寡君之戎事，以君之灵，间蒙甲胄，不敢拜命。敢告不宁，君命之辱。为事之故，敢肃使者。"三肃使者而退。

晋韩厥从郑伯，其御杜溷罗曰："速从之！其御屡顾，不在马，可及也。"韩厥曰："不可以再辱国君。"乃止。郤至从郑伯，其右茀翰胡曰："谍辂之[1]，余从之乘而俘以下。"郤至曰："伤国君有刑。"亦止。石首曰："卫懿公唯不去其旗，是以败于荧。"乃内旌于弢中。

唐苟谓石首曰："子在君侧，败者壹大[2]。我不如子，子以君免，我请止。"乃死。

【注释】

〔1〕谍辂之：派小股轻快之军绕到郑伯前拦截。谍，侦察兵，此指小股轻快之军。辂，迎战，此指拦截。

〔2〕壹：专心一意。大：此指国君。

【译文】

郤至三次碰到楚共王的士兵，见到楚共王时，一定下车，脱下头盔，快步向前走。楚共王派工尹襄送给他一张弓，以示问候，说："正当战事激烈的时候，有一位身穿赤黄色牛皮军服的人，是君子啊！刚才见到我而快走，恐怕是受伤了吧！"郤至接见楚军来客，脱下头盔接受了问候，说："贵国君王的外臣郤至跟随寡君作战，托楚君的威灵，近来参与了披甲的行列，所以无法拜受楚王的慰劳。谨向君王报告，我没有受伤，对于君王的问候，我感到惭愧。由于战事的缘故，谨向使者肃拜。"他向使者肃拜三次以后才退走。

晋国的韩厥追赶郑成公，他的御者杜溷罗说："赶快追上去！他们的御者屡屡回头看，注意力不在马上，可以赶上。"韩厥说："不能再次羞辱国君了。"于是就停止追赶。郤至追赶郑成公，他的车右茀翰胡说："另外派轻车从小道迎击，我追上他的战车把他俘获抓下。"郤至说："伤害国君要受到刑罚。"也停止了追赶。郑成公的驭者石首说："卫懿公由于不去掉他的旗帜，所以才在荧泽战败。"于是就把旗帜放进弓袋里。车右唐苟对石首说："您在国君旁边，战败者应该一心保护国君。我不如您，您带着国君逃走，我请求留下。"于是唐苟就战死了。

【原文】

楚师薄于险，叔山冉谓养由基曰："虽君有命，为国故，子必射。"乃射，再发，尽殪。叔山冉搏人以投，中车折轼。晋师乃止。囚楚公子筏。

栾鍼见子重之旌，请曰："楚人谓：'夫旌，子重之麾也。'彼其子重也。日臣之使于楚也，子重问晋国之勇。臣对曰：'好以众整。'曰：'又何如？'臣对曰：'好以暇。'今两国治戎，行人不使，不可谓整；临事而食言，不可谓暇。请摄饮焉[1]。"公许之，使行人执榼承饮[2]，造于子重，曰："寡君乏使，使鍼御持矛。是以不得犒从者，使某摄饮。"子重曰："夫子尝与吾言于楚，必是故也，不亦识乎？"受而饮之。免使者而复鼓。

【注释】

〔1〕请摄饮：请求派人代替自己前去向子重献酒。摄，代也。

〔2〕执榼承饮：执酒器奉酒。榼，盛酒器。承，奉也。

【译文】

楚军被晋军逼迫在险阻的地方，叔山冉对养由基说："虽然国君有禁令，但为了国家，你一定要射箭。"养由基就射向晋军，连发两箭，被射的人都死了。叔山冉抓住晋国人，又向晋军掷过去，掷中战车，折断了车前的横木。晋军于是停止追击，俘获、囚禁了楚国的公子筏。

栾𫗧见到子重的旌旗，向晋厉公请求说："楚国人说：'那面旌旗是子重的旗号。'他恐怕就是子重吧。当初下臣出使到楚国，子重问起晋国的勇武表现在哪里。下臣回答说：'喜好部队整饬周密。'子重又问：'还有什么？'下臣回答说：'喜好从容不迫。'现在两国交战，不派遣使者，不能说是整饬周密；遇到战事就说话不算数，不能说是从容不迫。请君王派人替我给子重进酒。"晋厉公答应了，派遣使者拿着酒器奉酒，到了子重那里，说："寡君缺乏人才，让栾𫗧执矛侍立在他身边，因此不能犒赏您的随从，派我前来代他进酒。"子重说："那位先生曾跟我在楚国交谈过，送酒来一定是这个原因。我不是也记起来了吗？"受酒而饮。送走使者后重新击鼓。

【原文】

旦而战，见星未已。子反命军吏察夷伤，补卒乘，缮甲兵，展车马，鸡鸣而食，唯命是听。晋人患之。苗贲皇徇曰："蒐乘补卒〔1〕，秣马利兵，修陈固列，蓐食申祷〔2〕，明日复战。"乃逸楚囚〔3〕。王闻之，召子反谋。榖阳竖献饮于子反，子反醉而不能见。王曰："天败楚也夫！余不可以待。"乃宵遁。

晋入楚军，三日谷。范文子立于戎马之前，曰："君幼，诸臣不佞，何以及此？君其戒之！《周书》曰'唯命不于常'，有德之谓。"

【注释】

〔1〕蒐（sōu）乘：检阅清点车马。蒐，同"搜"。

〔2〕申祷：再次向神灵祈祷求胜。

〔3〕逸楚囚：故意放走楚国俘虏。

【译文】

早晨开始作战，直至见到星星还没有结束。子反命令军吏查点伤情，补充士卒战车，修理盔甲武器，排列战车战马，鸡叫的时候进食，唯主帅的命令是听。晋人因此担心。苗贲皇通告全军说："检阅战车，补充士卒，喂好马匹，磨快武器，整顿军阵，巩固行列，早早地进食，再次祷告，明日再战。"晋人故意放走楚国的俘虏。楚共王听到这些情况，召子反商量。子反的小臣榖阳竖献酒给子反，子反喝醉了，不能进见。楚共王说："这是上天要让楚国失败啊！我不能坐以待毙。"于是在夜里逃走了。

晋军攻入楚国军营，吃了三天楚军留下的粮食。范文子站在兵马前面，说："君王年幼，下臣们不才，怎么能取得这个战果？君王要警惕啊！《周书》说'天命所在并非一成不变'，说的是有德的人才可以享有天命。"

【原文】

楚师还及瑕。王使谓子反曰："先大夫之覆师徒者，君不在。子无以为过，不榖之罪也。"子反再拜稽首曰："君赐臣死，死且不朽。臣之卒实奔，臣之罪也。"子重使谓子反曰："初陨师徒者，而亦闻之矣！盍图之？"对曰："虽微先大夫有之，大夫命侧，侧敢不义？侧亡君师，敢忘其死？"王使止之，弗及而卒。

【译文】

楚军撤回，到达瑕地，楚共王派人对子反说："先大夫让楚军覆败，当时国君不在军中。您不要认为是自己的过错，这是我的罪过。"子反再拜，叩头说："君王赐下臣一死，死而不朽。下臣的士兵的确败逃了，这是下臣的罪过。"子重也派人对子反说："当初让楚军覆败的人，他的结果你也听说了吧！何不自己考虑一下？"子反回答说："即使没有先大夫自杀谢罪的事，大夫命令侧考虑，侧岂敢贪生而陷于不义？侧使国君的军队败亡，岂敢忘记先大夫的自杀？"楚共王派人阻止他，还没赶到，子反就自杀了。

晋祁奚举贤

【原文】

祁奚请老，晋侯问嗣焉。称解狐，其仇也，将立之而卒。又问焉，对曰："午也可。"于是羊舌职死矣，晋侯曰："孰可以代之？"对曰："赤也可。"于是使祁午为中军尉，羊舌赤佐之。

君子谓："祁奚于是能举善矣。称其仇，不为谄；立其子，不为比[1]；举其偏，不为党。《商书》曰：'无偏无党[2]，王道荡荡[3]。'其祁奚之谓矣。解狐得举，祁午得位，伯华得官，建一官而三物成，能举善也夫。唯善，故能举其类。《诗》云：'唯其有之，是以似之[4]。'祁奚有焉。"

【注释】

[1]比：因私情而偏爱。

[2]无偏无党：不徇私情，不结朋党。

[3]王道荡荡：遵行王道而公正无私。

[4]唯其有之，是以似之：见《诗经·小雅·裳裳者华》。诗意为唯善人有此美德，故而他的后代能继承此善。比喻祁奚有善德，他举荐之人亦能继承之。似，通"嗣"，后嗣，继承人。

【译文】

祁奚请求告老退休，晋悼公问谁来接替他好。祁奚举荐解狐。解狐，是祁奚的仇人，晋悼公打算任命解狐，他却死了。晋悼公又问祁奚，祁奚回答说："祁午也可以胜任。"这时羊舌职死了，晋悼公问："谁可以接替他？"祁奚回答说："羊舌赤可以胜任。"因此，晋悼公就任命祁午为中军尉，羊舌赤为副职。

君子认为："祁奚在这种情况下能够举荐贤才。举荐他的仇人而不是谄媚，推荐他的儿子而不是偏私，推举他的副手而不为结党。《商书》说：'不偏私不结党，君王之道浩浩荡荡。'这说的就是祁奚啊。解狐虽被推举，祁午能得到任命，伯华（羊舌赤）能获得官位，立了一个中军尉，而做成了三件（好）事，是由于能举荐贤人啊。唯其贤明，才能举荐类似他的贤人。《诗》说，'正因为具有美德，被举荐的人才能和他相似。'祁奚就是这样的人。"

师旷论卫人出其君

【原文】

师旷侍于晋侯。晋侯曰："卫人出其君，不亦甚乎？"对曰："或者其君实甚。良君将赏而刑淫，养民如子，盖之如天，容之如地；民奉其君，爱之如父母，仰之如日月，敬之如神明，畏之如雷霆，其可出乎？夫君，神之主而民之望也。若困民之生，匮神乏祀，百姓绝望，社稷无主，将安用之？弗去何为？天生民而立之君，使司牧之，勿使失性；有君而为之贰，使师保之，勿使过度。是故天子有公，诸侯有卿，卿置侧室，大夫有贰宗，士有朋友，庶人、工、商、皂、隶、牧、圉皆有亲昵，以相辅佐也。善则赏之，过则匡之，患则救之，失则革之。自王以下，各有父兄子弟以补察其政。史为书，瞽为诗，工诵箴谏，大夫规诲，士传言，庶人谤，商旅于市，百工献艺。故《夏书》曰：'遒人以木铎徇于路，官师相规，工执艺事以谏。'正月孟春，于是乎有之，谏失常也。天之爱民甚矣！岂其使一人肆于民上，以从其淫而弃天地之性？必不然矣！"

【译文】

师旷随侍在晋悼公身边。晋悼公说："卫国人赶走他们的国君，不是太过分了吗？"师旷回答说："或许是他们的国君太过分了。好的国君会奖赏善良，惩治邪恶，抚育百姓如同对待儿女，覆盖他们就像苍天，容纳他们就像大地；百姓尊奉自己的国君，爱戴他好像爱戴父母，敬仰他好像敬仰日月，敬重他好像敬重神灵，畏惧他好像畏惧雷霆，哪能赶走呢？国君，是祭神的主持者和百姓的希望。如果让百姓的财物缺少，神灵失去祭祀，百姓断绝希望，国家无人主持，哪里会用得着他？为什么不赶走他？上天生下百姓并且为他们置立国君，让他统治他们，不使他们失掉天性；有了国君还为他设置卿大夫辅佐，让他们去教诲保护他，不让他做事过分。因此天子有公，诸侯有卿，卿设立侧室，大夫有贰宗，士有朋友，庶人、工、商、皂、隶、牧、圉都有亲近的人，用来互相帮助。好的就表彰，过头就纠正，患难就救助，错误就革除。从天子以下各有父兄子弟来观察补救他们行事的过失。太史加以记载，乐师写作诗歌,乐工诵读箴谏,大夫规劝开导,士传达意见,庶人指责,商人在市场上议论,各种工匠呈现技艺。所以《夏书》说:'宣布教化的官员摇着木铎在大路上巡行,官员规劝,工匠通过技艺进行劝谏。'正月孟春,这时候就有官员在大道上摇动木铎,是为了让人劝谏君主失去常规的行为。上天对百姓的关爱是非常周到的!难道会让一个人在百姓头上任意作为,放纵他的邪恶而失去天地的本性吗?一定不会这样的!"

伯州犁问囚

【原文】

楚子、秦人侵吴,及雩娄[1],闻吴有备而还。遂侵郑。五月,至于城麇[2]。郑皇颉戍之,出,与楚师战,败。穿封戌囚皇颉,公子围与之争之,正于伯州犁。伯州犁曰:"请问于囚。"乃立囚。伯州犁曰:"所争,君子也,其何不知?"上其手,曰:"夫子为王子围,寡君之贵介弟也[3]。"下其手,曰:"此子为穿封戌,方城外之县尹也。谁获子?"囚曰:"颉遇王子,弱焉。"戌怒,抽戈逐王子围,弗及。楚人以皇颉归。

【注释】

〔1〕雩娄:在今河南商城。
〔2〕城麇:地名,所在无考。
〔3〕贵介:地位高贵。

【译文】

楚康王、秦国人联军侵袭吴国,到达雩娄,听说吴国有了防备而退兵,就顺道攻打郑国。五月,到达城麇。郑国的皇颉在城麇戍守,出城和楚军交战,战败。穿封戌俘虏了皇颉,公子围和他争功,要伯州犁评判是非。伯州犁说:"请问一下俘虏。"于是就让俘虏站在前面。伯州犁说:"他们所争夺的对象便是您,您是君子,有什么不明白的呢?"举起手,说:"那一位是王子围,是国君尊贵的弟弟。"放下手,说:"这个人是穿封戌,是方城外的县尹。谁俘虏了您?"俘虏说:"颉碰上王子,抵抗不住而被擒。"穿封戌发怒,抽出戈追赶王子围,没有追上。楚国人带着皇颉回国了。

蔡声子论晋用楚材

【原文】

　　初，楚伍参与蔡大师子朝友，其子伍举与声子相善也。伍举娶于王子牟。王子牟为申公而亡，楚人曰："伍举实送之。"伍举奔郑，将遂奔晋。声子将如晋，遇之于郑郊，班荆相与食，而言复故。声子曰："子行也，吾必复子。"

　　及宋向戌将平晋、楚，声子通使于晋，还如楚。令尹子木与之语，问晋故焉，且曰："晋大夫与楚孰贤？"对曰："晋卿不如楚，其大夫则贤，皆卿材也。如杞、梓、皮革，自楚往也。虽楚有材，晋实用之。"子木曰："夫独无族姻乎？"对曰："虽有，而用楚材实多。归生闻之：'善为国者，赏不僭而刑不滥。'赏僭，则惧及淫人；刑滥，则惧及善人。若不幸而过，宁僭，无滥。与其失善，宁其利淫。无善人，则国从之。《诗》曰：'人之云亡，邦国殄瘁。'无善人之谓也。故《夏书》曰：'与其杀不辜，宁失不经。'惧失善也。《商颂》有之曰：'不僭不滥，不敢怠皇。命于下国，封建厥福。'此汤所以获天福也。古之治民者，劝赏而畏刑，恤民不倦。赏以春夏，刑以秋冬。是以将赏，为之加膳，加膳则饫赐，此以知其劝赏也。将刑，为之不举，不举则彻乐，此以知其畏刑也。夙兴夜寐，朝夕临政，此以知其恤民也。三者，礼之大节也。有礼无败。今楚多淫刑，其大夫逃死于四方，而为之谋主，以害楚国，不可救疗，所谓不能也。子仪之乱，析公奔晋，晋人置诸戎车之殿，以为谋主。绕角之役，晋将遁矣，析公曰：'楚师轻窕，易震荡也。若多鼓钧声，以夜军之，楚师必遁。'晋人从之，楚师宵溃。晋遂侵蔡，袭沈，获其君，败申、息之师于桑隧，获申丽而还。郑于是不敢南面。楚失华夏，则析公之为也。雍子之父兄谮雍子，君与大夫不善是也，雍子奔晋，晋人与之鄐，以为谋主。彭城之役，晋、楚遇于靡角之谷。晋将遁矣，雍子发命于军曰：'归老幼，反孤疾，二人役，归一人。简兵蒐乘，秣马蓐食，师陈焚次，明日将战。'行归者，而逸楚囚。楚师宵溃，晋降彭城而归诸宋，以鱼石归。楚失东夷，子辛死之，则雍子之为也。子反与子灵争夏姬，而雍害其事，子灵奔晋，晋人与之邢，以为谋主，扞御北狄，通吴于晋，教吴叛楚，教之乘车、射御、驱侵，使其子狐庸为吴行人焉。吴于是伐巢、取驾[1]、克棘[2]、入州来[3]，楚罢于奔命，至今为患，则子灵之为也。若敖之乱，伯贲之子贲皇奔晋，晋人与之苗[4]，以为谋主。鄢陵之役，楚晨压晋军而陈。晋将遁矣，苗贲皇曰：'楚师之良在其中军王族而已，若塞井夷灶，成陈以当之，栾、范易行以诱之，中行、二郤必克二穆，吾乃四萃于其王族，必大败之。'晋人从之，楚师大败，王夷师熸，子反死之。郑叛，吴兴，楚失诸侯，则苗贲皇之为也。"子木曰："是皆然矣。"声子曰："今又有甚于此。椒举娶于申公子牟，子牟得戾而亡，君大夫谓椒举，'女实遣之'。惧而奔郑，引领南望，曰：'庶几赦余'，亦弗图也。今在晋矣。晋人将与之县，以比叔向。彼若谋害楚国，岂不为患？"子木惧，言诸王，益其禄爵而复之。声子使椒鸣逆之。

【注释】

〔1〕驾：在今安徽无为。
〔2〕棘：今河南永城。
〔3〕州来：今安徽凤台。
〔4〕苗：晋邑，在今河南济源。

【译文】

  当初，楚国的伍参和蔡国的太师子朝友好，他的儿子伍举和声子也互相友好。伍举娶了王子牟的女儿。王子牟任申公时获罪逃亡，楚国人说："伍举确实护送了他。"伍举逃亡到郑国，准备再逃往晋国。声子打算去晋国，在郑国郊外与伍举相遇，坐在草地上一起吃东西，并谈到回楚国的事。声子说："你走吧，我一定想办法让你回去。"

  等到宋国的向戌准备调解晋国和楚国的关系时，声子出使晋国。回到楚国，令尹子木和他谈话，询问晋国的事，并说："晋国的大夫和楚国的大夫比谁更贤明？"声子回答说："晋国的卿不如楚国的卿，晋国的大夫是贤明的，都是当卿的人才。就如杞木、梓木、皮革，都是从楚国运去的，虽然楚国有人才，却被晋国所用。"子木说："他们没有同宗和亲戚吗？"声子回答说："虽然有，但更多的是使用楚国的人才。归生听说：'善于治理国家的人，赏赐不过分，而刑罚不滥用。'赏赐过分，就怕奖励了坏人；刑罚滥用，就怕牵连好人。如果不幸而出现过分，宁可多赏，不要滥罚。与其失掉好人，宁可利于坏人。没有好人，国家就跟着受害。《诗》说：'良臣贤士都跑光了，国家就遭受灾害。'说的就是国家没有好人的情况。所以《夏书》说：'与其杀害无辜，宁可对罪人失于刑罚。'这就是怕失去好人。《商颂》有这样的话说：'不过分不滥用，不敢懈怠偷闲。向下国发布命令，大力培植其福。'这就是汤之所以获得上天赐福的原因。古代治理百姓的人，乐于赏赐而怕用刑罚，为百姓操心而不知疲倦。在春季、夏季行赏，在秋季、冬季行刑。因此，在将要行赏的时候就增加膳食，加膳以后可以把剩余的食品赐给下面，从而让人知道他乐于赏赐。将要行刑的时候就减少膳食，减了膳食就撤去音乐，由此而知他怕用刑罚。早起晚睡，早晚都亲临办理国事，由此而知他在为百姓操心。这三件事，是礼仪的关键。讲求礼仪就不会失败。现在楚国滥用刑罚，楚国的大夫四处逃命，并且成为所去国家的谋士，来危害楚国，以至于不可救药了，这就是楚国不能用其才的情况。子仪之乱，析公逃亡到晋国，晋国人把他安置在晋侯战车的后面，让他作为主要谋士。绕角那次战役，晋军将要逃跑了，析公说：'楚军轻佻，容易被威慑震住。如果同时敲打许多鼓发出大声，在夜里全军进攻，楚军必定溃逃。'晋国人采纳了他的意见，楚军果然当夜溃败。晋国于是侵袭蔡国，袭击沈国，俘虏了沈国的国君，在桑隧打败申国和息国军队，俘虏了申丽而回国。郑国这时再不敢服从他南面的楚国。楚国丧失了中原，这都是析公造成的。雍子的父亲和哥哥诬陷雍子，国君和大夫不能辩明是非曲直，雍子只好逃亡到晋国，晋国人将鄐地给了他，并让他作为主要谋士。彭城那次战役，晋国、楚国在靡角之谷相遇。晋军打算逃走，雍子对军队发布命令说：'年纪老的和年纪小的都回去，孤儿和有病的也都回去，兄弟两个服役的回去一个。精选步兵，检阅车兵，喂饱马匹，让兵士吃饱，军队摆开阵势，焚烧军帐，明天将要决一死战。'于是让该回去的都回去了，并且故意放走楚国俘虏。楚军当夜溃败。晋国降服了彭城而归还给宋国，押解着鱼石回国。楚国失去东夷，子辛为此战而阵亡，这都是雍子所起的作用。子反和子灵（即申公巫臣）争夺夏姬而阻挠子灵的婚事，子灵逃亡到晋国，晋国人封给他邢地，让他作为主要谋士。子灵献计抵御北狄，让吴国和晋国通好，教吴国背叛楚国，教他们乘车、射箭、驾车奔驰作战，让他的儿子狐庸做了吴国的行人。吴国这时攻打巢地，夺取驾地，攻克棘地，进入州来，楚国疲于奔命，到今天还是楚国的祸患，这都是子灵所做的。若敖之乱，伯贲的儿子贲皇逃亡到晋国，晋国人封给他苗地，让他作为主要谋士。鄢陵那次战役，楚军早晨逼近晋军并摆开阵势。晋军准备逃走。苗贲皇说：'楚军的精锐在于他们中军的王族而已，如果填井平灶，摆开阵势以抵挡他们，栾、范用家兵引诱楚军，中行和郤锜、郤至一定能够战胜对方的子重、子辛。我们再把军队从四面集中起来攻击楚国的中军王族，一定能够打得他们大败。'晋国人听从他的意见，楚军大败，楚共王受伤，军队一蹶不振，子反战死。郑国叛楚，吴国兴起，楚国失去诸侯，这都是苗贲皇所起的作用。"子木说："的确是这样的。"声子说："现在又有比这厉害的。

椒举娶了申公子牟的女儿，子牟获罪而逃亡。国君和大夫对椒举说：'是你让他逃跑的。'椒举害怕而逃亡到郑国，伸长脖子望着南方，说：'也许可以赦免我。'但楚国并没有放在心上。现在椒举已到晋国。晋国人准备给他封邑，而且和叔向的待遇一样。他如果出谋危害楚国，岂不成为祸患？"子木听了这些很恐惧，报告给楚康王，楚康王提高了椒举的官禄爵位，让他回楚国官复原职。声子让椒鸣去迎接椒举。

吴季札观乐

【原文】

　　吴公子札来聘。……
　　请观于周乐。使工为之歌《周南》《召南》[1]，曰："美哉！始基之矣，犹未也，然勤而不怨矣。"为之歌《邶》《鄘》《卫》，曰："美哉，渊乎[2]！忧而不困者也。吾闻卫康叔、武公之德如是，是其《卫风》乎！"为之歌《王》，曰："美哉！思而不惧，其周之东乎？"为之歌《郑》，曰："美哉！其细已甚，民弗堪也。是其先亡乎！"为之歌《齐》，曰："美哉，泱泱乎[3]！大风也哉！表东海者，其大公乎！国未可量也。"为之歌《豳》，曰："美哉，荡乎！乐而不淫，其周公之东乎！"为之歌《秦》，曰："此之谓夏声[4]。夫能夏则大，大之至也，其周之旧乎！"为之歌《魏》，曰："美哉，沨沨乎[5]！大而婉[6]，险而易行，以德辅此，则明主也。"为之歌《唐》，曰："思深哉！其有陶唐氏之遗民乎！不然，何其忧之远也？非令德之后，谁能若是？"为之歌《陈》，曰："国无主，其能久乎！"自《郐》以下无讥焉。

【注释】

〔1〕《周南》《召南》：《诗经·国风》的开头两组诗歌。以下皆见《诗经》。

〔2〕渊：深远。

〔3〕泱泱乎：宏大之声。

〔4〕夏声：华夏之声。秦僻处陇西，周宣王时始命秦仲为大夫，始有车马礼乐。去戎狄之声而与诸夏同风，谓之夏声。

〔5〕沨沨（fēng）：形容乐声抑扬顿挫。

〔6〕大而婉：声音虽大而委婉曲折。

【译文】

吴国公子季札到鲁国来访问。……

公子季札请求聆听观赏周朝的音乐和舞蹈。于是让乐工为他歌唱《周南》《召南》。季札说："真美妙啊！周朝的教化已经开始奠定基础了，不过还没有完善，然而百姓已经勤劳而不埋怨了。"为他歌唱《邶风》《鄘风》《卫风》，他说："真美妙啊，这样深远！忧愁而不窘迫。我听说卫康叔、武公的德行就像这样，这大概就是《卫风》吧！"为他歌唱《王风》，他说："真美妙啊！思虑而不恐惧，大概是周室东迁以后的诗吧！"为他歌唱《郑风》，他说："真美妙啊！但是它太过琐碎了，百姓不能忍受。这大概是郑国要先灭亡的原因吧！"为他歌唱《齐风》，他说："真美妙啊，这样宏大！这是大国的音乐啊！作为东海诸侯表率的，大概是太公的国家吧！国家的前途不可限量。"为他歌唱《豳风》，他说："真美妙啊，如此坦荡博大！欢乐而有节制，大概是周公东征的音乐吧！"为他歌唱《秦风》，他说："这就叫作华夏之声。能发出夏声，自然声音洪亮，而且洪亮到极点了，恐怕是周朝的旧乐吧！"为他歌唱《魏风》，他说："真美妙啊，多么抑扬顿挫！声音虽大而委婉曲折，节拍局促而易于推行，再用德行加以辅助，就是贤明的君主了。"为他歌唱《唐风》，他说："思虑很深啊！大概有陶唐氏的遗民吧！否则，为什么那么忧思深远呢？不是美德者的后代，谁能

这样？"为他歌唱《陈风》，他说："国家没有主人，难道能够长久吗？"从《郐风》以下的诗歌，季札听了就没有评论了。

【原文】

为之歌《小雅》，曰："美哉！思而不贰，怨而不言，其周德之衰乎？犹有先王之遗民焉。"为之歌《大雅》，曰："广哉，熙熙乎[1]！曲而有直体[2]，其文王之德乎！"为之歌《颂》，曰："至矣哉！直而不倨，曲而不屈，迩而不逼，远而不携，迁而不淫，复而不厌，哀而不愁，乐而不荒，用而不匮，广而不宣，施而不费，取而不贪，处而不底，行而不流。五声和[3]，八风平。节有度，守有序，盛德之所同也。"

【注释】

〔1〕熙熙：和乐的样子。
〔2〕曲而有直体：乐曲起伏跌宕而立意正直。
〔3〕五声和：指宫、商、角、徵、羽五音和谐。

【译文】

乐工为他歌唱《小雅》，他说："真美妙啊！虽有忧思却无背叛之心，虽有怨恨却不表现在语言中，恐怕是周朝德行衰落时的音乐吧！还有先王的遗民在啊！"为他歌唱《大雅》，他说："真广博啊，多和乐啊！起伏跌宕而立意正直，这大概是表现文王的德行吧！"为他歌唱《颂》，他说："到达顶点了！正直而不倨傲，曲折而不卑下，亲近而不冒犯，疏远而不离心，变化多端而不淫乱，反复重叠而不使人厌倦，哀伤而不忧愁，欢乐而不放浪过度，使用而不匮乏，宽广而不夸张炫耀，施予而不浪费，收取而不贪婪，静止而不停滞，行进而不放荡。五声和谐，八风协调。节拍有一定的尺度，乐器鸣奏都按次序，这都是盛德之人所共同具有的。"

【原文】

见舞《象箾》[1]、《南籥》者[2]，曰："美哉！犹有憾。"见舞《大武》者曰[3]："美哉！周之盛也，其若此乎！"见舞《韶濩》者[4]，曰："圣人之弘也，而犹有惭德[5]，圣人之难也。"见舞《大夏》者[6]，曰："美哉！勤而不德，非禹，其谁能修之？"见舞《韶箾》者[7]，曰："德至矣哉，大矣！如天之无不帱也[8]，如地之无不载也。虽甚盛德，其蔑以加于此矣。观止矣！若有他乐，吾不敢请已。"

【注释】

〔1〕《象箾（xiāo）》：一种歌颂文王的武舞。执竿而舞。象，武舞。箾，舞蹈者所持之杆状道具。

〔2〕《南籥（yuè）》：一种歌颂文王的文舞。持籥而舞。南，文舞。籥，一种似笛的乐器，为文舞时所持之道具。

〔3〕《大武》：歌颂武王的乐舞。

〔4〕《韶濩（hù）》：歌颂成汤的乐舞。

〔5〕惭德：德行上犹有欠缺。

〔6〕《大夏》：歌颂夏禹的乐舞。

〔7〕《韶箾》：歌颂虞舜的乐舞。

〔8〕帱：覆盖。

【译文】

公子札看到跳《象箾》《南籥》舞，说："真美妙啊！但还有遗憾。"看到跳《大武》舞，说："真美妙啊！周朝兴盛的时候，大概就像这样吧！"看到跳《韶濩》舞，说："像圣人那样伟大，德行上犹有欠缺，当圣人真难啊！"看到跳《大夏》舞，说："真美妙啊！勤劳于民事而不自以为有德，不是大禹，还有谁能做到呢？"看到跳《韶箾》舞，说："功德到达顶点了，真伟大啊！像上天没有不覆盖的，像大地没有不承载的。盛德到达顶点，就不能再有所增加了，聆听观看乐舞就到这里了。如果还有其他乐舞，我不敢再请求欣赏了。"

郑子产相国

【原文】

郑子皮授子产政。辞曰："国小而逼，族大宠多，不可为也。"子皮曰："虎帅以听，谁敢犯子？子善相之。国无小，小能事大，国乃宽。"

子产为政，有事伯石，赂与之邑。子大叔曰："国皆其国也，奚独赂焉？"子产曰："无欲实难。皆得其欲，以从其事，而要其成。非我有成，其在人乎？何爱于邑，邑将焉往？"子大叔曰："若四国何？"子产曰："非相违也，而相从也，四国何尤焉？《郑书》有之曰：'安定国家，必大焉先。'姑先安大，以待其所归。"既，伯石惧而归邑，卒与之。伯有既死，使大史命伯石为卿，辞。大史退，则请命焉。复命之，又辞。如是三，乃受策入拜。子产是以恶其为人也，使次己位。

【译文】

郑国的子皮把政权交给子产，子产辞谢说："国家小而逼近大国，公族庞大而受宠的人又多，不能治理好。"子皮说："我带头听你的安排，谁敢冒犯你？你好好地辅助国政吧。国家不在于小，小国能够侍奉大国，国家就可以宽舒缓和了。"

子产执政，有事情要伯石去办，就送给他城邑。子太叔说："国家是大家的国家，为什么唯独给他送东西？"子产说："人没有欲望确实很难。我使他们的欲望得到满足，让他们为国办事，并以此要求他们把事办好。这不是我的功劳，难道是别人的功劳吗？对城邑有什么爱惜的，它会跑到哪里去？"子太叔说："四方邻国将怎么看待？"子产说："这样做不是为了互相违背，而是为了互相顺从，四方的邻国对我们有什么可责备的？《郑书》有这样的话：'安定国家，一定要优先考虑大族。'姑且先安定大族，以观察其结果。"不久，伯石因害怕而把城邑归还，最终子产还是把城邑给了他。伯有死了以后，子产让太史命令伯石做卿，伯石辞谢。太史退出，伯石又请求太史重新发布命令。命令下来了又辞谢。像这样一连三次，伯石才接受策书入朝拜谢。子产因此讨厌伯石的为人，但还是让他居于仅次于自己的职位。

【原文】

子产使都鄙有章[1]，上下有服，田有封洫[2]，庐井有伍[3]。大人之忠俭者，从而与之；泰侈者因而毙之。

丰卷将祭，请田焉。弗许，曰："唯君用鲜，众给而已。"子张怒，退而征役。子产奔晋，子皮止之，而逐丰卷。丰卷奔晋。子产请其田、里，三年而复之，反其田、里及其入焉。

从政一年，舆人诵之，曰："取我衣冠而褚之[4]，取我田畴而伍之。孰杀子产，吾其与之！"及三年，又诵之，曰："我有子弟，子产诲之；我有田畴，子产殖之[5]。子产而死，谁其嗣之？"

（以上襄公三十年）

【注释】

[1] 都鄙有章：国都与乡野的一切事情都有一定的规章。都，指国都。鄙，指乡野。章，分别也。

[2] 封洫：田地疆界与灌田水沟。

〔3〕庐井有伍：将居民按照户口有一定的安排，使房舍和耕地合理配套。庐，舍也。井，农田。伍，犹列也。

〔4〕"取我"句：将不合身份地位的衣冠储藏起来。褚，储藏。

〔5〕殖：使增加产量。

【译文】

子产让国都和乡野的一切事情都有一定的规章，上下各司其职，田地有疆界和水沟，房舍和耕地合理配套。对卿大夫中忠诚俭朴的，听从他，亲近他；骄傲奢侈的，依法惩办。

丰卷准备祭祀，请求猎取祭品。子产不答应，说："只有国君祭祀才用新猎取的野兽，一般人只要普通的祭品足够就可以了。"丰卷发怒，退出以后就召集士兵。子产要逃亡到晋国，子皮阻止他而驱逐了丰卷。丰卷逃亡到晋国，子产请求不要没收丰卷的田地、房舍，三年以后让丰卷回国复位，并把他的田地、房舍和三年来的收入都还给他。

子产参与政事一年，人们歌唱道："将我的衣冠藏起来，把我的田地重新安排。谁要杀死子产，我就助他一臂之力。"到了三年，又歌唱道："我有子弟，子产教诲他；我有田地，子产使它增产。子产如果死了，谁来继承他？"

【原文】

公薨之月，子产相郑伯以如晋。晋侯以我丧故，未之见也。子产使尽坏其馆之垣而纳车马焉。士文伯让之，曰："敝邑以政刑之不修，寇盗充斥，无若诸侯之属辱在寡君者何，是以令吏人完客所馆，高其闬闳〔1〕，厚其墙垣，以无忧客使。今吾子坏之，虽从者能戒，其若异客何？以敝邑之为盟主，缮完葺墙，以待宾客，若皆毁之，其何以共命〔2〕？寡君使匄请命。"

对曰："以敝邑褊小，介于大国，诛求无时，是以不敢宁居，悉索敝赋，以来会时事。逢执事之不闲，而未得见，又不获闻命，未知见时。不敢输币，亦不敢暴露。其输之，则君之府实也，非荐陈之，不敢输也。其暴露之，则恐燥湿之不时而朽蠹，以重敝邑之罪。侨闻文公之为盟主也，宫室卑庳〔3〕，无观台榭，以崇大诸侯之馆，馆如公寝；库厩缮修，司空以时平易道路，圬人以时塓馆宫室〔4〕；诸侯宾至，甸设庭燎〔5〕，仆人巡宫，车马有所，宾从有代，巾车脂辖〔6〕，隶人、牧、圉各瞻其事；百官之属，各展其物；公不留宾，而亦无废事；忧乐同之，事则巡之；教其不知，而恤其不足。宾至如归，无宁灾患？不畏寇盗，而亦不患燥湿。今铜鞮之宫数里〔7〕，而诸侯舍于隶人；门不容车，而不可逾越；盗贼公行，而天厉不戒〔8〕。宾见无时，命不可知。

若又勿坏，是无所藏币以重罪也。敢请执事：将何以命之？虽君之有鲁丧，亦敝邑之忧也。若获荐币，修垣而行，君之惠也，敢惮勤劳！"文伯复命。赵文子曰："信。我实不德，而以隶人之垣以赢诸侯[9]，是吾罪也。"使士文伯谢不敏焉。

【注释】

〔1〕闬（hàn）闳：门。
〔2〕共：通"供"，供给。
〔3〕庳（bì）：意同"卑"，低矮。
〔4〕圬（wū）人：泥水匠。墁（mì）：抹墙。
〔5〕甸：官名，盖同《周礼》中的甸师，管理柴薪者。
〔6〕巾车：主管车乘之官。脂辖：给车轴上油。
〔7〕铜鞮（dī）之宫：晋离宫名，在今山西。
〔8〕天厉：指水潦等天灾。
〔9〕赢：这里犹言接待。

【译文】

鲁襄公去世的那一月，子产辅佐郑简公去晋国。晋平公因为鲁国有丧事的缘故，没有接见他们。子产让人把馆舍的围墙全部拆毁，让自己的车马进去。晋国的士文伯责怪他，说："敝邑由于政事和刑罚没有治理好，盗贼充斥国内，无奈诸侯的下属辱临敝邑问候寡君，所以派官吏修缮宾馆，大门造得高高的，围墙筑得厚厚的，以使宾客无须担忧。现在您拆毁了它，尽管您的随从能够戒备，可是别的宾客怎么办呢？因为敝国忝为盟主，故修缮馆舍，筑好围墙，以接待宾客；你把它们都毁掉，那我们怎样供应宾客的需要呢？寡君派匄前来请教。"

子产回答说："因为敝邑狭小，处在大国之间，大国责备索求没有固定的时候，因此不敢安居，搜罗敝邑的全部财物，前来贵国朝会。正遇上执事没有空闲，没能见到，又没有接到命令，不知道会见的日期。我们不敢献纳财物，也不敢露天放着。如果呈献上去，这些都是君主府库中的财物，不经过一定的荐陈仪式，不敢献纳。如果放在露天，又怕时而日晒时而雨淋而使东西腐烂生虫，从而加重敝邑的罪过。我听说晋文公做盟主的时候，宫室低矮促狭，没有可供观赏的台榭，却把接待诸侯的馆舍修得又高又大，馆舍好像晋君的寝宫一样；馆内的仓库、马房修缮完好，司空按时平整道路，泥水匠按时粉刷墙壁；诸侯的宾客到达，甸师点起火把照亮院子，仆人巡视馆舍，车马有一定的处所安置，宾客的随从有专人代替，巾车为车轴上油、隶人、牧、圉各自照管分内的事；百官陈列出招待宾客的礼品；文公不让宾客逗留耽搁，也没有失礼的事情；与宾客忧乐与共，有意外情况就加以安抚；有不知道的事情就加以教导，有缺乏的就给予周济照顾。宾客到来好像回到家里一样，难道还会有什么灾祸吗？不怕抢劫偷盗，也不担心日晒雨淋。现在晋君的铜鞮宫绵延数里，而诸侯的馆舍却像奴隶住的地方；大门进不去车子，又无法翻墙而入；盗贼明目张胆肆意横行，而且天灾也无法防备。接见宾客没有定时，召见宾客的命令也不知道什么时候发布。如果不拆毁围墙，就没有地方收藏贡赋而加重我们的罪过。谨此请教执事：您对我们将有什么指教？虽然君主遇到了鲁国的丧事，但这也是敝国感到的忧戚的事啊。如果能让我们献纳贡赋，我们愿把围墙修好再回国，这就是君王的恩惠了，哪里敢害怕辛劳呢？"士文伯复命。赵文子说："的确是这样。我们实在德行有缺，用奴隶似的住宅招待诸侯，这是我们的过错啊！"便派士文伯去赔礼道歉。

【原文】

　　晋侯见郑伯，有加礼，厚其宴好而归之。乃筑诸侯之馆。叔向曰："辞之不可以已也如是夫！子产有辞，诸侯赖之，若之何其释辞也？《诗》曰：'辞之辑矣，民之协矣；辞之怿矣，民之莫矣[1]。'其知之矣！"……

　　子产之从政也，择能而使之：冯简子能断大事；子大叔美秀而文；公孙挥能知四国之为，而辨于其大夫之族姓、班位、贵贱、能否，而又善为辞令；裨谌能谋，谋于野则获，谋于邑则否。郑国将有诸侯之事，子产乃问四国之为于子羽，且使多为辞令；与裨谌乘以适野，使谋可否；而告冯简子使断之。事成，乃授子大叔使行之，以应对宾客。是以鲜有败事。北宫文子所谓有礼也。

【注释】

　　〔1〕"辞之辑也"四句：见《诗经·大雅·板》。怿，通"怿"，喜悦。

【译文】

　　晋平公接见郑简公，礼节特别隆重，设盛宴并赠以丰厚的礼物，然后让他们回去。于是晋国修筑接待诸侯的馆舍。叔向说："辞令不能废弃就像这样吧！子产善于辞令，诸侯因他而得利。为什么要放弃辞令呢？《诗经》说：'辞令和谐，百姓团结。辞令动听，百姓安定。'子产懂得其中的道理啊！"……

　　子产执掌政事，选择贤能的人来任用：冯简子能决断大事；子太叔仪表风度美好而精通典籍；公孙挥了解各国诸侯的政令，同时对各国大夫家族姓氏、官职爵位、地位尊卑、才能大小都能明辨，并且又善于辞令；裨谌能出谋划

左传

·115·

策，他在野外思考就能有正确的判断，但在城里思考就失当。郑国将要与诸侯交涉，子产就向公孙挥询问四方诸侯的国内动向，而且让他妥善地准备好外交辞令；和裨谌一起乘车到郊外，让他考虑是否可行；再把考虑的结果告诉冯简子，让他决断。计划完成后，就交给子太叔让他执行，同宾客交往应对。因此很少把事情办坏。这就是北宫文子所说的"合于礼"。

【原文】

郑人游于乡校，以论执政。然明谓子产曰："毁乡校何如？"子产曰："何为？夫人朝夕退而游焉，以议执政之善否。其所善者，吾则行之；其所恶者，吾则改之。是吾师也，若之何毁之？我闻忠善以损怨，不闻作威以防怨。岂不遽止？然犹防川：大决所犯，伤人必多，吾不克救也。不如小决使道，不如吾闻而药之也。"然明曰："蔑也今而后知吾子之信可事也。小人实不才，若果行此，其郑国实赖之，岂唯二三臣？"

仲尼闻是语也，曰："以是观之，人谓子产不仁，吾不信也！"

【译文】

郑国人在乡校游乐，议论执政者的得失。然明对子产说："毁掉乡校，怎么样？"子产说："为什么要毁乡校？人们早晚做完事情到那里游乐，并议论执政者的得失。他们认为好的，我就推行它；他们不赞成的，我就改正。他们是我的老师，为什么要毁掉它呢？我听说用忠善之行可以减少怨恨，没有听说用威势压人来防止怨恨。难道用强硬手段就能把众人的嘴巴立刻堵住？可是就像防止河水决口一样，如果冲开大口子，伤害的人一定很多，我就无法挽救了。不如开个小口子加以疏导，不如让我听到后作为治病的药石来改正。"然明说："我从今以后知道您确实可以成就大事了。小人实在没有才能，如果真按您的想法去做，整个郑国就有了可靠的保障，岂止我们几个大臣得到好处呢？"

孔子后来听说了这些话，说："从这件事看来，有人说子产不仁，我不相信啊！"

【原文】

子皮欲使尹何为邑。子产曰："少，未知可否。"子皮曰："愿[1]，吾爱之，不吾叛也。使夫往而学焉，夫亦愈知治矣。"子产曰："不可。人之爱人，求利之也。今吾子爱人则以政，犹未能操刀而使割也，其伤实多。子之爱人，伤之而已，其谁敢求爱于子？子于郑国，栋也，栋折榱崩[2]，侨将厌焉[3]，敢不尽言？子有美锦，不使人学制焉。大官、大邑，身之所庇也，而使学者制焉，其为美锦不亦多乎？侨闻学而后入政，未闻以政学者也。若果行此，必有所害。譬如田猎，射御贯，则能获禽，若未尝登车射御，则败绩厌覆是惧，何暇思获？"子皮曰："善哉！虎不敏。吾闻君子务知大者、远者，小人务知小者、近者。我，小人也。衣服附在吾身，我知而慎之，大官、大邑所以庇身也，我远而慢之。微子之言[4]，吾不知也。他日我曰：子为郑国，我为吾家，以庇焉，其可也。今而后知不足。自今请，虽吾家，听子而行。"子产曰："人心之不同如其面焉，吾岂敢谓子面如吾面乎？抑心所谓危，亦以告也。"子皮以为忠，故委政焉，子产是以能为郑国。

【注释】

〔1〕愿：忠厚。
〔2〕榱（cuī）：屋椽。
〔3〕厌：同"压"。
〔4〕微：无。

【译文】

子皮想让尹何做宰邑，子产说："尹何太年轻，不知道行不行。"子皮说："他为人忠厚，我喜欢他，他不会背叛我的。让他去学习一下，他就进一步懂得怎么治理封邑了。"子产说："不行。别人喜欢一个人，总是考虑对那个人有利。现在您喜欢一个人却将政事交给他，就像一个人还不会拿刀子却让他去切东西，那对他的伤害一定会很大。您喜欢一个人，不过是伤害他罢了，那么谁还敢求取您的喜欢呢？您对于郑国，好比栋梁，如果栋梁折断，椽子就会崩塌，我将会被压在底下，怎么敢不把话全部说出来呢？您有漂亮的织锦，是不会让别人拿来学习裁剪的。重要的官职、大的封邑，是您身家性命的庇护，反而让人学习着治理，它与美丽的织锦比不是重要得多吗？我听说学习以后才参与政务，没有听说通过做官来学习的。如果这样做，必定有害处。好比打猎，射箭、驾车熟练，就能获取禽兽，如果没有驾过车、射过箭，那他一心害怕车辆翻覆人被碾压，哪里有空想着猎取野物呢？"子皮说："说得好啊！我真是考虑不周。我听说君子致力于重大、长远的事情，小人只知道小的、眼前的事情。我是一个目光短浅的小人啊。衣服穿在我身上，我知道慎重地对待它；重要官职和大的封邑是用来庇护自身的，我反而疏忽轻视它。没有您的这番话，我还不知道其中的道理呢。从前我说过：您治理郑国，我管理我的家族，让我有所依托庇护，这就可以了。从今开始我才知道不够。从现在起我请求，即使是我家族的事情，也听凭您的意见去做。"子产说："人心不相同，好像人的面孔各不相同一样。我哪里敢说您的面孔跟我的一样呢？不过心里觉得这样做危险,就告诉您了。"子皮认为子产忠诚,所以把政事全部托付给他,子产因此能够治理郑国。

【原文】

郑子产有疾,谓子大叔曰:"我死,子必为政。唯有德者能以宽服民,其次莫如猛。夫火烈,民望而畏之,故鲜死焉;水懦弱,民狎而玩之,则多死焉。故宽难。"疾数月而卒。

大叔为政,不忍猛而宽。郑国多盗,取人于萑苻之泽。大叔悔之,曰:"吾早从夫子,不及此。"兴徒兵以攻萑苻之盗,尽杀之,盗少止。

【译文】

郑国的子产有病,对子太叔说:"我死以后,你必定执政。只有有德行的人能够用宽大来使百姓服从,其次就不如用严厉的政策。火势猛烈,百姓看着就害怕,所以很少有人死于火;水性柔弱,百姓轻慢并玩弄它,很多人就死在水中。所以实行宽政很难。"子产病了几个月后就去世了。

太叔执政,不忍行严厉之政而奉行宽大政策。郑国盗贼很多,聚集在萑苻泽里。太叔很后悔,说:"我早点听从子产的话,就不至于到这一步。"于是他发动步兵攻打萑苻泽里的盗贼,把他们全部杀死,盗贼稍稍收敛。

【原文】

仲尼曰:"善哉!政宽则民慢,慢则纠之以猛。猛则民残,残则施之以宽。宽以济猛,猛以济宽,政是以和。《诗》曰:'民亦劳止,汔小康;惠此中国,以绥四方[1]。'施之以宽也。'毋从诡随,以谨无良;式遏寇虐,惨不畏明。'纠之以猛也。'柔远能迩,以定我王。'平之以和也。又曰:'不竞不絿,不刚不柔,布政优优,百禄是遒[2]。'和之至也。"

及子产卒,仲尼闻之,出涕曰:"古之遗爱也。"

【注释】

〔1〕"民亦"四句:诗见《诗经·大雅·民劳》。百姓也太劳苦了,该让他们稍享安乐,施惠中原之民,安抚四方各国。汔,庶几,差不多。

〔2〕"不竞"四句:诗见《诗经·商颂·长发》。意为不逞强不迎合,不刚猛不柔弱,推行政令从容宽和,各种福禄由是而聚。竞,强也。絿,亦作"求",迎合。

【译文】

孔子说:"子产的话讲得真好啊!政事宽大,百姓就会怠慢,怠慢了就用严厉来纠正。政策严厉,百姓就受到伤害,受到伤害后就实施宽政。用宽大调节严厉,用严厉调节宽大,政事因此调和。《诗》说:'百姓已很辛劳,大概可以稍让安康;赐恩给中原各国,用以安定四方。'这说的是实施宽和的政策。'不要放纵小恶,以约束不良之人;应当制止侵夺暴虐的人,他们从来不怕法度。'这是说用严厉来纠正。'安抚边远,柔服近处,来安定我王。'这是说用和来使国家安定。又说:'不急不缓,不刚不柔,施政多宽和,各种福禄就到来。'这是和谐达到了顶峰。"

等到子产去世,孔子听到消息,流着眼泪说:"他具有古人仁爱的遗风啊。"

晏婴叔向论齐晋季世

【原文】

齐侯使晏婴请继室于晋。……

既成昏[1],晏子受礼,叔向从之宴,相与语。叔向曰:"齐其何如?"晏子曰:"此季世也,吾弗知齐其为陈氏矣。公弃其民,而归于陈氏。齐旧四量:豆、区、釜、钟。四升为豆,各自其四,以登于釜;釜十则钟。陈氏三量皆登一焉[2],钟乃大矣。以家量贷,而以公量收之。山木如市,弗加于山;鱼盐蜃蛤,弗加于海。民参其力[3],二入于公,而衣食其一。公聚朽蠹,而三老冻馁[4];国之诸市,屦贱踊贵[5]。民人痛疾,而或燠休之[6],其爱之如父母,而归之如流水,欲无获民,将焉辟之[7]?箕伯、直柄、虞遂、伯戏[8],其相胡公、大姬已在齐矣[9]!"

叔向曰:"然。虽吾公室,今亦季世也。戎马不驾,卿无军行,公乘无人,卒列无长。庶民罢敝[10],而宫室滋侈;道殣相望,而女富溢尤[11]。民闻公命,如逃寇仇。栾、郤、胥、原、狐、续、庆、伯降在皂隶[12],政在家门,民无所依。君日不悛,以乐慆忧。公室之卑,其何日之有?谗鼎之铭曰[13]:'昧旦丕显[14],后世犹怠。'况日不悛,其能久乎?"晏子曰:"子将若何?"叔向曰:"晋之公族尽矣。肸闻之:公室将卑,其宗族枝叶先落,则公从之。肸之宗十一族,唯羊舌氏在而已。肸又无子，公室无度，幸而得死，岂其获祀？"

【注释】

〔1〕昏：通"婚"。
〔2〕登一：加一。
〔3〕参：通"叁"。
〔4〕三老：老年而致仕者。
〔5〕踊：受刖刑人所装假肢。
〔6〕燠：厚。休：赐。
〔7〕辟：通"避"。
〔8〕箕伯、直柄、虞遂、伯戏：四人皆舜的后代，陈氏祖先。
〔9〕胡公：为上述所言四人后代，陈始封之君。大姬：胡公之妃。
〔10〕罢：通"疲"。
〔11〕女：宠嬖之家。
〔12〕"栾、郤"句：句中所言八家皆晋国旧贵族。
〔13〕谚鼎：鼎名。杨伯峻认为当作"鬵鼎"。
〔14〕丕：大。

【译文】

齐景公派晏婴请求再次把女子嫁到晋国。……

订婚以后，晏婴接受晋国的宴飨宾客之礼，叔向和他饮宴，互相谈话。叔向说："齐国怎么样啊？"晏婴说："已经到了末世了，我不知道齐国什么时候将属于陈氏了。国君抛弃他的百姓，让他们归附于陈氏。齐国本来有四种量器：豆、区、釜、钟。四升为一豆，四豆为一区，四区为一釜；十釜就是一钟。陈氏有三种量器，他们的豆、区、釜都加大一成，钟的量就大了。他们用私家的大量器借出去，却用国家的小量器收回来。山上的木材运到市场，价钱不比山上高；鱼、盐、蜃、蛤运到市场，价钱不比海边高。百姓的劳力一分为三，两份归于国家，只有一份用来维持生计。国库里堆积的财物腐烂生虫，而三老却挨饿受冻；国都的各个市场，鞋子

贱而踊贵。百姓有痛苦疾病，陈氏去慰问资助；他们爱护百姓如同父母，百姓归附他们好像流水，想要不得到百姓的拥护，哪里能避开呢？箕伯、直柄、虞遂、伯戏，他们的神灵早已跟随胡公、太姬到齐国了！"

叔向说："是的。即使是晋国的公室，现在也到了末世了。战马不驾战车，卿不统领军队，公室的战车没有驭手和车右，步兵的行列没有得力的长官。百姓疲惫不堪，而宫室却更加奢侈；饿死在路上的人一个接一个可以看得见，而宠嬖之家却更加富足。百姓听到国君的命令，好像逃避仇敌一样。栾、郤、胥、原、狐、续、庆、伯八大氏族地位下降，与贱吏同列，国政掌握在大夫手中，百姓无所依靠。国君一天天不肯改悔，用淫乐来逃避忧患。公室卑弱到如此地步，还能有多少时光？谗鼎上的铭文说：'黎明即起勤于政事功业显赫，子孙后代还会懈怠。'何况天天都不肯悔改，能够维持长久吗？"晏婴说："您打算怎么办？"叔向说："晋国的公族凋零殆尽了。我听说了这样的话：公室将要卑弱，它的宗族像树的枝叶一样先凋落，那么公室就跟着零落了。我这一宗共十一族，只有羊舌氏还存在罢了。我又没有有才干的儿子，公室没有法度，我能得到善终就算万幸了，难道还能得到祭祀吗？"

伍员奔吴

【原文】

楚子之在蔡也，郹阳封人之女奔之[1]，生大子建。及即位，使伍奢为之师，费无极为少师，无宠焉，欲谮诸王，曰："建可室矣。"王为之聘于秦，无极与逆，劝王取之。正月，楚夫人嬴氏至自秦。

楚子为舟师以伐濮。费无极言于楚子曰："晋之伯也，迩于诸夏，而楚辟陋，故弗能与争。若大城城父[2]，而置大子焉，以通北方，王收南方，是得天下也。"王说，从之。故大子建居于城父。

令尹子瑕聘于秦，拜夫人也。

【注释】

〔1〕郹阳：蔡邑，当在今河南新郑。
〔2〕城父：同此名者有二。此为楚城父，在今河南宝丰。

【译文】

楚平王在蔡国的时候，郹阳封人的女儿私奔到他那里，生了太子建。等楚平王即位，派伍奢做太子建的师傅，费无极做少师。费无极不受宠信，想要在楚平王面前陷害太子，说："太子建可以娶妻了。"楚平王为太子在秦国行聘，派费无极同往迎亲。费无极劝楚平王自己娶这个秦女。正月，楚平王夫人嬴氏从秦国来到楚国。

楚平王发动水军以攻打濮地。费无极对楚平王说："晋国之所以称霸诸侯，是由于接近中原诸国，而楚国处在偏僻之地，所以不能和它争夺。如果扩大城父的城墙，而把太子安置在那里，用来和北方通好，君王收服南方，就可以得到天下。"楚平王很高兴，听从了他的话。所以太子建就住到城父。

令尹子瑕到秦国聘问，是为了拜谢秦夫人嫁到楚国。

【原文】

费无极言于楚子曰："建与伍奢将以方城之外叛，自以为犹宋、郑也，齐、晋又交辅之，将以害楚，其事集矣。"王信之，问伍奢。伍奢对曰："君一过多矣，何信于谗？"王执伍奢。使城父司马奋扬杀大子。未至，而使遣之。三月，大子建奔宋。王召奋扬，奋扬使城父人执己以至。王曰："言出于余口，入于尔耳，谁告建也？"对曰："臣告之。君王命臣曰：'事建如事余。'臣不佞，不能苟贰。奉初以还，不忍后命，故遣之。既而悔之，亦无及已。"王曰："而敢来，何也？"对曰："使而失命，召而不来，是再奸也。逃无所入。"王曰："归，从政如他日。"

【译文】

费无极对楚平王说："太子建和伍奢打算领着方城以外地区的人叛乱，自以为如同宋国、郑国一样，齐国、晋国又一起辅助他们，将会危害楚国，这事快成功了。"楚平王相信了，就质问伍奢。伍奢回答说："君王有一次过错已经很严重了，为什么还听信谗言？"楚平王逮捕了伍奢，派城父司马奋扬去杀太子建。奋扬还没有到达，先派人通知太子逃走。三月，太子建逃亡到宋国。楚平王召回奋扬，奋扬让城父大夫把自己押到郢都。楚平王说："话从我的嘴里说出去，进入你的耳朵，是谁告诉太子建的？"奋扬回答说："下臣告诉他的。君王命令下臣说：'侍奉建要像侍奉我一样。'下臣不才，不能有二心。奉了起初的命令去对待太子，就不忍心执行您后来的命令，所以让他逃走了。不久我感到后悔也来不及了。"楚平王说："你敢回来，为什么？"奋扬回答说:"接受使命而没有完成,召见我再不回来,就是再次违抗命令,而且也无处可逃。"楚平王说:"你回城父吧!还像过去一样履行政务。"

【原文】

无极曰:"奢之子材,若在吴,必忧楚国,盍以免其父召之。彼仁,必来。不然,将为患。"王使召之,曰:"来,吾免而父。"棠君尚谓其弟员曰:"尔适吴,我将归死。吾知不逮,我能死,尔能报。闻免父之命,不可以莫之奔也;亲戚为戮,不可以莫之报也。奔死免父,孝也;度功而行,仁也;择任而往,知也;知死不辟,勇也。父不可弃,名不可废,尔其勉之!相从为愈。"伍尚归。奢闻员不来,曰:"楚君、大夫其旰食乎!"楚人皆杀之。

员如吴,言伐楚之利于州于。公子光曰:"是宗为戮,而欲反其仇,不可从也。"员曰:"彼将有他志,余姑为之求士,而鄙以待之。"乃见鱄设诸焉,而耕于鄙。

【译文】

费无极说:"伍奢的儿子都有才能,如果到吴国,一定会成为楚国的忧患,何不用赦免他们父亲的名义召回他们。他们仁爱,一定会回来。不这样,将要成为祸患。"楚平王派人召他们,说:"回来吧,我赦免你们的父亲。"棠邑大夫伍尚对弟弟伍员说:"你去吴国吧,我打算回去受死。我的才智不如你,我能受死,你能够报仇。听到赦免父亲的命令,不能没人回去;亲人被杀戮,不能没人报仇。奔向死亡而使父亲赦免,这是孝;估计功效而后行动,这是仁;选择合适的任务而前往,这是智;明知要死而不躲避,这是勇。父亲不能丢弃,名誉不能废弃,你好好努力吧!希望你听我的话。"伍尚回去了。伍奢听说伍员不回来,说:"楚国的国君、大夫恐怕吃不好饭了。"楚国人把伍奢父子都杀了。

伍员逃到吴国,向州于说明攻打楚国的好处。公子光说:"这个人的家族被杀戮,他想报私仇,不能听他的。"伍员说:"公子光将有异志。我姑且为他寻求勇士,而在郊外等着他。"于是就向他推荐了鱄设诸,自己在郊外耕地。

晏婴论"和"与"同"

【原文】

　　齐侯至自田，晏子侍于遄台[1]，子犹驰而造焉。公曰："唯据与我和夫！"晏子对曰："据亦同也，焉得为和？"公曰："和与同异乎？"对曰："异，和如羹焉，水、火、醯、醢、盐、梅，以烹鱼肉，燀之以薪，宰夫和之，齐之以味，济其不及，以泄其过。君子食之，以平其心。君臣亦然。君所谓可而有否焉，臣献其否以成其可，君所谓否而有可焉，臣献其可以去其否，是以政平而不干，民无争心。故《诗》曰：'亦有和羹，既戒既平。鬷嘏无言，时靡有争[2]。'先王之济五味，和五声也，以平其心，成其政也。声亦如味，一气[3]，二体[4]，三类[5]，四物[6]，五声[7]，六律[8]，七音[9]，八风[10]，九歌[11]，以相成也；清浊、小大、短长、疾徐、哀乐、刚柔、迟速、高下、出入、周疏，以相济也。君子听之，以平其心。心平，德和。故《诗》曰：'德音不瑕。'今据不然。君所谓可，据亦曰可；君所谓否，据亦曰否。若以水济水，谁能食之？若琴瑟之专一，谁能听之？同之不可也如是。"

【注释】

　　[1]遄台：台名，在临淄附近。
　　[2]"亦有和羹"四句：见《诗经·商颂·烈祖》。亦有调好之羹汤，既齐备又滋味适中，进献给来享之神灵而无所指责，此时上下皆能和好无争。戒，作"备"解。鬷，同"奏"，进也。嘏，今作"假"。
　　[3]一气：声音由气动而发生。
　　[4]二体：乐声发出则伴有乐舞，舞有文舞，执羽籥；武舞，执干戚，称二体。又说乐有阴阳刚柔二体。
　　[5]三类：指《诗经》之风、雅、颂。
　　[6]四物：乐器由金石、丝竹、匏土、革木制成，这些为四方所产，非出一地，故称四物。
　　[7]五声：宫、商、角、徵、羽。
　　[8]六律：黄钟、太蔟、姑洗、蕤宾、夷则、无射。
　　[9]七音：五音外加变宫、变徵二音。

〔10〕八风：八方之风。

〔11〕九歌：六府三事为九功，歌颂九功为九歌。六府为水、木、火、金、土、谷；三事为正德、利用、厚生。

【译文】

齐景公从打猎的地方回来，晏婴在遄台随侍，子犹（即梁丘据）驱车前来。齐景公说："唯有梁丘据跟我和谐啊！"晏婴回答说："梁丘据也只不过同而已，哪里说得上和？"齐景公说："和跟同不一样吗？"晏婴回答说："不一样。和好像做羹汤，用水、火、醋、酱、盐、梅来烹调鱼和肉，用柴火烧煮，厨师加以调和，使味道适中，味道太淡就增加调料，味道太浓就冲淡。君子喝了汤后，内心平静。君臣之间也是这样。国君所认为可行而其中也有不可行之处，臣下就指出不可行之处，而使可行的部分更加完善。国君所认为不可行而其中也有可行之处，臣下就肯定其可行的部分而去掉其不可行的部分。因此政事平和而不违背礼制，百姓就没有争夺之心。所以《诗》说：'亦有调好的羹汤，既齐备又滋味适中，进献给神灵。神灵而无所指责，此时上下皆能和好无争。'先王调匀五味、谐和五声，是用来平静他的内心，助成政事的。声音也像味道一样，是由一气、二体、三类、四物、五声、六律、七音、八风、九歌相互组成的；是由清浊、大小、短长、缓急、哀乐、刚柔、快慢、高低、出入、疏密相互调节的。君子听了，内心平静。内心平静，德行就和谐。所以《诗》说：'德音没有瑕疵。'现在梁丘据却不是这样。国君认为行的，他也认为行；国君认为不行的，他也认为不行。如果用清水去调剂清水，谁能吃得下去呢？如果琴瑟只有一个音调，谁能听得下去呢？不应该相同的道理也如同这样。"

鱄设诸刺吴王僚

【原文】

吴子欲因楚丧而伐之，使公子掩馀、公子烛庸帅师围潜[1]。使延州来季子聘于上国[2]，遂聘于晋，以观诸侯。……

吴公子光曰："此时也，弗可失也。"告鱄设诸曰："上国有言曰：'不索，何获？'我，王嗣也，吾欲求之。事若克，季子虽至，不吾废也。"鱄设诸曰："王可弑也。母老、子弱，是无若我何？"光曰:"我,尔身也。"

夏四月,光伏甲于堀室而享王[3]。王使甲坐于道及其门。门、阶、户、席,皆王亲也,夹之以铍[4]。羞者献体改服于门外。执羞者坐行而入[5],执铍者夹承之,及体,以相授也。光伪足疾,入于堀室。鱄设诸置剑于鱼中以进,抽剑刺王,铍交于胸,遂弑王。阖庐以其子为卿。

【注释】

〔1〕潜:古地名,在今安徽霍山。
〔2〕上国:吴对中原诸国的尊称。
〔3〕堀室:地下室。
〔4〕铍:兵器的一种,双刃,与剑相似。
〔5〕坐行:跪在地上以双膝而行。

【译文】

吴王僚想借楚国丧事的机会讨伐它,派公子掩馀、公子烛庸率军队包围潜地。派延州来季子到中原各国聘问,先到晋国聘问,以观察诸侯的情况。……

吴国公子光说:"这是机会啊,不可以失去!"告诉鱄设诸说:"中原国家有这样的话:'不去索取,哪能得到?'我是王位的继承人,我想得到它。事情如果成功,季子即便回来,也不能废弃我。"鱄设诸说:"君王是可以杀掉。但我母亲年迈,儿子年幼,要是我死了,他们怎么办?"公子光说:"我就是你。"

夏季四月,公子光在地下室埋伏甲士而设宴款待吴王。吴王派甲士遍布道路两旁,一直到公子光家门口。大门、台阶、内室门、酒席边,都是吴王的亲兵,手持铍守卫在吴王两边。进献食物的人要在门外脱光衣服改穿别的衣服。端食物的人膝行而入,持铍的人两边夹着他过去,铍尖都快抵到他的身体,然后把食物递给侍者。公子光假装脚有病痛，进入地下室。鱄设诸把剑藏在鱼肚子里然后进入宴庭，抽出剑猛刺吴王，自己也被两旁的铍交叉刺入胸膛，在这种情况下还是刺死了吴王。阖庐让鱄设诸的儿子做了卿。

申包胥如秦乞师

【原文】

　　初，伍员与申包胥友。其亡也，谓申包胥曰："我必复楚国。"申包胥曰："勉之！子能复之，我必能兴之。"及昭王在随，申包胥如秦乞师，曰："吴为封豕、长蛇[1]，以荐食上国。虐始于楚。寡君失守社稷，越在草莽，使下臣告急，曰：'夷德无厌，若邻于君，疆埸之患也。逮吴之未定，君其取分焉。若楚之遂亡，君之土也。若以君灵抚之，世以事君。'"秦伯使辞焉，曰："寡人闻命矣。子姑就馆，将图而告。"对曰："寡君越在草莽，未获所伏，下臣何敢即安？"立，依于庭墙而哭，日夜不绝声，勺饮不入口七日。秦哀公为之赋《无衣》。九顿首而坐。秦师乃出。

【注释】

　　[1]封豕、长蛇：又作"封豨修蛇"，即大蟒蛇，传说是古代为害于民之怪物。

【译文】

　　当初，伍员和申包胥是朋友。伍员逃亡的时候，对申包胥说："我一定要颠覆楚国。"申包胥说："努力吧！你能颠覆楚国，我一家能复兴楚国。"等到楚昭王在随国避难，申包胥就到秦国去请求出兵，说："吴国如同大猪、长蛇，一再吞食中原国家，危害从楚国开始。我们国

君失守国家，流亡杂草丛林之中，派下臣报告急难，说：'夷人的本性是贪得无厌，如果吴国成为君王的邻国，就将是秦国边境的祸患。趁吴国还没有平定楚国，君王可以前来分割。要是楚国就此灭亡，这里就是君王的土地了。如果以君王的威灵镇抚楚国，楚国将世世代代侍奉君王。'"秦哀公派人致谢申包胥，说："寡人听到命令了，您姑且在馆舍休息，我们商量一下再答复您。"申包胥回答说："我们国君逃亡到杂草丛林之中，还没有得到安身的地方，下臣哪敢去安逸的地方休息呢？"申包胥靠着院墙站着号啕大哭，日夜哭声不断，七天没喝一勺水。秦哀公为他赋了《无衣》这首诗。申包胥叩头九次，然后坐下。秦军于是出动。

齐鲁夹谷之会

【原文】

十年春，及齐平。

夏，公会齐侯于祝其，实夹谷，孔丘相。犁弥言于齐侯曰："孔丘知礼而无勇，若使莱人以兵劫鲁侯[1]，必得志焉。"齐侯从之。孔丘以公退，曰："士兵之！两君合好，而裔夷之俘以兵乱之，非齐君所以命诸侯也。裔不谋夏，夷不乱华，俘不干盟，兵不逼好。于神为不祥，于德为愆义，于人为失礼，君必不然。"齐侯闻之，遽辟之。

将盟，齐人加于载书曰："齐师出竟而不以甲车三百乘从我者，有如此盟！"孔丘使兹无还揖对，曰："而不反我汶阳之田，吾以共命者，亦如之。"

齐侯将享公。孔丘谓梁丘据曰："齐、鲁之故，吾子何不闻焉？事既成矣，而又享之，是勤执事也。且牺、象不出门[2]，嘉乐不野合[3]。飨而既具，是弃礼也。若其不具，用秕稗也[4]。用秕稗，君辱；弃礼，名恶。子盍图之！夫享，所以昭德也。不昭，不如其已也。"乃不果享。

齐人来归郓、讙、龟阴之田。

【注释】

[1]莱：东方小国，姜姓，在今山东。
[2]牺、象：贵重酒器，其形如牛如象，盛大宴会时所用之器。

〔3〕嘉乐不野合：钟磬之类乐器不在野外合奏。

〔4〕用秕稗：比喻享礼而不尽备牺象嘉乐，如用秕稗冒充嘉谷。秕，谷物不成者。稗，稗草种子。

【译文】

鲁定公十年春季，鲁国和齐国讲和。

夏季，鲁定公在祝其会见齐景公，祝其也就是夹谷。孔丘任相礼。犁弥对齐景公说："孔丘懂得礼而缺乏勇，如果派莱地人用武力劫持鲁定公，一定可以如愿以偿。"齐景公同意了。孔丘带着鲁定公退会，喊道："士兵拿起武器攻上去！两国的国君友好会见，而边远的东夷俘虏用武力来捣乱，这不是齐国国君用来命令诸侯的办法。边远地区的人不可能图谋中原，夷人不可能搅乱华人，俘虏不可能侵犯盟会，武力不可能逼迫友好。这些对于神明来说是不吉祥的，对于德行来说是丧失道义的，对于人来说是丢弃礼仪的，君王必定不会这样做。"齐景公听了以后，赶紧让莱地人撤下。

将要盟誓，齐国人在盟书上加了一句话说："如果齐军出境，而鲁国不派三百辆甲车跟随他们的话，有盟誓为证！"孔丘让兹无还作揖回答说："如果你们不归还我们汶阳的田地，让我们用来供应齐国的需要，也有盟誓为证！"

齐景公准备设享礼款待鲁定公。孔丘对梁丘据说："齐国、鲁国过去的惯例，您怎么没有听说呢？盟会已经结束，而又设享礼，这是徒然烦劳执事。而且牺尊、象尊不出国门，钟磬不在野外合奏。设享礼而全部具备这些东西，这是不合礼法。如果不具备，那就像秕谷、稗草一样轻率。用秕谷、稗草，这是君王的耻辱；不合礼法，就名声不好。您何不考虑一下呢！享礼，是用来宣扬德行的。不能宣扬德行，就不如不举行。"于是最终没有设享礼。

齐国派人前来鲁国归还郓地、谨地、龟阴三处田地。

伍员谏许越平

【原文】

吴王夫差败越于夫椒[1],报槜李也。遂入越。越子以甲楯五千保于会稽[2],使大夫种因吴大宰嚭以行成。吴子将许之,伍员曰:"不可。臣闻之:'树德莫如滋[3],去疾莫如尽。'昔有过浇杀斟灌以伐斟鄩,灭夏后相,后缗方娠,逃出自窦,归于有仍[4],生少康焉。为仍牧正[5],惎浇能戒之[6]。浇使椒求之,逃奔有虞,为之庖正[7],以除其害。虞思于是妻之以二姚,而邑诸纶,有田一成,有众一旅。能布其德,而兆其谋,以收夏众,抚其官职,使女艾谍浇,使季杼诱豷。遂灭过、戈,复禹之绩,祀夏配天,不失旧物。今吴不如过,而越大于少康,或将丰之,不亦难乎!句践能亲而务施,施不失人,亲不弃劳。与我同壤,而世为仇雠,于是乎克而弗取,将又存之,违天而长寇仇,后虽悔之,不可食已。姬之衰也,日可俟也。介在蛮夷,而长寇仇,以是求伯,必不行矣。"弗听。退而告人曰:"越十年生聚,而十年教训,二十年之外,吴其为沼乎!"三月,越及吴平。

【注释】

〔1〕夫椒:越地,在今浙江绍兴。
〔2〕会稽:指会稽山,在今浙江绍兴。
〔3〕滋:培植。
〔4〕有仍:部落名,为后缗之娘家。
〔5〕牧正:管理畜牧之官员。
〔6〕惎:忌恨,怨恨。
〔7〕庖正:掌管君主宫廷饮食之官。

【译文】

吴王夫差在夫椒打败越军,报了在槜李之役战败之仇,接着就趁势进入越国。越王带着披甲持盾的士兵五千人踞守在会稽山,派大夫文种通过吴国太宰伯嚭向吴国求和。吴王打算答应。伍员说:"不行。下臣听说:'建树德行最

好不断培植，去除毒害最好铲除干净。'从前过国的国君浇杀了斟灌而攻打斟鄩，灭亡了夏后相，后缗正怀着孕，从城墙的小洞逃出去，回到娘家有仍国，生了少康。少康后来在有仍国做了牧正，对浇满怀仇恨而能警惕戒备。浇派椒寻找少康。少康逃奔到有虞国，做了庖正，才逃避浇的杀害。虞思因此把两个女儿嫁给了他，封他在纶邑，拥有田地一成，部众一旅。少康能广施恩德，并开始实施复国计划。他收集夏朝的余部，安抚其官员，派遣女艾到浇那里去做间谍，派季杼去引诱浇的弟弟豷。这样就灭亡了过国、戈国，复兴了禹的事业，奉祀夏朝的祖先并祭祀天帝，恢复了夏朝的典章制度。现在吴国不如过国，而越国比少康强大，要是与越国讲和而使它壮大，吴国就将难以制服它！勾践能亲近百姓而致力于施舍，善施则得民心，亲民则百姓愿为之效劳。越国和我国土地相连，而又世世代代是仇敌。在这种情况下如果我们战胜越国而不灭亡它，打算继续让它存在下去，这是违背天意而助长仇敌，以后即使后悔，也无法消除祸患了。姬姓的衰亡，指日可待。我国介于蛮夷之间，而助长仇敌的发展，以此来求取霸业，必然是行不通的。"吴王夫差不听。伍员退下去告诉别人说："越国用十年时间繁衍聚积，用十年时间教育训练，二十年以后，吴国恐怕要成为池沼了。"三月，越国和吴国讲和。

楚白公之难

【原文】

楚大子建之遇谗也，自城父奔宋。又辟华氏之乱于郑。郑人甚善之。又适晋，与晋人谋袭郑，乃求复焉。郑人复之如初。晋人使谍于子木，请行而期焉。子木暴虐于其私邑，邑人诉之，郑人省之，得晋谍焉，遂杀子木。

【译文】

楚国太子建遭到诬陷时，从城父逃亡到宋国，又去郑国躲避宋国华氏之乱。郑国人待他很好。又到晋国，和晋国人策划袭击郑国，为此要求再回到郑国。郑国人待他像以前一样。晋国人派间谍和太子建联系，临回晋国时商定袭击郑国的日期。太子建在他的封邑里表现暴虐，封邑里的人告发他。郑国人来查问，抓获晋国的间谍，于是就杀死了太子建。

【原文】

其子曰胜，在吴，子西欲召之。叶公曰："吾闻胜也诈而乱，无乃害乎？"子西曰："吾闻胜也信而勇，不为不利。舍诸边竟，使卫藩焉。"叶公曰："周仁之谓信，率义之谓勇。吾闻胜也好复言，而求死士，殆有私乎！复言，非信也；期死，非勇也。子必悔之。"弗从。召之，使处吴竟，为白公。

【译文】

太子建的儿子名叫胜，在吴国，子西想召他回国。叶公说："我听说胜这个人狡诈而好作乱，恐怕会成为祸害吧？"子西说："我听说胜这个人讲信用而勇敢，不做不利的事情。把他安置在边境上，让他保卫边疆。"叶公说："亲近仁爱叫作诚信，遵循道义叫作勇敢。我听说胜这个人务求实践诺言，而又遍求不怕死的勇士，大概是有私心吧！不管是否合理都要实践，这不是诚信；不管什么事情都不怕死，这不是勇敢。您一定会后悔的。"子西不听，把胜召回来，让他住在和吴国接壤的地方，号为白公。

【原文】

请伐郑，子西曰："楚未节也[1]，不然，吾不忘也。"他日，又请，许之。未起师，晋人伐郑，楚救之，与之盟。胜怒，曰："郑人在此，仇不远矣。"

【注释】

[1]楚未节：言楚国新复，还未恢复正常秩序。

【译文】

胜请求攻打郑国，子西说："楚国还未恢复正常秩序。不是这样的话，我是不会忘记的。"过了些时候，胜又请求，子西同意了。还没有出兵，晋国攻打郑国，楚国却救援郑国，并和郑国结盟。白公胜发怒，说："郑国人在这里，仇人离我不远了。"

【原文】

胜自厉剑，子期之子平见之，曰："王孙何自厉也？"曰："胜以直闻，不告女，庸为直乎？将以杀尔父。"平以告子西。子西曰："胜如卵，余翼而长之。楚国，第我死，令尹、司马非胜而谁？"

胜闻之，曰："令尹之狂也！得死，乃非我。"子西不悛[1]。胜谓石乞曰："王与二卿士，皆五百人当之，则可矣。"乞曰："不可得也。"曰："市南有熊宜僚者，若得之，可以当五百人矣。"乃从白公而见之，与之言，说。告之故，辞。承之以剑，不动。胜曰："不为利谄，不为威惕，不泄人言以求媚者，去之。"

【注释】

[1]悛：觉察。

【译文】

白公胜亲自磨剑，子期的儿子平见到了，说："您为什么亲自磨剑呢？"

他说:"我是以爽直著称的,不告诉你,哪里能算得上直爽呢?我要用这把剑杀死你父亲。"平把这些话报告子西。子西说:"胜就像鸟蛋,在我覆翼下长大的。在楚国,只要我死了,令尹、司马,不是胜还会是谁?"

胜听了子西的话,说:"令尹真狂妄啊!他要能善终,我就不是我。"子西还是没有觉察。胜对石乞说:"君王和两位卿士,一共用五百个人对付就行了。"石乞说:"这五百个人是找不到的。"胜又说:"市场的南边有个叫熊宜僚的,如果找到他,可以抵五百个人。"石乞就跟着白公胜去见熊宜僚,和他交谈,很投机,把找他的目的告诉了熊宜僚,熊宜僚拒绝了。石乞把剑直指他的喉咙,他仍然不为所动。白公胜说:"这是不为利诱、不怕威胁、不泄露别人的话去讨好人的人,让他离开这里吧。"

【原文】

吴人伐慎[1],白公败之。请以战备献,许之。遂作乱。秋七月,杀子西、子期于朝,而劫惠王。子西以袂掩面而死。子期曰:"昔者吾以力事君,不可以弗终。"抉豫章以杀人而后死[2]。石乞曰:"焚库、弑王。不然,不济。"白公曰:"不可。弑王不祥,焚库,无聚,将何以守矣?"乞曰:"有楚国而治其民,以敬事神,可以得祥;且有聚矣,何患?"弗从。

【注释】

[1]慎:古地名,在今安徽颍上。
[2]抉:拔取。豫章:樟木。

【译文】

吴国人攻打慎地,白公胜打败了他们。白公胜请求把战利品进献给楚惠王,楚惠王同意了。白公胜就趁机发动叛乱。秋七月,在朝廷上杀了子西、子期,并且劫持楚惠王。子西用衣袖遮着脸死去。子期说:"过去我用勇力侍奉君王,不能有始无终。"拔起一棵樟木打死人,然后自己也死去。石乞说:"焚烧府库,杀死君王。不这样,事情不能成功。"白公胜说:"不行,杀死君王不吉祥,烧掉府库就没有了积蓄,将要用什么来保有楚国?"石乞说:"有了楚国而治理百姓,用恭敬来侍奉神灵,就能得到吉祥;而且还会有积蓄,怕什么?"白公胜不肯听从。

【原文】

叶公在蔡,方城之外皆曰:"可以入矣。"子高曰:"吾闻之,以险侥幸者,其求无餍,偏重必离。"闻其杀齐管修也,而后入。

白公欲以子闾为王，子闾不可，遂劫以兵。子闾曰："王孙若安靖楚国，匡正王室，而后庇焉，启之愿也，敢不听从？若将专利以倾王室，不顾楚国，有死不能。"遂杀之，而以王如高府，石乞尹门。圉公阳穴宫，负王以如昭夫人之宫。

【译文】

叶公住在蔡地，方城以外的人都说："可以进兵国都平乱了。"叶公说："我听说，通过冒险而侥幸成功的人，他的欲望不会满足，办事不公平，百姓必然离心。"听到白公胜杀了齐国的管修，然后才进入郢都。

白公胜想要让子闾做楚王，子闾不答应，白公胜就用武力劫他。子闾说："您如果安定楚国，整顿王室，然后对我加以庇护，这是我的愿望，岂敢不听从？如果要专谋私利来倾覆王室，置国家于不顾，那么我宁死不从。"白公胜就杀了子闾，带着楚惠王去高府，石乞把守宫门。圉公阳在宫墙上挖开一个洞，背着惠王逃到昭夫人的宫中。

【原文】

叶公亦至，及北门，或遇之，曰："君胡不胄？国人望君如望慈父母焉。盗贼之矢若伤君，是绝民望也，若之何不胄？"乃胄而进。又遇一人曰："君胡胄？国人望君如望岁焉，日日以几[1]。若见君面，是得艾也[2]。民知不死，其亦夫有奋心[3]，犹将旌君以徇于国，而又掩面以绝民望，不亦甚乎！"乃免胄而进。遇箴尹固帅其属，将与白公。子高曰："微二子者，楚不国矣。弃德从贼，其可保乎？"乃从叶公。使与国人以攻白公，白公奔山而缢。其徒微之[4]。生拘石乞而问白公之死焉。对曰："余知其死所，而长者使余勿言。"曰："不言将烹。"乞曰："此事克则为卿，不克则烹，固其所也，何害？"乃烹石乞。王孙燕奔颁黄氏[5]。

沈诸梁兼二国，国宁，乃使宁为令尹，使宽为司马，而老于叶。

【注释】

〔1〕几：同"冀"，期望。
〔2〕艾：安心。
〔3〕奋心：奋战之心。
〔4〕微之：藏匿白公尸体。
〔5〕颁黄氏：吴国地名，在今安徽宣城。

【译文】

　　叶公也赶到了，在北门有人遇见他，说："您为什么不戴上头盔？国人盼望您好像盼望慈爱的父母，盗贼的箭如果射伤您，这就断绝了百姓的希望，为什么不戴上头盔？"叶公就戴上头盔继续前行。又遇到一个人说："您为什么戴上头盔？国人盼望您好像盼望一年的收成，天天期望，如果见到您的面，就能安心了。百姓知道不至于再有生命危险，人人有奋战之心，还打算打着您的旗号在都城里巡行，但是您又把脸遮起来使百姓断绝希望，不太过分了吗？"叶公就脱下头盔行进。遇到箴尹固率领他的部下，准备去帮助白公胜。叶公说："如果没有子西、子期这两人，楚国就不存在了。你抛弃德行而跟从盗贼，难道能够有保障吗？"箴尹固就跟随叶公。叶公派他和国人一起攻打白公胜。白公胜逃到山上自缢而死，他的部下把尸体藏起来。叶公的人活捉石乞而追问白公胜尸体的下落。石乞回答说："我知道他的尸体在哪里，但是白公让我不要说。"叶公说："不说就烹了你。"石乞说："这件事成功了就是卿，不成功就被烹，本来就是这样的结果，有什么妨碍？"于是就烹了石乞。王孙燕逃亡到颓黄氏。

　　叶公便自己身兼令尹、司马二职，国家安定以后，就让宁做令尹，宽做司马，自己退休，在叶地养老。

吕氏春秋

本 生

【原文】

　　始生之者，天也；养成之者，人也。能养天之所生而勿撄之谓天子[1]。天子之动也，以全天为故者也[2]。此官之所自立也[3]。立官者，以全生也。今世之惑主，多官而反以害生，则失所为立之矣。譬之若修兵者，以备寇也。今修兵而反以自攻，则亦失所为修之矣。

【注释】

[1] 撄（yīng）：触犯，摧残。
[2] 全：保全。天：指天所赋予的生命。
[3] 官：官吏。

【译文】

　　最初创造出生命的是天，养育生命并使它成长的是人。能够保养天所创造的生命并不加摧残的人就是天子。天子的所作所为都以保全天赋的生命为要务。这是设立官吏的根本原因。天子设立官吏，正是为了保全生命。现今时代的糊涂君主，设立很多官职反倒损害了生命，这就失去了设立官职的本来意义。譬如整饬军备，本来是用来防备外来侵略的。现在整饬军备反倒用来自相攻击，就失去了整饬军备的本来意义。

【原文】

　　夫水之性清，土者抇之[1]，故不得清。人之性寿，物者抇之，故不得寿。物也者，所以养性也，非所以性养也[2]。今世之人，惑者多以性养物，则不知轻重也[3]。不知轻重，则重者为轻，轻者为重矣。若此，则每动无不败。以此为君，悖[4]；以此

修兵以备寇

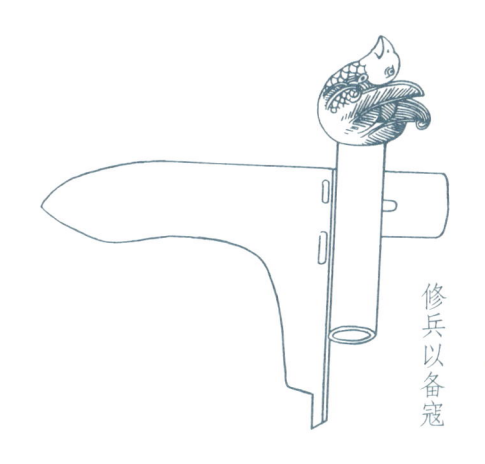

为臣，乱；以此为子，狂。三者国有一焉，无幸必亡[5]。

【注释】

[1]扣（gǔ）：搅混。
[2]性养：用生命供养外物，指嗜欲过当。
[3]轻重：高诱注："轻，喻物；重，喻身。"
[4]悖：谬误，惑乱。
[5]无幸必亡："必亡无幸"的倒文，言其国必亡，无可幸免（用俞樾说）。

【译文】

水的本性是清澈的，泥土使它浑浊，所以才不清澈。人的天性是可以长寿的，但因为身外之物不断搅扰他，所以就不能长寿。身外之物是用来供养生命的，而不应损耗生命去追求它。现时代的人们，糊涂的大多损耗生命去追求身外之物，这就是不知道轻重了。不知道轻重，就会把重的当作轻的，把轻的当作重的。如果像这样，那么一举一动没有不失败的。如此做君主，就会惑乱糊涂；如此做臣子，就会乱纲乱纪；如此做儿子，就会狂妄自大。一个国家有以上三种情况之一的，就势必要灭亡，不可幸免。

【原文】

今有声于此，耳听之必慊已[1]，听之则使人聋，必弗听。有色于此，目视之必慊已，视之则使人盲，必弗视。有味于此，口食之必慊已，食之则使人喑[2]，必弗食。是故圣人之于声色滋味也，利于性则取之，害于性则舍之，此全性之道也。世之贵富者，其于声色滋味也，多惑者。日夜求，幸而得之则遁焉[3]。遁焉，性恶得不伤？

世之富贵者，于声色滋味多惑

【注释】

[1]慊（qiè）：快意，满足。
[2]喑（yīn）：哑。
[3]遁：通"循"，指放纵流逸而不能自禁。

【译文】

　　假设这里有一种音乐,耳朵听到它一定感到快意,但是听过它以后就会使人耳聋,那人们就一定不去听了;假设这里有一种色彩,眼睛看到它一定感到愉悦,但是看过它以后就会使人眼瞎,那人们就一定不去看了;假设这里有一种吃的东西,嘴巴吃到它一定感到愉悦,但是吃过它以后就使人声哑,那人们就一定不去吃了。因此,圣人对待音乐、色彩、食物的态度是:对生命有利的话就接受,对生命有害的话就抛弃。这是保全生命的办法。世界上尊贵富有的人,在声色滋味方面大多是糊涂的。他们夜以继日地追求这些,侥幸得到了,就放纵自己不能自禁。这样生命怎么能不受到伤害?

【原文】

　　万人操弓,共射其一招[1],招无不中。万物章章[2],以害一生,生无不伤;以便一生,生无不长。故圣人之制万物也,以全其天也[3]。天全,则神和矣[4],目明矣,耳聪矣,鼻臭矣,口敏矣,三百六十节皆通利矣。若此人者,不言而信[5],不谋而当,不虑而得;精通乎天地,神覆乎宇宙;其于物无不受也,无不裹也[6],若天地然;上为天子而不骄,下为匹夫而不惛。此之谓全德之人。

【注释】

〔1〕招:箭靶子。
〔2〕章章:繁盛的样子。
〔3〕天:这里指生命。
〔4〕神和:精神和谐。
〔5〕不言而信:不说话而信义自存。
〔6〕裹:包含,容纳。

【译文】

　　一万个人拿着弓箭,一起射一个靶子,靶子不会不被射中;万物繁盛茂美,一起来伤害一个生命,那这个生命不会不受到伤害;如果是一起用来帮助一个生命,那么这个生命不会不生长。所以圣人制约万物,是为了保全自己的生

不骄不惛,是谓全德

命。生命保全了，精神就和谐了，眼睛就明亮了，耳朵也敏感了，鼻子也嗅觉灵敏了，口齿也伶俐了，全身的筋骨都顺畅了。像这样的人，不说话也能取信于人，做事不经谋划也是正确的，不经过思考也是处事得当的；他们的灵犀通贯天地，精神覆盖宇宙。他们对于万物没有不能承受的，没有不能容纳的，就像苍天与大地一样。他们即使高居天子的尊位也不骄傲，即使处于卑微的百姓境地也不愁苦。这就叫作德行完全的人。

【原文】

贵富而不知道，适足以为患，不如贫贱。贫贱之致物也难，虽欲过之，奚由？出则以车，入则以辇，务以自佚[1]，命之曰"招蹷之机[2]"。肥肉厚酒，务以自强，命之曰"烂肠之食"。靡曼皓齿[3]，郑卫之音，务以自乐，命之曰"伐性之斧"。三患者，贵富之所致也。故古之人有不肯贵富者矣，由重生故也；非夸以名也，为其实也。则此论之不可不察也。

【注释】

〔1〕佚（yì）：同"逸"，逸乐。
〔2〕招：致。蹷（jué）：足病。机：机械。
〔3〕靡曼皓齿：指美色。靡曼，指肌肤细腻。

【译文】

富贵却不明白养生之道，恰恰容易由此形成祸患，反而不如贫贱的人。贫贱的人想得到东西很困难，即使想奢侈，又哪里有条件呢？出门乘车，进门坐辇，极力使自己安逸，这些车辇便可叫作"引发脚病的器械"。肥肉醇酒，极力勉强自己吃喝，这种酒肉便可叫作"烂肠的食物"。美色和郑卫的靡靡之音，极力用这些来取乐，这种声色便可叫作"砍伐生命的斧子"。以上三种祸害，都是由于贵富引起的。所以，古时候有不愿意富贵的人，就是因为看重生命的缘故；这倒不是用轻视富贵的虚名来夸耀自己，而是为了保全生命。既然如此，那么这些道理就不可不明察了。

重己

【原文】

倕[1]，至巧也。人不爱倕之指，而爱己之指，有之利故也[2]。人不爱昆山之玉、江汉之珠，而爱己之一苍璧小玑[3]，有之利故也。今吾生之为我有，而利我亦大矣。论其贵贱，爵为天子，不足以比焉；论其轻重，富有天下，不可以易之；论其安危，一曙失之[4]，终身不复得。此三者，有道者之所慎也。有慎之而反害之者，不达乎性命之情也。不达乎性命之情，慎之何益？是师者之爱子也，不免乎枕之以糠[5]；是聋者之养婴儿也，方雷而窥之于堂[6]。有殊弗知慎者[7]？夫弗知慎者，是死生存亡可不可未始有别也。未始有别者，其所谓是未尝是，其所谓非未尝非。是其所谓非，非其所谓是，此之谓大惑。若此人者，天之所祸也。以此治身，必死必殃；以此治国，必残必亡。夫死殃残亡，非自至也，惑召之也。寿长至常亦然。故有道者不察所召，而察其召之者，则其至不可禁矣[8]。此论不可不熟。

【注释】

〔1〕倕（chuí）：一作"垂"，相传是尧时的巧匠。一说为黄帝时的巧人。

〔2〕之：通"其"。

〔3〕苍璧：含石多的玉。玑：珠之不圆者。

〔4〕一曙：一旦。

〔5〕师：瞽师，即盲乐工。这里指代盲人。枕之以糠：使爱子枕卧在谷糠中。

〔6〕方：正当。窥：使动用法。之：指"婴儿"。

〔7〕殊：过，甚。

〔8〕其：指上文"死殃残亡"和"长寿"两者。

【译文】

倕是最手巧的人，可是人们不爱惜倕的手指，而是爱惜自己的手指，这是因为自己的手指属于自己而对自己有所帮助。人们不爱惜昆山的宝玉、江汉的明珠，却爱惜自己的一块成色不高的玉石、一颗形状不圆的小珠子，这是因为它属于自己而对自己有用。现在，我的生命归我所有，给我带来的利益也很大。从贵贱方面来说，即使地位高到做天子，也不能够和它相比；从轻重方面来说，即使富裕到拥有天下，也不能和它交换；从安危方面来说，一旦失去了它，就一生再也不能得到。正是由于这三个方面，有道的人对生命特别小心谨慎。有人虽然对生命小心谨慎，却反而损害了它，这是没有领悟人性与生命的情理。不领悟人性、生命的情理，即使小心谨慎又有什么用？这就像盲人虽然疼爱儿子，但免不了让他枕卧在谷糠中；就像聋人养育婴儿，正在打雷的时候却让他在堂屋里向外观望。这比起不知道小心谨慎的人，又有什么不同？对生命不知道小心谨慎的人，对生死存亡、可与不可，从来没有辨别清楚。没辨别清楚的人，他们所说的正确不一定是正确的，他们所谓的错误也未必是错误的。他们把错误的东西当作是正确的，把正确的东西当作是错误的，这就叫非常糊涂。像这样的人，正是上天降祸的对象。用这种态度修身，必定死亡，必定遭祸；用这种态度治理国家，国家必定衰败，必定灭亡。死亡、灾祸、衰败和灭亡不是自动找上门来的，而是糊涂招来的。长寿的得来也常常是这样。所以有道的人，不察看导致的结果，而察看引起它的原因，那么达到结果就不可遏制了。这个道理不能不彻底理解。

【原文】

使乌获疾引牛尾[1]，尾绝力勤[2]，而牛不可行，逆也。使五尺竖子引其棬[3]，而牛恣所以之，顺也。世之人主贵人，无贤不肖，莫不欲长生久视，而日逆其生，欲之何益？凡生之长也，顺之也；使生不顺者，欲也。故圣人必先适欲。

【注释】

[1]乌获：战国时秦武王的力士，据说能举千钧。
[2]勤（dān）：力尽。
[3]棬（juàn）：同"桊"。《说文》："桊，牛鼻上环。"

【译文】

假如让像乌获这样的大力士用力拽牛尾巴，即使尾巴拽断了，人的力气用尽了，也不能让牛跟着他走，因为违反了牛的性子。假如让五尺高的小孩子牵着牛的鼻环，牛就会跟他走到任何地方，因为这是顺应牛的性子。世界上的君主、贵族，不论贤与不贤，没有不想长寿的，但是每天都在违反他们的生命本性，即使想要长寿又有什么用呢？凡是寿命长久都是因为顺应它的本性，使生命不顺应的东西是人的欲望。所以，圣人一定首先使自己的欲望适可而止。

【原文】

室大则多阴，台高则多阳；多阴则蹶，多阳则痿。此阴阳不适之患也。是故，先王不处大室，不为高台，味不众珍，衣不燀热[1]。燀热则理塞，理塞则气不达；味众珍则胃充，胃充则中大鞔[2]；中大鞔而气不达。以此长生可得乎？昔先圣王之为苑囿园池也，足以观望劳形而已矣[3]；其为宫室台榭也，足以辟燥湿而已矣；其为舆马衣裘也，足以逸身暖骸而已矣；其为饮食酏醴也[4]，足以适味充虚而已矣；其为声色音乐也，足以安性自娱而已矣。五者，圣王之所以养性也，非好俭而恶费也，节乎性也[5]。

【注释】

〔1〕燀（dǎn）：过度，厚。
〔2〕中：指胸腹腔。鞔（mèn）：通"懑"，闷胀。
〔3〕劳形：活动身体。古人以劳形为养生之法。古代名医华佗曾说："人体欲得劳动，但不当使极尔。动摇则谷气得消，血脉流通，病不得生，譬犹户枢不朽是也。"（《三国志·华佗传》）
〔4〕酏（yǐ）：稀粥，可用来酿酒。醴（lǐ）：甜酒。
〔5〕节乎性：节制性情，使其适度。

【译文】

屋子大了，阴气就会过盛；台子高了，阳气就会过盛。阴气过盛就会得腿脚行走不便的毛病，阳气过盛就会得肌肉萎缩活动困难的疾患，这都是阴阳不适度引起的疾病。因此，先代的君王不住大屋子，不建造高台，饭菜不追求太多的山珍海味，衣服不追求穿得过暖，穿得过暖身上的经脉就会阻塞。经脉阻塞，气血就不畅通。饭菜丰盛珍异，胃就会太满；胃太满肚子就会发胀，肚子胀气就会不通畅。用这种方式追求长寿，能办到吗？从前，先代圣王建造苑囿园池，规模只要足够观望和活动身体就行了；他们建造宫室台榭，大小高低只要足以躲避干燥和潮湿就可以了；他们制作车子、衣服，只要足够使身体舒适暖和就行了；他们吃饭喝酒，只要适合口味、填饱肚子就行了，他们编排歌舞音乐，只要能使自己性情安乐就可以了。这五个方面，是圣王用来修养身心的，不是喜欢节俭，讨厌奢靡，而是要使身心得到适当的调节。

贵　公

【原文】

昔先圣王之治天下也，必先公。公则天下平矣。平得于公。尝试观于上志[1]，有得天下者众矣，其得之以公，其失之必以偏。凡主之立也，生于公。故《鸿范》曰[2]："无偏无党，王道荡荡；无偏无颇，遵王之义；无或作好，遵王之道；无或作恶，遵王之路。"

【注释】

[1] 上志：古代的记载，指古代典籍。
[2]《鸿范》：又作《洪范》，《尚书·周书》中的一篇。

【译文】

过去，先代圣王治理天下，一定要把公正无私放在首位。做到公正无私，天下就太平了。太平是从公正无私得来的。尝试考察一下古代典籍，得到过天下的人很多，他们得到天下凭的是公正无私，那他们失去天下必定是由于偏颇有私。凡是设立君主的本意，都是出于公正公私。所以《鸿范》中说："不要营私，不要结党，君王的统治才平坦宽广；不要偏私，不要倾斜，遵守先王的法则；不要随意施加个人的喜好，遵循先王的正道；不要随意施加个人的憎恶，遵循先王的正路。"

【原文】

天下，非一人之天下也，天下之天下也。阴阳之和，不长一类；甘露时雨，不私一物；万民之主，不阿一人[1]。伯禽将行[2]，请所以治鲁。周公曰[3]："利而勿利也[4]。"荆人有遗弓者，而不肯索，曰："荆人遗之，荆人得之，又何索焉？"孔子闻之曰："去其'荆'而可矣。"老聃闻之曰[5]："去其'人'而可矣。"故老聃则至公矣。天地大矣，生而弗子[6]，成而弗有，万物皆被其泽，得其利，而莫知其所由始，此三皇五帝之德也[7]。

【注释】

〔1〕阿：偏袒。

〔2〕伯禽：周公之子，周成王封之于鲁，为鲁国的始祖。

〔3〕周公：姓姬，名旦，武王之弟，成王之叔，曾辅佐成王。

〔4〕利：前一"利"为施利，后一"利"为谋利。

〔5〕老聃（dān）：老子，春秋战国时楚人，相传《老子》（《道德经》）为他所著。

〔6〕子：意动用法，以……为子。

〔7〕三皇五帝：传说中的上古帝王，三皇指伏羲（xī）、神农、燧人。五帝指黄帝、颛顼（zhuān xū）、帝喾（kù）、尧、舜。亦有其他的说法。

【译文】

天下不是一个人的天下，是天下人的天下。阴阳相和，不只是滋长一个物种；甘露时雨，不偏爱一物；亿万民众的主人，不能偏袒一人。伯禽在即将起程赴任的时候，请教用来治理鲁国的策略。周公说："施利给人民而不要为自己谋利。"荆国有一个丢了弓的人，却不愿意去寻找，他说："荆人丢了它，还是荆人得到它，又何必去寻找呢？"孔子听到这件事后说："去掉他话里的'荆'字就可以了。"老聃听到后说道："再去掉话中的'人'字才好。"所以老聃达到公的最高境界了。天地多么伟大啊！生育民众而不把他们当作自己的子孙，造就万物而不据为己有，万物都承受它的恩泽，得到它的好处，却没有人知道这些是从哪里来的。这也正是三皇五帝的功德。

【原文】

管仲有病[1]，桓公往问之[2]，曰："仲父之病矣。渍甚，国人弗讳，寡人将谁属国？"管仲对曰："昔者臣尽力竭智，犹未足以知之也；今病在于朝夕之中，臣奚能言？"桓公曰："此大事也，愿仲父之教寡人也。"管仲敬诺，曰："公谁欲相？"公曰："鲍叔牙可乎[3]？"管仲对曰："不可。夷吾善鲍叔牙。鲍叔牙之为人也，清廉洁直；视不己若者，不比于人；一闻人之过，终身不忘。""勿已，则隰朋其可乎[4]？""隰朋之为人也，上志而下求，丑不若黄帝[5]，而哀不己若者；其于国也，有不闻也；其于物也，有不知也；其于人也，有不见也。勿已乎，则隰朋可也。"

　　夫相，大官也。处大官者，不欲小察，不欲小智，故曰：大匠不斫，大庖不豆[6]，大勇不斗，大兵不寇。桓公行公去私恶，用管子而为五伯长[7]；行私阿所爱，用竖刀而虫出于户[8]。

【注释】

〔1〕管仲：春秋齐人，名夷吾，字仲，曾辅佐齐桓公成为春秋五霸之一。

〔2〕桓公：齐桓公，姓姜，名小白，春秋时齐国国君。

〔3〕鲍叔牙：齐大夫，贫贱时即与管仲相友善，是管仲最要好的朋友。

〔4〕隰（xí）朋：齐大夫，曾助管仲相桓公，成霸业，平戎于晋，与管仲同年卒。

〔5〕丑：意动用法，以……为耻辱。

〔6〕大庖（páo）：手艺高超的厨师。豆：祭祀用的笾豆。这里作动词用，摆设笾豆一类食器。

〔7〕五伯（bà）：通常写作"五霸"，指齐桓公、晋文公、秦穆公、宋襄公、楚庄王，他们是春秋时势力强大、称雄一时的诸侯。

〔8〕竖刀（diāo）：一作"竖刁"，齐桓公的近侍。虫出于户：桓公时，五子争立，竖刀参与作乱。桓公尸体停床六十余日，以致尸虫爬出室外。

【译文】

　　管仲有病，齐桓公前去探问他，说："仲父您的病很重。如果一旦病情危急，发生国人无法避忌的事，我将把国家托付给谁好呢？"管仲回答道："以前我尽心竭力，尚且不足以明白这件事；现在得了重病，生死在于朝夕之间，我又怎么说得上来呢？"桓公说："这可是大事，希望您能给我指教。"管仲恭敬地同意了，说："您想要任用谁为相呢？"桓公说："鲍叔牙可以吗？"管仲回答道："不行。我很了解鲍叔牙。鲍叔牙的为人，清廉正直；对待不如自己的人，不愿和他们在一起；偶尔一次听到人家的过错，就终身不忘。""万不得已的话，隰朋可以吗？""隰朋的为人，既能记取先贤而效法他们，又能不耻下问，自愧不如黄帝，又怜惜不如自己的人。他对于国家政治，不该过问的不去过问；他对于事物，不

需了解的就不去了解；他对于人，没必要关注的就不去关注。不得已的话，那么隰朋可以。"

相，是一个很大的官职。处于高官位置上的人，不应该在小处苛求，不应该为小事用智慧。所以说，高明的工匠不亲手砍削，高超的厨师不亲自陈列食器，大勇的人不亲身去格斗，真正强大的军队不进行劫掠。齐桓公施行公正，抛却个人恩怨，任用管仲而成为五霸之首；后来徇私偏袒自己喜欢的人，重用竖刁而致使死后国家大乱，自己的尸体不得入殓安葬，尸虫爬出室外。

【原文】

人之少也愚，其长也智。故智而用私，不若愚而用公。日醉而饰服，私利而立公，贪戾而求王，舜弗能为。

【译文】

人年轻的时候无知，等长大了就聪明了。所以如果聪明却出于私心，不如愚笨却出于公心。自己整天醉醺醺的却要整饬丧纪，谋求私利却要树立公正，贪婪暴戾却想要做天下之王，即使是舜也无能为力。

去　私

【原文】

天无私覆也，地无私载也，日月无私烛也，四时无私行也。行其德而万物得遂长焉。

【译文】

天的覆盖没有偏私，地的承载没有偏私。日月普照万物没有偏私，四季的运行没有偏私。它们各自施行它们的恩德，所以万物才得以生长。

【原文】

黄帝言曰："声禁重，色禁重，衣禁重，香禁重，味禁重，室禁重。"[1]

【注释】

〔1〕"黄帝言曰"以下数句：与前后文义并不相关，苏时学推断："盖必《重己》篇内所引，而后人传写错误，混入此篇者。"

【译文】

黄帝说："音乐禁止淫靡，色彩禁止炫目，衣服禁止厚热，香气禁止浓烈，饮食禁止丰美，宫室禁止高大。"

【原文】

尧有子十人，不与其子而授舜；舜有子九人，不与其子而授禹：至公也。

【译文】

尧有十个儿子，但是不把王位传给他的儿子却传给了舜；舜有九个儿子，但不把王位传给他的儿子却传给了禹：他们最公正无私了。

【原文】

晋平公问于祁黄羊曰〔1〕："南阳无令〔2〕，其谁可而为之？"祁黄羊对曰："解狐可〔3〕。"平公曰："解狐非子之仇邪？"对曰："君问可，非问臣之仇也。"平公曰："善。"遂用之。国人称善焉。居有间，平公又问祁黄羊曰："国无尉，其谁可而为之？"对曰："午可〔4〕。"平公曰："午非子之子邪？"对曰："君问可，非问臣之子也。"平公曰："善。"又遂用之，国人称善焉。孔子闻之曰："善哉，祁黄羊之论也！外举不避仇，内举不避子。"祁黄羊可谓公矣。

【注释】

〔1〕晋平公：晋悼公之子，名彪。祁黄羊：晋大夫，名奚，字黄羊。据《左传·襄公三年》记载，黄羊荐贤事发生在晋悼公时。

〔2〕南阳：在今河南济源一带。

〔3〕解狐：晋大夫。

〔4〕午：指祁午，祁黄羊之子。

【译文】

晋平公向祁黄羊询问道："南阳没有县令，谁可以担当这个职务呢？"祁黄羊回答说："解狐可以。"平公说："解狐不是你的仇人吗？"祁黄羊回答说："您是问谁可以担任这个职务，没有问谁是我的仇人。"平公说："说得好！"于是任用了解狐。国人对此都说好。过了一段时间，平公又问祁黄羊说："国家缺个军尉，谁可以担当这个职位？"祁黄羊回答道："祁午可以。"平公说："祁午不是你的儿子吗？"祁黄羊说："您是问谁可以担任这个职位，没有问谁是我的儿子。"平公说："说得好！"于是又任用了祁午。国人对此又都说好。孔子听说了这件事说道："祁黄羊的这些话太好了！推举外人不回避仇人，推举家人不回避儿子。"祁黄羊可以说是公正无私了。

【原文】

墨者有巨子腹䵍〔1〕，居秦，其子杀人，秦惠王曰〔2〕："先生之年长矣，非有他子也，寡人已令吏弗诛矣，先生之以此听寡人也。"腹䵍对曰："墨者之法曰：'杀人者死，伤人者刑。'此所以禁杀伤人也。夫禁杀伤人者，天下之大义也。王虽为之赐〔3〕，而令吏弗诛，腹䵍不可不行墨者之法。"不许惠王，而遂杀之。子，人之所私也，忍所私以行大义〔4〕，巨子可谓公矣。

【注释】

〔1〕墨者：指战国时的墨家学派，创始人为墨翟。腹䵍（tūn）：人名。姓腹，名䵍。墨家学派中有重大成就的人物，故称其"巨子"。
〔2〕秦惠王：名驷，公元前337—前311年在位。
〔3〕为之赐：赐给我恩惠。指秦惠王赦免腹䵍之子的死罪。
〔4〕忍所私：指忍痛杀儿子。所私，这里指儿子。

【译文】

墨家有个大师腹䵍，住在秦国。他的儿子杀了人，秦惠王对腹䵍说："先生年纪已大，又没有其他儿子了，我已经下令司法官不杀您的儿子，先生在这件事上就听我的吧。"腹䵍回答说："墨家的法规说：'杀人的处死，伤人的给予刑罚。'这是用来制止杀人、伤人的。禁止杀人、伤人，这是天下的大道义。大王您虽然赐给我恩惠，下令有关官员不杀他，但我腹䵍不可以不奉行墨家的法度。"腹䵍没答应惠王，于是处死了他的儿子。儿子是人们偏爱的，忍痛割爱而奉行天下的大义,这位大师可以说是公正无私了。

【原文】

庖人调和而弗敢食,故可以为庖。若使庖人调和而食之,则不可以为庖矣。王伯之君亦然。诛暴而不私,以封天下之贤者,故可以为王伯。若使王伯之君诛暴而私之,则亦不可以为王伯矣。

【译文】

厨师调制饮食但不敢私自食用,所以才可以做厨师。如果厨师烹调食物却自己吃了,就不能让他当厨师了。成就王霸之业的君主也是这样。他们诛杀暴君但不私吞他们的土地,而是将其分封给天下的贤人,所以才可以成就王霸之业。他们如果诛杀暴君而私占他们的土地,那也就不能成就王霸之业了。

贵 生

【原文】

圣人深虑天下,莫贵于生。夫耳目鼻口,生之役也[1]。耳虽欲声,目虽欲色,鼻虽欲芬香,口虽欲滋味,害于生则止。在四官者不欲,利于生者则弗为[2]。由此观之,耳目鼻口不得擅行,必有所制。譬之若官职,不得擅为,必有所制。此贵生之术也。

【注释】

〔1〕夫耳目鼻口,生之役也:耳目鼻口要为生命服务(用毕沅说)。"生"是君(主宰),故称耳目口鼻为"役"。
〔2〕弗:衍文(用陈昌齐说)。

【译文】

圣人深入思考天下的事,认为没有什么比生命更宝贵的。耳朵、眼睛、鼻子和嘴,要为生命服务。耳朵虽然想听悦耳的声音,眼睛虽然想看好看的东西,鼻子虽然想闻芬芳的香气,嘴巴虽然想吃味美的食物,但如果对于生命有害就要制止。对于这四种感官来说不愿接受的事情,如果对生命有利就去做。由此看来,耳朵、眼睛、鼻子和嘴,不能擅自行动,必须有所制约。这就像担任官职一样，不允许任意行事，必须有所制约。这是珍重生命的方法。

【原文】

尧以天下让于子州支父[1]。子州支父对曰："以我为天子犹可也。虽然，我适有幽忧之病，方将治之，未暇在天下也。"天下，重物也，而不以害其生，又况于他物乎？惟不以天下害其生者也，可以托天下。

【注释】

〔1〕子州支父（fǔ）：古代的贤人，相传他是帝尧的老师，尧和舜都曾想把天下让给他。

【译文】

尧要把天下让给子州支父，子州支父回答说："让我做天子还是可以的。虽然是这样，但我正患忧劳的病，正要治疗，没有空余的时间治理天下。"天下是特别珍贵的东西，可是圣人不因它而危害自己的生命，更何况其他东西呢？只有不因天下而危害自己生命的人，才可以把天下托付给他。

【原文】

越人三世杀其君，王子搜患之[1]，逃乎丹穴[2]。越国无君，求王子搜而不得，从之丹穴。王子搜不肯出。越人薰之以艾，乘之以王舆。王子搜援绥登车，仰天而呼曰："君乎！独不可以舍我乎？"王子搜非恶为君也，恶为君之患也。若王子搜者，可谓不以国伤其生矣。此固越人之所欲得而为君也。

【注释】

〔1〕王子搜：梁玉绳据《史记·越世家》索引，认为搜即越王翳之子无颛（zhuān）。

〔2〕丹穴：采丹砂的矿井。

【译文】

越国人连续杀死了他们的三代国君，王子搜对此很忧惧，就逃到了山洞里。越国没有国君，寻找王子搜却找不到。后来追到山洞，王子搜不肯出来。越国人点着艾草用烟把他熏出来，让他乘坐国君的车。王子搜拽着绳子上车，仰望苍天喊道："国君啊！难道不可以放过我吗？"王子搜不是厌恶做国君，而是厌恶做国君可能引来的祸患。像王子搜这样的人，可以说是不因为国家而伤害自己生命的人了。这正是越国人要找他而让他做国君的原因。

【原文】

鲁君闻颜阖得道之人也[1]，使人以币先焉。颜阖守闾，鹿布之衣，而自饭牛。鲁君之使者至，颜阖自对之。使者曰："此颜阖之家耶？"颜阖对曰："此阖之家也。"使者致币，颜阖对曰："恐听缪而遗使者罪[2]，不若审之。"使者还反审之，复来求之，则不得已。故若颜阖者，非恶富贵也，由重生恶之也。世人之主多以富贵骄得道之人，其不相知，岂不悲哉？

【注释】

〔1〕颜阖（hé）：战国时鲁国的隐士，与鲁哀公同时。
〔2〕缪：通"谬"，错。

【译文】

鲁国国君听说颜阖是个有道之人，就派人带着礼物先去致意。颜阖居住在平民百姓住的地方，穿着粗布衣裳，正在亲自喂牛。鲁君的使者到了那里，颜阖亲自接待他。使者说："这是颜阖的家吗？"颜阖答道："这正是我的家。"使者送上礼物，颜阖说道："恐怕您把名字听错而受到处罚，不如回去把这事再核实一下。"使者回去问清楚了，又回来找颜阖，却找不到了。所以像颜阖这样的人，并不是厌恶富贵，而是由于珍重生命才厌恶它的。世界上的君主，大多因为富贵而看不起有道之人，他们竟这样不了解有道之人，难道不可悲吗？

【原文】

故曰：道之真，以持身；其绪余[1]，以为国家；其土苴[2]，以治天下。由此观之，帝王之功，圣人之余事也，非所以完身养生之道也。今世俗之君子，危身弃生以徇物，彼且奚以此之也？彼且奚以此为也？

【注释】

〔1〕绪余：指不必珍重的轻微之物。此处引申为剩余的精力，余技。绪，丝的端末。
〔2〕土苴（jū）：泥土草芥。比喻轻贱之物。苴，草。

【译文】

所以说：道的实质是用来保养身体，多余的部分用来治理国家，它的渣滓用来治理天下。由此看来，帝王的功业不过是圣人的闲事，而不是用来保全身体、养护生命的方法。如今世俗认为是君子的人，危害身体，舍弃生命，全神贯注地投身外物，他们这样做是要干什么呢？他们又凭什么达到目的呢？

【原文】

凡圣人之动作也，必察其所以之与其所以为。今有人于此，以随侯之珠弹千仞之雀[1]，世必笑之。是何也？所用重，所要轻也。夫生，岂特随侯珠之重也哉！

【注释】

[1]随侯之珠：传说中的珠宝。"随"一作"隋"。《淮南子·览冥》注："隋，汉东之国，姬姓诸侯也。隋侯见大蛇伤断，以药敷之，后蛇于江中衔大珠以报之，因曰隋侯之珠。"

【译文】

凡是圣人有所行动的时候，一定要看清要达到什么目的和怎样达到目的。假如现在有人用随侯的宝珠弹射高在千仞之上的飞鸟，世人一定会笑话他。这是为什么？所付出的代价沉重，而所得到的微不足道。至于生命，又何止随侯之珠的价值呢？

【原文】

子华子曰[1]："全生为上[2]，亏生次之[3]，死次之，迫生为下[4]。"故所谓尊生者，全生之谓。所谓全生者，六欲皆得其宜也。所谓亏生者，六欲分得其宜也。亏生则于其尊之者薄矣。其亏弥甚者也，其尊弥薄。所谓死者，无有所以知[5]，复其未生也[6]。所谓迫

迫生不若死

生者，六欲莫得其宜也，皆获其所甚恶者。服是也[7]，辱是也[8]。辱莫大于不义，故不义，迫生也。而迫生非独不义也，故曰迫生不若死。奚以知其然也？耳闻所恶，不若无闻；目见所恶，不若无见。故雷则掩耳，电则掩目，此其比也。凡六欲者，皆知其所甚恶，而必不得免，不若无有所以知。无有所以知者，死之谓也，故迫生不若死。嗜肉者，非腐鼠之谓也；嗜酒者，非败酒之谓也；尊生者，非迫生之谓也。

【注释】

〔1〕子华子：战国时魏人，古代道家人物。
〔2〕全生：保全生命的天性，使六欲皆得其宜。
〔3〕亏生：生命的天性受到一定程度的损耗，使六欲半得其宜。
〔4〕迫生：苟且偷生，使生命的天性完全受到压抑。
〔5〕所以知：指认识外物的感知器官。人死之后，感知器官停止活动，故言"无有所以知"。
〔6〕复其未生也：此句意为恢复未出生时的状态。
〔7〕服：屈服。
〔8〕辱：耻辱。

【译文】

子华子说："全生是最好的，亏生次一些，死又次一些，迫生最不好。"所以，所谓尊重生命就是指的全生。所谓全生，是指六欲都能各自得到满足；所谓亏生，是说六欲部分得到满足。生命受到损耗，它的天性就会削弱。生命损耗得越厉害，它的天性削弱得也就越厉害。所谓死，就是没有了知觉，回到没出生时的状态。所谓迫生，就是六欲没有一样得到满足，得到的都是它们所讨厌的东西。屈服就是这种情况，耻辱就是这种情况。在耻辱当中没有比不义更大的，所以不义的行为就是迫生。然而迫生不只是不义一种。所以说迫生不如死。怎么才知道是这样呢？耳朵听到厌恶的东西，不如根本没听；眼睛看见讨厌的东西，不如根本没看。所以，打雷就捂耳朵，闪电就捂眼睛，这是类似的道理。所有的六欲，都知道它们所厌恶的东西，如果这些东西实在不能避免，就不如根本不知道六欲。不知道六欲就是死了。所以，迫生不如去死。喜欢吃肉，不是说连腐烂的老鼠也吃；嗜好喝酒，不是说连变质的酒也喝；珍重生命，并不是说连迫生也容忍。

情 欲

【原文】

天生人而使有贪有欲。欲有情，情有节。圣人修节以止欲[1]，故不过行其情也。故耳之欲五声，目之欲五色，口之欲五味，情也。此三者，贵贱、愚智、贤不肖欲之若一，虽神农、黄帝，其与桀、纣同[2]。圣人之所以异者，得其情也。由贵生动，则得其情矣；不由贵生动，则失其情矣。此二者，死生存亡之本也。

【注释】

〔1〕修节：修明适宜之情。止欲：控制欲望。止，当作"制"，因音近致误。

〔2〕神农：炎帝烈山氏，传说中的三皇之一。黄帝：号轩辕氏、有熊氏。古人把神农、黄帝尊为圣王。桀：名履癸，夏朝末代君主。纣：名受，商朝末代君主。桀、纣是暴君的典型。

【译文】

天造就了人类而又使其具有贪心和欲望。欲望之中有感情，感情具有节度。圣人修节度以节制欲望，所以不过分放纵自己的感情。因此，耳朵想要听五声，眼睛想要看五色，嘴巴想尝五味，这些都是情欲。这三种欲望，不论是高贵的人还是卑贱的人，不论是愚笨的人还是聪明的人，也不论是贤德的人

还是不肖的人，想满足这些欲望的心理是相同的。即使是神农、黄帝也和桀、纣有同样的情欲。圣人之所以与众不同，是因为他们能够把握适度的感情。从珍重生命出发做事，情欲就会适度；不从珍重生命出发做事，情欲就会失去适度。这两种态度是决定死生存亡的根本因素。

【原文】

俗主亏情，故每动为亡败。耳不可赡，目不可厌，口不可满，身尽府种[1]，筋骨沉滞，血脉壅塞，九窍寥寥[2]，曲失其宜[3]，虽有彭祖[4]，犹不能为也。其于物也，不可得之为欲，不可足之为求，大失生本；民人怨谤，又树大仇；意气易动，跷然不固[5]；矜势好智，胸中欺诈；德义之缓，邪利之急。身以困穷，虽后悔之，尚将奚及？巧佞之近，端直之远，国家大危，悔前之过，犹不可反。闻言而惊，不得所由。百病怒起，乱难时至。以此君人，为身大忧。耳不乐声，目不乐色，口不甘味，与死无择[6]。

【注释】

[1]府种：通"腑肿"，即浮肿。

[2]九窍：人体的九孔，指五官的眼、耳、口、鼻（七窍）外加肛门、生殖器（二阴窍）。

[3]曲：尽，全。

[4]彭祖：传说中的高寿之人，颛顼帝之后，因封于彭城（今江苏徐州），故称彭祖。据说他活了八百岁。

[5]跷（jué）然：不坚定的样子。

[6]择：区别。

【译文】

世俗的君主放纵情欲，因此一做事就导致失败。他们耳朵的欲望不可满足，眼睛的欲望不可满足，嘴巴的欲望不可满足，以致全身浮肿，筋骨僵硬迟滞，血脉阻塞不通，九窍空虚，全都丧失了正常的机能。到了这种地步，即使是彭祖也无能为力了。他们对于外物，不能得到的想要得到，不能满足的渴求满足，严重丧失了生命的本来意义；百姓会怨恨和指责他们，这又给自己树立了大敌；他们的意志精神容易动摇，变化快且不坚定；他们炫耀自己的权势，好耍弄智谋，内心藏着欺诈；他们对于德义漫不经心，对于邪利急切追求。结果自身弄得走投无路，即使后悔这样做，那又能怎么样呢？他们亲近奸诈的人，疏远正直的人，到了国家非常危急的时候，再后悔以前的过错，就为时已晚了。于是，听到自己即将灭亡的言论就惊恐起来，却还不知道为何会有这种后果。于是，各种疾病突然暴发，叛乱不断发生。用这种做法统治百姓，只能给自身带来巨大的忧患。以至耳朵听到美妙的声音不觉得愉快，眼睛看到美丽的色彩不觉得高兴，嘴尝到美味不觉得香甜，这和死了没什么区别。

【原文】

古人得道者，生以寿长，声色滋味能久乐之，奚故？论早定也〔1〕。论早定则知早啬〔2〕，知早啬则精不竭。秋早寒则冬必暖矣，春多雨则夏必旱矣。天地不能两，而况于人类乎？人之与天地也同，万物之形虽异，其情一体也。故古之治身与天下者，必法天地也。尊〔3〕，酌者众则速尽。万物之酌大贵之生者众矣，故大贵之生常速尽。非徒万物酌之也，又损其生以资天下之人，而终不自知。功虽成乎外，而生亏乎内。耳不可以听，目不可以视，口不可以食，胸中大扰，妄言想见〔4〕，临死之上，颠倒惊惧，不知所为。用心如此，岂不悲哉？

【注释】

〔1〕论：此指尊生的理论、信念。
〔2〕啬：爱惜，吝惜。
〔3〕尊：同"樽"，酒杯，此处指酒。
〔4〕妄言：指病重时的神昏呓语。想见：指因病而产生的幻觉。

【译文】

古代得道的人，得以长寿，乐音、美色、美味能够长久地享受，这是什么原因？因为他们珍重生命的观念早就确定了。观念早确定就知道早爱惜生命，知道爱惜生命，精神就不会衰竭。秋天提早寒冷，那么冬天一定温暖。春天多雨，那么夏天就一定干旱。天地都不能两全，更何况人类呢？人和天地是相同的。万物的外形虽然不同，但它们的本质是一样的。所以古代人修身养性和治理天下，一定得效法天地。一樽酒，舀的人多，就会很快舀完。万物之中耗费君主生命的太多了，所以君主的生命常常很快耗尽。不只是万物耗费它，他自己又损害生命来帮助天下的人，而自己始终没有察觉。虽然在外界成就了功业，可是内在的生命亏损了。使得耳朵不能听，眼睛不能看，嘴巴不能吃，内心极乱，胡言乱语，幻听幻觉。临死之前，神魂颠倒，惊恐万状，不知道自己在做什么。耗费心力到这种地步，难道不可悲吗？

【原文】

世人之事君者，皆以孙叔敖之遇荆庄王为幸[1]。自有道者论之则不然，此荆国之幸。荆庄王好周游田猎，驰骋弋射，欢乐无遗，尽傅其境内之劳与诸侯之忧于孙叔敖。孙叔敖日夜不息，不得以便生为故[2]，故使庄王功迹著乎竹帛，传乎后世。

【注释】

〔1〕孙叔敖：春秋时期楚人，初隐居海滨，后为楚庄王令尹（宰相）。荆庄王：即楚庄王，春秋楚国国君，公元前613—前591年在位，为春秋五霸之一。

〔2〕便生：有利于生性，犹今言有利于身心健康。故：事。

【译文】

世上为君主服务的人，都把孙叔敖被楚庄王赏识看成幸运的事。可是有道之人来评论却不是这样，认为这只是楚国的幸运。楚庄王喜欢到处游玩打猎，骑马射箭，欢乐无穷，而把他国家内政上的辛劳和外交上的忧苦全都推给了孙叔敖。孙叔敖日夜不停地操劳，无暇把养生之事作为自己的大事。因此才使楚庄王的功绩记载进史册，传给后代。

当 染

【原文】

墨子见染素丝者而叹曰[1]:"染于苍则苍,染于黄则黄,所以入者变,其色亦变,五入而以为五色矣。"故染不可不慎也。

【注释】

〔1〕墨子:名翟(dí),战国初鲁国人,墨家学派创始人。

【译文】

墨子看见给素丝染色的情景,感叹说:"用青色染料染,素丝就变成青色,用黄色染料染,素丝就变成黄色,所加入的染料改变了,素丝的颜色也随着改变。染五次就会变出五种颜色。"所以染色不可不慎重啊!

【原文】

非独染丝然也,国亦有染。舜染于许由、伯阳[1],禹染于皋陶、伯益[2],汤染于伊尹、仲虺[3],武王染于大公望、周公旦[4],此四王者所染当,故王天下,立为天子,功名蔽天地。举天下之仁义显人,必称此四王者。夏桀染于干辛、歧踵戎[5],殷纣染于崇侯、恶来[6],周厉王染于虢公长父、荣夷终[7],幽王染于虢公鼓、祭公敦[8]。此四王者所染不当,故国残身死,为天下僇,举天下之不义辱人,必称此四王者。齐桓公染于管仲、鲍叔,晋文公染于咎犯、郄偃[9],荆庄王染于孙叔敖、沈尹蒸[10],吴王阖庐染于伍员、文之仪[11],越王句践染于范蠡、大夫种[12],此五君者所染当,故霸诸侯,功名传于后世。范吉射染于

伊尹

张柳朔、王生[13]，中行寅染于黄藉秦、高强[14]，吴王夫差染于王孙雄、大宰嚭[15]，智伯瑶染于智国、张武[16]，中山尚染于魏义、椻长[17]，宋康王染于唐鞅、田不禋[18]。此六君者所染不当，故国皆残亡，身或死辱，宗庙不血食，绝其后类，君臣离散，民人流亡。举天下之贪暴可羞人，必称此六君者。凡为君，非为君而因荣也，非为君而因安也，以为行理也[19]。行理生于当染，故古之善为君者，劳于论人而佚于官事，得其经也。不能为君者，伤形费神，愁心劳耳目，国愈危，身愈辱，不知要故也。不知要故，则所染不当；所染不当，理奚由至？六君者是已。六君者，非不重其国、爱其身也，所染不当也。存亡故不独是也，帝王亦然。

【注释】

〔1〕许由：上古传说中的高士，字仲武，颍川人，舜欲让天下给他，他不愿，后逃隐于箕山。伯阳：传说为尧时的贤人，舜的七友之一。

〔2〕皋陶（yáo）：舜的法官。伯益：又作"伯翳"，舜臣，佐禹治水有功，禹死，让天下于伯益，不受而逃。

〔3〕伊尹：商汤的大臣，名挚，原为奴隶出身，为有莘氏女的陪嫁之臣，后曾佐汤王灭夏桀，位至阿衡（宰相）。仲虺（huī）：汤的左相。

〔4〕太公望：姜姓，吕氏，名尚，号太公望，曾钓于渭水之滨，周文王立他为师，武王尊他为师尚父，辅佐武王灭商，建立周王朝，后封于齐。

〔5〕干辛、歧踵戎：夏桀的两个邪臣。

〔6〕崇侯：名虎，纣的亡国之臣。恶来：嬴姓，飞廉之子，纣的谀臣。

〔7〕周厉王：名胡，因荒淫暴虐被国人放逐。虢（guó）公长父：名长父，周厉王的卿士。虢，国名。荣夷终：名终，周厉王的卿士。荣，国名。

夷，谥号。

〔8〕幽王：指周幽王，西周最后一个君王，公元前771年被犬戎杀于骊山下。虢公鼓：名鼓，周幽王的卿士。虢，国名。祭（zhài）公敦：名敦，周幽王的卿士。祭，国名。

〔9〕晋文公：名重耳，献公之子，春秋晋国国君，公元前639—前628年在位，为春秋五霸之一。咎犯：即狐偃，字子犯，为晋文公之舅，故又称舅犯。晋文公为公子时，出亡在外，狐偃跟随文公十九年，文公即位后，偃为文公出谋划策最多。郤（xì）偃：实为郭偃，因为掌卜（管占卜）大夫，又称卜偃，曾参与晋国的变法。

〔10〕沈尹筮：人名，他曾将孙叔敖推荐给楚庄王。沈，地名。尹，官名。筮，当作"筮"。

〔11〕阖庐：或作"阖闾"，名光，春秋末吴国国君。伍员：字子胥。曾辅佐吴王阖庐击败强楚。文之仪：吴大夫，名之仪。

〔12〕句（gōu）践：春秋末越国国君。句，又写作"勾"。范蠡（lǐ）：越大夫，字少伯，楚人，功成后经商致富，号陶朱公。大夫种（zhǒng）：即文种，字少禽，楚人。范蠡、文种曾辅佐越王勾践发愤图强，终于灭吴。

〔13〕范吉射：春秋时晋卿，名吉射，谥昭子。公元前497年，范氏、中行氏联合发难，攻打赵氏，结果被知氏、赵氏、韩氏、魏氏四家击败，范吉射被迫逃出晋国。张柳朔、王生：范氏的家臣，死于范氏之难中。朔、生二人与主人亲近，平日不能正范氏之过，致使范氏残亡，故此处认为他们给予主人以不良影响。

〔14〕中行（háng）寅：晋卿荀寅，谥文子，又称中行文子，他与范吉射是亲家，曾联合攻赵氏。黄藉秦、高强：荀寅的两个家臣。

〔15〕夫差：吴王阖庐之子，吴国国君。曾大败越王勾践，后为勾践所灭。王孙雄：吴大夫。太宰嚭（pǐ）：吴太宰伯嚭。

〔16〕智伯瑶：又称荀瑶，晋哀公时为执政大臣。智国、张武：智氏的两个家臣。他们劝说智伯联合韩、魏以攻赵襄子，结果韩、赵、魏三家暗中联合起来，后灭掉智氏。

〔17〕中山：春秋国名，其地在今河北，为魏所灭。尚：人名，疑为中山最后一个国君中山桓公（用孙诒让说）。魏义、偃长：中山尚的两个大夫。"偃长"一作"偃长"。

〔18〕宋康王：宋文公九世孙，名偃，攻其兄剔成，自立为王，荒淫无道，诸侯称为"桀宋"。齐、魏、楚伐宋，宋康王被杀，遂灭宋而三分其地。

唐鞅、田不禋（yīn）：宋大夫。

〔19〕行理：施行大道。

【译文】

　　不仅染丝如此，国家也有熏染的问题。舜受到许由、伯阳的熏染，禹受到皋陶、伯益的熏染，商汤受到伊尹、仲虺的熏染，武王受到太公望、周公旦的熏染。这四位君王所受到的熏染适当，所以能称王于天下，立为天子，功名覆盖天地。每当列举天下仁义、显达之人，一定都推举这四位帝王。夏桀受到干辛、歧踵戎的熏染，商纣受到崇侯、恶来的熏染，周厉王受到虢公长父、荣夷终的熏染，周幽王受到虢公鼓、祭公敦的熏染。这四位君王所受的熏染不适当，所以国破身死，被天下人耻笑。每当列举天下不义、蒙受耻辱之人，一定举出这四位君王。齐桓公受到管仲、鲍叔牙的熏染，晋文公受到咎犯、郄偃的熏染，楚庄王受到孙叔敖、沈尹蒸的熏染，吴王阖庐受到伍员、文之仪的熏染，越王勾践受到范蠡、大夫文种的熏染。这五位君主所受熏染适当，所以能称霸诸侯，功名流传后世。范吉射受到张柳朔、王生的熏染，中行寅受到黄藉秦、高强的熏染，吴王夫差受到王孙雄、太宰嚭的熏染，智伯瑶受到智国、张武的熏染，中山尚受到魏义、椻长的熏染，宋康王受到唐鞅、田不禋的熏染。这六位君王所受熏染不适当，所以国家都衰败灭亡了，自身有的死亡有的受辱，宗庙再不能享受祭祀，断绝了后代，君臣离散，百姓流离失所。每当列举天下贪婪残暴、蒙受耻辱之人，一定都举出这六位君主。大凡做君主，并不因为做君主就荣耀，不因为做君主就安逸了，而是要推行大道。推行大道是从受到适当的熏染而来的。所以古代善于做君主的人，在选择贤能的人才上多多用心，在日常的政务上却比较超脱，这是掌握了做君主的正确方法。不善于做君主的人，累坏身体，耗费精神，心情愁闷，眼耳疲劳，而国家越来越危急，自身受到越来越多的耻辱，这是不知道做君主的诀窍。不知道做君主的诀窍，所

受的熏染就会不适当，所受到的熏染不适当，大道从哪里来？那六位君主就是这样。这六位君主不是不看重自己的国家，也不是不爱惜他们的身体，而是因为他们所受的熏染不适当。所受熏染适当与否关系到存亡，不仅这些诸侯是这样，帝王也是这样。

【原文】

非独国有染也。孔子学于老聃、孟苏、夔靖叔[1]。鲁惠公使宰让请郊庙之礼于天子[2]，桓王使史角往[3]，惠公止之。其后在于鲁，墨子学焉。此二士者，无爵位以显人，无赏禄以利人。举天下之显荣者，必称此二士也。皆死久矣，从属弥众，弟子弥丰，充满天下。王公大人从而显之；有爱子弟者，随而学焉，无时乏绝。子贡、子夏、曾子学于孔子[4]，田子方学于子贡[5]，段干木学于子夏[6]，吴起学于曾子[7]；禽滑黧学于墨子[8]，许犯学于禽滑黧[9]，田系学于许犯[10]。孔、墨之后学显荣于天下者众矣，不可胜数，皆所染者得当也。

【注释】

[1]孟苏、夔靖叔：与孔子同时代的两位有道之人。

[2]鲁惠公：春秋鲁国国君，名弗皇，公元前768—前723年在位。宰让：鲁国大夫。

[3]桓王：当作"平王"。因惠公卒于周平王四十八年，与桓王不相接，其时桓王未立。《竹书纪年》记请礼事在平王四十二年（依梁玉绳说）。史角：史官，名角。

[4]子贡、子夏、曾子：都是孔子的弟子。

[5]田子方：战国时魏国的贤士，魏文侯曾拜他为师。

[6]段干木：战国时魏人，隐居穷巷，不肯仕进，魏文侯很尊重他。

[7]吴起：战国时魏人，军事家。《史记·吴起列传》："吴起事曾子，居顷之，其母死，起不归，曾子薄之，而与起绝。"

[8]禽滑黧：墨子的后学。一作"禽滑厘"或"禽滑黎"。

[9]许犯：墨家后学弟子。

[10]田系：墨家后学弟子。

【译文】

不仅国家有受到熏染的情形，士也是这样。孔子向老聃、孟苏、夔靖叔学习。鲁惠公派宰让向天子请示祭祀天地和祖先的礼仪，桓王派史角前去，惠公留住了他。他的后代在鲁国，墨子向他们学习。孔子、墨子两位贤士，没有官职爵位向人炫耀，没有赏赐和官禄来给别人好处。但是，列举天下显贵荣耀的人，一定都举出这两位贤士。他们都死了很久了，追随他们的人越来越多，他们的弟子越来越多,遍布天下。王公贵族也跟着赞扬他们;那些爱怜子弟的人,让他们的子弟跟着孔、墨的门徒学习,没有停止过。子贡、子夏、曾子跟孔子学习,田子方跟子贡学习,段干木跟子夏学习,吴起跟曾子学习;禽滑釐跟墨子学习,许犯跟禽滑釐学习,田系跟许犯学习。孔、墨的后学显耀尊荣于天下的太多了,数不胜数,都是由于受到的熏染适当。

劝 学

【原文】

　　先王之教,莫荣于孝,莫显于忠。忠孝,人君人亲之所甚欲也[1];显荣,人子人臣之所甚愿也。然而人君人亲不得其所欲,人子人臣不得其所愿,此生于不知理义。不知理义,生于不学。学者师达而有材[2],吾未知其不为圣人。圣人之所在,则天下理焉[3]。在右则右重,在左则左重,是故古之圣王未有不尊师者也。尊师则不论其贵贱贫富矣。若此则名号显矣,德行彰矣。故师之教也,不争轻重尊卑贫富,而争于道[4]。其人苟可,其事无不可,所求尽得,所欲尽成,此生于得圣人。圣人生于疾学[5]。不疾学而能为魁士名人者,未之尝有也。疾学在于尊师。师尊则言信矣,道论矣。故往教者不化[6],召师者不化[7];自卑者不听,卑师者不听。师操不化不听之术,而以强教之,欲道之行、身之尊也,不亦远乎?学者处不化不听之势,而以自行,欲名之显,身之安也,是怀腐而欲香也,是入水而恶濡也。

【注释】

〔1〕人亲：指父母。
〔2〕师：指老师。达：通达，博学。
〔3〕理：治，指政治清明安定。
〔4〕道：此指对道义和师道的尊重。
〔5〕疾学：努力学习。
〔6〕往教：指老师去找学生，这是有失师道之尊的。
〔7〕召师：指把老师叫来。《韩诗外传》："孟尝君请学于闵子，使车往迎闵子。闵子曰：'礼有来学，无往教。'"与此同。

【译文】

先代圣王的教化中，没有什么比孝更荣耀的了，没有什么比忠更显达的了。忠、孝，是做君主、做父母的非常希望得到的东西；显赫、荣耀，是做子女、做臣子的非常愿意拥有的东西。然而，做君主、做父母的不能得到他们所希望的忠孝，做子女、做臣子的不能得到他们所向往的显赫荣耀。这种情况是由不懂得理义造成的。不懂得理义，是由不学习造成的。学习的人，如果他的老师通达理义，自身又有才能，我没听说过这样的人不成为圣人的。有圣人存在，天下就太平安定了。圣人存在于这边，这边就受到尊重；圣人存在于那边，那边就受到尊重。因此，古代的圣王没有不尊敬老师的，尊敬老师就不管他是贵还是贱，是贫还是富了。像这样，那么名号就显赫了，德行就彰明了。所以，老师教育学生，不计较他们的轻重、尊卑和贫富，而是看重他们是否能领会"道"。这个人如果可以接受理义，那么事情就没有不能做的，所追求的东西就都能得到，所想要做的就都能做成，这种情形只有得到圣人之后才会出现。圣人是在努力学习中产生的，不努力学习而能成为杰出的人、有名望的人，未曾有这样的事。努力学习的关键在于尊敬老师。尊敬老师，那么老师所讲的话就能信服，道理就清楚了。所以，应召前去教学的老师不能教化别人，召唤老师来教的人不可教化；自卑的老师不能使人听信，看不起老师的人不会听信老师的教导。教师凭着不能教化人、不能使人听信的本领去勉强教育别人，想要让自己的道义施行，想要让自身受到尊重，那不是相差得太远了吗？学习的人处于不可教化、不听信教诲的状态，而是随意行事，还想要名声显赫、身体安逸，这就像怀揣着腐臭的东西却想闻香味，进入水中却讨厌被水沾湿一样。

【原文】

凡说者，兑之也〔1〕，非说之也。今世之说者，多弗能兑，而反说之。夫弗能兑而反说，是拯溺而硾之以石也〔2〕，是救病而饮之以堇也^[3]。使世益乱、不肖主重惑者，从此生矣。故为师之务，在于胜理^[4]，在于行义。理胜义立则位尊矣，王公大人弗敢骄也，上至于天子，朝之而不惭。凡遇合也，合不可必，遗理释义，以要不可必，而欲人之尊之也，不亦难乎？故师必胜理行义然后尊。

【注释】

[1] 兑：通"悦"，使动用法，使人心悦诚服。
[2] 硾（zhuì）：使物下沉。
[3] 堇（jǐn）：药草名，有毒，能毒死人。
[4] 胜理：依循事理。

【译文】

凡是进行说教，应使对方心悦诚服，而不是进行生硬的说教。当今世上的说教者，大多不能使人心悦诚服，反而生硬地说教。不能使人心悦诚服反而生硬地说教，这就像拯救落水的人反倒用石头让他沉下去，这就像救治病人却反倒给他喝毒药。世道越来越乱、不肖的君主越发昏惑的情形就由此出现了。所以，当老师的首先要做的事情就在于依循事理，推行道义。事理被依循了，道义确立了，那么老师的地位就尊贵了，王公大人们就不敢慢待他们了，即使上至天子拜见他也受之无愧。凡是师徒相遇，相互间的和谐不可强求。如果丢掉事理放弃道义而去追求不一定能得到的东西，却想要别人尊敬他，不也太难了吗？所以老师一定要明辨事理，推行道义，然后才能尊贵起来。

【原文】

曾子曰："君子行于道路，其有父者可知也，其有师者可知也。夫无父而无师者，馀若夫何哉！"此言事师之犹事父也。曾点使曾参^[1]，过期而不至，人皆见曾点曰："无乃畏邪^[2]？"曾点曰："彼虽畏，我存，夫安敢畏？"孔子畏于匡^[3]，颜渊后，孔子曰："吾以汝为死矣。"颜渊曰："子在，回何敢死？"颜渊之于孔子也，犹曾参之事父也。古之贤者与^[4]，其尊师若此，故师尽智竭道以教。

【注释】

[1] 曾点：曾参之父，孔子的弟子。使：派遣。
[2] 畏：横死。
[3] 孔子畏于匡：公元前497年（孔子五十五岁）十月，孔子去卫适陈，在经过匡地（在今河南长垣）时，匡人误认孔子为阳虎，围困了孔子。畏，被围困。

〔4〕与：语气词，表停顿。

【译文】

曾子说："君子在道路上行走，其中父亲仍在世的可以看出来，其中有老师的也可以看出来。那些没有父亲又没有老师的人，其他人又能对他们怎么样呢？"这是说尊敬老师就像尊敬父亲一样。曾点派曾参出去办事，过了预定的日期还没有返回，人们见到曾点都说："莫不是遭难了吧！"曾点说："他即使要死了，我还活着，他怎么敢死呢？"孔子被围困在匡，颜渊落到了后面，孔子说："我以为你已经死了呢。"颜渊说："您还活着，我颜回怎么敢死呢？"颜渊对待孔子犹如曾参对待父亲。古代的贤人，正因为他们尊敬老师到这种地步，所以老师才竭尽全力去教诲他们。

尊 师

【原文】

神农师悉诸[1]，黄帝师大挠[2]，帝颛顼师伯夷父[3]，帝喾师伯招[4]，帝尧师子州支父，帝舜师许由，禹师大成贽[5]，汤师小臣[6]，文王、武王师吕望、周公旦，齐桓公师管夷吾，晋文公师咎犯、随会[7]，秦穆公师百里奚、公孙枝[8]，楚庄王师孙叔敖、沈尹巫，吴王阖闾师伍子胥、文之仪，越王句践师范蠡、大夫种。此十圣人、六贤者未有不尊师者也。今尊不至于帝，智不至于圣，而欲无尊师，奚由至哉？此五帝之所以绝，三代之所以灭。

【注释】

〔1〕悉诸：传说为神农的老师。
〔2〕大挠（náo）：相传为黄帝史官，据说他是以天干地支相配纪日之法的创始人。
〔3〕伯夷父（fǔ）：传说为颛顼之师。
〔4〕喾：传说中的五帝之一，号高辛氏。伯招：也作"柏招"，传说为帝喾之师。
〔5〕大成贽（zhì）：传说为禹的老师。
〔6〕小臣：指伊尹。

〔7〕随会：士会，字季，晋大夫，因食采邑于随和范地，故称随会、随季和范季，死后称随武子或范武子。

〔8〕秦穆公：名任好，公元前659—前621年在位，为春秋五霸之一。百里奚：姓百里，名奚。出身贫贱，是秦穆公用五张羊皮把他从楚国赎回的，故称五羖大夫，为秦相七年，使秦穆公成为五霸之一。公孙枝：姓公孙，名枝，字子桑，秦大夫。

【译文】

　　神农拜悉诸为师，黄帝拜大挠为师，帝颛顼拜伯夷父为师，帝喾拜伯招为师，帝尧拜子州支父为师，帝舜拜许由为师，禹拜大成贽为师，汤拜小臣伊尹为师，文王、武王拜吕望、周公旦为师，齐桓公拜管夷吾为师，晋文公拜咎犯、随会为师，秦穆公拜百里奚、公孙枝为师，楚庄王拜孙叔敖、沈尹巫为师，吴王阖闾拜伍子胥、文之仪为师，越王勾践拜范蠡、大夫文种为师。这十位圣人、六位贤人，没有不尊重老师的。现在的人，尊贵没有达到帝的地位，智慧没有达到圣人的水平，却要不尊重老师，怎么能达到帝、圣的境界呢？这正是五帝绝迹，三代不再现的原因。

【原文】

　　且天生人也，而使其耳可以闻，不学，其闻不若聋；使其目可以见，不学，其见不若盲；使其口可以言，不学，其言不若爽[1]；使其心可以知，不学，其知不若狂。故凡学，非能益也，达天性也。能全天之所生而勿败之，是谓善学。

子张[2]，鲁之鄙家也；颜涿聚[3]，梁父之大盗也。学于孔子。段干木，晋国之大驵也[4]，学于子夏。高何、县子石[5]，齐国之暴者也，指于乡曲，学于子墨子。索卢参[6]，东方之巨狡也，学于禽滑黎。此六人者，刑戮死辱之人也，今非徒免于刑戮死辱也，由此为天下名士显人，以终其寿，王公大人从而礼之，此得之于学也。

【注释】

〔1〕爽：与"喑"同义，不能说话的意思。
〔2〕子张：姓颛孙，名师，字子张，孔子的弟子。
〔3〕颜涿聚：名庚，它书作"颜烛邹""颜斫聚""颜啄聚"，齐大夫，孔子弟子，死于鲁哀公二十三年（前472）犁丘之役，故《淮南子》称他"为齐忠臣"，此篇言"以终其寿"，盖为误记。
〔4〕驵（zǎng）：牙侩，古代集市贸易的经纪人。
〔5〕高何：姓高，名何，字石子，墨子弟子。县子石：县子硕，见《墨子·耕柱篇》，墨子弟子。
〔6〕索卢参：复姓索卢，名参，是墨家学派禽滑黎的弟子。

【译文】

而且，天创造人类，使他们耳朵可以听，如果不学习，那么听得见不如耳聋听不见；使他们的眼睛可以看，如果不学习，那么看得见不如眼瞎看不见；使他们嘴可以说，如果不学习，那么会说话不如哑巴说不出话；使他们心可以认知，如果不学习，那么有认知能力不如癫狂无知。所以凡是学习，并不能给人们增加什么，而是可以使人通达天性。能保全天所造就的人性而不毁坏它们，这就叫善于学习。

子张是鲁国的卑贱小人，颜涿聚是梁父山的大强盗，他们跟孔子学习；段干木是晋国市场上的大牙侩，跟子夏学习；高何、县子石都是齐国的暴徒，被邻里们斥逐，跟墨子学习；索卢参是东方的大骗子，跟禽滑黎学习。这六个人都是该受到刑罚、该杀、该死、该唾弃的人，可现在不但免于刑罚、被杀、丧命或遭唾弃，而且从此成为天下有名望的人和显赫之士，得以终其天年，王公大人都追随他们并且对他们以礼相待，这样的结果是从学习得来的。

【原文】

凡学，必务进业，心则无营[1]，疾讽诵，谨司闻，观欢愉，问书意，顺耳目，不逆志，退思虑，求所谓，时辨说，以论道，不苟辨，必中法，得之无矜，失之无惭，必反其本。

【注释】

〔1〕营：疑惑。

【译文】

凡是学习，必须致力增进学业，这样内心就没有疑惑了。要努力背诵研读，小心等候机会聆听教诲。看到老师欢愉的时候，就去询问书中的含义。要顺从老师所喜闻乐见的，不违背老师的意志。回去以后就进行思索，探求老师所讲的东西的真谛。要时常分析讨论，以弄清老师所讲的道理。不苟且巧辩，一定要合乎相应的法则。有所得不要骄傲自夸，有所失也不要惭愧，一定要回到本性上来。

【原文】

生则谨养，谨养之道，养心为贵；死则敬祭，敬祭之术，时节为务。此所以尊师也。治唐圃[1]，疾灌浸[2]，务种树；织葩屦[3]，结罝网，捆蒲苇；之田野，力耕耘，事五谷；如山林，入川泽，取鱼鳖，求鸟兽。此所以尊师也。视舆马，慎驾御；适衣服，务轻暖；临饮食[4]，必蠲絜[5]；善调和，务甘肥；必恭敬，和颜色，审辞令；疾趋翔[6]，必严肃。此所以尊师也。

【注释】

〔1〕唐圃：种植瓜果蔬菜的园地。
〔2〕浸：灌溉。
〔3〕葩屦：麻鞋。葩，疑"菲（fèi）"字之误。
〔4〕临：这里指置办。
〔5〕蠲（juān）：清洁。絜：通"洁"。
〔6〕趋翔：行走有节奏。翔，通"跄"。

【译文】

老师活着的时候，就小心地奉养，小心奉养的方式以奉养老师的心神为最好；老师死后，要恭敬地祭奠，恭敬地祭奠的方法要以遵循四时的节令为要。这是尊敬老师的做法。为老师整治池塘园圃，辛勤灌溉，致力种植树木；编织麻鞋，联结罗网，捆扎蒲草苇子；到田野间去，尽力耕耘，种植五谷；到山林里去，下河湖里去，抓鱼鳖，捕鸟兽。这些是尊敬老师的做法。为老师仔细察看车子、马匹，小心驾驶；使老师穿的衣服舒适，必须轻便暖和；置办饮食，一定要清洁；好好调和五味，一定要香甜肥美；一定要恭恭敬敬，和颜悦色，谨慎说话；努力做到行走快慢有节，一定要恭敬严肃。这是尊敬老师的做法。

【原文】

君子之学也，说义必称师以论道[1]，听从必尽力以光明。听从不尽力，命之曰背；说义不称师，命之曰叛。背叛之人，贤主弗内之于朝[2]，君子不与交友。

故教也者，义之大者也；学也者，知之盛者也。义之大者，莫大于利人，利人莫大于教；知之盛者，莫大于成身[3]，成身莫大于学。身成则为人子弗使而孝矣，为人臣弗令而忠矣，为人君弗强而平矣，有大势可以为天下正矣。故子贡问孔子曰："后世将何以称夫子？"孔子曰："吾何足以称哉？勿已者，则好学而不厌，好教而不倦，其惟此邪！"天子入太学祭先圣[4]，则齿尝为师者弗臣[5]，所以见敬学与尊师也。

【注释】

〔1〕义：通"议"（依高亨说）。
〔2〕内（nà）：同"纳"，接纳。
〔3〕成身：指自我道德修养的完善，成为君子。
〔4〕太学：这里指明堂。明堂是古代帝王宣明政教的地方，凡朝会、祭祀、庆赏、选士、养老、教学等大典，均在此举行。高诱、蔡邕等人以明堂、清庙、太庙、太室、太学、辟雍为一事，似可信。
〔5〕齿：并列。弗臣：不把他们作臣下看待。

【译文】

君子学习，议论一定称引老师的话来论说道理，听从老师的教诲一定尽力去阐扬使它发扬光大。听从之后不尽力去阐扬，这叫作"背"；说明议论不称引老师的话，这叫作"叛"。有背叛行为的人，贤明的君主不接纳他们参与朝政，正人君子不和他们交朋友。

因此，教育是最大的仁义；学习是最重要的求知手段。仁义的事，没有比给他人带来利益更大的，给他人带来利益没有比教育更大的；所得知识没有比成为君子更重要的了，要成为君子就没有比学习更重要的。如果自身的修养完成了，那么作为儿子不用指使就孝顺了，作为臣下不用命令就忠诚了，作为君主不用强制就公正了，得势的君主就可以治理天下了。所以，子贡问孔子说："后代的人将怎么称颂您呢？"孔子说："我哪里值得称颂啊？如果一定要称颂的话，就是喜好学习而不满足，乐于教人而不厌倦。大概只有这些吧。"天子进入明堂祭祀先代圣人，和曾经是自己老师的人并排站，而不把他们当作臣下看待，由此可以看出敬重学习和尊敬老师的重要性。

大 乐

【原文】

音乐之所由来者远矣。生于度量[1]，本于太一。太一出两仪[2]，两仪出阴阳。阴阳变化，一上一下，合而成章。浑浑沌沌，离则复合，合则复离，是谓天常[3]。天地车轮，终则复始，极则复反，莫不咸当。日月星辰，或疾或徐，日月不同，以尽其行。四时代兴，或暑或寒，或短或长，或柔或刚。万物所出，造于太一，化于阴阳。萌芽始震，凝㵮以形[4]。形体有处，莫不有声。声出于和，和出于适。和适先王定乐[5]，由此而生。

【注释】

〔1〕度量：指音律度数的增减。古时把作为基准的音律度数分为三等份，增加一份或减少一份，便产生新律。

〔2〕两仪：指天地。

〔3〕天常：指自然的永恒规律。

〔4〕㵮：同"寒"。

〔5〕和适：二字疑为衍文（用毕沅说）。

【译文】

音乐的由来已经很久远了。它从度量的法则中产生，在原始宇宙的太一状态中起源。太一生天地，天地又生阴阳。阴阳不断变化，一上一下，融合成丰富多彩的形体。混混沌沌，分开了又会合，会合了又分开，这就叫作自然的永恒规律。天地就像车轮一样不断转动，到头了又重新开始，到了极端又返回来，没有不恰到好处的。日月星辰，运行有快有慢；太阳、月亮的轨道不同，但都周而复始地完成各自的运转。四季交替出现，有时炎热，有时寒冷；有时白天短，有时白天长；有时柔和，有时刚硬。万物的产生从太一状态开始，由阴阳生成。从萌芽开始活动，到凝冻而成形。万物的形体都占据一定的空间，没有不发出声音的。声音产生于和谐，和谐产生于适当。先代圣王制定音乐，就从这个原理出发。

【原文】

天下太平，万物安宁。皆化其上，乐乃可成。成乐有具[1]，必节嗜欲。嗜欲不辟[2]，乐乃可务[3]。务乐有术，必由平出。平出于公，公出于道。故惟得道之人，其可与言乐乎！

亡国戮民，非无乐也，其乐不乐。溺者非不笑也，罪人非不歌也，狂者非不武也[4]，乱世之乐有似于此。君臣失位，父子失处，夫妇失宜，民人呻吟，其以为乐也，若之何哉？

【注释】

〔1〕具：这里指条件。
〔2〕辟：放纵。
〔3〕务：从事。
〔4〕武：通"舞"，手舞足蹈。

【译文】

天下太平，万物安宁，一切都顺从正道，音乐才可以作成。作成音乐有一定的条件，必须节制嗜欲。嗜欲不放纵，才能从事音乐创作。从事音乐创作有一定的方法，一定是从平和中产生。平和从公正中产生，公正从道中产生。所以只有得道的人大概才可以和他讨论音乐吧！

被灭亡了的国家，遭受杀戮的人民，不是没有音乐，而是他们的音乐不表达欢乐的情绪。溺水的人不是不笑，被判死罪的人不是不歌唱，发疯的人不是不跳舞。乱世的音乐和这几种情形相似。如果君臣地位颠倒，父子本分沦丧，夫妻关系失常，人民痛苦呻吟，在这种情况下制作音乐又会怎样呢？

【原文】

凡乐，天地之和，阴阳之调也。始生人者天也，人无事焉。天使人有欲，人弗得不求；天使人有恶，人弗得不辟[1]。欲与恶所受于天也，人不得与焉，不可变，不可易。世之学者，有非乐者矣，安由出哉？

【注释】

〔1〕辟：同"避"，躲避。

【译文】

凡是音乐都反映出天地的和谐、阴阳的协调。最初创造人的是天，人在这上面没有做什么。天使人类具有欲望，人不能不追求；天使人类有憎恶的情感，人不得不躲避自己憎恶的东西。欲望和憎恶都是从上天那里得来的，人不能施加影响，不能改变，不能更换。世上的学者有反对音乐的，他们的根据是什么呢？

【原文】

大乐[1]，君臣、父子、长少之所欢欣而说也[2]。欢欣生于平，平生于道。道也者，视之不见，听之不闻，不可为状。有知不见之见、不闻之闻、无状之状者，则几于知之矣。道也者，至精也，不可为形，不可为名，强为之，谓之太一。故一也者制令[3]，两也者从听[4]。先圣择两法一[5]，是以知万物之情。故能以一听政者[6]，乐君臣，和远近，说黔首，合宗亲；能以一治其身者，免于灾，终其寿，全其天；能以一治其国者，奸邪去，贤者至，成大化；能以一治天下者，寒暑适，风雨时，为圣人。故知一则明[7]，明两则狂[8]。

【注释】

〔1〕大乐：合于道的乐，与侈乐有别。
〔2〕说：同"悦"，喜悦。
〔3〕一：即太一、道。制令：指为君者制定法令。
〔4〕两：指万物与臣。从听：听从，指为臣要听从为君的。
〔5〕择：通"释"（依松皋圆说），放弃。法：运用。
〔6〕以一听政：用"一"的原则（道的原则）处理政务。
〔7〕知一则明：法一则明照万物。承上文"择两法一，是以知万物之情"。
〔8〕明两：指尊臣以拟君，君臣无别。明，指尊显。狂：乱（依陈奇猷说）。

【译文】

真正的音乐是君臣、父子、老少欢欣喜悦的反映。欢欣从平和中产生，平和从道中产生。所谓道，看，看不见，听，听不着，不能描述它的形状。如果有谁懂得了在不见中包含着看见、在不闻中包含着闻、在无形中包含着形，那就差不多达到懂得道的境界了。道，是最精妙的，不能描述它的形状，不能给它命名。勉强给它命个名，就叫它"太一"。所以"一"是制定法令，"两"是听从。先代圣人放弃"两"而运用"一"，因此懂得万物的本质。所以能够用"一"处理政务的人，就会使君臣快乐，使远近和睦，使百姓喜悦、兄弟和睦；能够用"一"修养自身的人，就可以避免灾难，长寿而死，保全自己的天性；能够用"一"治理国家的人，奸邪的人就会消失，贤明的人就会出现，就可实现大治；能够用"一"治理天下的人，天气就会冷热适当，风雨适时，其人就成为圣人。所以懂得用"一"就明智，持"两"的就惑乱。

侈　乐

【原文】

人莫不以其生生，而不知其所以生；人莫不以其知知，而不知其所以知。知其所以知之谓知道，不知其所以知之谓弃宝。弃宝者必离其咎[1]。世之人主，多以珠玉戈剑为宝，愈多而民愈怨，国人愈危[2]，身愈危累[3]，则失宝之情矣。乱世之乐与此同。为木革之声则若雷，为金石之声则若霆，为丝竹歌舞之声则若噪。以此骇心气、动耳目、摇荡生则可矣[4]，以此为乐则不乐。故乐愈侈，而民愈郁，国愈乱，主愈卑，则亦失乐之情矣。

【注释】

〔1〕离：通"罹"，遭遇。
〔2〕国人愈危："人"字疑衍（依陈昌齐说）。
〔3〕身愈危累："危"字疑衍（依陈昌齐说）。
〔4〕生：性情。

【译文】

人没有不依靠生命活着的，但是却不知道为什么能活着；人没有不依靠知觉去认知的，但是却不知道为什么能够认知。知道自己为什么能够认知事物，就叫作懂得道，不知道自己为什么能够认知事物，就叫作弃宝。丢弃宝物的人一定要遭殃。世上的君主，大多把珍珠、玉石、金戈、利剑当作宝物，这些东西聚敛得越多，那么人民就越怨恨，国家就越危险，自身就越有隐忧，这就失去了宝物的实际价值了。乱世的音乐也和这一样，演奏用木料、皮革制作的乐器，发出的声音就像打雷，演奏用金属、石料制作的乐器，发出的声音就像霹雳，演奏丝竹、唱歌跳舞的声音就像喧闹。用这些来惊吓人的心气，扰乱人的耳目，摇荡人的性情倒是可以的，如果把这样的声音作为音乐，那是不会使人快乐的。所以音乐越是狂放，人民就越是愁闷，国家就越是混乱，君主的地位就越是低下。这样也就失去音乐的本来意义了。

【原文】

凡古圣王之所为贵乐者，为其乐也。夏桀、殷纣作为侈乐，大鼓、钟、磬、管、箫之音，以巨为美，以众为观；俶诡殊瑰[1]，耳所未尝闻，目所未尝见，务以相过，不用度量。宋之衰也，作为千钟[2]；齐之衰也，作为大吕[3]；楚之衰也，作为巫音[4]。侈则侈矣，自有道者观之，则失乐之情。失乐之情，其乐不乐。乐不乐者，其民必怨，其生必伤。其生之与乐也，若冰之于炎日，反以自兵。此生乎不知乐之情，而以侈为务故也。

【注释】

[1]俶（chù）诡：奇异。殊瑰：特别瑰丽。
[2]千钟：悬钟千枚（依陈奇猷说）。千，举其成数，言其多。
[3]大吕：齐钟名。
[4]巫音：源于巫祝祷祀而具有浓厚民族风格的奇异音乐。

【译文】

凡是古代圣王重视音乐的情况，都是为了使人快乐。夏桀、殷纣制作奢侈放纵的音乐，加大鼓、钟、磬、管、箫的音量，把宏大看作美，把繁多看作壮观；他们的音乐奇异瑰丽，人们的耳朵未曾听到过，眼睛未曾看到过，一定要追求过度的享乐，不遵守法度。宋国衰落的时候，制作千钟；齐国衰落的时候，制作大吕；楚国衰落的时候，制作巫音。这些音乐奢侈是够奢侈了，但在有道的人看来，就失去了音乐的本来意义。失去了音乐的本来意义，这种音乐不能使人快乐。制作的音乐不能使人快乐，人民必定心生怨恨，生命也必定会受到伤害。生命和音乐的关系，就像冰和炎热的太阳的关系一样，反倒会伤害自己。这是不懂得音乐的本来意义，而把奢侈作为制作音乐的目标的缘故啊。

【原文】

乐之有情，譬之若肌肤形体之有情性也，有情性则必有性养矣[1]。寒、温、劳、逸、饥、饱，此六者非适也。凡养也者，瞻非适而以之适者也[2]。能以久处其适，则生长矣。生也者，其身固静，感而后知，或使之也。遂而不返，制乎嗜欲，制乎嗜欲无穷，则必失其天矣。且夫嗜欲无穷，则必有贪鄙悖乱之心、淫佚奸诈之事矣。故强者劫弱，众者暴寡，勇者凌怯，壮者慠幼[3]，从此生矣。

【注释】

〔1〕性养：即养其性。
〔2〕瞻：通"詹"，省察之意。适：适中。以：使。
〔3〕慠：同"傲"。

【译文】

音乐有天性，这就像肌肉、皮肤、躯体有本性一样。有天性就必然有保养天性的问题，寒冷、炎热、辛劳、安逸、饥饿、饱胀，这六种情形不适合保养天性。凡是保养，是指要看到不适合的情形而使其达到适合的情形。能够长久地处于适合的环境中，那么生命就长久了。生命这东西，自身本来是静态的，受到外物的感应以后才有知觉，是外物的感应使它这样。如果放纵情感而不收敛，就会被嗜好和欲望所控制。如果被无限的嗜好和欲望所控制，那就必然丧失自己的天性。而且如果那些嗜好和欲望没完没了，那就必然会产生贪婪、卑鄙、叛逆、作乱的思想，做出淫邪放纵、奸佞欺诈的事了。因此，强大的劫掠弱小的，人多的虐待人少的，勇猛的欺负怯懦的，强壮的轻慢幼小的等恶行，就由此产生了。

古 乐

【原文】

乐所由来者尚也[1]，必不可废。有节，有侈，有正，有淫矣。贤者以昌，不肖者以亡。

【注释】

〔1〕尚：久远。

【译文】

音乐的由来很久远了，一定不能废弃。有的音乐适中合宜，有的音乐奢侈放纵；有的音乐纯正，有的音乐淫邪。贤明的人借助它而昌隆，不肖的人因为它而灭亡。

【原文】

昔古朱襄氏之治天下也[1]，多风而阳气畜积，万物散解，果实不成，故士达作为五弦瑟[2]，以来阴气，以定群生。

【注释】

[1] 朱襄氏：炎帝的别号。
[2] 士达：朱襄氏之臣。

【译文】

古代帝王朱襄氏治理天下的时候，经常刮风，造成阳气积聚过多，万物都散落分解，水果、谷物不能成熟，所以士达制作了五弦瑟，用来招引阴气，以便安定各种生物。

【原文】

昔葛天氏之乐[1]，三人操牛尾，投足以歌八阕[2]：一曰《载民》，二曰《玄鸟》，三曰《遂草木》，四曰《奋五谷》，五曰《敬天常》，六曰《达帝功》，七曰《依地德》，八曰《总万物之极》[3]。

【注释】

[1] 葛天氏：相传为三皇时君号，在朱襄氏之后。
[2] 八阕：指乐舞的八章。
[3] "一曰"八句：以上八阕之乐是反映古代劳动人民生产斗争和原始宗教信仰的舞乐。《载民》歌颂负载人民的大地。《玄鸟》歌颂作为氏族标志的图腾。《遂草木》祝愿草木顺利地生长。《奋五谷》祝五谷繁茂地生长。《敬天常》表达对自然规律的敬畏。《达帝功》表达他们要通达天帝之功的愿望。《依地德》表达他们要依照四时的旺气行事。《总万物之极》是说他们总的愿望是使万物发展到最高限度（依杨荫浏《中国古代音乐史稿》说）。

【译文】

古代葛天氏的音乐，由三个人拿着牛尾、跺着脚来演唱并表演八章歌舞：

第一章叫《载民》，第二章叫《玄鸟》，第三章叫《遂草木》，第四章叫《奋五谷》，第五章叫《敬天常》，第六章叫《达帝功》，第七章叫《依地德》，第八章叫《总万物之极》。

【原文】

昔阴康氏之始〔1〕，阴多，滞伏而湛积〔2〕，水道壅塞，不行其序〔3〕，民气郁阏而滞著〔4〕，筋骨瑟缩不达，故作为舞以宣导之。

【注释】

〔1〕阴康氏：传说中的远古部落首领名，与葛天氏相接。
〔2〕滞伏：凝滞沉积。湛（chén）：通"沉"，厚，浓。
〔3〕水道壅塞，不行其序：当作"阳道壅塞，不行其序"。
〔4〕郁阏（è）：抑郁不畅。

【译文】

古代阴康氏开始治理天下的时候，阴气过多，凝滞沉积，阳气被抑制，不能正常运行，百姓心气郁结不畅，筋骨蜷缩不能伸展，因此创作舞蹈用来疏导。

【原文】

昔黄帝令伶伦作为律〔1〕。伶伦自大夏之西，乃之阮隃之阴〔2〕，取竹于嶰谿之谷〔3〕，以生空窍厚钧者，断两节间——其长三寸九分——而吹之〔4〕，以为黄钟之宫，吹曰舍少〔5〕。次制十二筒，以之阮隃之下，听凤皇之鸣，以别十二律。其雄鸣为六，雌鸣亦六，以比黄钟之宫，适合，黄钟之宫皆可以生之，故曰：黄钟之宫，律吕之本。黄帝又命伶伦与荣将铸十二钟〔6〕，以和五音，以施英韶〔7〕。以仲春之月，乙卯之日，日在奎〔8〕，始奏之，命之曰《咸池》〔9〕。

【注释】

〔1〕伶伦：传说为黄帝的乐官。伶，乐官。伦，人名。
〔2〕阮隃：应为"昆仑"之讹。
〔3〕嶰（xiè）谿：山谷名。
〔4〕其长三寸九分：各家注释不一，颇有歧义。陈奇猷认为其音过高，据《淮南子》《史记》《说苑》等应改为九寸。详见陈奇猷《黄钟管长考》。
〔5〕吹曰舍少：此句言"吹出来的声音是舍少"（依刘复说）。舍少，模拟声音之词。

〔6〕荣将：传说中的黄帝之臣。一作"荣援"。
〔7〕英韶（sháo）：华美之音。
〔8〕奎：二十八宿之一。
〔9〕咸池：古乐名。

【译文】

古代，黄帝命令伶伦制作乐律。伶伦从大夏山往西，到了昆仑山的北面，从嶰豁山谷中取来竹子，选用中间空、厚度均匀的，截取两个竹节之间的部分，长度为三寸九分，然后吹它。把发出的声音作为黄钟律的"宫"音，吹出来的声音是"舍少"。随后依次做了十二根竹管，带着它们到昆仑山下，听凤凰的叫声，来分辨十二律。雄风的叫声有六种，雌凰的叫声也有六种。用它们来和黄钟律比较，正好相合。黄钟律的"宫"音，可以用来派生出所有音律，所以说黄钟律的"宫"音是音律的基础。黄帝又命令伶伦和荣将铸造了十二口钟，用来协调五音，以表现音乐的华丽美好。在仲春之月的乙卯日这一天，太阳位于奎宿的时候，开始演奏，把奏出的乐曲叫作《咸池》。

【原文】

帝颛顼生自若水[1]，实处空桑[2]，乃登为帝。惟天之合，正风乃行，其音若熙熙凄凄锵锵。帝颛顼好其音，乃令飞龙作[3]，效八风之音，命之曰《承云》，以祭上帝。乃令鱓先为乐倡[4]，鱓乃偃寝，以其尾鼓其腹，其音英英。

颛顼

【注释】

〔1〕若水：古水名，今雅砻江。
〔2〕空桑：古地名。
〔3〕飞龙：乐人名。作：后当补一"乐"字。
〔4〕鱓（tuó）：通"鼍"，即鳄，皮可制鼓。

【译文】

颛顼生于若水，住在空桑。他登上帝位，正好德行与天相和，和顺的风正常运行，风的声音好像"熙熙""凄凄""锵锵"的声音。颛顼爱听这些声音，就命令飞龙制作仿效八方来风的音乐，给它命名叫《承云》，用来祭祀天帝。于是命令鳄鱼为乐曲作前奏，鳄鱼就仰面躺下，用尾巴敲打自己的肚皮，发出和盛的乐声。

【原文】

帝喾命咸黑作为声[1]，歌《九招》《六列》《六英》。有倕作为鼙、鼓、钟、磬、吹苓、管、埙、篪、鼗、椎、钟[2]。帝喾乃令人抃[3]，或鼓鼙，击钟磬，吹苓，展管篪。因令凤鸟、天翟舞之[4]。帝喾大喜，乃以康帝德[5]。

【注释】

〔1〕咸黑：传说为帝喾之臣。
〔2〕有倕：传说中的古代巧匠，即工倕。有，名词词头，无实义。苓：当作"竽"，笙。篪（chí）：竹制乐器。鼗（táo）：长柄摇鼓。椎（chuí）：捶击乐器的工具。钟：前已有钟，此"钟"疑为"衡"之误。"衡"指悬钟的横木。
〔3〕抃（biàn）：两手相击。
〔4〕天翟（dí）：神话中的天鸟。翟，长尾巴的野鸡。
〔5〕康：赞美。

【译文】

帝喾命令咸黑作乐，咸黑唱有《九招》《六列》《六英》。又让倕制了鼙、鼓、钟、磬、笙、管、埙、篪、鼗等乐器及击钟的椎和悬钟的横木。帝喾就命令人演奏乐器，有的打鼓，有的敲钟、磬，有的吹笙，有的奏管、篪。当时又让凤凰、天鸟随之起舞。帝喾非常高兴，就用这些乐舞赞美天帝的功德。

【原文】

帝尧立，乃命质为乐[1]。质乃效山林溪谷之音以歌，乃以麋鞈置缶而鼓之[2]，乃拊石击石，以象上帝玉磬之音，以致舞百兽。瞽叟乃拌五弦之瑟[3]，作以为十五弦之瑟。命之曰《大章》，以祭上帝。

【注释】

〔1〕质：当为"夔"之误。传说为尧、舜的乐官。
〔2〕麋鞈（mí luò）：麋鹿的皮。
〔3〕瞽（gǔ）叟：舜的父亲。瞽，盲人。拌（pàn）：分开。

【译文】

尧即位后，就命令质制作音乐，质就仿效山林溪谷的声音制作乐歌，又把麋鹿的皮蒙在瓦罐上敲打，又拍打石板，以模拟天帝的玉磬的声音，以引来百兽起舞。瞽叟分解五弦瑟的弦数，制成十五弦瑟。这种乐曲命名为《大章》，用以祭祀天帝。

【原文】

舜立，命延[1]，乃拌瞽叟之所为瑟，益之八弦，以为二十三弦之瑟。帝舜乃令质修《九招》《六列》《六英》，以明帝德。

【注释】

[1]延：人名，精通音乐。

【译文】

舜即位后，让延改进了瞽叟所制的瑟，增加了八根弦，做成二十三根弦的瑟。舜又命令质修正《九招》《六列》《六英》，以彰明天帝的恩德。

【原文】

禹立，勤劳天下，日夜不懈。通大川，决壅塞，凿龙门，降通漻水以导河[1]，疏三江五湖，注之东海，以利黔首。于是命皋陶作为《夏籥》九成[2]，以昭其功。

【注释】

[1]降：大。漻水：洪水。
[2]皋陶：禹臣。

【译文】

禹即位后，为天下奔忙辛劳，日夜不放松。疏通大河，开通堵塞之处，开凿龙门，大力疏通洪水并把它们导入黄河，疏通三江五湖，使它们注入东海，以造福百姓。于是禹命令皋陶制作《夏籥》九章，用来昭示他的功德。

【原文】

殷汤即位，夏为无道，暴虐万民，侵削诸侯，不用轨度，天下患之。汤于是率六州以讨桀罪[1]。功名大成，黔首安宁。汤乃命伊尹作为《大护》，歌《晨露》，修《九招》《六列》[2]，以见其善。

【注释】

〔1〕六州：指古九州中的荆、兖、雍、豫、徐、扬六州。

〔2〕修《九招》《六列》：据上文，《六列》之后疑脱《六英》。

【译文】

商汤即位，当时夏桀无道，残暴虐待百姓，侵掠诸侯，不遵守法度，天下人都痛恨他。汤于是率领六州的诸侯讨伐桀的罪行。功名完全实现，百姓安宁。汤于是命令伊尹制作《大护》乐、《晨露》歌，修正《九招》《六列》，用来表现他的美德。

【原文】

周文王处岐[1]，诸侯去殷三淫而翼文王[2]。散宜生曰[3]："殷可伐也。"文王弗许。周公旦乃作诗曰："文王在上，於昭于天。周虽旧邦，其命维新[4]。"以绳文王之德[5]。

【注释】

〔1〕岐：古邑名，周的发祥地，在今陕西岐山。

〔2〕三淫：指殷纣王所做的三件残暴的事，即"剖比干之心，断材士之股，刳（kū）孕妇之胎"（依高诱注）。翼：辅佐。

〔3〕散宜生：周文王四臣之一，姓散宜。

〔4〕其命维新：言周受王命，自今开始（依朱熹说）。以上四句诗见《诗经·大雅·文王》。

〔5〕绳：赞誉。

【译文】

周文王住在岐邑，诸侯纷纷叛离荒淫无道的殷纣而去辅佐文王。散宜生说："殷纣可以讨伐了。"文王不允许。周公旦就作诗道："文王在上，德行昭于天。周虽是旧国，它的使命却是新的。"用来赞誉文王的美德。

【原文】

武王即位，以六师伐殷。六师未至，以锐兵克之于牧野[1]。归，乃荐俘馘于京太室[2]，乃命周公作为《大武》[3]。

【注释】

〔1〕牧野：古地名，在今河南。

〔2〕荐：献。俘馘（guó）：指被俘和被歼之敌。馘，从敌尸上割下的左耳。太室：太庙中的中室。

〔3〕大武：古乐名，即孔子所评论的《武》。

【译文】

武王即位后，率领六军讨伐殷纣。六军还没到殷的都城，就在牧野以精锐的军队打败了殷军。回师后，就向太庙进献俘虏，禀报斩杀人数，于是命令周公制作《大武》音乐。

【原文】

成王立，殷民反，王命周公践伐之。商人服象[1]，为虐于东夷。周公遂以师逐之，至于江南。乃为《三象》，以嘉其德。

【注释】

〔1〕服：驾驭。象：大象。

【译文】

成王即位后，殷地的人反叛，成王命令周公前去讨伐他们。殷人驾着大象在东夷作恶，周公就带领军队驱逐他们，一直追赶到江南。于是作《三象》乐，用来赞美他的功德。

【原文】

故乐之所由来者尚矣，非独为一世之所造也。

【译文】

所以说，音乐的由来很久远了，不仅仅是哪一个时代所创造的。

振 乱

【原文】

当今之世浊甚矣，黔首之苦不可以加矣。天子既绝[1]，贤者废伏[2]，世主恣行，与民相离，黔首无所告愬[3]。世有贤主秀士，宜察此论也，则其兵为义矣。天下之民，且死者也而生，且辱者也而荣，且苦者也而逸。世主恣行，则中人将逃其君[4]，去其亲，又况于不肖者乎？故义兵至，则世主不能有其民矣，人亲不能禁其子矣。

【注释】

〔1〕天子既绝：《吕氏春秋》成书时代，秦尚未统一六国，周天子名存实亡，故说"天子既绝"。天子，指周天子。
〔2〕废：指弃而不用。伏：指隐居不出。
〔3〕告愬（sù）：诉说（痛苦、怨恨）。
〔4〕中人：指一般人。

【译文】

当今的世道，混乱得非常厉害了，百姓的痛苦无以复加了。周天子已经灭亡，贤人被废置或隐居起来，现世的君主恣意妄行，和百姓相背离，百姓无处诉说痛苦。世上如果有贤明的君主、优秀的士人，应该洞察这个道理，那么他们的军队就会伸张正义了。天下的百姓，将要死的就活过来，将要受辱的就恢复尊荣，将要受苦的就解脱了。现世的君主如果恣意妄行，一般人都会逃离他们的君主，离开他们的亲人，更何况不肖的人呢？所以，正义之师如果来到，那么现世的君主就不能保有他们的百姓了，做父母的就不能阻止他们的孩子了。

【原文】

凡为天下之民长也[1]，虑莫如长有道而息无道，赏有义而罚不义。今之世，学者多非乎攻伐[2]。非攻伐而取救守，取救守，则乡之所谓长有道而息无道、赏有义而罚不义之术不行矣[3]。天下之长民[4]，其利害在察此论也。攻伐之与救守一实也[5]，而取舍人异。以辨说去之，终无所定论。固不知，悖也；知而欺心，诬也。诬悖之士，虽辨无用矣。是非其所取而取其所非也，是利之而反害之也，安之而反危之也。为天下之长患、致黔首之大害者，若说为深[6]。夫以利天下之民为心者，不可以不熟察此论也。

【注释】

〔1〕民长：指人主，国君。
〔2〕学者：指墨家学派。墨家主张"非攻""救守"（防御）。
〔3〕乡（xiàng）：方才。
〔4〕长（zhǎng）民：为百姓做君主的人。
〔5〕一实：实质一样。
〔6〕若：此。

【译文】

凡是作为天下百姓的君主，考虑的事情没有比得上助长合乎道义并消除没有道义的行为、奖赏仁义的人并惩罚不仁义的人。当今世上研习墨家之学的人，大多对攻伐予以否定。否定攻伐就采取解救守护的办法；采取解救守护的办法，那么方才所说的助长合乎道义的并消除没有道义的行为、奖赏仁义的人并惩罚不仁义的人的策略，就不能实行了。为天下百姓做君主的人，其利害在于是否明察这个道理。攻伐与解救守护实质上是一样的，不过是取舍因人而异。墨家之徒用论辩排斥攻伐，最终会无所定论。论辩时，本来就不懂，这是糊涂；如果自己明白却自欺欺人，这是欺诈。欺诈、糊涂的人虽然会诡辩也没有什么用处。这是否定他们所采用的，而采用他们所否定的，这是想要给人谋利却反倒害了他们，想要使人安全却反倒使他们陷入危险之中。造成天下的长久祸患、导致百姓的巨大灾害的东西中，数这种观点危害最深。那些把为天下的人民谋利益作为指导思想的人，不能不彻底认清这个道理。

【原文】

夫攻伐之事，未有不攻无道而伐不义也。攻无道而伐不义，则福莫大焉，黔首利莫厚焉。禁之者，是息有道而伐有义也，是穷汤、武之事，而遂桀、纣之过也[1]。凡人之所以恶为无道、不义者，为其罚也；所以蕲有道、行有义者[2]，为其赏也。今无道、不义存，存者，赏之也；而有道、行义穷，穷者，罚之也。赏不善而罚善，欲民之治也，不亦难乎？故乱天下、害黔首者，若论为大。

【注释】

〔1〕遂：顺。这里有助长之意。

〔2〕蕲（qí）：通"祈"，祈求。

【译文】

攻伐之类的事情，没有不攻击无道、惩罚不义的。攻击无道并讨伐不义，那么福分没有比这更大的了，百姓得到的利益没有比这更多的了。禁止这样做，那就是消除有道并讨伐正义，那是终止商汤、周武王的功业，并助长夏桀、殷纣的罪恶。凡是人们畏惧做无道、不义的事，是因为害怕受到惩罚；之所以祈求做有道、有义的事，是为了得到奖赏。现在，无道和不义存在，存在无异于奖赏它；可是有道和有义终止了，终止无异于惩罚它。奖赏不好的却惩罚善良的，想要人民安顺，不也太难了吗？所以，扰乱天下，危害百姓的，数这种观点危害最大。

论　威

【原文】

义也者，万事之纪也〔1〕，君臣、上下、亲疏之所由起也，治乱、安危、过胜之所在也〔2〕。过胜之，勿求于他，必反于己。

【注释】

〔1〕纪：此指法度准则。

〔2〕过胜：犹言胜负，胜败。过，犹负，败（依孙锵鸣说）。

【译文】

义，是万事的法则，是君臣、长幼、亲疏产生的基础，是治乱、安危、胜负的关键。胜败的关键，不要到其他方面去寻求，一定要从自身找原因。

【原文】

人情欲生而恶死，欲荣而恶辱。死生荣辱之道一，则三军之士可使一心矣。

【译文】

人的本性是想要活着而害怕死,想要尊荣而厌恶耻辱。死生、荣辱的原则一致,那么三军将士就可以思想统一了。

【原文】

凡军,欲其众也;心,欲其一也。三军一心,则令可使无敌矣。令能无敌者,其兵之于天下也,亦无敌矣。古之至兵[1],民之重令也[2],重乎天下,贵乎天子[3]。其藏于民心,捷于肌肤也[4],深痛执固[5],不可摇荡,物莫之能动。若此则敌胡足胜矣?故曰:其令强者其敌弱,其令信者其敌诎[6]。先胜之于此,则必胜之于彼矣。

【注释】

〔1〕至兵:最好的军队。指正义之师。
〔2〕重令:尊重命令。
〔3〕"重乎天下"二句:这两句省略的主语是"令"(依陈奇猷说)。
〔4〕捷:通"接",接触、感觉。
〔5〕深痛执固:省略的主语是"令"。犹言"令内则深藏于其心,外则痛痒于其肌肤,故其执之坚固而不可动摇也"(依陈奇猷说)。
〔6〕信:通"伸",畅行无阻。诎(qū):通"屈",屈服,与上文"信"相对。

【译文】

凡是军队想要人数众多,军心就要一致。三军一心,那么就可使命令没有阻碍了。命令能够没有阻碍的人,他的军队也就天下无敌了。古代的正义之师,人民尊重号令,号令对他们来说比天下还重要,比天子还尊贵。号令潜藏在心里,贯穿在肌肉、皮肤中,深刻牢固,不可动摇,没有任何东西能改变它。如果像这样,那么敌人哪里还值得一战呢?所以说:号令坚定的军队,它的敌人必然软弱;号令畅行无阻的军队,它的敌人必然屈服。在运筹帷幄时就胜过了敌人,那么在战场上必定会战胜他们。

【原文】

凡兵,天下之凶器也;勇,天下之凶德也。举凶器,行凶德,犹不得已也。举凶器必杀,杀所以生之也;行凶德必威,威所以慑之也。敌慑民生,此义兵之所以隆也。故古之至兵,才民未合,而威已谕矣[1],敌已服矣,岂必用桴鼓干戈哉?故善谕威者,于其未发也,于其未通也，窅窅乎冥冥[2]，莫知其情，此之谓至威之诚。

【注释】

〔1〕才民未合，而威已谕：此言士卒未尝交锋，而威已见矣（依蒋维乔说）。才，为"士"之误。

〔2〕窅窅（yǎo）：犹冥冥，深曲隐晦的样子。

【译文】

凡是兵器，都是天下凶险的器械；勇武，都是天下凶险的品德。举着凶险的兵器，运用凶险的品德，也是不得已的。举着凶险的兵器必定会杀人，杀恶人是用来使人民生存的；运用凶险的品德必定会显示威力，威力是用来震慑敌人的。敌人畏惧了，人民就得以生存了。这是正义的军队之所以昌隆的根源。所以，古代最好的军队，士兵还没交战，而威力已经发挥作用了，敌人就已经降服了，何必要用战鼓干戈呢？所以，善于发挥威力的人，他的威力在尚未发挥、尚未显示之前就已经产生作用了。深远难见，没有人知道它的真实情况。这就是威力达到极致的真实状态。

【原文】

凡兵，欲急疾捷先。欲急疾捷先之道，在于知缓徐迟后而急疾捷先之分也。急疾捷先，此所以决义兵之胜也。而不可久处，知其不可久处，则知所兔起凫举死殙之地矣[1]。虽有江河之险则凌之，虽有大山之塞则陷之，并气专精，心无有虑，目无有视，耳无有闻，一诸武而已矣[2]。冉叔誓必死于田侯[3]，而齐国皆惧；豫让必死于襄子[4]，而赵氏皆恐；成荆致死于韩主[5]，而周人皆畏；又况乎万乘之国而有所诚必乎？则何敌之有矣？刃未接而欲已得矣。敌人之悼惧惮恐，单荡精神，尽矣，咸若狂魄，形性相离，

善谕威者，于其未发，于其未通

行不知所之，走不知所往，虽有险阻要塞、铦兵利械[6]，心无敢据，意无敢处，此夏桀之所以死于南巢也[7]。今以木击木则拌，以水投水则散，以冰投冰则沈[8]，以涂投涂则陷[9]，此疾徐先后之势也。

【注释】

[1]兔起凫举：喻行动迅疾。凫，水鸟，俗称"野鸭"。死殙（mèn）：犹言死亡（依高亨说）。殙，通"殇"。

[2]一：使……专一。诸："之于"的合音字。武：用武，作战。

[3]冉叔：战国时的义士。田侯：齐国国君，田姓。此句本事失考。

[4]豫让：春秋末晋国人，曾为智瑶的家臣，智瑶以国士待之。智氏被赵、韩、魏三家灭掉之后，他屡次刺杀赵襄子，事败后自杀。赵襄子：名无恤（一作毋恤），赵简子之子，他与韩、魏两家合谋，灭了智氏。

[5]成荆：齐国的勇士。致死于韩主事失考。

[6]铦（xiān）：锋利。兵、械：指兵器。

[7]南巢：古地名，故址在今安徽。张守节《史记正义》引《括地志》云：庐州巢县有巢湖，即《尚书》"成汤伐桀，放于南巢"者也。

[8]沈（chén）：同"沉"。

[9]涂：泥。

【译文】

凡是用兵作战，都应行动迅速、先发制人。想要行动迅速、先发制人，方法在于清楚缓慢、落后和迅速、抢先的分别。迅速、抢先，这是决定正义之师取胜的条件。因而不可长久停留不动，明白不可长久停留不动的道理，那就知道了哪些地方是该迅速避开的死绝之地。纵然有江河之险也能跨越，纵然有大山之阻也可摧毁，只要精神专注，心里没有疑虑，眼睛不乱看，耳朵不乱听，全都用在打仗上就可以了。冉叔发誓定要杀死齐君田侯，齐国人都害怕；豫让坚决要杀死赵襄子，赵氏家族都恐惧；成荆要致韩主于死地，周人都畏惧；更何况拥有万辆战车的国家一心想要达到目的呢？那么哪里还有敌手呢？刀剑还未交锋，愿望就已经实现了。敌人恐惧、害怕、动摇，精神顿失，都像失魂落魄，魂不附体一样；走不知道目标，跑不知道方向，纵有险阻要塞、坚甲利兵，心里也不敢依托，精神也无法安定。这就是夏桀之所以死在南巢的缘故。用木头打击木头，后者就会裂开；把水倒进水里，后者就会散开；把冰投向冰，后者就会沉落；把泥投进泥里，后者就会陷下去。这就是快慢、先后的必然态势。

【原文】

　　夫兵有大要，知谋物之不谋之不禁也，则得之矣。专诸是也[1]，独手举剑至而已矣，吴王壹成[2]。又况乎义兵，多者数万，少者数千，密其蹢路[3]，开敌之涂[4]，则士岂特与专诸议哉[5]！

【注释】

　　[1]专诸：春秋时吴国人，他为吴公子光（阖闾）刺杀了吴王僚，自己也当场被杀。
　　[2]壹成：一举成功。或指吴王被专诸一击而死。
　　[3]密其蹢（zhuó）路：指人数众多，密布于道路。蹢，足迹。
　　[4]开敌之涂：即关闭敌人的进退之路，有堵截、围困敌人之意。《尔雅·释言》："开，关也。"
　　[5]议：相提并论。

【译文】

　　用兵有它的要诀，懂得谋取对方不曾想到和不能防备的地方，就掌握它了。专诸就是这样，独自手举剑落而已，使吴王阖闾一举成功。又何况正义之师人数多的数万，少的数千，挤在一起可以踏出路来，在敌国畅行无阻，专诸怎么能和这样的兵士相提并论呢？

爱　士

【原文】

　　衣人以其寒也，食人以其饥也。饥寒，人之大害也。救之，义也。人之困穷甚如饥寒，故贤主必怜人之困也，必哀人之穷也。如此则名号显矣，国士得矣。

【译文】

　　给人衣服穿，是因为他寒冷；给人食物吃，是因为他饥饿。饥饿、寒冷是人的大灾，救济受冷挨饿的人就是仁义。人的困厄窘迫比饥饿、寒冷更厉害。所以贤明的君主一定同情人的困厄，一定怜悯人的窘迫。像这样，那么君主的名声就显耀了，国内的有才之士自然就会归附。

【原文】

昔者，秦缪公乘马驾而车为败[1]，右服失而野人取之[2]。缪公自往求之，见野人方将食之于岐山之阳。缪公叹曰："食骏马之肉而不还饮酒[3]，余恐其伤女也[4]！"于是遍饮而去。处一年，为韩原之战[5]。晋人已环缪公之车矣，晋梁由靡已扣缪公之左骖矣[6]，晋惠公之右路石奋殳而击缪公之甲[7]，中之者已六札矣[8]。野人之尝食马肉于岐山之阳者三百有余人，毕力为缪公疾斗于车下，遂大克晋，反获惠公以归。此《诗》之所谓曰"君君子则正，以行其德；君贱人则宽，以尽其力"者也[9]。人主其胡可以无务行德爱人乎？行德爱人，则民亲其上；民亲其上，则皆乐为其君死矣。

【注释】

〔1〕"秦缪公"句："乘马"与"车败"前后不合。"马"字疑为"驾"之误，"乘"字当系衍文（依陈奇猷说）。败，坏。

〔2〕右服：四匹马驾车，中间两匹马叫服，在右边的叫右服。失（yì）：通"逸"，狂奔失控。此指逃掉。野人：指农夫。

〔3〕还（xuán）：通"旋"，立即。

〔4〕女（rǔ）：你，你们。

〔5〕韩原之战：据《左传》记载，此战发生在公元前645年。韩原，春秋时晋地，在今山西芮城。

〔6〕梁由靡：晋大夫，姓梁由。扣：抓住，牵住。左骖：四马驾车，在两边的马叫骖，在左边的叫左骖。

〔7〕晋惠公：名夷吾，公元前650—前637年在位。右：车右，驾车之人。路石：车右之名。殳：同"殳"，古代兵器之一，竹制，有棱无刃。

〔8〕札：甲叶。古代甲叶有多少，其制不详。据《宋史·兵志》载：甲叶共一千八百二十五片。

〔9〕"君君子则正……"四句诗：这四句诗不见于《诗经》，当为逸诗。句首两"君"字，均用作动词，给……作君。

【译文】

从前，秦穆公乘车时车坏了，右边驾辕的马脱缰逃跑了，一群农民抓住了它。穆公亲自前去追索它，看见那些农民在岐山南坡正在分食马肉。穆公叹息说："吃骏马的肉不立即喝酒，我担心这会伤害你们的身体啊！"于是给他们所有人都喝了酒才离开。等过了一年，发生韩原之战，晋国人已经包围了秦穆公的车子，晋国大夫梁由靡已经抓住了穆公车子左边的马，晋惠公的车右路石举殳击打穆公的铠甲，击中的地方已经透过六层甲叶了。曾经在岐山南坡吃马肉的农民三百多人，竭尽全力为秦穆公在车旁奋战，于是大败晋军，反而擒获晋惠公回去。这就是《诗经》中所说的"做君子的君主，就要公正，以使他们以德报德；做卑贱人的君主，就要宽容，以使他们尽可能效力"。君主怎么可以不努力施行仁德，爱抚人民呢？施行仁德，爱抚人民，那么人民就亲近他们的君主；人民亲近他们的君主，就都乐意为他们的君主而死了。

【原文】

赵简子有两白骡而甚爱之[1]。阳城胥渠处广门之官[2]，夜款门而谒曰："主君之臣胥渠有疾，医教之曰：'得白骡之肝，病则止；不得则死。'"谒者入通。董安于御于侧[3]，愠曰[4]："嘻！胥渠也。期吾君骡[5]，请即刑恶。"简子曰："夫杀人以活畜，不亦不仁乎？杀畜以活人，不亦仁乎？"于是召庖人杀白骡，取肝以与阳城胥渠。处无几何，赵兴兵而攻翟[6]。广门之官，左七百人，右七百人，皆先登而获甲首[7]。人主其胡可以不好士？

【注释】

[1]赵简子：晋大夫，名鞅，又名志父，也称赵孟，谥号简子。
[2]阳城胥渠：姓阳城，名胥渠。处：居住。"处"上当脱"有疾"二字（依陈奇猷说）。广门：晋邑名。一说指门名。官：小吏。一说为"馆"之误字。
[3]董安于：赵简子家臣，一作"董阏于"。御：侍奉。
[4]愠（yùn）：恼怒。
[5]期：希冀。这里指算计。
[6]翟（dí）：通"狄"，我国古代北方地区的少数民族名。
[7]甲首：披甲者的首级。

【译文】

赵简子有两匹白骡，特别喜欢它们。阳城胥渠在广门任小官，夜晚遣人叩门求见简子，说："主君的家臣胥渠得了病，医生告诉他说：'得到白骡的肝脏，病就可以治好；不能得到就会死。'"门人进去通报。董安于正在旁边侍奉，听说后恼怒地说："嘿！胥渠啊，竟算计起我们主君的白骡来了！您让我这就去杀了他吧。"简子说："杀人却是为了保存牲畜，不也太不仁义了吗？杀牲畜以救活人，不是非常仁义的吗？"于是召来厨师杀死白骡，取出肝脏送给阳城胥渠。过了没有多长时间，赵简子发兵攻打狄人。广门的小官左队带七百人，右队带七百人，都最先登上城头，并斩获敌人披甲武士的首级。君主怎么可以不爱护士呢？

【原文】

　　凡敌人之来也，以求利也。今来而得死，且以走为利。敌皆以走为利，则刃无与接。故敌得生于我[1]，则我得死于敌；敌得死于我[2]，则我得生于敌。夫得生于敌，与敌得生于我，岂可不察哉？此兵之精者也。存亡死生决于知此而已矣。

【注释】

　　[1]敌得生于我：指未能克敌，所以敌人得以生存。
　　[2]敌得死于我：指克敌制胜，使敌人处于死地。

【译文】

　　凡是敌人来犯，都是为了寻求利益；如果来犯却得到的是死，就要把逃走看作有利了。如果敌人都把逃走看作有利，那么刀兵就不用交锋了。所以，如果敌人从我们这里得到生存，那么我们就会从敌人那里得到死亡；如果敌人从我们这里得到死亡，那么我们就从敌人那里得到生存了。我们从敌人那里得到生存与敌人从我们这里得到生存的情形，怎么可以不认识清楚呢？这是用兵的精华所在。存亡、生死，不过取决于是否知道这个道理而已。

顺　民

【原文】

　　先王先顺民心，故功名成。夫以德得民心以立大功名者，上世多有之矣。失民心而立功名者，未之曾有也。得民必有道[1]。万乘之国，百户之邑，民无有不说[2]。取民之所说而民取矣，民之所说岂众哉？此取民之要也。

【注释】

　　[1]必：当为"心"字之误（依陶鸿庆说）。
　　[2]说（yuè）：同"悦"，喜欢。下两句同。

【译文】

先王首先顺应民心，所以功成名就。凭恩德赢得民心而建立大功名的，从前的时代有很多这样的人了。失掉民心却建立功名的，未曾有这样的人。赢得民心一定要有方法。无论是拥有万辆战车的国家，还是只有百户人家的小邑，人民无不有喜欢的事。选做人民所喜欢的事，就得到民心了。人民所喜欢的事难道多吗？这是取得民心的关键。

【原文】

昔者汤克夏而正天下。天大旱，五年不收，汤乃以身祷于桑林[1]，曰："余一人有罪，无及万夫。万夫有罪，在余一人。无以一人之不敏，使上帝鬼神伤民之命。"于是翦其发[2]，郦其手[3]，以身为牺牲，用祈福于上帝，民乃甚说，雨乃大至。则汤达乎鬼神之化、人事之传也。

【注释】

〔1〕祷：祈神求福。桑林：地名，在春秋宋国境内，相传为汤王祈雨之所。
〔2〕翦其发：剪去头发是古代的一种刑罚。
〔3〕郦：疑是"厤（lì）"字之误。厤，通"枥"，挤压。"枥手"指木枷十指而缚之，这是古代的一种刑罚，状如后来的"拶（zǎn）指"。

【译文】

过去，商汤战胜夏而开始治理天下。天大旱，连续五年不能收获，商汤就用自己的身体在桑林祈祷，说："我一人有罪过，不要殃及万民；万民有罪的话，都在于我一个人。不要因为一个人的无能而让天帝鬼神伤害人民的性命。"于是剪掉自己的头发，拶起自己的手指，以身体作为祭品，用来向天帝祈求福祉。人民于是非常高兴，天也下起了大雨。商汤可以说是通达鬼神的变化、人事的转变了。

成汤

【原文】

　　文王处岐事纣，冤侮雅逊[1]，朝夕必时，上贡必适，祭祀必敬。纣喜，命文王称西伯，赐之千里之地。文王载拜稽首而辞曰："愿为民请去炮烙之刑[2]。"文王非恶千里之地，以为民请去炮烙之刑，必欲得民心也。得民心则贤于千里之地，故曰文王智矣。

【注释】

　　[1] 冤侮：蒙冤而受到侮慢。雅逊：指雅正恭顺，执诸侯之礼不变。
　　[2] 炮烙之刑：以火烧灼的刑罚。

【译文】

　　文王居住在岐山，接受纣王的统治，虽蒙冤而受到侮慢，但依然雅正恭顺，早晚朝见一定遵守时间，上贡一定适宜，祭祀一定恭敬。纣王很高兴，封文王为西伯，赐给他千里的土地。文王再拜稽首，辞谢道："我情愿为百姓请求废除'炮烙'的刑罚。"文王不是讨厌千里的土地，而是因为为人民请求废除"炮烙"的刑罚，一定会得到民心啊。赢得民心，胜于得到千里土地。所以说，文王明智啊。

【原文】

　　越王苦会稽之耻[1]，欲深得民心，以致必死于吴。身不安枕席，口不甘厚味，目不视靡曼[2]，耳不听钟鼓。三年苦身劳力，焦脣干肺[3]。内亲群臣，下养百姓，以来其心。有甘脆不足分，弗敢食；有酒流之江，与民同之。身亲耕而食，妻亲织而衣。味禁珍，衣禁袭[4]，色禁二。时出行路，从车载食，以视孤寡老弱之溃病、困穷、颜色愁悴、不赡者[5]，必身自食之。于是属诸大夫而告之曰："愿一与吴徼天下之衷[6]。今吴、越之国相与俱残[7]，士大夫履肝肺，同日而死，孤与吴王接颈交臂而偾[8]，此孤之大愿也。若此而不可得也，内量吾国不足以伤吴，外事之诸侯不能害之，则孤将弃国家，释群臣，服剑臂刃，变容貌，易名姓，执箕帚而臣事之，以与吴王争一旦之死。孤虽知要领不属[9]，首足异处，四枝布裂，为天下戮[10]，孤之志必将出焉！"于是异日果与吴战于五湖[11]，吴师大败，遂大围王宫，城门不守，禽夫差，戮吴相，残吴二年而霸。此先顺民心也。

【注释】

　　[1] 会稽之耻：指越王勾践被吴王夫差战败，困于会稽，被迫向吴王称臣纳贡。

〔2〕靡曼：指美色。

〔3〕干肺：肺气枯竭。比喻力气用尽。

〔4〕袭：衣外加衣。

〔5〕渍病：生病。

〔6〕徼（yāo）：求取。下：疑为衍文。衷：善，福。

〔7〕今：当作"令"，盖言愿令如此（依俞樾说）。

〔8〕接颈交臂：像摔跤似的肉搏。偾（fèn）：僵仆。这里指死。

〔9〕要（yāo）领不属（zhǔ）：指受腰折、斩首之刑。要，古"腰"字。领，指脖子。属，连接。

〔10〕戮：此指羞辱。

〔11〕五湖：指太湖。

【译文】

越王为会稽山战败的耻辱而痛苦，想要深得民心以求得和吴国死战，于是他身体不安于枕席，吃饭不尝丰盛的美味，眼睛不看美色，耳朵不听钟鼓音乐。三年里，煎熬身体，耗费精力，唇干肺伤。在内亲近群臣，在下供养百姓，用以招徕他们的心。如果有甜美的食物，不够分的话，自己就不敢独自吃；如果有酒，把它倒进江里，和人民共同享用它。自己亲自耕种粮食来吃，妻子亲自织衣来穿。饮食禁止求异，衣服禁穿两层，色彩禁止使用两种以上。时常外出，跟着车子，载着食物，去看望孤寡老弱当中染病的、困难的、脸色忧愁憔悴的、缺吃少喝的人，一定亲自给他们食物吃。于是聚集各位大夫，告诉他们说："我宁愿与吴国一决高下，看谁应得到上天的宠爱。如果吴越两国彼此一同破灭，士大夫踩着肝肺同一天死去，我和吴王接颈交臂而死，这是我的最大愿望。如果这样做不行，从国内估量我国不足以伤害吴国，对外联络诸侯不能损害它，那么我就将放弃国家、离开群臣、带着剑，拿着刀，改变容貌，更换姓名，操着箕帚、扫寻去臣事他，以便有朝一日和吴王决一死战。我虽然知道这样会腰断颈绝、头脚异处、四肢分裂，被天下人羞辱，但是我的志向一定要实现。"于是，他日果然和吴国在太湖决战，吴军大败。继而越军大举围攻吴王王宫，攻下城门，擒获夫差，杀死吴相。灭掉吴国二年以后，越国就称霸诸侯了。这是顺应民心的结果啊！

【原文】

齐庄子请攻越[1]，问于和子[2]。和子曰："先君有遗令曰：'无攻越。越，猛虎也。'"庄子曰："虽猛虎也，而今已死矣。"和子曰以告鸮子[3]。鸮子曰："已死矣，以为生。"故凡举事，必先审民心，然后可举。

· 199 ·

【注释】

〔1〕齐庄子：田庄子，为齐宣公之相。

〔2〕和子：田和，田庄子之子。

〔3〕曰："因"字之误（依陶鸿庆说）。鸮子：鸱夷子皮，他是田常（田庄子的祖父）的家臣。

【译文】

齐庄子请求攻打越国，向和子征求意见。和子说："先君有遗嘱说：'不要攻打越国。越国是猛虎。'"庄子说："虽然是猛虎，但如今已经死了。"和子把这话告诉鸮子。鸮子说："虽然已经死了，但人们还认为它活着。"所以，凡是做事，一定要先考察民心，然后才可以去做。

节　丧

【原文】

审知生，圣人之要也；审知死，圣人之极也[1]。知生也者，不以害生，养生之谓也；知死也者，不以害死，安死之谓也[2]。此二者，圣人之所独决也[3]。

【注释】

〔1〕极：同"亟"，急务。

〔2〕安死：使死者安宁。

〔3〕决：决断。这里指知晓。

【译文】

洞察生命，是圣人的要务；洞察死亡，是圣人的急务。知道了生的道理，就知道了不以外物妨害生命，这就叫养生；知道了死的道理，就知道了不以外物妨害死者，这就叫作安死。这两点，只有圣人才能知晓。

【原文】

凡生于天地之间，其必有死，所不免也。孝子之重其亲也，慈亲之爱其子也，痛于肌骨，性也。所重所爱，死而弃之沟壑，人之情不忍为也，故有葬死之义。葬也者，藏也，慈亲孝子之所慎也。慎之者，以生人之心虑[1]。以生人之心为死者虑也，莫如无动[2]，莫如无发[3]。无发无动，莫如无有可利，则此之谓重闭[4]。

【注释】

〔1〕以生人之心虑：此句有脱文，当作"以生人之心为死者虑"（依陶鸿庆说）。

〔2〕无动：指死者不因发掘墓葬而被惊动。

〔3〕无发：指后人因死者墓中无葬物而不去发掘它。

〔4〕重闭：大闭，永远埋藏。指墓中无殉葬品，掘墓人无利可图，不会招致发掘，故称重闭。

【译文】

大凡天地之间的生命，必定有死亡，这是不可避免的。孝子敬重他们的双亲，慈爱的父母疼爱他们的子女，敬重、疼爱之情深入肌骨，这是人的本性。所敬重和所疼爱的人，死后却把他们丢到沟壑里，人之常情是不忍心这样做的，所以有了给死者安葬送终的道义。葬，就是藏，这是慈亲孝子所慎重的做法。慎重的做法，就是用活着的人的心思来考虑。用活着的人的心思为死者考虑，没有比死者不被惊动更重要，没有比坟墓不被发掘更重要。不被发掘不被惊动，没有比让坟墓中无利可图更保险了，那么这就叫作大闭。

【原文】

古之人有藏于广野深山而安者矣，非珠玉国宝之谓也，葬不可不藏也。葬浅则狐狸扣之[1]，深则及于水泉。故凡葬必于高陵之上，以避狐狸之患、水泉之湿。此则善矣，而忘奸邪、盗贼、寇乱之难，岂不惑哉？譬之若瞽师之避柱也，避柱而疾触杙也[2]。狐狸、水泉、奸邪、盗贼、寇乱之患[3]，此杙之大者也。慈亲孝子避之者，得葬之情矣。

善棺椁，所以避蝼蚁蛇虫也。今世俗大乱，之主愈侈其葬[4]，则心非为乎死者虑也，生者以相矜尚也。侈靡者以为荣，俭节者以为陋，不以便死为故，而徒以生者之诽誉为务。此非慈亲孝子之心也。父虽死，孝子之重之不怠，子虽死，慈亲之爱之不懈。夫葬所爱所重，而以生者之所甚欲，其以安之也，若之何哉？

【注释】

〔1〕扣（hú）：发掘。

藏于广野深山而安者，非珠玉国宝之谓也

〔2〕避柱：避免碰到柱子。杙（yì）：一头尖的小木桩。

〔3〕狐狸、水泉：四字疑为衍文。从上下文看，以柱喻"狐狸、水泉"，以杙喻"奸邪、盗贼、寇乱"（依陈昌齐说）。

〔4〕之主：当作"人主"（依孙人和说）。

【译文】

古代的人有葬在广野深山而平安无事的。使死者安葬，并不是说要靠珠玉国宝，而是说葬不可不隐藏。葬浅了狐狸就会发掘它，葬深了就会碰到泉水。所以凡葬必须在高陵之上，用以避免狐狸的祸害，水泉的浸湿。这样做虽是好的，但如果忘记了奸邪、盗贼、寇乱的祸害，难道不糊涂吗？这就好比盲乐师躲避柱子，避开了柱子却很快撞上了尖木桩。奸邪、盗贼、寇乱的祸患，这是大大的尖木桩了。慈亲孝子埋葬死者能够避免了这些，就合乎安葬的情理了。

使棺椁坚实，是为了避开蝼蚁蛇虫。如今世俗大乱，君主行葬越来越奢侈，他们心里并非为死者考虑，而是生者以此互相炫耀，争为人上。他们把奢侈浪费的行为视为荣耀，把俭省节约的行为视为鄙陋，不把有利于死者当回事，而只考虑生者的毁谤、赞誉，这不合慈亲孝子之心。父亲虽然死了，孝子对他的敬重不会懈怠；子女虽然死了，慈亲对他的疼爱不会减弱。埋葬所疼爱、所敬重的人，而以生者最想得到的东西陪葬，来使死者安宁，其结果会怎么样呢？

【原文】

民之于利也，犯流矢，蹈白刃，涉血盩肝以求之〔1〕。野人之无闻者〔2〕，忍亲戚、兄弟、知交以求利。今无此之危，无此之丑〔3〕，其为利甚厚，乘车食肉，泽及子孙。虽圣人犹不能禁，而况于乱？国弥大，家弥富，葬弥厚。含珠鳞施〔4〕，玩好货宝，钟鼎壶滥〔5〕，舆马衣被戈剑，不可胜数。诸养生之具，无不从者。题凑之室〔6〕，棺椁数袭，积石积炭，以环其外。奸人闻之，传以相告。上虽以严威重罪禁之，犹不可止。

且死者弥久,生者弥疏;生者弥疏,则守者弥怠;守者弥怠而葬器如故,其势固不安矣。世俗之行丧,载之以大辁[7],羽旄旌旗、如云偻翣以督之[8],珠玉以佩之,黼黻文章以饰之[9],引绋者左右万人以行之[10],以军制立之然后可[11]。以此观世[12],则美矣,侈矣;以此为死,则不可也。苟便于死,则虽贫国劳民,若慈亲孝子者之所不辞为也。

【注释】

〔1〕涉（dié）血：流血。涉，意同"喋"。挚（zhōu）肝：抽肝，指残杀。挚，引击。

〔2〕野人：与君子相对而言，多指农夫。无闻：不懂礼义。

〔3〕丑：耻辱。

〔4〕含珠：古代葬物，将珍珠放在死者口中。鳞施：连缀玉片制成的葬服，因套在死者身上如鱼鳞，故名。

〔5〕滥（jiàn）：通"鉴"。

〔6〕题凑：古代贵族死后，椁室用厚木累积而成，木的头皆内向，称"题凑"。

〔7〕辁（chūn）：载棺柩的车。

〔8〕偻（lǚ）：盖在柩车上的饰物。翣（shà）：用羽毛制成的伞形之物，有柄，持之随柩车而行。

〔9〕黼黻（fǔ fú）：古代礼服上绘绣的花纹。

〔10〕绋（fú）：牵引棺柩的绳索。在庙举柩的绳索叫绋，在路引柩车的绳索叫引。按古代的葬礼，送葬者必执绋。

〔11〕"以军"句：以军法临之，行列然后方可不乱。立，通"莅"，临。

〔12〕观世：让世人观看，炫耀于世人。

【译文】

百姓对于利，宁肯冒着飞箭，踩着利刃，流血残杀去追求它。不懂礼义的粗野之人残忍对待父母、兄弟、朋友以求其利。如今窃坟掘墓没有这种危险，没有这种耻辱，而得到的利益十分丰厚，可以乘车吃肉，恩泽传及子孙。这种情况即使圣人还不能禁止，更何况昏乱之君呢？国家越大，家越富有，陪葬之物越是厚重。死者口中所含的珍珠，玉制的葬衣，赏玩、嗜好的物品宝贝，钟鼎壶鉴，车马衣被戈剑，不可胜数。各种养生的器具，无不陪葬。题凑的椁室，棺椁数层，堆积石头、木炭，用以环绕它的外层。奸恶之人闻知此事，互相传告。君主虽然用严刑重罚禁止这种行径，还是不可遏止。况且死者隔时越久，生者对他们越加疏淡；生者越是疏淡，那么守墓的人就越是懈怠；守墓的人越是懈怠而陪葬的东西依然如故，它的形势一定就不安全了。世俗的人举行葬礼，用大车载着棺椁，羽旄旌旗、画有云气的偻翣用来装饰它，珠玉用来点

· 203 ·

缀它，黼黻文章各种花纹来涂饰它，拉棺绳的左右万人来使它行进，这得用军法指挥后才可以。用这种做法给世人看，那是很美了，很奢侈了；这种做法对于死者，则不可以。如果厚葬真有利于死者，那么即使使国家变穷、让人民劳苦，慈亲孝子之辈也是不会拒绝的。

去 尤

【原文】

世之听者，多有所尤[1]。多有所尤，则听必悖矣。所以尤者多故，其要必因人所喜，与因人所恶。东面望者不见西墙，南乡视者不睹北方，意有所在也。

【注释】

[1]尤：通"囿"，蒙蔽，局限。

【译文】

世上凭着听闻下结论的人，大多有所局限。心有所局限，那么凭听闻下的结论必定是谬误的。因局限而产生偏见的原因有很多，其中最为主要的原因，在于对人有所喜爱，或对人有所憎恶。向东看的人看不见西边的墙，向南看的人看不见北方，因为他们的注意力都集中在一个方向上了。

【原文】

人有亡铁者[1]，意其邻之子。视其行步，窃铁也；颜色，窃铁也；言语，窃铁也；动作态度，无为而不窃铁也。抇其谷而得其铁[2]，他日复见其邻之子，动作态度，无似窃铁者。其邻之子非变也，己则变矣。变也者无他，有所尤也。

【注释】

[1]铁（fū）：斧子。
[2]抇（hú）：掘。谷：沟，坑。

【译文】

有个人丢了一把斧子，就怀疑是他邻居的孩子偷的。看那孩子走路，像是偷斧子的；看那孩子的脸色，也像是偷斧子的；听那孩子说话，也像是偷斧子的；总之，一举一动，神情态度，都像是偷斧子的。后来他在挖土坑时找到了自己的斧子，过几天他再见到邻居的那个孩子时，觉得那孩子的一举一动，神情态度，都不像是偷斧子的了。邻居的孩子并没有改变，是他自己改变了。他改变的原因没有别的，是因为他有所局限。

【原文】

邾之故法[1]，为甲裳以帛[2]。公息忌谓邾君曰[3]："不若以组[4]。凡甲之所以为固者，以满窍也[5]。今窍满矣，而任力者半耳。且组则不然，窍满则尽任力矣。"邾君以为然，曰："将何所以得组也？"公息忌对曰："上用之，则民为之矣。"邾君曰："善。"下令，令官为甲必以组。公息忌知说之行也，因令其家皆为组，人有伤之者曰[6]："公息忌之所以欲用组者，其家多为组也。"邾君不说，于是复下令，令官为甲无以组。此邾君之有所尤也。为甲以组而便，公息忌虽多为组，何伤也？以组不便，公息忌虽无为组，亦何益也？为组与不为组，不足以累公息忌之说。用组之心，不可不察也。

【注释】

〔1〕邾（zhū）：古国名，曹姓，为楚所灭，故地在今山东。
〔2〕甲：战衣。裳：下衣。帛：丝织品。
〔3〕公息忌：人名。
〔4〕组：丝带。
〔5〕窍：孔，空隙。
〔6〕伤：诋毁。

【译文】

邾国的旧法规定，制作甲衣甲裳用帛做连缀的材料。公息忌对邾国国君说："用帛不如用组。甲衣之所以牢固，是因为把空隙缝满了。用帛缝满空隙，它只能承受一半的重量。然而用组却不是这样，用它缝满空隙，它就能承受全部的重量了。"邾国国君认为这个意见很正确，就问道："那么将从什么地方得到组呢？"公息忌回答说："国君要用什么东西，百姓就会制造出什么东西。"邾国国君说："好。"于是下达命令，要求官府制作甲衣甲裳必须用组做连缀的材料。公息忌知道自己的主张被采纳实行了，就让他家里的人都去织组。有人诋毁公息忌，说："公息忌之所以要用组的缘故，是因为他们家织

了大量的组。"邾国国君听了以后很不高兴，于是又重新下达命令，要求官府制作甲衣甲裳不要用组做连缀材料。这件事说明邾国国君有偏见。如果用组做连缀材料对国家有利，那么公息忌即使织了很多组，又有什么坏处呢？如果用组做连缀材料对国家不利，那么公息忌即使没有组，又有什么好处呢？公息忌家织组与不织组，这并不足以影响公息忌的主张。用组的本意，不可以不认真审察啊。

【原文】

鲁有恶者[1]，其父出而见商咄[2]，反而告其邻曰："商咄不若吾子矣。"且其子至恶也，商咄至美也。彼以至美不如至恶，尤乎爱也。故知美之恶，知恶之美，然后能知美恶矣。庄子曰[3]："以瓦殴者翔[4]，以钩殴者战[5]，以黄金殴者殆[6]。其祥一也[7]，而有所殆者，必外有所重者也。外有所重者泄[8]，盖内掘[9]。"鲁人可谓外有重矣。

【注释】

[1] 恶：此指长相丑陋。
[2] 商咄：人名，以貌美出名。
[3] "《庄子》"以下数句：引文见《庄子·达生》，文字略有出入。
[4] 瓦：陶器。殴：当为"殴（tóu）"之误字，以玉投于赌盘中为赌注谓之殴，引申为凡投掷物皆谓之殴（依陈奇猷说）。翔：安详坦然。
[5] 战：担心。
[6] 殆：危险。引申为极度紧张。
[7] 祥：善，指赌技之善。
[8] 泄：这里指狎弄，指赌博而言（依陈奇猷说）。
[9] 掘：通"拙"。

【译文】

鲁国有一个相貌丑陋的人，他父亲外出遇见美男子商咄，回家后告诉他的邻居说："商咄不如我的儿子漂亮。"而实际上，他的儿子是最丑陋的人，商咄是最漂亮的人。他把最美的人看得不如最丑陋的人漂亮，是囿于爱子之心。所以，只有了解到美的可能被看成丑的，丑的可能被看成美的，然后才能知道什么是真正的美，什么是真正的丑。庄子说："赌徒用陶器作赌注时内心坦然，用腰带钩作赌注时就忧心忡忡了，用黄金作赌注时那就要心生恐惧了。赌技跟从前一样，然而却产生了恐惧心理，原因就在于有了得失的顾虑而重视外物。凡是重视外物的人，赌博时内心就笨拙，不能充分发挥自己的赌技。"那个鲁国人就可以说是重视外物了。

【原文】

解在乎齐人之欲得金也[1]，及秦墨者之相妒也[2]，皆有所乎尤也。老聃则得之矣。若植木而立乎独[3]，必不合于俗，则何可扩矣[4]。

【注释】

[1]"解在"句：齐人欲得金事，见《去宥》篇：齐人有欲得金者，清晨到卖金人的住所，见金而夺之。官吏抓住他审问，为什么当着人面拿人家的金子，他回答说："我只看到了金子，没看见人。"解，解说，答案。

[2]"及秦墨句"：秦墨者相妒事见《去宥》篇：东方墨者谢子西入秦将说秦惠王，唐姑果出于嫉妒，说谢子的坏话，秦王偏听偏信，遂疏远了谢子。秦墨者，指唐姑果。

[3]植木：直立的木头。

[4]扩：扩充。这里指由于受到外物的干扰而心神不安。

【译文】

齐国人想要得到金钱以及秦国墨者互相妒忌等事情，也都说明了上述的这些道理，都是因为思想上存在着偏见。老聃就懂得这些道理。他就像一棵直立的木头那样独树一帜，坚决不去迎合世俗的偏见，那么还有什么能使他内心不安呢？

听 言

【原文】

听言不可不察。不察则善不善不分。善不善不分，乱莫大焉。三代分善不善，故王。今天下弥衰，圣王之道废绝。世主多盛其欢乐，大其钟鼓，侈其台榭苑囿，以夺人财；轻用民死，以行其忿[1]。老弱冻馁，夭胜壮狡[2]，汔尽穷屈[3]，加以死虏。攻无罪之国以索地，诛不辜之民以求利，而欲宗庙之安也，社稷之不危也，不亦难乎？今人曰："某氏多货，其室培湿[4]，守狗死，其势可穴也。"则必非之矣。曰"某国饥，其城郭庳[5]，其守具寡，可袭而篡之。"则不非之。乃不知类矣。《周书》曰[6]："往者不可及，来者不可待，贤明其世，谓之天子。"故当今之世，有能分善不善者，其王不难矣。善不善，本于义，不于爱[7]，爱利之为道大矣。夫流于海者，行之旬月，见似人者而喜矣。及其期年也，见其所尝见物于中国者而喜矣。夫去人滋久，而思人滋深欤！乱世之民，其去圣王亦久矣。其愿见之，日夜无间。故贤王秀士之欲忧黔首者，不可不务也。

【注释】

〔1〕忿：同"愤"。

〔2〕夭瘠（jí）壮狡：使壮丁早死或瘦弱。瘠，同"瘠"，瘦弱。狡，同"佼"，强壮有力。

〔3〕汔（qì）尽：几近。穷屈（qū）：穷困无措，走投无路。

〔4〕培：房屋的后墙。

〔5〕城郭：本指内外城，此指城墙。庳（bì）：低矮。

〔6〕《周书》：古逸书。

〔7〕本于义，不于爱：文字有讹，应作"本于利，本于爱"（依许维遹说）。

【译文】

听人讲话不可不加以考察。不考察，就不能分辨好和不好。分辨不清好和不好，祸乱没有比这更大的了。夏、商、周三代能分辨好和不好，所以能称王于天下。现在天下更加衰微，圣王之道被废弃断绝。当世的君主大多只顾尽情地寻欢作乐，把钟鼓等乐器造得很大，把台榭园林修建得很豪华，因而过度地掠夺了百姓的钱财；他们随随便便让百姓去战场送命，以发泄自己心中的愤怒。年老体弱的人受冻挨饿，强壮有力的成年人也被折腾得夭折瘦弱，几乎落到走投无路的地步，死亡和被俘的命运还将随时加在他们身上。攻打没有罪的国家以夺取土地，诛杀没有罪的人以追求私利，这样做却想要宗庙平安，国家不发生危险，不是很难吗？如果有人说："某人有很多财物，他家房子的后墙很潮湿，看家的狗死了，这是可以挖墙洞偷东西的好机会。"人们听了以后一定会指责这个人。如果有人说："某国正在闹饥荒，他们的城墙很低，防守器具很少，我们可以去偷袭并夺取它。"人们听了以后，却不指责这个人。这就是不知道类推了。《周书》里说："过去的追不回来，未来的不可等待，能让当今世界清平的人，就叫作天子。"所以当今世上，如果有人能分辨好与不好,那他称王天下就不难了。分辨好和不好的关键在于是否利人,在于是否爱人。爱与利这个原则,太关键了。在海上漂流的人,漂行了一个月后,看到像人的东西就会非常高兴。等到漂行了一年之后,看到在中原各国见到过的东西就会很高兴了。这就是离开人越久,想念人的感情就越深吧!乱世的百姓,他们离开圣王也已经很久了。他们渴望见到圣王的心情,白天黑夜都不间断。所以那些忧国忧民的贤君高士们,不可不在爱人和利人方面努力啊!

【原文】

功先名,事先功,言先事。不知事,恶能听言?不知情,恶能当言?其与人谷言也〔1〕,其有辩乎,其无辩乎?造父始习于大豆〔2〕,蠭门始习于甘蝇〔3〕,御大豆,射甘蝇,而不徒人,以为性者也〔4〕。不徒之,所以致远追急也,所以除害禁暴也。凡人亦必有所习其心,然后能听说。不习其心,习之于学问。不学而能听说者,古今无有也。解在乎白圭之非惠子也〔5〕,公孙龙之说燕昭王以偃兵及应空洛之遇也〔6〕,孔穿之议公孙龙〔7〕,翟翦之难惠子之法〔8〕。此四士者之议,皆多故矣,不可不独论。

【注释】

〔1〕人:当作"夫"。谷言:初生小鸟的叫声。
〔2〕造父、大豆:古代善于驾车的人。
〔3〕蠭(féng)门、甘蝇:古代善于射箭的人。
〔4〕人:当为"之"字(依王念孙说)。
〔5〕白圭:名丹,魏人。惠子:惠施,宋人,庄子的朋友,曾仕魏。他们二人初次见面即互相辩论,非难,详见《吕氏春秋·不屈》。
〔6〕公孙龙:魏人,战国时名家的代表人物。燕昭王:战国时燕国君主,名平,以筑黄金台招贤著名。偃:止息。公孙龙说燕昭王偃兵之事,见《吕氏春秋·应言》。空洛之遇:指在空洛这个地方秦国与赵国的一次会盟。这次会盟,订立了一个盟约:"秦之所欲为,赵助之;赵之所欲为,秦助之。"后秦攻魏,赵欲救魏,秦责赵负约。公孙龙认为,秦王不助赵救魏,也是背约。详见本书《淫辞》篇。
〔7〕孔穿:字子高,孔子的后代,孔穿在平原君处议论公孙龙事,见《淫辞》篇。
〔8〕翟翦:魏国人。惠施为魏惠王制定法令,翟翦认为此法"善而不可行"。

【译文】

先有功绩后有名声,先有举动后有功绩,先有言论后有举动。不了解事情的真实情况，怎么能听信言论？不了解内情，怎么能使言论和事实相符呢？如果不能这样，那么人言与鸟音，是有区别，还是没有区别呢？造父最初向大豆学习，蠭门最初向甘蝇学习，向大豆学习驭术，向甘蝇学习射术，都专心不渝，以此作为自己的本质。专心不渝，这是他们之所以能学到致远追急的驭术、除害禁暴的射术的原因。大凡人也一定要修养自己的心性，然后才能正确地听取别人的言论。不修养心性，也应该研习学问。不学习而能正确地听取别人的言论的人，从古到今都没有。这个道理体现在白圭非难惠子、公孙龙向燕昭王游说废止战争以及应付秦赵的空洛会盟、孔穿非议公孙龙、翟翦责难惠子制定的法令等事上。这四个人的议论，都包含充足的理由，不可不加以认真辨察。

本 味

【原文】

　　求之其本，经旬必得；求之其末，劳而无功。功名之立，由事之本也，得贤之化也。非贤，其孰知乎事化？故曰其本在得贤。

【译文】

　　做事情从根本做起，经过短期的努力必定有所收获；从枝节做起，就会劳而无功。功名的建立，是由于抓住了事物的根本，得到了贤人的教化。不是贤人，谁能懂得事物的变化与发展呢？所以说，建立功名的根本在于得到贤人。

【原文】

　　有侁氏女子采桑[1]，得婴儿于空桑之中，献之其君。其君令烰人养之[2]，察其所以然。曰："其母居伊水之上[3]，孕，梦有神告之曰：'臼出水而东走[4]，毋顾！'明日，视臼出水，告其邻，东走十里而顾，其邑尽为水，身因化为空桑。故命之曰伊尹。"此伊尹生空桑之故也。长而贤。汤闻伊尹，使人请之有侁氏。有侁氏不可。伊尹亦欲归汤，汤于是请取妇为婚。有侁氏喜，以伊尹媵女[5]。故贤主之求有道之士，无不以也；有道之士求贤主，无不行也。相得然后乐。不谋而亲，不约而信，相为殚智竭力，犯危行苦，志欢乐之。此功名所以大成也。固不独，士有孤而自恃，人主有奋而好独者[6]，则名号必废熄，社稷必危殆。故黄帝立四面[7]，尧、舜得伯阳、续耳然后成[8]。

【注释】

〔1〕有侁（shēn）氏：有莘氏，古部落名。
〔2〕烰（fú）人：庖人，厨师。
〔3〕伊水：伊河，源于河南卢氏东南，流入洛河。
〔4〕臼：舂米的器具，多用石做成。
〔5〕媵（yìng）女：用作动词，做陪嫁臣仆。
〔6〕奋：矜，自负。
〔7〕立四面：使人四面出求贤人，得之立为辅佐。
〔8〕伯阳、续耳：舜七友中的二友，皆贤人。"尧"字当为衍文（依陈奇猷说）。

【译文】

有侁氏的女子采摘桑叶，在桑树的空树干中拾到一个婴儿，就把他献给了君主。君主让厨师抚育婴儿，并让他去了解这个婴儿生在空桑树干中的原因。厨师报告说："婴儿的母亲住在伊水边，怀孕以后，梦见一个神仙告诉她说：'如果你看见石臼中出了水，就向东跑，千万不要回头看！'第二天，这位母亲果然看见石臼出了水，她把情况告诉邻居后，就向东跑了十里，回头一看，她住的村子已经成了一片汪洋。于是她的身体变成了一棵中空的桑树。因此，这个孩子就起名伊尹。"这就是伊尹出生在空桑树干中的缘由。伊尹长大后很贤德。汤听说伊尹贤德，就派人向有侁氏请求要伊尹，有侁氏不同意。伊尹也想归附汤，汤于是就请求娶有侁氏女为妻，结为婚姻。有侁氏很高兴，就把伊尹作为女子陪嫁的臣仆给了汤。所以，贤明的君主为求得有道之士，没有什么办法不可使用；有道之士为归附贤明的君主，没有什么事不能做。贤主得到贤臣，贤臣得到贤主，各如其愿，皆大欢喜。他们不先谋划就能亲密无间，不先商约就能恪守信用，共同尽心竭力，承担危难和劳苦，内心却以此为乐。这就是他们能取得极大功名的原因。君主和臣子本来就不能单独行事，士人如果孤行自负，君主如果自负而喜好独断，那么他们的名声必被毁灭，国家必遭危险。所以黄帝派人四处求贤以立为辅佐，舜得到伯阳、续耳，然后成就了帝业。

【原文】

凡贤人之德，有以知之也。伯牙鼓琴，钟子期听之。方鼓琴而志在太山，钟子期曰："善哉乎鼓琴！巍巍乎若太山。"少选之间，而志在流水，钟子期又曰："善哉乎鼓琴！汤汤乎若流水。"钟子期死，伯牙破琴

伯牙鼓琴

绝弦，终身不复鼓琴，以为世无足复为鼓琴者。非独琴若此也，贤者亦然。虽有贤者，而无礼以接之，贤奚由尽忠？犹御之不善，骥不自千里也。

【译文】

　　大凡贤德之人的品德，是有办法了解的。伯牙弹琴，钟子期听着它。刚开始弹琴时表现出攀登高山的志向，钟子期说道："妙极啦，你弹出来的琴音！就像高山一样巍峨崇高。"过了一会儿，琴声表现出随流水奔流的志向，钟子期又说道："妙极啦，你弹出来的琴音！就像流水一样浩浩荡荡。"钟子期死后，伯牙摔碎了琴，扯断了弦，终身不再弹琴，认为世上再没有值得为之弹琴的人了。不只弹琴是这样，寻求贤人也是这样。即便是贤德之人，如果君主对他们不能以礼相待，那他们凭什么要为君主尽忠呢？这就好比驾车的人技术不好，良马也就不会自己奔驰而致千里。

【原文】

　　汤得伊尹，祓之于庙[1]，爟以爟火[2]，衅以牺猳[3]。明日，设朝而见之。说汤以至味，汤曰："可对而为乎[4]？"对曰："君之国小，不足以具之，为天子然后可具。夫三群之虫[5]，水居者腥，肉玃者臊[6]，草食者膻。臭恶犹美，皆有所以。凡味之本，水最为始。五味三材，九沸九变，火为之纪。时疾时徐，灭腥去臊除膻，必以其胜，无失其理。调和之事，必以甘酸苦辛咸，先后多少，其齐甚微，皆有自起。鼎中之变，精妙微纤，口弗能言，志不能喻，若射御之微，阴阳之化，四时之数。故久而不弊，熟而不烂，甘而不哝[7]，酸而不酷，咸而不减，辛而不烈，淡而不薄，肥而不腻[8]。肉之美者：猩猩之唇，獾獾之炙[9]，隽燕之翠[10]，述荡之腕[11]，旄象之约[12]。流沙之西[13]，丹山之南[14]，有凤之丸[15]，沃民所食[16]。鱼之美者：洞庭之鱄[17]，东海之鲕[18]。醴水之鱼[19]，名曰朱鳖[20]，六足、有珠、百碧[21]。藿水之鱼[22]，名曰鳐[23]，其状若鲤而有翼，常从西海夜飞游于东海。菜之美者：昆仑之蘋，寿木之华[24]。指姑之东[25]，中容之国[26]，有赤木玄木之叶焉。余瞀之南[27]，南极之崖，有菜，其名曰嘉树，其色若碧。阳华之芸[28]，云梦之芹，具区之菁[29]。浸渊之草[30]，名曰土英。和之美者：阳朴之姜[31]，招摇之桂[32]，越骆之菌[33]，鳣鲔之醢[34]，大夏之盐[35]，宰揭之露[36]，其色如玉，长泽之卵[37]。饭之美者：玄山之禾[38]，不周之粟[39]，阳山之穄[40]，南海之秬[41]。水之美者：三危之露[42]；昆仑之井；沮江之丘[43]，名曰摇水[44]；曰山之水[45]；高泉之山[46]，其上有涌泉焉，冀州之原。果之美者：沙棠之实[47]；常山之北[48]，投渊之上[49]，有百果焉，群帝所食；箕山之东[50]，青鸟之所[51]，有甘栌焉[52]；江浦之橘；云梦之柚，汉上石耳[53]。所以致之马之美者[54]，青龙之匹[55]，遗风之乘[56]。非先为天子，不可得而具。天子不可强为，必先知道。道者止彼在己[57]，己成而天子成，天子成则至味具。故审近所以知远也，成己所以成人也。圣人之道要矣，岂越越多业哉[58]？"

【注释】

〔1〕祓（fú）：古代除灾祈福的仪式。

〔2〕燋（jué）：芦苇捆成的火把，燃之以除去不祥。爟（guàn）火：祓除不祥的火。

〔3〕衅（xìn）：以牺牲之血涂祭器。牺豭（jiā）：祭祀用的纯色雄猪。牺，祭祀用的纯色牲畜。豭，雄猪。

〔4〕可对而为乎：当作"可得而为乎"（依毕沅说）。

〔5〕三群之虫：指下文的水居者、肉玃者、草食者三类动物。

〔6〕玃（jué）：同"攫"，以手抓取。

〔7〕喛（yuàn）：足，厚。这里指过厚。

〔8〕朕：字书无此字。据文意当为腻意。

〔9〕獾獾（guàn guàn）：鸟名，其鸟形不详。炙：同"跖"，指鸟的脚掌。

〔10〕隽燕：当作"䴏燕"，鸟名。翠：鸟尾肉。

〔11〕述荡：兽名。

〔12〕旄：旄牛。约：指短尾巴。

〔13〕流沙：古地名，在敦煌西。

〔14〕丹山：古地名，在南方。

〔15〕丸：卵。

〔16〕沃民：国名，在西方。

〔17〕鰫（pū）：鱼名。

〔18〕鲕（ér）：鱼名。

〔19〕醴水：水名，在今湖南，流入洞庭湖。

〔20〕朱鳖：红色的甲鱼。

〔21〕有珠：指体内含珠。百碧：疑为"青碧"之误。

〔22〕藋水：古水名，《山海经·西山经》作"观水"，在西方。

〔23〕鳐（yáo）：鱼名。

〔24〕寿木：树名，传说食其果可以长生。

〔25〕指姑：姑余，山名，在东南方。

〔26〕中容：古国名，见《山海经·大荒东经》，在东方。

〔27〕余瞀（mào）：古山名，在南方。

〔28〕阳华：华阳（依高诱说）。芸：菜名，产于吴、越。

〔29〕具区：泽名，在吴、越间。菁：菜名。

〔30〕浸渊：古池泽名。其地不详。

〔31〕阳朴：地名，在蜀郡。

〔32〕招摇：山名，在桂阳。

〔33〕越骆：当作"骆越"，国名。

〔34〕鳣（zhān）：即鲟鱼。鲔（wěi）：古书上指鲟鱼。醢（hǎi）：肉酱。

〔35〕大夏：古泽名。

〔36〕宰揭：古山名。

〔37〕长泽：古泽名，在西方。

〔38〕玄山：古山名。

〔39〕不周：山名，在西北方，见《山海经·西山经》。

〔40〕阳山：指昆仑山之南。山南曰阳，故称"阳山"。穄（jì）：禾属，即稷子，似黍而不粘。

〔41〕秬（jù）：黑黍。

〔42〕三危：古山名。

〔43〕沮江：水名。

〔44〕摇水：古水名。

〔45〕日山：当作"白山"，即天山。

〔46〕高泉：古山名，《山海经·中山经》作"高前"。

〔47〕沙棠：树木名，产于昆仑山，黄华赤实，其味如李而无核，见《山海经·西山经》。

〔48〕常山：即恒山，因避汉文帝和宋真宗讳而改为常山。

〔49〕投渊：水名，其处不详。

〔50〕箕山：山名，在今河南登封东南。

〔51〕青鸟之所：青鸟所居之地。青鸟，神话传说青鸟为西王母的使者。

〔52〕甘栌：疑为"甘楂"之误。

〔53〕石耳：菜名，可入药。

〔54〕马之美者："马之美"三字当为衍文，"者"字属上句。

〔55〕青龙：骏马名。

〔56〕遗风：骏马名。

〔57〕止彼在己：不在别人而在于己。止，当为"亡"字之误。彼，别人。

〔58〕越越：犹"㩒㩒"。《庄子·天地》："㩒㩒然用力甚多而见功寡。"据此则知"㩒㩒"为用力的样子（用王念孙说）。业：事。

【译文】

汤得到伊尹之后，在宗庙里举行祓除灾邪的仪式，点燃苇束熏除不祥，用纯色雄猪的血涂祭器。第二天，汤在朝堂上接见伊尹。伊尹为汤讲述最美味的食品。汤问道："可以立即按照你说的办法去制作这些美味吗？"伊尹回答说："您的国家太小，不足以具备各种原料，只有当了天子以后，才可以具备各种原料。在三类动物中，生活在水里的有腥味，吃肉的有臊味，吃草的有膻味。气味不好的食物仍然可以使之变好，都是有原因的。调味的根本，首先在于水。五种味道，三种材料，多次煮沸，多次变化，掌握火候是关键。要时而用猛火，时而用微火，以火除去腥味、臊味、膻味，但火候要适中，不要过度。调和味道，一定要用甘、酸、苦、辛、咸五味。先放后放，放多放少，混合用还是分开用，这些都有一定的分寸。鼎中味道的变化，精妙细微，既不能言传，又不可意会，像射击、驾驭一样微妙，和阴阳变化一样复杂，跟四时交替一样有规律。所以，久煮而不焦，熟而不烂，甘而不过分甜，酸而不咋舌，咸而不减鲜味，辛而不浓烈，清淡而不过薄，肥而不腻。美味的肉食有：猩猩的嘴唇，獾獾的脚掌，巂燕的尾肉，述荡的小腿，旄牛大象的尾巴，还有流沙西边、丹山南边出产的沃国人所食用的凤凰蛋。美味的鱼有：洞庭湖的鳙鱼，东海的鲕鱼，醴水中长着六只脚、体内含珠、青翠色名叫朱鳖的鱼，藿水中形状像鲤鱼可是却有翅膀、夜里常从西海飞到东海的名叫鳐的鱼。美味的菜有：昆仑山的蘋菜，寿木上结的果实，指姑山东边的中容国出产的红树黑树的树叶，余瞀南边、南极边上颜色像碧玉一样的名叫嘉树的菜，阳华池的芸菜，云梦泽的水芹菜，具区泽的菁菜，浸渊的名叫土英的草。美味的调料有：阳朴的姜，招摇的桂，越骆的笋，鳣鱼鲔鱼做的肉酱，大夏的盐，宰揭的甘露，长泽洁白如玉的石卵。美味的粮食有：玄山的禾谷，不周山的小米，阳山的穄子，南海的黑黍。甘美的水有：三危山的露水，昆仑山的泉水，沮江边山丘上名叫摇水的泉水，曰山的水，高泉山上作为冀州之水源头的涌泉。美味的水果有：沙棠树的果实，常山北边、投渊上面先帝们享用的各种果实，箕山东边、青鸟所居之处的甜山楂，长江边的橘子，云梦泽畔的柚子，汉水旁的石耳。用来运这些东西的良马有：青龙马、遗风马。你如果不首先成为天子，就不可能得到这些东西。天子不可以勉强去当，一定要先懂得仁义之道。具备仁义之道不在于别人，而在于自己。自己具备了仁义之道，那么就能成为天子。能成为天子，那么美味就齐备了。所以，审察近的就可以了解远的，自己具备了仁义之道，就可以教化别人。圣人之道很简约，哪里用得着费力去做许多事情呢？

义 赏

【原文】

春气至则草木产，秋气至则草木落，产与落，或使之[1]，非自然也。故使之者至，物无不为；使之者不至，物无可为。古之人审其所以使，故物莫不为用。

【注释】

[1]或使之：有某种东西使它这样。

【译文】

春气到来，草木就生长；秋气到来，草木就凋零。生长与凋零，是外力使它这样的，不是植物自身要如此。所以起支配作用的外力一到，万物没有不随之变化的；起支配作用的外力没到，万物没有会发生变化的。古人能够审察使

万物变化的外力，所以万物没有不被他们利用的。

【原文】

赏罚之柄[1]，此上之所以使也。其所以加者义，则忠信亲爱之道彰。久彰而愈长，民之安之若性，此之谓教成。教成，则虽有厚赏严威弗能禁。故善教者，义以赏罚而教成，教成而赏罚弗能禁。用赏罚不当亦然。奸伪贼乱贪戾之道兴，久兴而不息，民之仇之若性，戎夷胡貉巴越之民是以[2]，虽有厚赏严罚弗能禁。郢人之以两版垣也[3]，吴起变之而见恶，赏易而民安乐；氐羌之民[4]，其虏也[5]，不忧其系累[6]，而忧其死不焚也。皆成乎邪也。故赏罚之所加，不可不慎。且成而贼民[7]。

【注释】

〔1〕柄：指权力。
〔2〕戎夷胡貉（mò）巴越：指古代各少数民族。是：指示代词，等于说"是这样"。以：通"矣"。
〔3〕两版：指用两版夹土。垣：墙。
〔4〕氐羌之民：古代少数民族。氐，西戎。羌，西部少数民族之一。
〔5〕虏：此指被俘虏。
〔6〕系累：被囚禁捆绑。
〔7〕"郢人"十一句：意义不能贯通，当为传写中变乱次序。原文应为："郢人之以两版垣也，吴起变之而见恶；氐羌之民，其虏也，不忧其系累，而忧其死不焚也。皆成乎邪也，且成而贼民。赏罚易而民安乐。故赏罚之所加，不可不慎。"

【译文】

赏罚的权力，是君主用来役使人的力量。施加赏罚符合道义，那么忠诚守信、相亲相爱的原则就会彰明。这个原则长久地得到彰明，则其生命力就会更长，人们就像出于本性一样信守它，这就叫作教化成功。教化成功后，即使有优厚的奖赏和严厉的惩罚，也不能禁止人们去行善。所以，善于进行教化的人，

教成而赏罚弗能禁

根据道义施行赏罚，因而教化能够成功；教化成功后，即使施行赏罚也不能禁止人们去行善。施行赏罚不恰当也是这样。奸诈虚伪贼乱贪暴的原则兴起，长期兴起而且不能平息，人们就像出于本性一样照此去做，这就跟戎夷胡貉巴越等族的人一样了，即使有优厚的奖赏和严厉的刑罚，也不能禁止人们这样做。郢人用两块夹板筑土墙，吴起改革了这种方法从而遭到怨恨；氏族、羌族的人，他们被俘的时候，不担心被捆绑，却担心自己死后尸体不能被焚化。这都是由于邪曲造成的，而邪曲一旦养成，就会危害人民。用赏罚改变邪曲之事，人民就会感到安乐。所以，施加赏罚，不可不慎重啊。

【原文】

昔晋文公将与楚人战于城濮[1]，召咎犯而问曰[2]："楚众我寡，奈何而可？"咎犯对曰："臣闻繁礼之君，不足于文；繁战之君，不足于诈。君亦诈之而已。"文公以咎犯言告雍季[3]，雍季曰："竭泽而渔，岂不获得？而明年无鱼。焚薮而田[4]，岂不获得？而明年无兽。诈伪之道，虽今偷可[5]，后将无复[6]，非长术也。"文公用咎犯之言，而败楚人于城濮。反而为赏[7]，雍季在上。左右谏曰："城濮之功，咎犯之谋也。君用其言而赏后其身，或者不可乎！"文公曰："雍季之言，百世之利也。咎犯之言，一时之务也。焉有以一时之务先百世之利者乎？孔子闻之曰："临难用诈，足以却敌。反而尊贤，足以报德。文公虽不终始，足以霸矣。"赏重则民移之，民移之则成焉。成乎诈，其成毁，其胜败。天下胜者众矣，而霸者乃五，文公处其一，知胜之所成也。胜而不知胜之所以成，与无胜同。秦胜于戎而败乎殽[8]，楚胜于诸夏而败乎柏举[9]。武王得之矣，故一胜而王天下。众诈盈国，不可以为安，患者独外也。

【注释】

〔1〕城濮：春秋卫地名，在今河南。
〔2〕咎犯：见《当染》篇注。
〔3〕雍季：人名，晋大夫。
〔4〕薮：水浅草茂的泽地。田：后来写作"畋"，打猎。
〔5〕偷可：勉强可行，侥幸可以过得去。
〔6〕无复：不可再重复，不可再行。
〔7〕反：同"返"，返回。
〔8〕秦胜于戎：指秦穆公用蹇叔之计，送女乐给西戎王，使戎王沉湎酒色之中，最后战胜了西戎。败乎殽：指秦穆公袭郑，回兵之时，晋襄公在殽（河南西部的崤山）趁机大败秦军。

〔9〕楚胜于诸夏：指公元前597年楚国在邲打败晋国。诸夏，指中原地区的国家。败乎柏举：指楚昭王在柏举被吴国打败。

【译文】

从前晋文公要跟楚国人在城濮交战，把咎犯召来问道："楚兵多而我兵少，怎样做才能取胜呢？"咎犯回答说："我听说礼仪繁杂的君主，不嫌文辞之多；作战频繁的君主，不嫌欺诈之多。主君只要对楚国实行诈术就行了。"文公把咎犯的话告诉了雍季，雍季说："弄干池水捉鱼，怎么会没有收获呢？不过第二年就没有鱼了。把沼泽地烧光了来打猎，怎么会没有收获呢？不过第二年就没有野兽了。采用欺诈之术，即使现在勉强可行，可是以后就不可再行了，这不是长久之策。"然而文公还是采纳了咎犯的计谋，在城濮打败了楚军。回来后进行奖赏，把雍季放在首位。左右的人劝谏说："城濮之战的胜利，是由于采用了咎犯的计谋。主君用了咎犯的计谋，可是行赏却把他放在后边，这恐怕不可以吧？"文公说："雍季的话是符合长远利益的，咎犯的话则只能取得一时之功。哪有重一时之功而轻长远利益的呢？"孔子听到这件事后说："面临急难而采用欺诈之术，足以击退敌人；得胜回来后尊崇贤人，足以报答恩德。这种精神文公虽然没有贯彻始终，然而却足以称霸诸侯了。"奖赏重，人民就会改变奸伪之习。人民改变了奸伪之习，就是完成了教化。如果用诈术去教化人民，形成的是奸伪之习，即便成功了，最终也必定毁坏；即便暂时胜利了，最终也必定失败。天下取得过胜利的人很多，但是称霸的只有五个人，文公是其中之一，因为他知道取得胜利的原因。如果取得了胜利却不知道取得胜利的原因，那就跟没取得胜利一样。秦国战胜了戎，却在殽吃了败仗；楚国战胜了中原国家，但却在柏举吃了败仗。周武王懂这个道理，所以打了一次胜仗就称王于天下了。各种诈术充满国家，国家就不可能安定，祸患并不只是来自国外啊！

【原文】

赵襄子出围[1]，赏有功者五人，高赦为首[2]，张孟谈曰[3]："晋阳之事，赦无大功，赏而为首何也？"襄子曰："寡人之国危，社稷殆，身在忧约之中，与寡人交而不失君臣之礼者惟赦，吾是以先之。"仲尼闻之曰[4]："襄子可谓善赏矣。赏一人而天下之为人臣莫敢失礼。"为六军则不可易。北取代[5]，东迫齐[6]，令张孟谈逾城潜行，与魏桓、韩康期而击智伯[7]，断其头以为觞[8]，遂定三家[9]，岂非用赏罚当邪？

【注释】

〔1〕赵襄子出围：指赵襄子被智伯围于晋阳，后反趁机联合韩、魏二家灭智伯事。

〔2〕高赦：赵襄子的家臣。

〔3〕张孟谈：赵襄子的家臣，当赵襄子晋阳被围时，他曾与韩、魏二家暗中联系。

〔4〕仲尼闻之：赵襄子之事在孔子之后，孔鲋在《孔丛子·答问》中已辨其伪。

〔5〕代：战国时国名，为赵襄子所灭，见《史记·赵世家》，其地在今河北。

〔6〕迫：逼迫，威胁。

〔7〕魏桓：魏桓子，名驹。韩康：韩康子，名虎。期：约定日期。

〔8〕觞：古代酒器。据《史记·刺客列传》载：智伯死后，赵襄子曾"漆其头以为饮器"。

〔9〕三家：指韩、赵、魏三家。

【译文】

赵襄子从晋阳的围困中出来以后，赏赐五个有功劳的人，高赦受首赏。张孟谈说："晋阳突围之事，高赦无大功，却受了首赏，这是为什么？"赵襄子回答说："当我的国家危急，社稷遇险，身处在忧患之中的时候，和我来往而不失君臣之礼的，只有高赦一人，所以我要首先奖赏他。"孔子听到这件事后说："襄子可以说是善于奖赏的人。奖赏了一个人而使天下做臣子的人都不敢失礼了。"赵襄子用这种办法治理军队，军队就不敢轻慢。他向北攻取代国，向东威逼齐国，命令张孟谈越出城墙暗中跟魏桓子、韩康子约定日期共同袭击智伯，胜利后砍下智伯的头做成酒器，于是，奠定了韩、赵、魏三家分晋的局面。难道这不是由于赏罚得当吗？

察 今

【原文】

上胡不法先王之法，非不贤也，为其不可得而法。先王之法，经乎上世而来者也，人或益之，人或损之，胡可得而法？虽人弗损益，犹若不可得而法。东夏之命[1]，古今之法，言异而典殊[2]，故古之命多不通乎今之言者，今之法多不合乎古之法者。殊俗之民，有似于此，其所为欲同[3]，其所为欲异，口惛之命不愉[4]，若舟车衣冠滋味声色之不同。人以自是，反以相诽。天下之学者多辩，言利辞倒，不求其实，务以相毁，以胜为故[5]。先王之法，胡可得而法？虽可得，犹若不可法。凡先王之法，有要于时也[6]。时不与法俱至，法虽今而至，犹若不可法。故择先王之成法[7]，而法其所以为法。先王之所以为法者，何也？先王之所以为法者，人也。而己亦人也，故察己则可以知人，察今则可以知古，古今一也，人与我同耳。有道之士，贵以近知远，以今知古，以所见知所不见。故审堂下之阴[8]，而知日月之行、阴阳之变；见瓶水之冰，而知天下之寒、鱼鳖之藏也；尝一脟肉[9]，而知一镬之味[10]、一鼎之调。

【注释】

〔1〕东：指东夷，东方少数民族。夏：指华夏，中原各国。命：名（后文"古之命"的"命"字与此同义）。

〔2〕典：典章制度。

〔3〕"所"字为衍文（依陈奇猷说）。

〔4〕口惛之命：指方言。惛，同"吻"。不愉：不同。

〔5〕故：事。

〔6〕要：合。

〔7〕择：通"释"，放弃，丢开。

〔8〕阴：这里指日、月的影子。

〔9〕脟：同"脔"，切成块状的肉。

〔10〕镬（huò）：无足的鼎，古代煮肉器具。

【译文】

当今的君主为什么不效法古代帝王的成法？并不是因为当今的君主不贤明，而是因为这些成法不可能被后人效法。古代帝王的法度是经过前代传下来的，有的人增补过它，有的人删削过它，怎么可能被效法呢？即使人们没有增补、删削过它，也还是不可能被效法。东夷和华夏的名称，古今的法度，言词各异，典章制度不同。所以古代的名称跟现在的叫法多不相通，现在的法度与古代的法度多不相合。不同习俗的人民和这种情形相似。他们所要实现的愿望相同，但他们的所作所为不同。各地的方言不同，就像车船、衣帽、美味、音乐、色彩的不同一样。可是人们却自以为是，反过来还互相非议。天下的学者大多善辩，言辞锋利，是非颠倒，不求符合实际，专心致力于互相诋毁，以争胜为能事。古代帝王的法度怎么能从他们这种人那里得到并加以效法呢？即使可以得到古代帝王法度的真传，也还是不能加以效法。凡是古代帝王的法度，都与当时的形势相符合，但时势不能与法度一同存在到现在，法度虽然流传到现在，还是不能加以效法。所以要放弃古代帝王的现成法度，而取法他们制定法度所凭借的依据。古代帝王制定法度的依据是什么呢？古代帝王制定法度的依据是人。我们自己也是人，所以考察自己就可以了解别人，观察现在就可以推知古代。古今的道理是一样的，别人与自己是相同的。有道之士的高明之处就在于能根据近的推知远的，根据现在推知古代，根据所见到的推知所没有见到的。所以观察堂屋下的阴影，就可以推知日月运行的情况；看到瓶里的水结成冰，就知道气候已经非常寒冷，鱼鳖已经潜藏起来了；品尝一块肉，就可以知道一锅的滋味、一鼎肉味道的调和情况。

【原文】

荆人欲袭宋，使人先表澭水[1]。澭水暴益，荆人弗知，循表而夜涉，溺死者千有余人，军惊而坏都舍。向其先表之时可导也[2]，今水已变而益多矣，荆人尚犹循表而导之，此其所以败也。今世之主，法先王之法也，有似于此。其时已与先王之法亏矣，而曰"此先王之法也"，而法之以为治，岂不悲哉？故治国无法则乱，守法而弗变则悖，悖乱不可以持国。世易时移，变法宜矣。譬之若良医，病万变，药亦万变。病变而药不变，向之寿民[3]，今为殇子矣[4]。故凡举事必循法以动，变法者因时而化。若此论则无过务矣[5]。

【注释】

[1] 表：做标记。澭水：古水名，在今河南，河道今已不存。
[2] 向：从前。

〔3〕寿民：长寿的人。
〔4〕殇子：未成年而夭折的孩子。
〔5〕过务：错事。

【译文】

楚国人想偷袭宋国，派人先去测量澭水的深浅并做好渡河的标志。澭水突然暴涨，楚国人不知道，仍然照着旧标志在深夜中涉渡。结果淹死了一千多人，三军惊哗，就像都市中的房屋倒塌一样。原先做标志的时候本是可以渡过去的，现在水位已经发生变化，上涨得多了，楚国人却仍然照着旧标志渡河，这就是他们失败的原因。现在的君主效法古代帝王的法度，就有些像这种情况。他所处的时代已经与古代帝王的法度不适应了，却还说"这是古代帝王的法度"，并且效法它，以它作为治理国家的依据，难道不是很可悲吗？所以，治理国家没有法度就要发生混乱，死守古代帝王的法度而不进行变革就会发生谬误。出现谬误和混乱，是不能保住国家的。社会变迁了、时代发展了，变法是合时宜的。这就好比良医治病，病情千变万化，药也要千变万化。如果病情已经发生变化，而药却没有变，本来可以长寿的人，如今就会变成短命的人了。所以，凡是做事情一定要依照法度去行动，变法的人要根据时代的发展而变化。如果懂得这个道理，那就没有错误的事了。

【原文】

夫不敢议法者，众庶也；以死守者〔1〕，有司也；因时变法者，贤主也。是故有天下七十一圣〔2〕，其法皆不同，非务相反也，时势异也。故曰良剑期乎断〔3〕，不期乎镆铘〔4〕；良马期乎千里，不期乎骥骜〔5〕，夫成功名者，此先王之千里也。楚人有涉江者，其剑自舟中坠于水，遽契其舟〔6〕，曰："是吾剑之所从坠。"舟止，从其所契者入水求之。舟已行矣，而剑不行，求剑若此，不亦惑乎？以此故法为其国与此同。时已徙矣，而法不徙，以此为治岂不难哉？有过于江上者，见人方引婴儿而欲投之江中，婴儿啼，人问其故，曰："此其父善游。"其父虽善游，其子岂遽善游哉？此任物〔7〕，亦必悖矣。荆国之为政，有似于此。

【注释】

〔1〕以死守者："守"下当脱一"法"字（依毕沅说）。
〔2〕有天下：当作"有天下者"（依陈奇猷说）。
〔3〕期：求。断：斩断东西。
〔4〕镆铘（mò yé）：一作"莫邪"，宝剑名，传说是干将所铸。

〔5〕骥骜（jì ào）：千里马名。
〔6〕遽：立即。契：刻。
〔7〕此任物："此"字前脱一"以"字。任物，处理事情。

【译文】

不敢议论法度的，是一般的百姓；死守成法的，是各级官吏；顺应时代而变法的，是贤明的君主。因此，古代享有天下的七十一位圣贤君主，他们的法度都不相同。他们并不是存心要跟前人相反，而是因为时代和形势不同了。所以说，好剑只要求它能斩断东西，不要求它一定是镆铘；良马只要求它能日行千里，不要求它一定是骥骜。能成就功名的法度，这就是古代帝王的千里马。楚国有一个人乘船渡江，他的剑从船上掉进水里，他立即在船帮上刻了一个记号，说："这就是我的剑掉下去的地方。"等船停了，他就从刻着记号的地方跳进水里去寻找他的剑。船已经走动了，而剑没有走动，像这样去寻找掉进水里的剑，岂不是太糊涂了吗？用过了时的法度来治理国家，就像刻舟求剑的人一样。时代已经变了，可是法度却不随着改变，想用这个办法治理好国家，岂不是太难了吗？有个人路过江边，看见一个人正拉着一个小孩要把他扔到江里，小孩哭起来。这人走上前去问他这是怎么回事，他说："这个小孩的父亲善于游泳。"小孩的父亲虽然善于游泳，小孩难道也善于游泳吗？用这种方法来处理事情，也一定是很荒谬了。楚国处理政事的情况，与此相似。

察 微

【原文】

使治乱存亡若高山之与深溪〔1〕，若白垩之与黑漆，则无所用智，虽愚犹可矣。且治乱存亡则不然，如可知，如可不知；如可见，如可不见。故智士贤者相与积心愁虑以求之〔2〕，犹尚有管叔、蔡叔之事与东夷八国不听之谋〔3〕。故治乱存亡，其始若秋毫。察其秋毫，则大物不过矣。

【注释】

〔1〕使：即使，假如。
〔2〕愁：通"揫"。《尔雅》："揫，聚也。"

〔3〕"犹尚"句：管叔、蔡叔都是周武王之弟，因分封于管（今河南郑州）和蔡（今河南上蔡西南），故称管叔、蔡叔。武王死后，成王年幼，周公旦摄政，管叔、蔡叔不服，和纣王之子武庚一起叛乱，东夷八国响应，遂不听王命。

治乱存亡，其始若秋毫

【译文】

假使治乱存亡的预兆像高山和深谷、白垩和黑漆那样容易分辨，那么就没有运用智慧的地方了，即使是愚笨的人也可以分辨出来。然而治乱存亡并不是这样容易分辨，好像可以知道，又好像不可以知道；好像可以看到，又好像不可以看到。所以，智士贤人处心积虑地去探求它，还仍有管叔、蔡叔的叛乱事件和东夷八国不听王命的阴谋。所以，治乱存亡，它们开始出现时像秋毫那样细微。如果能审察开始时的秋毫，那么在大事上就不会有过失了。

【原文】

鲁国之法，鲁人为人臣妾于诸侯〔1〕，有能赎之者，取其金于府。子贡赎鲁人于诸侯，来而让，不取其金。孔子曰："赐失之矣〔2〕。自今以往，鲁人不赎人矣。取其金，则无损于行，不取其金，则不复赎人矣。"子路拯溺者，其人拜之以牛〔3〕，子路受之。孔子曰："鲁人必拯溺者矣。"孔子见之以细，观化远也。

【注释】

〔1〕臣：男奴仆。妾：女奴仆。
〔2〕赐：孔子弟子子贡的名。
〔3〕拜之以牛：用牛作为感谢之礼。

【译文】

鲁国的法令规定，鲁国人在别的诸侯国当奴隶，如果有能赎他们回来的人，可以从国库领取酬金。子贡从别的诸侯国赎回一个鲁国人，回来后却辞让，不去领取酬金。孔子说："端木赐做错了。从今以后，鲁国人不会再赎人了。领取国库的金钱并不会损害一个人的品行，不领取金钱就不会有人再赎人了。"子路拯救了一个溺水者，那个人用一头牛拜谢他，子路接受了礼物。孔子说："鲁国人一定都会拯救溺水者了。"孔子能从细微之处看到结果，这是由于他对事物的发展变化观察得远啊。

【原文】

楚之边邑曰卑梁[1]，其处女与吴之边邑处女桑于境上，戏而伤卑梁之处女。卑梁人操其伤子以让吴人[2]，吴人应之不恭，怒杀而去之。吴人往报之，尽屠其家。卑梁公怒[3]，曰："吴人焉敢攻吾邑？"举兵反攻之，老弱尽杀之矣。吴王夷昧闻之怒[4]，使人举兵侵楚之边邑，克夷而后去之。吴、楚以此大隆[5]。吴公子光又率师与楚人战于鸡父[6]，大败楚人，获其帅潘子臣、小帷子、陈夏啮[7]，又反伐郢，得荆平王之夫人以归，实为鸡父之战。凡持国，太上知始，其次知终，其次知中。三者不能，国必危，身必穷。《孝经》曰[8]："高而不危，所以长守贵也；满而不溢，所以长守富也。富贵不离其身，然后能保其社稷，而和其民人。"楚不能之也。

【注释】

〔1〕卑梁：春秋时楚国的边邑，与吴接壤。后世用此典把因微故而酿成大衅的，称为卑梁之衅。

〔2〕伤子：指受伤的女子。古时男女皆可称子。让：责备。

〔3〕卑梁公：卑梁的守邑大夫。

〔4〕夷昧：《史记·吴太伯世家》作"馀昧"，他是吴王寿梦的第三子，继承其兄馀祭的王位而立为吴王。

〔5〕隆：通"哄（hòng）"，斗殴（依孙诒让说）。

〔6〕公子光：是吴王诸樊之子，即求专诸刺王僚者。鸡父：春秋楚地，在今河南固始。

〔7〕潘子臣、小帷子：均为楚大夫。陈夏啮：陈国大夫，名夏啮。这三人不是在一次战斗中俘获的，此系作者误记。

〔8〕《孝经曰》：下面的引文见《孝经·诸侯章》。

【译文】

楚国有个边境城邑叫卑梁，那里的姑娘和吴国边境城邑的姑娘同在边境上采桑叶，嬉戏时，吴国的姑娘弄伤了卑梁的姑娘。卑梁人带着受伤的姑娘去责备吴国人，吴国人出言不逊，卑梁人十分恼火，杀死那个吴国人走了。吴国人去卑梁报复，把那个卑梁人全家都杀了。卑梁的守邑大夫大怒，说："吴国人怎么敢攻打我的城邑？"于是发兵反击吴国人，连老弱全都杀死了。吴王夷昧听到这件事后大怒，派人领兵入侵楚国的边境城邑，攻占以后才离去。吴国和楚国因此发生了大规模的冲突。吴国公子光又率领军队在鸡父和楚国人交战，大败楚军，俘获了楚军的主帅潘子臣、小帷子以及陈国的大夫夏啮。又接着攻打郢都，俘获了楚平王的夫人而归。这就是鸡父之战。凡是主持国事，最上等的是了解事情的开端，其次是预见到事情的结局，再次是要知道事情发展的经过。这三点都做不到，国家一定危险，自身一定困窘。《孝经》上说："高却不倾危，就能长期保持尊贵；满却不外溢，就能长期保持富足。富贵不离其身，然后才能保住他的国家，安定他的人民。"楚国做不到这些。

【原文】

郑公子归生率师伐宋[1]。宋华元率师应之大棘[2]，羊斟御[3]。明日将战，华元杀羊飨士，羊斟不与焉[4]。明日战，怒谓华元曰："昨日之事，子为制[5]；今日之事，我为制。"遂驱入于郑师。宋师败绩，华元虏。夫弩机差以米则不发[6]。战，大机也。飨士而忘其御也，将以此败而为虏，岂不宜哉？故凡战必悉熟偏备，知彼知己，然后可也。

【注释】

〔1〕归生：郑大夫，字子家。
〔2〕华元：宋大夫。大棘：春秋宋邑，故址在今河南柘城西北。
〔3〕羊斟：宋人，华元的驭手，后奔鲁。
〔4〕与：参与，在其中。
〔5〕制：控制，掌握。
〔6〕弩机：弩牙，弓上发箭的装置。米：指一粒米的长度。

【译文】

郑国公子归生率领军队讨伐宋国。宋国华元率领军队在大棘应战，羊斟给他驾车。第二天将要开战，华元杀羊宴飨将士，羊斟却不在其中。第二天战事开始，羊斟愤怒地对华元说："昨天的事由你掌握，今天的事由我掌握。"于是

凡战必悉熟偏备，知彼知己，然后可也

驾车冲入郑国军队。宋国军队大败，华元被俘。弩牙只差一粒米的长度就不能发射。战争正像一个大弩牙。宴飨将士却忘记了自己的驭手，将帅因此而战败被俘，难道不是应该的吗？所以，凡是作战一定要熟悉全部情况，做好全面准备，知彼知己，然后才可以作战。

【原文】

鲁季氏与郈氏斗鸡[1]，郈氏介其鸡[2]，季氏为之金距[3]。季氏之鸡不胜。季平子怒，因归郈氏之宫而益其宅[4]。郈昭伯怒，伤之于昭公，曰："禘于襄公之庙也[5]，舞者二人而已[6]，其余尽舞于季氏。季氏之舞道[7]，无上久矣，弗诛必危社稷。"公怒，不审，乃使郈昭伯将师徒以攻季氏，遂入其宫。仲孙氏、叔孙氏相与谋曰："无季氏，则吾族也死亡无日矣。"遂起甲以往，陷西北隅以入之，三家为一，郈昭伯不胜而死。昭公惧，遂出奔齐，卒于乾侯[8]。鲁昭听伤而不辩其义[9]，惧以鲁国不胜季氏，而不知仲、叔氏之恐而与季氏同患也，是不达乎人心也。不达乎人心，位虽尊，何益于安乎？以鲁国恐不胜一季氏，况于三季[10]？同恶固相助[11]。权物若此其过也[12]。非独仲、叔氏也，鲁国皆恐。鲁国皆恐，则是与一国为敌也，其得至乾侯而卒犹远[13]。

【注释】

〔1〕鲁季氏：鲁国有权势的贵族季孙氏，此指季平子。郈（hòu）氏：鲁国公室，此指郈昭伯。

〔2〕介：甲。此处用作动词，使……披甲。

〔3〕之：代指鸡。金距：金属的鸡爪。

〔4〕归：当为"侵"之误字（依孙蜀丞说）。宫：室。

〔5〕禘（dì）：古代祭名，此指宗庙四时祭祀之一。夏日举行的宗庙祭祀叫禘。

〔6〕二人：当作"二八"。古时舞者八人为一佾（yì）。二八即二佾。按礼制诸侯祭祀用六佾，今用二佾，其余被季氏占为己有。

〔7〕舞道：舞蹈的规矩。

〔8〕乾侯：晋地名，在今河北成安东南。

〔9〕伤：中伤，诋毁。辩：通"辨"，分辨。义：道理。

〔10〕三季：指季孙氏、仲孙氏、叔孙氏三家。

〔11〕同恶：所厌恶者相同。三季均厌恶鲁昭公。

〔12〕权：权衡，衡量。

〔13〕"其得至"句：这句是说昭公得以至乾侯而死，犹幸其远。其：指昭公。远：指时间久远。

【译文】

　　鲁国的季氏和郈氏斗鸡，郈氏给他的鸡披上甲，季氏则给鸡安上金属爪子。季氏的鸡没有取胜，季平子很生气，就侵占郈氏的房屋来扩大自己的住宅。郈昭伯很生气，就在昭公面前中伤季氏，说："在襄公之庙举行大祭的时候，参加乐舞的人只有十六人而已，其余的人都到季氏家参加乐舞去了。季氏目无舞蹈的成规，不把君主放在眼里已经很长时间了。不杀掉他，一定会危害国家。"昭公听了大怒，不加详察，就派郈昭伯率领军队去攻打季氏，随即攻入季氏的庭院。仲孙氏、叔孙氏彼此商议道："如果没有了季氏，那我们家族也离灭亡没几天了。"于是起兵支援季氏，攻破西北角而进入季氏的庭院，季氏、仲孙氏、叔孙氏三家联合成为一家，郈昭伯不能取胜而被杀死。昭公很害怕，于是出逃到齐国，后来死在乾侯。鲁昭公听信中伤季氏的话，却不去分辨是否合乎道理，只是害怕凭着鲁国的力量不能胜过季氏，而不知道仲孙氏、叔孙氏的恐惧，他们与季孙氏是患难与共的，这说明他不通晓人心。不通晓人心，地位即便尊贵，对安全又有什么益处呢？以鲁国的力量恐怕还不能战胜一个季氏，更何况三个季氏呢？他们都厌恶昭公，势必会互相救助。昭公权衡事情错误到如此地步，不只是仲孙氏、叔孙氏会感到恐惧，整个鲁国都会感到恐惧。整个鲁国都感到恐惧，那么这就是与整个国家为敌了。昭公得以出逃到乾侯才死，还算是有幸死得远了呢！

不 二

【原文】

　　听群众人议以治国，国危无日矣。何以知其然也？老耽贵柔[1]，孔子贵仁，墨翟贵廉[2]，关尹贵清[3]，子列子贵虚[4]，陈骈贵齐[5]，阳生贵己[6]，孙膑贵势[7]，王廖贵先[8]，兒良贵后[9]。此十人者，皆天下之豪士也。有金鼓所以一耳也[10]；同法令所以一心也；智者不得巧，愚者不得拙，所以一众也；勇者不得先，惧得不得后，所以一力也。故一则治，异则乱；一则安，异则危。夫能齐万不同[11]，愚智工拙，皆尽力竭能，如出乎一穴者，其唯圣人矣乎！无术之智，不教之能，而恃强速贯习，不足以成也。

【注释】

〔1〕老耽贵柔：指老子提出"以柔克刚""以弱胜强"的主张。

〔2〕廉：节俭。墨子主张"非乐""节用""节葬"等。

〔3〕关尹：名喜，曾为函谷关尹，属道家。老子过函谷关，他请老子著"道""德"二经。主张"其动若水，其静若镜"，讲究保持纯气，认为守纯气可以蹈火不热。

〔4〕子列子：即列子，姓列，名御寇，属道家。主张"静也虚也，得其居矣"。

〔5〕陈骈：田骈，战国时齐国人，主张生死一样，古今相同，"齐万物以为首"。

〔6〕阳生：杨朱，他是拔一毛利于天下而不为的利己主义者。

〔7〕孙膑：古代军事家，有《孙膑兵法》三十篇，主张用兵"其巧在于势""所谓善战者，便势利地者也"。

〔8〕王廖：战国时的兵家，主张用兵贵在事先建立策略。

〔9〕兒（ní）良：战国时的兵家。贵后：疑为重后发制人。

〔10〕一：统一。

〔11〕齐：使……齐同。万不同：指众多的不同事物。

【译文】

听从众人的议论来治理国家，国家危亡就没有多少时日了。凭什么知道是这样呢？老子崇尚柔，孔子崇尚仁，墨翟崇尚节俭，关尹崇尚清静，列子崇尚虚无，陈骈崇尚齐同，阳生崇尚自我，孙膑崇尚势态，王廖崇尚先谋，兒良崇尚后发制人。这十个人，都是天下的豪杰之士。设置锣鼓，是为了统一士卒的进退；统一法令，是为了统一民心；使智者不要花招，使愚者不犯错误，是为了统一众人的智力；使勇敢的人不敢冒进，使胆怯的人不敢后退，是为了统一大家的力量。所以，统一就秩序井然，各自为政就一片混乱；统一就平安，各自为政就危险。能够使众多的不同事物齐同，使愚蠢的、聪明的、灵巧的、笨拙的人都能尽力竭能，就像由一个起点出发一样，大概只有圣人吧！君主没有驾驭臣下方法

的智谋，臣子不听法令而表现才能，依仗强力而使人们习惯于守法，是不足以实现的。

淫　辞

【原文】

非辞无以相期[1]，从辞则乱。乱辞之中又有辞焉[2]，心之谓也。言不欺心，则近之矣。凡言者，以谕心也。言心相离，而上无以参之[3]，则下多所言非所行也，所行非所言也。言行相诡，不祥莫大焉。

【注释】

〔1〕相期：指互相交往。期，相约，会合。
〔2〕乱：当为衍文（依陈昌齐说）。
〔3〕参：考察，验证。

【译文】

没有言辞就无法互相交往，可听信言辞就会发生混乱。言辞之中又有言辞，这就是思想。言辞不违背思想，那就差不多了。凡是说的话，都是为了表达思想的。说的话和思想相背离，君上又没有办法来验证，那么臣下就会有很多所说的话和所做的事不相符合，以及所做的事和所说的话不相符合的情况。言行互相背离，没有什么比这更不吉祥的了。

【原文】

空雄之遇[1]，秦、赵相与约，约曰："自今以来，秦之所欲为，赵助之；赵之所欲为，秦助之。"居无几何，秦兴兵攻魏，赵欲救之。秦王不悦，使人让赵王曰[2]："约曰：'秦之所欲为，赵助之；赵之所欲为，秦助之。'今秦欲攻魏，而赵因欲救之，此非约也。"赵王以告平原君。平原君以告公孙龙。公孙龙曰："亦可以发使而让秦王曰：'赵欲救之，今秦王独不助赵，此非约也。'"

平原君

【注释】

〔1〕空雄：当作"空雒"（依毕沅说）。前《听言》篇作"空洛"，"洛"字在曹魏之前写作"雒"，因与"雄"形近致误。遇：盟会。

〔2〕让：责备。

【译文】

在空雒会盟时，秦国和赵国互相约定说："从今以后，秦国想要做的事，赵国要予以帮助；赵国想要做的事，秦国要予以帮助。"过了没多久，秦国发兵攻打魏国，赵国想援救魏国。秦王很不高兴，派人责备赵王说："盟约说：'秦国想要做的事，赵国要予以帮助；赵国想要做的事，秦国要予以帮助。'现在秦国想要攻打魏国，而赵国却要去援救魏国，这是违背盟约的。"赵王把这些话告诉了平原君。平原君又转告公孙龙。公孙龙说："赵王也可以派使节去责备秦王说：'赵国想要援救魏国，现在秦王偏偏不帮助赵国，这是违背盟约的。'"

【原文】

孔穿、公孙龙相与论于平原君所〔1〕，深而辩，至于藏三耳〔2〕，公孙龙言藏之三牙甚辩，孔穿不应，少选，辞而出。明日，孔穿朝。平原君谓孔穿曰："昔者公孙龙之言甚辩。"孔穿曰："然。几能令藏三牙矣。虽然，难。愿得有问于君，谓藏三牙甚难而实非也，谓藏两牙甚易而实是也，不知君将从易而是者乎？将从难而非者乎？"平原君不应。明日，谓公孙龙曰："公无与孔穿辩。"

【注释】

〔1〕孔穿：字子高，孔子的后代。平原君：赵胜，赵惠文王之弟。曾为赵相。

〔2〕藏三耳：即"羊三耳"，是当时名家辩论的命题，他们认为"羊有耳"是一个集合的概念。羊又有两耳，加起来是三个概念，如同坚白之

辩、白马非马的辩论一样,是一种诡辩。藏,"臧"的借字,"臧"通"牂"(zāng),即母羊。

【译文】

孔穿和公孙龙在平原君那里互相辩论,深入而雄辩,谈到了羊有三耳的命题,公孙龙论证羊有三耳,论证得很雄辩。孔穿不回答,不一会儿,告辞而去。第二天,孔穿上朝。平原君对孔穿说:"昨天公孙龙的言论很雄辩。"孔穿说:"是这样,几乎能让羊有三只耳了。虽然如此,这种说法还是难以成立的。我想问问您,论证羊有三只耳难度很大,而事实并非如此;论证羊有两耳很容易而事实正是如此。不知道您将听信容易论证而且事实正是如此的观点呢,还是听信论证难度大而且事实也并非如此的观点呢?"平原君没有回答。第二天,平原君对公孙龙说:"你不要再跟孔穿辩论了。"

【原文】

荆柱国庄伯令其父视[1],曰:"日在天。"视其奚如,曰:"正圆。"视其时,曰:"当今。"令谒者驾,曰:"无马[2]。"令涓人取冠,"进上[3]。"问马齿,圉人曰[4]:"齿十二与牙三十。"人有任臣不亡者[5],臣亡,庄伯决之,任者无罪[6]。

【注释】

[1]柱国:上柱国,战国时期楚国官职名,为最高武官。庄伯:人名。父:古代"父"与"巫"相通,此"父"字,系主占卜的巫(依陈奇猷说)。"日、曰"二字,原文颠倒,今据诸家之说改正。

[2]谒者:官名,负责为国君传达命令。谒者不管驾车,此句是令谒者通知驾车者备车,谒者误以为令己驾车,故以"无马"回答。这段对话都是讥笑庄伯辞意不明,致生误会。

[3]涓人:在君主左右掌管洒扫的人。取冠:"冠"与"干"古同音,"取干"即将湿处治之使干燥,涓人误以为"取冠",故回答说:帽子已戴在你头上(依陈奇猷说)。

[4]圉人:主管养马刍牧的官员。

[5]任:担保。臣:此指奴隶。亡:逃亡。

[6]任者无罪:奴隶逃亡,按法律担保者本应有罪,而庄伯释其罪,是乱说之辞。

【译文】

楚国的柱国庄伯让他的父亲看看太阳是早是晚,他的父亲却说:"太阳在天上。"看看太阳怎么样了,说:"正圆。"看看是什么时辰,说:"就是现在。"庄伯命令谒者传令驾车,回答说:"没有马。"庄伯命令涓人拿帽子,回答说:"已戴在你的头上。"庄伯问马的年齿,圉人说:"齿十二个,加上牙共三十个。"有一个人担保奴隶不逃亡,结果奴隶却逃亡了,庄伯对此做了判决:担保的人无罪。

【原文】

宋有澄子者,亡缁衣[1],求之途,见妇人衣缁衣,援而弗舍,欲取其衣,曰:"今者我亡缁衣。"妇人曰:"公虽亡缁衣,此实吾所自为也。"澄子曰:"子不如速与我衣。昔吾所亡者,纺缁也[2];今子之衣,禅缁也[3]。以禅缁当纺缁,子岂不得哉?"

【注释】

[1]亡:丢失。缁衣:用黑色帛所做的朝服或衣服。
[2]纺缁:用纺丝的织品制成的黑色衣服。
[3]禅(dān):单衣。

【译文】

宋国有一个叫澄子的,丢了一件黑色衣服,就沿路寻找,看见一个妇人穿着一件黑色衣服,便拉住她不放手,想脱下她的衣服,说:"如今我丢了一件黑色衣服。"妇人说:"您虽然丢了一件黑色衣服,但这件衣服确实是我自己做的呀。"澄子说:"你不如赶紧把衣服给我。我原先丢失的是纺缁,现在你的衣服是禅缁。用禅缁抵纺缁,你难道还不占便宜吗?"

【原文】

宋王谓其相唐鞅曰[1]:"寡人所杀戮者众矣,而群臣愈不畏,其故何也?"唐鞅对曰:"王之所罪,尽不善者也。罪不善,善者故为不畏。王欲群臣之畏也。不若无辨其善与不善而时罪之,若此则群臣畏矣。"居无几何,宋君杀唐鞅。唐鞅之对也,不若无对。

【注释】

[1]宋王:宋康王。唐鞅:宋康王相。

【译文】

宋王对他的相唐鞅说:"我所杀戮的人够多了,而群臣却越来越不害怕我,这是什么原因呢?"唐鞅回答说:"君王所惩治的全是不好的人。惩治不好的人,因此,好人不害怕。君王想要群臣害怕,不如不去辨别他们是好还是不好,时时去治他们的罪。像这样,那么群臣就会害怕了。"过了没多久,宋国君主杀了唐鞅。唐鞅的回答,还不如不回答。

【原文】

惠子为魏惠王为法[1]。为法已成,以示诸民人,民人皆善之。献之惠王,惠王善之,以示翟翦[2]。翟翦曰:"善也。"惠王曰:"可行耶?"翟翦曰:"不可。"惠王曰:"善而不可行,何故?"翟翦对曰:"今举大木者,前呼舆谚[3],后亦应之,此其于举大木者善矣,岂无郑、卫之音哉?然不若此其宜也。夫国亦木之大者也[4]。"

【注释】

〔1〕惠子:即惠施,宋人,仕魏为魏惠王相。
〔2〕翟翦:魏国人。
〔3〕舆谚:亦作"邪许""邪所",表声词,抬重物时所唱的号子声。
〔4〕"夫国"句:这句是说治国亦如举大木一样,自有宜用之法。

【译文】

惠子为魏惠王制定法令。法令已经制定好了,把它出示给人们,人们都认为法令很好。惠子于是把法令献给了惠王,惠王认为法令很好,把它交给翟翦看。翟翦说:"很好。"惠王说:"可以实行吗?"翟翦说:"不可以。"惠王说:"认为这个法令好又说它不可以实行,为什么?"翟翦回答说:"现在抬大木头的人,前面的人喊着'嗨哟',后面的人也跟着应和,这对抬木头的人来说是好的。难道就没有比这劳动号子更悦耳的郑、卫之音吗?然而不如劳动号子适宜啊。治理国家也像抬大木头一样,自有其适宜的法令啊。"

用 民

【原文】

凡用民，太上以义，其次以赏罚。其义则不足死，赏罚则不足去就[1]，若是而能用其民者，古今无有。民无常用也，无常不用也，唯得其道为可。

【注释】

[1]去就：指去恶就善。

【译文】

凡是使用人民，以义来推动他们是上策，其次才用赏罚。如果行义不足以让人民去效死，赏罚不足以让人民去恶向善，像这样却能使用自己的人民的人，从古到今都没有。天下没有永远可用的人民，也没有永远不可用的人民，只有掌握了用民之道才可以使用人民。

勇者以工，惧者以拙

【原文】

阖庐之用兵也不过三万，吴起之用兵也不过五万。万乘之国，其为三万五万尚多。今外之则不可以拒敌，内之则不可以守国，其民非不可用也，不得所以用之也。不得所以用之，国虽大，势虽便，卒无众[1]，何益？古者多有天下而亡者矣，其民不为用也。用民之论，不可不熟。

【注释】

〔1〕无：通"弥"，甚。

【译文】

阖庐用兵，不超过三万。吴起用兵，不超过五万。拥有万辆兵车的大国，它们用兵比三万五万还多，可是现在对外不可以御敌，对内不可以保国，它们的人民不是不可以使用，是因为没有掌握用民之道。没有掌握用民之道，国家即使很大，形势即使很有利，士兵即使很多，有什么益处呢？古代有很多享有天下可是最后却遭到灭亡的，就是因为他们的人民不为其所用啊。所以，用民的学说，不可不熟悉啊。

【原文】

剑不徒断[1]，车不自行，或使之也。夫种麦而得麦，种稷而得稷，人不怪也。用民亦有种，不审其种，而祈民之用[2]，惑莫大焉。

【注释】

〔1〕徒：凭空，无故。断：指断物。
〔2〕祈：求。

【译文】

宝剑不会凭空断物，车子不会自己行走，这都要有人去使用它们。播种麦子就收获麦子，播种糜子就收获糜子，人们对此并不感到奇怪。使用人民也有播什么种子的问题，不考察播下什么种子，却要求人民被使用，没有比这更糊涂的了。

【原文】

当禹之时，天下万国，至于汤而三千余国，今无存者矣，皆不能用其民也。民之不用，赏罚不充也[1]。汤、武因夏、商之民也[2]，得所以用之也。管、商亦因齐、秦之民也[3]，得所以用之也。民之用也有故，得其故，民无所不用。用民有纪有纲[4]，一引其纪、万目皆起，一引其纲，万目皆张。为民纪纲者何故？欲也恶也。何欲何恶？欲荣利，恶辱害。辱害所以为罚充也，荣利所以为赏实也。赏罚皆有充实，则民无不用矣。

【注释】

〔1〕赏罚不充：指赏罚不能兑现。
〔2〕汤、武：指商汤与周武王。因：依靠。
〔3〕管、商：管仲、商鞅。
〔4〕纪：本指丝缕的头绪。纲：本指提网的绳。后纲纪引申为法纪、法度。

【译文】

在大禹那个时代，天下有上万个诸侯国；到了汤那个时代，已只有三千多个诸侯国了；现在，这些诸侯国已没有存在的了。这都是因为这些国家的君主不能使用他们的人民。人民不能被使用，是因为赏罚不能兑现。商汤、武王依靠夏、商的人民，因为掌握了使用他们的方法；管仲、商鞅依靠齐国、秦国的人民，也因为掌握了使用他们的方法。人民被使用是有原因的，懂得了这个原因，人民没有不被使用的。使用人民就像渔网一样有纪有纲，一牵引纪，万目都被提起，一牵引纲，万目都张开。成为人民纲纪的是什么？是希望，是憎恶。人民希望什么？憎恶什么？希望荣耀利益，憎恶耻辱祸害。耻辱祸害是用来兑现惩罚的；荣耀利益是用来兑现奖赏的。赏罚都能兑现，人民没有不被使用的了。

【原文】

阖庐试其民于五湖。剑皆加于肩，地流血几不可止。勾践试其民于寝宫[1]，民争入水火，死者千余矣，遽击金而却之，赏罚有充也。莫邪不为勇者兴[2]，惧者变，勇者以工，惧者以拙，能与不能也。

【注释】

〔1〕勾践试其民于寝宫：事见《韩非子·内储说上》。文种为伐吴，以焚宫室试民向勾践建议，遂焚宫室，人民没有救火的。乃下命令，救火而死者，其赏与在战场上牺牲战士相等，救火而未死者，与战胜敌人之赏同。不救火者，以投降敌人论罪。于是，人们身涂泥巴，被湿衣而赴火者左三千人，右三千人，以此知伐吴必胜。
〔2〕兴：当作"与"（依王念孙说）。

【译文】

阖闾在五湖检验他的人民，剑都刺到了肩头，血流遍地，几乎都不能制止人民前进。勾践在寝宫检验他的人民，放火焚烧寝宫，人民争着赴汤蹈火，死了一千多人，赶紧鸣金叫他们退回来。这是因为赏罚都能兑现。镆铘不因为勇敢的人或怯懦的人而改变锋利的程度，但勇敢的人靠了它更加灵巧，怯懦的人靠了它却更加笨拙，这是善于使用和不善于使用造成的。

【原文】

夙沙之民[1]，自攻其君，而归神农。密须之民[2]，自缚其主，而与文王。汤、武非徒能用其民也，又能用非己之民。能用非己之民，国虽小，卒虽少，功名犹可立。古昔多由布衣定一世者矣，皆能用非其有也。用非其有之心，不可察之本[3]。三代之道无二，以信为管[4]。

【注释】

[1]夙沙：亦作"宿沙""质沙"，上古部落名。居东海滨。
[2]密须：古之密国，为周文王所灭，故址在今甘肃灵台。
[3]不可察之本：当作"不可不察其本"（依毕沅说）。
[4]信：指信义。管：枢要，准则。

【译文】

夙沙的人民，自己攻打他们的君主，然后去归顺神农。密须的人民，自己捆绑他们的君主，然后归顺文王。汤王、武王不只能使用自己的人民，还能使用不属于自己的人民。能够使用不属于自己的人民，国家虽然小，士兵虽然少，但还是可以建立功名。古代有很多由平民而平定天下的人，这些人都能使用不属于自己的人民。使用不属于自己的人民的心思，是不可不明察的根本啊。夏、商、周三代的成功之道没有别的，他们是把信义作为准则啊。

【原文】

宋人有取道者[1]，其马不进，倒而投之鸂水[2]。又复取道，其马不进，又倒而投之鸂水。如此者三。虽造父之所以威马[3]，不过此矣。不得造父之道，而徒得其威，无益于御。人主之不肖者，有似此。不得其道，而徒多其威。威愈多，民愈不用。亡国之主，多以多威使其民矣。故威不可无有，而不足专恃。譬之若盐之于味，凡盐之用，有所托也[4]，不适则败托而不可食。威亦然，必有所托，然后可行。恶乎托[5]？托于爱利。爱利之心谕，威乃可行。威太甚则爱利之心息。爱利之心息而徒疾行威，身必咎矣[6]，此殷、夏之所以绝也。君，利势也，次官也[7]。处次官，执利势，不可而不察于此。夫不禁而禁者[8]，其唯深见此论耶。

【注释】

〔1〕取道：赶路。

〔2〕倒：当作"到"（依王念孙说），杀。灕水：溪水。

〔3〕造父：古代善于驭马的人，曾为周穆王的御者。威马：对马树立自己的威严。

〔4〕托：依托。

〔5〕恶：作疑问代名词，什么，何。

〔6〕咎：遭殃。

〔7〕次官：似指决定官吏的等级。

〔8〕不禁而禁：不用法令禁止而人们自会禁止。

【译文】

宋国有一个赶路的人，他的马不肯前进，就杀死一匹马，并把尸体投入溪水。接着继续赶路，他的马还是不肯前进，就又杀死一匹马，并把尸体投入溪水。像这样的情况发生了三次。即使是造父对马树立威严的方法，也不过如此。没有学到造父驭马的方法，而只是学到了造父的威严，这对于驾驭马没有益处。君主中的那些不肖者，与此相似。没有学到用民之道，而只是学到很多当君主的威严。威严的手段越多，人民越不为他所用。亡国的君主，大都以繁多的威严手段使用他的人民。所以威严不可以没有，但也不足以专门依仗。这就像盐对于滋味，大凡盐的作用，必须有所依托，不适量就会把所依托的菜肴毁坏，从而不可食用了。威严也是这样，一定要有所依托，然后才可以施行。依托于什么呢？依托于爱利。爱利之心晓谕了，威严才可以施行。如果威严太过分，那么爱利之心就会止息。爱利之心已经止息，而凭空厉行威严，那么君主一定遭殃。这就是夏、殷之所以灭亡的原因。君主掌握着利益和权势，能决定官吏的等级。处于决定官吏等级的地位，掌握着利益和权势，君主对这种情况不可不审察清楚啊。不需用法令禁止就能禁止人们为非作歹，大概只有深刻地认识到这个道理才能做到吧！

举　难

【原文】

以全举人固难，物之情也。人伤尧以不慈之名〔1〕，舜以卑父之号〔2〕，禹以贪位之意，汤、武以放弑之谋〔3〕，五伯以侵夺之事〔4〕。由此观之，物岂可全哉？故君子责人则以人[5]，自责则以义。责人以人则易足，易足则得人；自责以义则难为非，难为非则行饰[6]；故任天地而有余。不肖者则不然，责人则以义，自责则以人。责人以义则难赡[7]，难赡则失亲；自责以人则易为，易为则行苟；故天下之大而不容也，身取危、国取亡焉，此桀、纣、幽、厉之行也[8]。尺之木必有节目[9]，寸之玉必有瑕疵[10]。先王知务之不可全也，故择务而贵取一也[11]。

【注释】

〔1〕"人伤"句：尧传位给舜，而不传其子，所以有人诋毁他对儿子不慈爱。伤，诋毁。

〔2〕"舜以"句：《韩非子·忠孝》上说："瞽叟为舜父而舜放之"，舜的不孝之名和卑父之号，大概指此而言。

〔3〕"汤、武"句：汤王伐夏桀，夏桀出奔南方，情同放逐。武王伐纣，纣兵败自焚而死，犹如臣弑君。

〔4〕五伯：五霸。

〔5〕以人：按常人的标准。

〔6〕行饰：行为端正。"饰"同"饬"，端正。

〔7〕难瞻：当作"难赡"（依毕沅说），难以满足要求。

〔8〕幽、厉：指周幽王宫涅和周厉王胡，厉王比幽王在位之时早六十多年。他们都是无道之君。

〔9〕节目：指木头上的节结。

〔10〕瑕疵（tì）：玉上的斑点。

〔11〕择务：指对事务的选择。取一：取其长处。

【译文】

用十全十美的标准去举荐人必然很难，这是事物的常情。有人用不慈的名声来诋毁尧，用不敬父亲的名义来诋毁舜，用贪图帝位来诋毁禹，用谋划放逐、弑杀桀、纣来诋毁汤王、武王，用侵夺土地的事实来诋毁五霸。由此看来，事物怎么能十全十美呢？所以，君子按照常人的标准去要求别人，按照义的标准来要求自己。按照常人的标准去要求别人就容易满足，容易满足就能得到人才；按照义的标准来要求自己就难以做错事，难以做错事行为就端正。所以,君子即使担任像天地那样大的重任也游刃有余。不肖的人则不是这样。他们按照义的标准去要求别人,按照常人的标准来要求自己。按照义的标准去要求别人,就难以满足要求,难以满足要求,就会失去亲附自己的人;按照常人的标准来要求自己,就容易做到,容易做到,行为就苟且。所以,天下虽然广大,但容纳不了这种人,他们自身招致危险,国家招致灭亡。这就是夏桀、商纣、周幽王、周厉王的所作所为啊。一尺长的木头一定有节结;一寸大的玉石,一定有瑕疵。先王知道事务不可能十全十美,所以,选择事务只看重其长处。

【原文】

季孙氏劫公家[1]。孔子欲谕术则见外[2],于是受养而便说[3]。鲁国以訾[4]。孔子曰:"龙食乎清而游乎清,螭食乎清而游乎浊[5],鱼食乎浊而游乎浊。今丘上不及龙,不下若鱼,丘其螭耶。"夫欲立功者,岂得中绳哉?救溺者濡,追逃者趋。

【注释】

[1]季孙氏:鲁国权势很大的贵族。劫公家:把持公室政权。
[2]谕术:以道理使其晓谕。见外:被疏远。
[3]受养:指作为食客或家臣被给养。便说:便于劝说。
[4]訾(zǐ):毁谤。
[5]螭(chī):传说中无角的龙。

【译文】

季孙氏把持公室政权,孔子想晓之以理,但又担心这样会被疏远,于是就接受季孙氏的给养,以便于向他劝说。鲁国人为此毁谤孔子。孔子说:"龙在清水里吃东西,在清水里游动;螭在清水里吃东西,在浊水里游动;鱼在浊水里吃东西,在浊水里游动。现在我上比不上龙,下也不像鱼,我大概属于螭这一类吧!"要想建立功名的人,行为怎么能处处合乎规则呢?抢救溺水的人,自身也要沾湿;追赶逃跑的人,自己也得奔跑。

【原文】

魏文侯弟曰季成,友曰翟璜[1]。文侯欲相之而未能决,以问李克[2]。李克对曰:"君欲置相,则问乐腾与王孙苟端孰贤[3]?"文侯曰:"善。"以王孙苟端为不肖,翟璜进之[4];以乐腾为贤,季成进之;故相季成。凡听于主,言人不可不慎。季成,弟也,翟璜,友也,而犹不能知,何由知乐腾与王孙苟端哉?疏贱者知,亲习者不知,理无自然[5]。自然而断相[6]，过。李克之对文侯也亦过。虽皆过，譬之若金之与木，金虽柔犹坚于木。

【注释】

〔1〕翟璜：一作"翟黄"，下邦人，曾向魏文侯举荐过吴起、西门豹、乐羊、李克等人。

〔2〕李克：子夏的学生，仕于魏。

〔3〕乐腾、王孙苟端：二人皆魏文侯之臣。

〔4〕进：举荐。

〔5〕理无自然：不会有这样的道理。

〔6〕"自然"句："自然"上当脱"理无"二字（依俞樾说）。

【译文】

魏文侯的弟弟名叫季成，朋友名叫翟璜。文侯想让他们两个人中的一个担任相，可是不能决断，就询问李克。李克回答说："君王想任命相，那么看看乐腾与王孙苟端哪一个更贤能就行了。"文侯说："好。"文侯认为王孙苟端不肖，而他是翟璜举荐的；认为乐腾贤能，而他是季成举荐的。所以就任命季成为相。凡是被君主所听信的人，谈论他人时不可不慎重。季成是文侯的弟弟，翟璜是文侯的朋友，文侯尚且不了解他们，又怎么能了解乐腾和王孙苟端呢？对疏远低贱的人了解，对亲近熟悉的人却不了解，没有这样的道理。没有这样的道理却要以此决断相位，这就错了。李克回答文侯的话也错了。他们虽然都错了，但是就如同金和木一样，金虽然柔软，但还是比木坚硬。

【原文】

孟尝君问于白圭曰[1]："魏文侯名过桓公，而功不及五伯，何也？"白圭对曰："文侯师子夏，友田子方，敬段干木，此名之所以过桓公也。卜相曰'成与璜孰可[2]'，此功之所以不及五伯也。相也者，百官之长也，择者欲其博也。今择而不去二人，与用其仇亦远矣[3]。且师友也者，公可也[4]；戚爱也者[5]，私安也[6]。以私胜公，衰国之政也。然而名号显荣者，三士羽翼之也[7]。"

【注释】

〔1〕白圭：白圭有二人：一为周人，与魏文侯同时；一为魏人，与公孙龙同时。此为后者（依陈奇猷说）。

〔2〕卜：指以占卜方法选择。成：指季成。璜：指翟璜。

〔3〕用其仇：指齐桓公不记管仲的一箭之仇，任用他为相。

〔4〕公可：犹公义。

〔5〕戚：亲属，此指弟弟，即季成。爱：宠爱之人，指翟璜。

〔6〕私安：私利。

〔7〕三士：指子夏、田子方、段干木三人。"羽"下原脱"翼"字，据毕沅说补。

【译文】

孟尝君向白圭问道："魏文侯的名声超过了齐桓公，可是功业却赶不上五霸，为什么呢？"白圭回答说："文侯以子夏为师，以田子方为友，尊重段干木，这是他名声之所以超过齐桓公的原因。不过在选择相时却说'季成和翟璜哪一个可以担任相'，这是他功业赶不上五霸的原因。相是百官的首领，选择时要从众多的人中挑选。现在选择相却不超出两个人的范围，这和齐桓公敢于任用自己的仇人为相就差得太远了。况且，以师友为相，是为了公利；以亲属宠臣为相，是为了私利。把私利放在公利之上，这是衰弱国家的政治。然而文侯的名声却显赫荣耀，那是因为有三位贤士辅佐他。"

【原文】

宁戚欲干齐桓公，穷困无以自进，于是为商旅将任车以至齐〔1〕，暮宿于郭门之外。桓公郊迎客，夜开门，辟任车〔2〕，爝火甚盛〔3〕，从者甚众。宁戚饭牛居车下，望桓公而悲，击牛角疾歌。桓公闻之，抚其仆之手曰："异哉！之歌者非常人也。"命后车载之〔4〕。桓公反，至，从者以请。桓公赐之衣冠，将见之。宁戚见，说桓公以治境内。明日复见，说桓公以为天下，桓公大悦，将任之。群臣争之曰〔5〕："客，卫人也。卫之去齐不远，君不若使人问之，而因贤者也，用之未晚也。"桓公曰："不然。问之，患其有小恶，以人之小恶，亡人之大美，此人主之所以失天下之士也已。"凡听必有以矣。今听而不复问，合其所以也。且人固难全，权而用其长者〔6〕，当举也，桓公得之矣。

【注释】

〔1〕任车：装载货物的车子。

〔2〕辟：使……躲避。

〔3〕爝（jué）火：小火把。

〔4〕后车：副车，侍从之车。

〔5〕争：指劝谏。

〔6〕权：衡量。

【译文】

宁戚想向齐桓公谋求官职，但处境穷困，没有办法使自己得到举荐，于是就替商人赶着装载货物的车子来到齐国，晚上露宿在城门外。桓公到郊外迎接客人，夜里打开了城门，让装载货物的车子躲避，火把很明亮，跟随的人很多。宁戚在车下喂牛，他看到桓公，感到很悲伤，就拍击着牛角大声唱起歌来。桓公听到歌声后，抚摸着自己车夫的手说："真是与众不同啊！那个唱歌的人不是个平常人。"就命令副车载着他。桓公回来后，到了朝廷里，跟随的人员请示桓公如何安置宁戚。桓公赐给他衣服帽子，准备召见他。宁戚进见齐桓公，用如何治理国家的话劝说桓公。第二天又进见齐桓公，用如何治理天下的话劝说桓公。桓公很高兴，准备任用他。群臣劝谏他说："这位客人是卫国人。卫国离齐国不远，您不如派人去询问一下。如果确实是贤德之人，再任用他也不晚。"桓公说："不能这样。去询问他的情况，是担心他有小毛病。因为一个人的小毛病而丢掉他的大优点，这是君主之所以失去天下贤士的原因。"凡是听取别人的主张一定有根据，现在听从了他的主张而不再去追究他的为人如何，是因为他的主张合乎听者的标准。况且人本来就难以十全十美，衡量以后用其所长，这就是得当的举荐啊。桓公算是掌握住这个原则了。

察 贤

【原文】

今有良医于此，治十人而起九人[1]，所以求之万也[2]。故贤者之致功名也，比乎良医，而君人者不知疾求，岂不过哉？今夫塞者[3]，勇力、时日、卜筮、祷祠无事焉，善者必胜。立功名亦然，要在得贤。魏文侯师卜子夏，友田子方，礼段干木，国治身逸。天下之贤主，岂必苦形愁虑哉？执其要而已矣。雪霜雨露时[4]，则万物育矣，人民修矣[5]，疾病妖厉去矣。故曰尧之容若委衣裘[6]，以言少事也。

【注释】

〔1〕起：指治愈。
〔2〕求：指登门求医者。万：极言求医者之多。

立功名亦然，要在得贤

〔3〕塞：同"簺"，又名"格五"，是古代的一种棋类游戏。

〔4〕时：及时。

〔5〕修：善，好。

〔6〕容：仪容。委衣裳：义同"垂衣裳"，喻无为而治。

【译文】

如今这里有一个良医，给十个人治病治好了九个，那么登门求医者就会很多。所以，贤能的人为君主建立功名，就好比良医能给人治好病一样，可是做君主的却不知道赶快去寻找这样的人，这难道不是过错吗？如今下棋的人，勇力、时机、占卜、祭祷对于他们来说都是没有用的，技艺高的就一定获胜。建立功名也是这样，关键在于得到贤人。魏文侯以卜子夏为师，与田子方交友，对段干木以礼相待，就使国家太平，自身安逸。天下贤明的君主，难道一定得劳身、费心吗？掌握治国要领就行了。霜雪雨露应时而来，万物就会生长了，人民就会安乐了，疾病与怪异灾祸也就会远离人们。所以，人们说到尧的仪容，说他穿着宽大下垂的衣服，这是说他很少有政务啊！

【原文】

宓子贱治单父[1]，弹鸣琴，身不下堂而单父治。巫马期以星出[2]，以星入，日夜不居，以身亲之，而单父亦治。巫马期问其故于宓子。宓子曰："我之谓任人，子之谓任力。任力者故劳，任人者故逸。"宓子则君子矣。逸四肢，全耳目，平心气，而百官以治，义矣，任其数而已矣[3]。巫马期则不然，弊生事精[4]，劳手足，烦教诏，虽治犹未至也。

【注释】

〔1〕宓子贱：名不齐，字子贱，春秋末鲁国人，孔子的弟子，曾为单父宰。单父：春秋时鲁邑，在今山东。

〔2〕巫马期：姓巫马，名施，字子期，孔子弟子。

〔3〕数：术数，方法。

〔4〕弊生事精：弊生使精（依于省吾说）。意即损伤生命，耗费精神。

【译文】

宓子贱治理单父，静坐弹琴，不出房门就把单父治理得很好。巫马期早出晚归，日夜不休息，亲自处理各种政务，也把单父治理得很好。巫马期问宓子这其中的原因。宓子说："我这叫使用人才，你那叫使用力气。使用力气的人当然劳苦，使用人才的人当然安逸。"宓子贱可以说是君子了。他使自己四肢安逸，耳目保全，心气平和，就把官府的事务处理得很好了，这是应该的，他只不过使用了正确的方法罢了。巫马期却不是这样。他损伤生命，耗费精神，使手足疲劳，使教令烦琐，尽管也治理得不错，但还未达到最高境界。

爱 类

【原文】

仁于他物，不仁于人，不得为仁。不仁于他物，独仁于人，犹若为仁。仁也者，仁乎其类者也。故仁人之于居也，可以便之〔1〕，无不行也〔2〕。神农之教曰〔3〕："士有当年而不耕者，则天下或受其饥矣；女有当年而不绩者，则天下或受其寒矣。"故身亲耕，妻亲绩，所以见致民利也〔4〕。贤人之不远海内之路〔5〕，而时往来乎王公之朝，非以要利也，以民为务故也。人主有能以民为务者，则天下归之矣。王也者，非必坚甲利兵选卒练士也〔6〕，非必隳人之城郭、杀人之士民也〔7〕。上世之王者众矣，而事皆不同，其当世之急、忧民之利、除民之害同。

【注释】

〔1〕便：利。
〔2〕行：为，实行。
〔3〕神农之教：疑指《汉书·艺文志》所著录的农家著作《神农》二十篇。刘向《别录》题为李悝及商君所说，王应麟疑为许行所为。
〔4〕见（xiàn）：显示。致民利：给人民带来利益。
〔5〕远：用作动词，以……为远。
〔6〕选：优秀的。
〔7〕隳（huī）：毁坏。

【译文】

对其他物类仁爱，对人却不仁爱，不能算是仁；对其他物类不仁爱，只对人仁爱，仍然算是仁。所谓仁，就是对自己的同类仁爱。所以仁德的人对于百姓，只要能使百姓获利，就没有什么事情不去做的。神农的教令说："男子有正当成年却不种田的，天下就可能会有人因此而挨饿；女子有正当成年却不绩麻的，天下就可能会有人因此而受冻。"所以，神农本人亲自种田，他的妻子亲自绩麻，以此表示要为百姓谋利。贤能的人不顾海内路途遥远，时常往来于君主的朝廷，他们这样并不是谋求私利，而是为百姓谋利。君主中如果有为民谋利的，天下就会归附他了。称王天下的，并不一定要靠坚硬的铠甲、锐利的武器、优秀的兵卒和训练有素的猛士，不一定非要毁坏人家的城郭，杀戮人家的臣民。上古称王天下的人很多，他们的事迹都不相同，但他们在承担社会的急难、关心百姓的利益、消除百姓的祸害上，都是相同的。

【原文】

公输般为高云梯[1]，欲以攻宋。墨子闻之，自鲁往，裂裳裹足[2]，日夜不休，十日十夜而至于郢，见荆王曰："臣北方之鄙人也[3]，闻大王将攻宋，信有之乎？"王曰："然。"墨子曰："必得宋乃攻之乎？亡其不得宋且不义犹攻之乎[4]？"王曰："必不得宋，且有不义，则曷为攻之？"墨子曰："甚善。臣以宋必不可得。"王曰："公输般，天下之巧工也，已为攻宋之械矣。"墨子曰："请令公输般试攻之，臣请试守之。"于是公输般设攻宋之械，墨子设守宋之备。公输般九攻之[5]，墨子九却之，不能入。故荆辍不攻宋。墨子能以术御荆、免宋之难者，此之谓也。

【注释】

〔1〕公输般：姓公输，名般，古代著名的能工巧匠，因系鲁国人，又称鲁班。

〔2〕裂裳裹足：撕开衣服当裹腿布。

〔3〕鄙：鄙野，偏远之地。

〔4〕亡（wú）其：还是。

〔5〕九：虚数，言其多。

【译文】

公输般制作高大的云梯，想用来攻打宋国。墨子听说了这件事情，就从鲁国前往楚国，他撕开衣裳裹脚，日夜不停地走，走了十天十夜到达郢都。墨子拜见楚王说："我是北方的一个鄙野之人，听说大王想进攻宋国，确实有这回事吗？"楚王说："有。"墨子说："您是一定要得到宋国才攻打它，还是纵使得不到宋国且要落下不义的名声也要攻打它呢？"楚王说："如果一定得不到宋国，而且有不义的名声，那为什么还要攻打宋国呢？"墨子说："您说得很好。我认为您一定得不到宋国。"楚王说："公输般是天下最有名的能工巧匠，他已经制作好攻打宋国用的器械了。"墨子说："请您让公输般试着攻一攻，让我来试着守一守。"于是公输般设置攻宋的器械，墨子设置守宋的设备。公输般多次进攻，墨子多次把他打退，公输般不能攻入城中。所以，楚国不再进攻宋国。所谓墨子能够设法抵御楚国而解救宋国的危难，说的就是这件事。

【原文】

圣王通士[1]，不出于利民者无有。昔上古龙门未开[2]，吕梁未发[3]，河出孟门[4]，大溢逆流，无有丘陵沃衍、平原高阜[5]，尽皆灭之，名曰鸿水。禹于是疏河决江，为彭蠡之障[6]，干东土[7]，所活者千八百国，此禹之功也。勤劳为民，无苦乎禹者矣。

【注释】

〔1〕通士：知识渊博、通达事理的读书人。
〔2〕龙门：山名，在今山西河津，位于黄河河道，形如阙门，故称龙门。
〔3〕吕梁：《尚书·禹贡》中的梁山，在今陕西韩城，在黄河岸边，传说为禹所开凿。
〔4〕孟门：山名，在今山西，横亘黄河两岸，在龙门之北。
〔5〕沃衍：土地肥美平坦。阜：高山。
〔6〕彭蠡：鄱阳湖。障：堤防。
〔7〕干东土：使东方水退土干。

【译文】

贤明的君主和通达的士人，他们的言行没有不出于为民谋利这一目的的。上古时代，龙门山还没有开凿，

吕梁山还没有打通，黄河从孟门山漫过，大水泛滥横流，不管丘陵、沃野、平原、高山全都被淹没了，人们把它叫作"鸿水"。于是，禹疏通黄河，导引长江，筑起彭蠡泽的堤防，使东方洪水消退，拯救的国家有一千八百多个。这是禹的功绩啊！为百姓操劳，没有比禹更辛苦的了。

【原文】

匡章谓惠子曰[1]："公子学去尊[2]，今又王齐王，何其到也[3]？"惠子曰："今有人于此，欲必击其爱子之头，石可以代之。"匡章曰："公取之代乎，其不与[4]？""施取代之。子头所重也，石所轻也。击其所轻以免其所重，岂不可哉？"匡章曰："齐王之所以用兵而不休，攻击人而不止者，其故何也？"惠子曰："大者可以王，其次可以霸也。今可以王齐王而寿黔首之命[5]，免民之死，是以石代爱子头也，何为不为？"民寒则欲火，暑则欲冰，燥则欲湿，湿则欲燥。寒暑燥湿相反，其于利民一也。利民岂一道哉？当其时而已矣[6]。

【注释】

〔1〕匡章：人名，其事不详。
〔2〕学：学说。去尊：废弃尊位。
〔3〕到：同"倒"，指言行相反。
〔4〕不（fǒu）：否。与：语气词，后来写作"欤"。
〔5〕寿：用作动词，使……长寿。
〔6〕当：适合。

【译文】

匡章对惠子说："您的学说主张废弃尊位，现在却尊好战的齐王为王。您的言行为什么如此矛盾呢？"惠子说："假如有这样一个人，迫不得已，一定得打自己爱子的头，而爱子的头又可以用石头代替——"匡章接过来说："您是用石头代替呢，还是不这样做呢？"惠子说："我要拿石头来代替爱子的头。爱子的头重要，石头轻贱，打轻贱的东西而使重要的东西避免受害，这样做为什么不可以呢？"匡章又问："齐王用兵不休，攻战不止，这是什么缘故呢？"惠子说："因为这样做往大处说可以称王天下，差一些也可以称霸诸侯。现在可以用尊齐王为王的方法使齐王罢兵而给百姓添寿，免于死亡，这正是用石头代替爱子的头啊！为什么不去做呢？"百姓寒冷了就希望得到火，炎热了就希望得到冰，干燥了就希望潮湿些，潮湿了就希望干燥些。寒冷与炎热、干燥与潮湿互相对立，但它们在利于百姓方面是一样的。为百姓谋利岂止一种办法呢？只不过要适合时宜罢了。

慎 行

【原文】

行不可不孰[1]。不孰,如赴深谿,虽悔无及。君子计行虑义,小人计行其利[2],乃不利。有知不利之利者,则可与言理矣。

【注释】

〔1〕孰:同"熟",这里指深思熟虑。
〔2〕其:通"期"(依陶鸿庆说),期求。

【译文】

行动不能不深思熟虑。不深思熟虑就如同跳入深谷,即使后悔也来不及了。君子谋划行动时考虑的是道义;小人谋划行动时期求利益,结果反而不利。假如有人懂得不谋求利益实际上就包含着利益,那么就能与他们讲道理了。

【原文】

荆平王有臣曰费无忌[1],害太子建[2],欲去之。王为建取妻于秦而美,无忌劝王夺。王已夺之,而疏太子。无忌说王曰:"晋之霸也,近于诸夏;而荆僻也,故不能与争。不若大城城父而置太子焉[3],以求北方,王收南方,是得天下也。"王说,使太子居于城父。居一年,乃恶之曰:"建与连尹将以方城外反[4]。"王曰:"已为我子矣,又尚奚求?"对曰:"以妻事怨。且自以为犹宋也[5]。齐

晋又辅之。将以害荆，其事已集矣[6]。"王信之，使执连尹，太子建出奔。左尹郤宛[7]，国人说之。无忌又欲杀之，谓令尹子常曰[8]："郤宛欲饮令尹酒。"又谓郤宛曰："令尹欲饮酒于子之家。"郤宛曰："我贱人也，不足以辱令尹。令尹必来辱[9]，我且何以给待之？"无忌曰："令尹好甲兵，子出而置之门，令尹至，必观之已，因以为酬。"及飨日[10]，惟门左右而置甲兵焉[11]。无忌因谓令尹曰："吾几祸令尹。郤宛将杀令尹，甲在门矣。"令尹使人视之，信。遂攻郤宛，杀之。国人大怨，动作者莫不非令尹。沈尹戍谓令尹曰："夫无忌，荆之谗人也。亡夫太子建[12]，杀连尹奢，屏王之耳目，今令尹又用之杀众不辜，以兴大谤，患几及令尹。"令尹子常曰："是吾罪也，敢不良图？"乃杀费无忌，尽灭其族，以说其国[13]。动而不论其义[14]，知害人而不知人害己也，以灭其族，费无忌之谓乎！

【注释】

〔1〕荆平王：楚平王，名熊居。费无忌：《左传》作"费无极"，其官为太子少师，是搬弄是非的佞臣。

〔2〕害：嫉恨。太子建：楚平王之子，后逃往宋国和郑国。

〔3〕城父（fǔ）：楚北部边邑，故址在今河南宝丰。

〔4〕连尹：楚官名，指伍奢（伍子胥之父）。方城：山名，在今河南，为楚国北部关隘。外：城父在方城之北，楚在南，故称外。

〔5〕犹宋：指像宋国一样处于受欺的地位。

〔6〕集：成功。

〔7〕左尹：楚官名，位在令尹之下。郤（xì）宛：字子恶，楚国大夫。

〔8〕令尹：楚官名，为百官之长。子常：名囊瓦，令尹子囊之孙。

〔9〕来辱：自谦之词，即来寒舍受辱。

〔10〕飨：以酒食招待人。

〔11〕惟：通"帷"，设帷帐。

〔12〕夫：衍文（依毕沅说）。

〔13〕以说其国：以此取悦于国人。说，通"悦"。

〔14〕不论其义：不讲道义。

【译文】

楚平王有个大臣叫费无忌，嫉恨太子建，想除掉他。平王从秦国给太子建娶了个妻子，长得很美，费无忌劝平王把她强占为己有。平王强占了这个女子，从而疏远了太子。费无忌劝平王说："晋国之所以称霸，是因为距离华夏各国近；而楚国太偏僻，所以不能够与晋国争霸。不如扩大城父，将太子安置在那里，以谋取北方各国，大王您收取南方各国，这样就可以得天下了。"平王很高兴，让太子居住在城父城。太子在那里居住一年，费无忌就诬陷他说："太子建与连尹将凭借方城以外发动叛乱。"楚平王说："他已经是我的太子了，还谋求什么？"费无忌应对说："因为他妻子的事结了怨，而且他自以为如同宋国一样处于受欺的地位，有齐国、晋国的帮助就可以危害于楚国了，他们已经快要成功了。"平王相信了他说的话，派人逮捕了连尹，太子建出逃。左尹郄宛，楚国人都很爱戴他，费无忌又想杀他，就对令尹子常说："郄宛想请令尹您喝酒。"又去对郄宛说："令尹想来你家喝酒。"郄宛说："我地位低贱，不足让令尹有辱身份到我这里喝酒。假如令尹一定来寒舍受辱，我该拿什么招待他呢？"费无忌说："令尹喜欢铠甲兵器，你将铠甲兵器搬出来放在门口，令尹到了，一定会观赏它们，你就用这些铠甲兵器作为礼物献给他。"到了宴飨这天，左尹郄宛在门两侧设帷帐，把铠甲兵器放在里面。费无忌于是对令尹说："我差一点害了令尹。郄宛想要杀您，已在门口布置了铠甲兵器。"令尹派人去察看，果然如此。于是令尹出兵攻击郄宛并杀了他。国人对这事非常愤怒，卿大夫没有一个不指责他。沈尹戍对令尹说："费无忌是楚国的谗谀小人，他逼迫太子建逃奔他国，杀害了连尹伍奢，堵塞了国君的视听。现在令尹又听信他的话，杀害这么多无辜的人，从而招致各种严厉的指责，祸患很快要降到您头上了。"令尹子常说："这是我的罪过，怎么敢不好好地设法解决呢？"于是，令尹杀了费无忌，并把他的宗族全部诛灭，以此取悦国人。做事情不讲道义，只知道害别人而不知道这也是在害自己，最终招致自己宗族的毁灭，说的就是费无忌吧！

【原文】

崔杼与庆封谋杀齐庄公[1]。庄公死，更立景公，崔杼相之。庆封又欲杀崔杼而代之相，于是椓崔杼之子[2]，令之争后[3]。崔杼之子相与私哄，崔杼往见庆封而告之。庆封谓崔杼曰："且留，吾将兴甲以杀之。"因令卢满嫳兴甲以诛之[4]，尽杀崔杼之妻子及枝属，烧其室屋，报崔杼曰："吾已诛之矣。"崔杼归无归，因而自绞也。庆封相景公，景公苦之。庆封出猎，景公与陈无宇、公孙灶、公孙虿诛封[5]。庆封以其属斗，不胜，走如鲁。齐人以为让[6]，又去鲁而如吴，王予之朱方[7]。荆灵王闻之，率诸侯以攻吴，围朱方，拔之，得庆封，负之斧质，以徇于诸侯军[8]，因令其呼之曰："毋或如齐庆封，弑其君而弱其孤，以亡其大夫[9]。"乃杀之。黄帝之贵而死，尧、舜之贤而死，孟贲之勇而死[10]，人固皆死。若庆封者，可谓重死矣。身为僇[11]，支属不可以见[12]，行忮之故也[13]。凡乱人之动也，其始相助，后必相恶。为义者则不然，始而相与，久而相信，卒而相亲，后世以为法程[14]。

【注释】

〔1〕崔杼：齐大夫，棠公死，崔杼见其妻棠姜美，取为妻，后庄公与棠姜私通，崔杼杀庄公，立景公，自为相，后为庆封所杀。谥武子。庆封：齐大夫，字子家。齐庄公：名光。

〔2〕愬：通"唆"，唆使，挑拨。

〔3〕后：后嗣，继承人。

〔4〕卢满嫳（piè）：一作"卢蒲嫳"，齐大夫，庆封的私党。

〔5〕陈无宇：齐大夫，谥桓子。公孙灶：齐大夫，字子雅。公孙虿（chài）：齐大夫，字子尾。后二人为齐国宗室。

〔6〕让：责备。

〔7〕朱方：春秋吴邑，在今江苏镇江丹徒。

〔8〕徇：巡行示众。

〔9〕亡：通"盟"，盟誓。

〔10〕孟贲（bēn）：春秋时勇士。

〔11〕僇：通"戮"。

〔12〕支属：同"枝属"。宗族亲属。见：当作"完"（依王念孙说），保全。

〔13〕行：施行。忮（zhì）：嫉恨。

〔14〕法程：效法的标准。

【译文】

崔杼与庆封谋杀了齐庄公。庄公死后，又立景公为君，崔杼当了景公的相。庆封又想杀死崔杼而取代他为相，于是就唆使崔杼的儿子们，让他们争夺继承权。崔杼的儿子们发生内讧，崔杼去见庆封并告诉他这件事。庆封对崔杼说："你姑且留在这里，我将派兵杀了他们。"就命令卢满嫳带兵诛杀他们。卢满嫳杀了崔杼的妻儿老小及宗亲，并放火烧了他的房屋住宅，向崔杼报告说："我已杀掉他们了。"崔杼无家可归，因而自缢而死。庆封于是成为景公的相，景公深受庆封之苦。庆封外出打猎，景公让陈无宇、公孙灶、公孙虿去杀庆封。庆封率领他的部下应战，未能取胜，就逃到鲁国。齐国人指责鲁国收留庆封，庆封就离开鲁国到了吴国，吴王把朱方邑封给了庆封。楚灵王听说后，率领诸侯军攻打吴国，包围并拿下了朱方邑，捕获了庆封，让他背着斧质在诸侯军中巡行示众,还让他高呼:"不得再像齐国的庆封,谋害国君,欺辱国君的遗孤,强迫大夫盟誓。"于是杀了庆封。黄帝那么尊贵,最后也要死亡;尧、舜那么贤能,最后也要死亡;孟贲那么勇武,最后也要死亡。人注定要死,像庆封这样的人,可以说是死而又死了。自己被杀,宗教亲属也不能保全,这是施行嫉恨的缘故。凡是邪恶的小人在一起共事,开始时互相帮助,后来就会反目成仇。坚守道义的人则不是这样,他们开始时互相协作,时间久了就会互相信任,最终会相亲相近,后世把他们作为效法的标准。

察 传

【原文】

夫得言不可以不察,数传而白为黑,黑为白。故狗似玃[1],玃似母猴[2],母猴似人,人之与狗则远矣。此愚者之所以大过也。

【注释】

〔1〕玃(jué):大猴。
〔2〕母猴:又作"沐猴",即猕猴,俗称猢狲。

【译文】

听到传闻不可不审察清楚,话传来传去,白的就成了黑的,黑的就成了白的。狗像玃,玃像猕猴,猕猴像人,但人与狗就差远了。这是愚蠢的人犯大错误的原因。

【原文】

闻而审,则为福矣,闻而不审,不若无闻矣。齐桓公闻管子于鲍叔[1],楚庄闻孙叔敖于沈尹筮[2],审之也,故国霸诸侯也。吴王闻越王勾践于太宰嚭[3],智伯闻赵襄子于张武[4],

鲍叔牙

不审也，故国亡身死也。凡闻言必熟论，其于人必验之以理。鲁哀公问于孔子曰："乐正夔一足[5]，信乎？"孔子曰："昔者舜欲以乐传教于天下，乃令重黎举夔于草莽之中而进之[6]，舜以为乐正。夔于是正六律，和五声，以通八风[7]，而天下大服。重黎又欲益求人，舜曰：'夫乐，天地之精也，得失之节也，故唯圣人为能和。乐之本也[8]，夔能和之，以平天下。若夔者，一而足矣。'故曰'夔一足'，非一足也。"宋之丁氏，家无井而出溉汲，常一人居外。及其家穿井，告人曰："吾穿井得一人。"有闻而传之者曰："丁氏穿井得一人。"国人道之，闻之于宋君，宋君令人问之于丁氏，丁氏对曰："得一人之使，非得一人于井中也。"求能之若此[9]，不若无闻也。子夏之晋，过卫，有读史记者曰："晋师三豕涉河[10]。"子夏曰："非也，是己亥也。夫'己'与'三'相近，'豕'与'亥'相似。"至于晋而问之，则曰"晋师己亥涉河"也。

【注释】

〔1〕"齐桓公"句：桓公本欲立鲍叔为相，鲍叔自认为不如管仲，屡次让相而荐管仲，后桓公遂以管仲为相。

〔2〕沈尹筮：见《当染》篇注。

〔3〕太宰嚭：见《当染》篇注。

〔4〕智伯闻赵襄子于张武：见《当染》篇注。

〔5〕乐正：乐官之长。夔：人名，善音律，传说为舜的乐正。

〔6〕重黎：相传为尧时掌握时令的官，后为舜臣。

〔7〕八风：八方之风。

〔8〕乐之本也：当作"和，乐之本也"。

〔9〕能：疑当为"闻"（依毕沅说）。

〔10〕三豕涉河：本为"己亥（干支纪日，表示渡河的时间）涉河"，因"己"与"三"古文形近，"亥"与"豕"古文形近，故误传为"三豕涉河"，即三只猪过了黄河。

【译文】

听到传闻如果加以审察，算是有福气；听到传闻如果不加以审察，还不如没有听到。齐桓公从鲍叔那里听到关于管仲的事情，楚庄王从沈尹筮那里听到关于孙叔敖的事情，并都经过了审察，所以能使他们的国家称霸于诸侯。吴王从太宰嚭那里听到关于越王勾践的事情，智伯从张武那里知道关于赵襄子的事情，没有加以审察，所以导致国破身死。凡是听到传闻一定要深入推论，涉及人的传闻一定要用常理加以验证。鲁哀公问孔子说："听说名叫夔的乐正只有一只脚，是真的吗？"孔子说："从前舜想用音乐向天下传播教化，便命令重黎举荐人才，重黎就从民间选拔出了夔，并把他进荐给舜。舜任命夔为乐正。夔于是校正六律，调和五声，用来通顺八方之风，天下就完全顺服了。重黎还想多找寻些像夔这样的人，舜说：'音乐是天地的精华，是得与失的关键，因而只有圣人才能使它和谐。和谐是音乐的根本。夔能够使音乐和谐并以此来安定天下。像夔这样的人，有一个就足够了。'所以前面说的'夔一足'，并不是说夔只有一只脚啊！"宋国的丁氏，家里没有水井就外出打水，经常要派一个人在外专门打水。等到他家挖了井后，他告诉别人说："我打井得到一个人。"有人听到了，传言说："丁氏挖井挖到了一个人。"国人谈论这件事，让宋国国君听到了，宋国国君就派人去问丁氏。丁氏答道："我是说得到一个可以使唤的人，并不是从井里挖到一个人。"像这样去探听传闻，不如不去探听。子夏到晋国去，路过卫国，听到有人读史书，说："晋师三豕涉河。"子夏说："不对，应该是己亥。'己'与'三'相近，'豕'与'亥'相似。"到了晋国一问，果然回答说："晋师己亥涉河。"

【原文】

辞多类非而是，多类是而非。是非之经[1]，不可不分，此圣人之所慎也。然则何以慎？缘物之情及人之情以为所闻，则得之矣。

【注释】

〔1〕经：界限。

【译文】

言辞中有很多看上去是错误的，其实是正确的，也有很多看上去是正确的，其实是错误的。正确与错误的界限，不能不分清。这是连圣人都要慎重对待的。那么怎样慎重对待呢？顺着自然与人的常情常理去考察听到的传闻，那样就可以得到真实的情况了。

贵 直

【原文】

贤主所贵莫如士。所以贵士，为其直言也。言直则枉者见矣[1]。人主之患，欲闻枉而恶直言，是障其源而欲其水也，水奚自至？是贱其所欲而贵其所恶也[2]，所欲奚自来？

【注释】

〔1〕枉者：指邪曲之言，与直言相反。见（xiàn）：显露。
〔2〕所欲：指闻枉。所恶：指恶闻直言的做法。

【译文】

贤明的君主所看重的莫过于士人，之所以看重士人，是因为他们言谈正直。言谈正直，邪曲之言就显露出来了。君主的弊病在于想闻知邪曲之言而厌恶正直之言。这就等于阻塞水源又想得到水，水又从哪里来呢？这也就等于轻贱自己想要得到的而看重自己所厌恶的，想要得到的又从哪里来呢？

【原文】

能意见齐宣王[1]。宣王曰："寡人闻子好直，有之乎？"对曰："意恶能直？意闻好直之士，家不处乱国，身不见污君。身今得见王[2]，而家宅乎齐，意恶能直？"宣王怒曰："野士也！"将罪之。能意曰："臣少而好事[3]，长而待之[4]，王胡不能与野士乎[5]，将以彰其所好耶？"王乃舍之。若能意者，使谨乎论于主之侧，亦必不阿主。不阿[6]，之所得岂少哉？此贤主之所求，而不肖主之所恶也。

【注释】

〔1〕能意：姓能，名意，齐国直言之士。
〔2〕身今得见王：当作"今身得见王"（依王念孙说）。
〔3〕好事：指好直言。"事"当作"争"，因形近而误（依陶鸿庆说）。
〔4〕待：通"持"，保持。

〔5〕与：用，听取。

〔6〕不阿：当作"不阿主"（依孙人和说）。

【译文】

　　能意去见齐宣王。宣王说："寡人听说你喜好正直，有这样的事吗？"能意回答说："能意哪里能做到正直？我听说喜好正直的士人，他不在混乱的国家居住，他自己也不去见德行污秽的君主。如今我来见大王您，还把家安在齐国，我哪里能做到正直？"宣王生气地说："真是个粗野之士！"打算治他的罪。能意说："我年少时就好直言，成年以后一直保持这样，您为什么不能听取粗野之士的言论，以此来彰明他们对正直的喜好呢？"齐宣王于是赦免了他。像能意这样的人，如果让他在君主身边谨慎地议事，一定不会迎合君主。不迎合君主，君主得到的好处难道会少吗？这是贤明的君主所追求的，不肖的君主所厌恶的。

【原文】

　　狐援说齐湣王曰〔1〕："殷之鼎陈于周之廷，其社盖于周之屏〔2〕，其干戚之音〔3〕，在人之游。亡国之音，不得至于庙；亡国之社，不得见于天；亡国之器陈于廷，所以为戒。王必勉之。其无使齐之大吕陈之廷〔4〕，无使太公之社盖之屏，无使齐音〔5〕，充人之游。"齐王不受。狐援出而哭国三日，其辞曰："先出也，衣绨纻〔6〕；后出也，满囹圄。吾今见民之洋洋然东走而不知所处〔7〕。"齐王问吏曰："哭国之法若何？"吏曰："斮〔8〕。"王曰："行法。"吏陈斧质于东闾，不欲杀之，而欲去之。狐援闻而蹶往过之。吏曰："哭国之法斮。先生之老欤？昏欤？"狐援曰："曷为昏哉？"于是乃言曰："有人自南方来，鲋入而鲵居〔9〕，使人之朝为草而国为墟。殷有比干，吴有子胥，齐有狐援。已不用若言，又斮之东闾。每斮者以吾参夫二子者乎〔10〕？"狐援非乐斮也，国已乱矣，上已悖矣，哀社稷与民人，故出若言。出若言非平论也，将以救败也，固嫌于危。此触子之所以去之也〔11〕，达子之所以死之也。

【注释】

〔1〕狐援：《战国策·齐策》作"狐咺"，《古今人表》作"狐爰"。《齐策》说他为齐负郭之民。齐湣王：战国齐国国君，齐宣王之子。

〔2〕社：祭祀土神之处，也是国家政权的象征。屏：屏障。这里指遮盖神社的棚屋之类。

〔3〕干戚之音：武舞的音乐。代指殷朝的宫廷音乐。

〔4〕大吕：齐国钟名。

〔5〕齐音：指齐国的宫廷音乐。

〔6〕绨纻（chī zhù）：自由民穿的衣服，古时奴隶衣赭衣。绨，用葛草织成的细布。纻，用苎麻织的粗布。

〔7〕洋洋然：犹"茫茫然"，心神不定，无所依归的样子。

〔8〕斮（zhuó）：斩。

〔9〕"有人自"两句：既是隐语又是预言。陈奇猷认为有所指，淖齿自楚入齐，故说"有人自南方来"。淖齿以救齐为名而入齐，相湣王而杀湣王，如同小鲋之入齐，又如贼鲵之居于齐，故说"鲋入而鲵居"。鲋（fù），鲫鱼。鲫鱼体小，用以形容恭谨谦卑。鲵，雌鲸。鲸体大，吞食小鱼，用以形容凶残。

〔10〕每：通"谋"。将，当（依陈奇猷说）。叁（sān）：作动词用，使比并为三。

〔11〕触子：与下句的"达子"，都是齐湣王之臣。

【译文】

狐援劝说齐湣王道："殷商的九鼎被陈列在周的朝廷上，殷商的神社被周修建的棚屋所掩盖，殷商的宫廷音乐被周人用在游乐中。亡国的音乐不得进入宗庙，亡国的神社不得见到天日；亡国的器物被陈列在朝廷上，这些都是用来警戒后人的。您一定要勤勉啊！千万不要让齐国的大吕摆在别国的朝廷，不要让太公建起的神社被别人的棚屋所遮盖，不要让齐国的音乐用于别人的游乐之中。"齐王不接受他的劝谏。狐援离开朝廷后为国家痛哭了三天，哭道："先离开的，尚可穿布衣做自由人；后离开的，遭难满监狱。我即将看到百姓仓皇东逃，不知该在哪里安居。"齐王问狱官说："他这样哭丧国家，按法令该如何处治？"狱官说："当斩。"齐王说："照法令行事吧！"狱官把刑具摆在国都东门，不愿杀死狐援，只想把他吓跑。狐援听到这个消息，反倒跌跌撞撞地去见狱官。狱官说："哭国家的丧依法当斩，先生是老糊涂了呢，还是昏头了呢？"狐援说："怎么是昏头了呢？"于是，又说："有人从南方来，进来时像小鲋鱼那样恭谨谦卑，住下以后却像大鲵鱼那样凶残，使人家的朝廷变成草莽，使人家的国家变成废墟。殷商有个比干，楚国有个伍子胥，齐国有个狐援。既然不听我的话，还要在东门杀我，这是要把我同比干、伍子胥比并为三吧！"狐援并不是乐于被杀，是因为国家太混乱了，君主太昏聩了，他哀怜国家和人民，才说这样的话。这些话并不是公平之论，他想用以挽救国家的危亡，所以所说的话才近于危言耸听。湣王不纳忠言却戮辱直士，这正是触子抛弃齐国出走的原因，也是达子为齐国战死的原因。

【原文】

赵简子攻卫，附郭〔1〕，自将兵。及战，且远立，又居于屏蔽犀橹之下〔2〕。鼓之而士不起。简子投枹而叹曰："呜呼！士之速弊一若此乎？"行人烛过免胄横戈而进曰〔3〕："亦有君不能耳，士何弊之有？"简子艴然作色曰〔4〕："寡人之无使，而身自将是众也，子亲谓寡人之无能，有说则可，无说则死。"对曰："昔吾先君献公即位五年，兼国十九，用此士也，惠公即位二年，淫色暴慢，身好玉女，秦人袭我，逊去绛七十〔5〕，用此士也。文公即位二年，厎之以勇〔6〕，故三年而士尽果敢；城濮之战，五败荆人，围卫取曹，拔石社〔7〕，定天子之位，成尊名于天下，用此士也。亦有君不能耳，士何弊之有？"简子乃去犀蔽屏橹而立于矢石之所及，一鼓而士毕乘之〔8〕。简子曰："与吾得革车千乘也〔9〕，不如闻行人烛过之一言。"行人烛过可谓能谏其君矣。战斗之上〔10〕，枹鼓方用，赏不加厚，罚不加重，一言而士皆乐为其上死。

【注释】

〔1〕附郭：逼近外城。

〔2〕屏蔽犀橹：当作"犀蔽犀橹"（依陈奇猷说）。犀蔽，即用犀牛皮做的屏障。犀橹，用犀牛皮做的大盾牌。

〔3〕行人：官名，负责外交事务。烛过：人名。

〔4〕艴（bó）然作色：因盛怒而脸变色。

〔5〕逊：逃遁，退。去：离开。七十：当作"七十里"（依陈奇猷说）。

〔6〕厎：通"砥"，磨砺。

〔7〕石社：地名。

〔8〕乘：登，指登上敌城。

〔9〕与：与其。革车：兵车。

〔10〕战斗之上：犹战斗之间或战斗之时。

【译文】

赵简子进攻卫国，逼近外城。他亲自统率军队，到了交战的时候，却远远地站着，躲在屏障和盾牌之后。简子击鼓，士兵却动也不动。简子扔掉鼓槌而叹息道："哎！士兵竟然这么快就变坏了！"行人烛过摘下头盔，横握着戈进言道："是您有些地方没能做到罢了，士兵有什么不好？"简子怒形于色，说："我不委派别人而亲自统率这些士兵，你却当面说我无能。你的话有理便罢，没理就治你死罪！"行人烛过回答说："从前我们的先君献公，即位五年就兼并了十九个国家，用的就是这样的士兵。惠公即位二年，贪淫好色，残暴傲慢，喜好美女，秦国人袭击我们的国家，我军溃逃到离绛城七十里的地方，用的也是这样的士兵。文公即位二年，用勇武砥砺士兵，因而三年之后士兵都变得非常果敢；城濮之战，五次打败楚军，围困卫国，夺取曹国，攻占石社，安定了天子的王位，显赫的名声扬于天下，用的还是这样的士兵。所以说是您有些地方没能做到罢了，士兵有什么不好？"简子于是离开屏障和盾牌，站在箭矢可以射到的地方，只击了一次鼓，士兵就全部登上了城墙。简子说："与其让我得到千辆兵车，还不如让我听到行人烛过一席话！"行人烛过可算得上能劝谏他的君主了。击鼓酣战之时，赏赐不增多，刑罚不加重，只说了一句话，就使士兵们都乐于为他们的君主效死。

上 农

【原文】

古先圣王之所以导其民者，先务于农。民农非徒为地利也[1]，贵其志也。民农则朴，朴则易用，易用则边境安，主位尊。民农则重[2]，重则少私义[3]，少私义则公法立，力专一。民农则其产复[4]，其产复则重徙，重徙则死其处而无二虑。民舍本而事末则不令[5]，不令则不可以守，不可以战。民舍本而事末则其产约[6]，其产约则轻迁徙，轻迁徙，则国家有患，皆有远志[7]，无有居心。民舍本而事末则好智，好智则多诈，多诈则巧法令，以是为非，以非为是。

【注释】

〔1〕农：作动词用，务农。
〔2〕重：持重，稳重。
〔3〕私义：指与"公义"不合的私家言行标准。义，通"议"。
〔4〕产复：产业繁多。
〔5〕本：根本，指农业。末：末业，指工商。不令：不听从命令。
〔6〕约：简易。
〔7〕远志：远徙他处的想法。

【译文】

古代圣王引导他的百姓的方略，首先是致力于农业。使百姓致力于农业不仅仅是为了地里的出产，还为了陶冶百姓的心志。使百姓致力于农业，他们的思想就会淳朴，淳朴就容易役使，容易役使边境就会安定，君主的地位就会尊崇。使百姓致力于农业，他们的举止就会持重，举止持重就能减少私下发表议论，私下议论少，国家的法制就能确立，民力也就能够专一。使百姓致力于农业，他们的家产就会繁多，家产繁多就难以迁徙，难以迁徙就会老死故乡而没有别的考虑。百姓如果舍弃农业而从事工商，就会不听从命令，不听从命令就不能依靠他们防守，不能依靠他们攻战。百姓如果舍弃农业从事工商，他们的家产就很简单，家产简单就会易于迁徙，易于迁徙，国家有难时就会试图远走高飞，没有安居之心。百姓如果舍弃农业而从事工商，就会喜好玩弄计谋，喜好玩弄计谋，他们的行为就会诡诈多变，行为诡诈多变就会巧妙地钻法令的空子，从而把对的说成错的，把错的说成对的。

【原文】

后稷曰[1]："所以务耕织者，以为本教也[2]。"是故天子亲率诸侯耕帝籍田[3]，大夫士皆有功业[4]。是故当时之务，农不见于国[5]，以教民尊地产也。后妃率九嫔蚕于郊，桑于公田。是以春秋冬夏皆有麻枲丝茧之功[6]，以力妇教也。是故丈夫不织而衣，妇人不耕而食，男女贸功以长生[7]，此圣人之制也。故敬时爱日，非老不休，非疾不息，非死不舍。

【注释】

〔1〕后稷：传说为周族的始祖，名弃，尧时的农官，周族认为他是开始种稷和麦的人。所引"后稷曰"云云，当系古农书之言，为后人伪托。
〔2〕本教：教化的根本。
〔3〕籍田：古代天子、诸侯征用民力耕种的田，天子千亩，诸侯百亩。亦

指天子示范性的耕作。

〔4〕功业：职事。此指士大夫在举行籍田之礼时所要完成的劳动。如"天子三推，三公五推，卿诸侯大夫九推"。

〔5〕见（xiàn）于国：在都邑出现。

〔6〕枲（xǐ）：麻的雄株。

〔7〕贸功：交换劳动所得。

【译文】

后稷说："之所以要致力于耕织，是因为把它作为教化的根本。"因此天子亲自率领诸侯耕种籍田，大夫、士也都有各自的职事。因此正当农忙的时节，农民不得在都邑出现，以此教育他们重视田地里的生产。后妃率领九嫔到郊外养蚕，到公田采桑，因而一年四季都有绩麻缫丝等事情要做，以此致力于对妇女的教化。因此，男子不织布却有衣穿，妇女不种田却有饭吃，男女交换劳动所得以维持生活，这是圣人的法度。所以，要慎守农时，爱惜光阴，不到年老不得停止劳作，不患病不得休息，不到死日不得舍弃农事。

【原文】

上田，夫食九人〔1〕。下田，夫食五人。可以益，不可以损。一人治之，十人食之，六畜皆在其中矣〔2〕。此大任地之道也〔3〕。

【注释】

〔1〕上田：上等土地。夫：指一个男劳力所耕种的田地。食（sì）：供养。

〔2〕六畜皆在其中：这是说饲养六畜所需的土地也在"夫田"之中。

〔3〕任地：使用土地。

【译文】

种上等田地，每个农夫要供养九个人，种下等田地，每个农夫要供养五个人，供养的人数只能增加，不能减少。总之，一个人种田，要供养十个人，饲养的各种家畜都包括在这一农夫的劳动之内，可以折合计算。这是充分利用土地的方法。

【原文】

故当时之务，不兴土功，不作师徒〔1〕，庶人不冠弁〔2〕、娶妻、嫁女、享祀，不酒醴聚众，农不上闻〔3〕，不敢私籍于庸〔4〕，为害于时也。然后制野禁〔5〕。苟非同姓，农不出御〔6〕，女不外嫁，以安农也。

【注释】

〔1〕师徒：指军队。
〔2〕冠（guàn）弁（biàn）：此指举行冠礼。古代男子二十岁时要举行冠礼，以示成年。
〔3〕上闻：赐爵的一种，得此爵则名字可通于官府。
〔4〕私籍于庸：私自雇人代耕。
〔5〕"然后"句：此句当在下文"以安农也"句下，与"野禁有五"句相连。野禁，有关田野的禁令。
〔6〕农：农夫。出御：从外地娶妻。

【译文】

所以正当农忙时节，不要大兴土木，不要进行战争。平民如果不是举行冠礼、娶妻、嫁女、祭祀，就不得摆酒聚会。农民如果不是名字通于官府，就不得私自雇人代耕。因为这些事都妨害农时。如果不是因为同姓不婚的缘故，农夫就不得从外地娶妻，女子也不得出嫁到外地，以使农民安居一地。

【原文】

野禁有五：地未辟易[1]，不操麻，不出粪；齿年未长[2]，不敢为园囿；量力不足，不敢渠地而耕[3]；农不敢行贾；不敢为异事。为害于时也。

【注释】

〔1〕辟易：整治。
〔2〕齿年：年龄。长（zhǎng）：上年纪。
〔3〕渠：大，扩大。

【译文】

然后制定关于乡野的禁令。乡野的禁令有五条：土地尚未整治，不得绩麻，不得清除污秽；未上年纪，不得从事园囿中的劳动；估计力量不足，不得扩大耕地；农民不得经商；不得去做其他的事情。因为这些事都会妨害农时。

【原文】

然后制四时之禁：山不敢伐材下木，泽人不敢灰僇[1]，缳网罝罦不敢出于门[2]，罛罟不敢入于渊，泽非舟虞不敢缘名[3]，为害其时也。

【注释】

〔1〕泽人："人"字为衍文。灰僇：烧灰割草。僇，通"戮"，割草（用谭介甫说）。

〔2〕罻（huán）：捕兽之具，与罗网同类。罝（jū）：捕兽网。罦（fú）：捕鸟网。

〔3〕舟虞：管理舟船的官。缘名："名"当为"绝"之讹。"绝"有横渡之意。"缘绝"即绕泽而行或乘舟横渡（用陈奇猷说）。

【译文】

然后制定季的禁令：不到适当的季节，不得在山中伐木取材，不得在草泽地区烧灰割草，捕取鸟兽的罗网不得带出门，渔网不得下水，不是主管舟船的官员不得借口行船。因为这些事都妨害农时。

【原文】

若民不力田，墨乃家畜〔1〕。国家难治，三疑乃极〔2〕。是谓背本反则，失毁其国。凡民自七尺以上，属诸三官〔3〕。农攻粟，工攻器，贾攻货。时事不共，是谓大凶。夺之以土功，是谓稽〔4〕，不绝忧唯〔5〕，必丧其秕〔6〕。夺之以水事，是谓籥〔7〕，丧以继乐，四邻来虚〔8〕。夺之以兵事，是谓厉〔9〕，祸因胥岁〔10〕，不举铚艾〔11〕。数夺民时，大饥乃来。野有寝耒〔12〕，或谈或歌，旦则有昏，丧粟甚多。皆知其末，莫知其本真。

【注释】

〔1〕墨乃家畜：没收其家庭财产。墨，通"没"，没收。畜，通"蓄"，积蓄，财产。

〔2〕三疑乃极：指农、工、商三类人互相超越本分而达到极点。

〔3〕三官：指农、工、商三种职业。

〔4〕稽：迟。指延误农时。

〔5〕不绝忧唯：指农民忧思不绝。唯，通"惟"，思虑。

〔6〕秕（bǐ）：籽实不饱满。

〔7〕籥（yuè）：通"跃"，即今所谓"冒进"。上文"水事"指治水利之事，治水当在农闲之时，若夺农时，就叫冒进（用夏纬瑛说）。

〔8〕虚：当为"虐"之误。

〔9〕厉：虐害。

〔10〕胥岁：终年连续不断。

〔11〕铚（zhì）：镰刀之类。艾（yì）：通"刈"，收割。

〔12〕寝耒(lěi)：闲置不用的农具。

【译文】

如果百姓不尽力于农耕，就没收他们的家产。不这样做，国家就难以为治，农、工、商三类人互相僭越而达到极点。这就叫作背离根本、违反法则，就会导致国家的毁灭。凡是百姓，自成年以上，就分别归属于农、工、商三种职业。农民生产粮食，工匠制作器物，商人经营货物。行事与农时不相适应，就称为"大凶"。以大兴土木侵夺农时，叫作"延误"，百姓就会因此忧思不断，田里一定连秕谷也收不到。以治水侵夺农时，叫作"冒进"，悲伤就会继欢乐之后来到，四方邻国就会来侵害。用战争侵夺农时，叫作"虐害"，灾祸就会终年不断，用不着开镰收割了。连续侵夺百姓的农时，严重的饥荒就会发生。田中到处是闲置的农具，农民有的闲谈，有的唱歌，夜以继日，损失了很多粮食。人们往往只知道细枝末节，而不知道重农这个根本。

战国策

秦兴师临周而求九鼎

【题解】

本文选自《东周策》。

周王室在春秋初期业已衰微，到了战国时代，更是名存实亡。由于战国时诸侯之间的兼并战争愈演愈烈，其中较强大的诸侯各怀吞并天下的野心，因此周王室象征王权的九个大铜鼎就成了他们觊觎的对象。战国中期，秦国兴兵攻打东周，逼索九鼎，无力自卫的周天子采用了大臣颜率的计谋，假意把九鼎许给齐王而搬来了齐国的救兵。秦军退走后，齐王准备取走九鼎，颜率又对齐王极言搬运九鼎将遇到的种种不可克服的困难和矛盾，使齐王无可奈何，只好作罢，周天子便暂时保住了九鼎。

【原文】

秦兴师临周而求九鼎，周君患之，以告颜率。颜率曰："大王勿忧，臣请东借救于齐。"颜率至齐，谓齐王曰："夫秦之为无道也，欲兴兵临周而求九鼎。周之君臣，内自画计：与秦，不若归之大国。夫存危国，美名也；得九鼎，厚实也。愿大王图之。"齐王大悦，发师五万人，使陈臣思将以救周，而秦兵罢。

【译文】

秦国发兵威胁东周，向东周君索要九鼎，周君很担心这件事，就把这件事情告诉了朝臣颜率。颜率说："大王不必忧虑，可由臣东去向齐国借兵求救。"颜率到了齐国，对齐王说："如今秦王暴虐无道，兴兵东向威胁周君，想要夺取九鼎。我东周君臣在宫廷上想尽了对策，结果君臣一致认为：与其把九鼎送给暴秦，实在不如送给贵国。挽救面临危亡的国家，是美名；得到九鼎，是最实际的利益。但愿大王能努力争取！"齐王一听非常高兴，立刻派遣五万大军，任命陈臣思为统帅前往救助东周，秦兵果然撤退。

【原文】

齐将求九鼎，周君又患之。颜率曰："大王勿忧！臣请东解之。"

颜率至齐，谓齐王曰："周赖大国之义，得君臣父子相保也，愿献九鼎，不识大国何途之从而致之齐？"齐王曰："寡人将寄径于梁。"颜率曰："不可。夫梁之君臣欲得九鼎，谋之晖台之下、沙海之上，其日久矣。鼎入梁，必不出。"齐王曰："寡人将寄径于楚。"对曰："不可。楚之君臣欲得九鼎，谋之于叶庭之中，其日久矣。若入楚，鼎必不出。"王曰："寡人终何途之从而致之齐？"颜率曰："弊邑固窃为大王患之。夫鼎者，非效醯壶酱甀耳[1]，可怀挟提挈以至齐者；非效鸟集乌飞、兔兴马逝，漓然可至于齐者[2]。昔周之伐殷，得九鼎，凡一鼎而九万人挽之，九九八十一万人，士卒师徒，器械被具，所以备者称此。今大王纵有其人，何途之从而出？臣窃为大王私忧之。"齐王曰："子之数来者，犹无与耳！"颜率曰："不敢欺大国，疾定所从出，弊邑迁鼎以待命。"齐王乃止。

【注释】

〔1〕醯（xī）：醋。甀（zhuì）：瓮。
〔2〕漓然：本意为水急流的样子。

【译文】

  齐王将向周君要九鼎，周君又为这件事担忧。颜率说："大王不必担心，请允许臣东去齐国解决这件事。"颜率来到齐国，对齐王说："这回东周仰赖贵国的义举，才使我君臣父子得以平安无事，因此心甘情愿把九鼎献给大王，但是却不知贵国要经由哪条路把九鼎运来齐国？"齐王说："寡人准备借道梁国。"颜率说："不可以借道梁国。因为梁国君臣很早就想得到九鼎，他们在晖台和沙海一带谋划这件事情已很长时间了。所以，九鼎一旦进入梁国，必然很难再出来。"于是齐王又说："那么寡人就借道楚国。"颜率回答说："这也行不通。因为楚国君臣为了得到九鼎，很早就在叶庭进行谋划。假如九鼎进入楚国，也绝对不会再运出来。"齐王说："那么寡人究竟要从哪里把九鼎运到齐国呢？"颜率说："我东周君臣私下也为大王忧虑这件事。因为所谓九鼎，并非像醋瓶子或酱罐子一类的东西，提在手上，揣在怀中就可以拿到齐国，也不像雀鸟落、乌鸦飞、兔跳、马跑那样可以很快直接进入齐国。当初周武王伐殷纣王获得九鼎后，为了拉运一鼎而动用九万人，九九共八十一万人，此外还要准备相应的搬运工具和被服粮饷等物资。如今大王即使有这种人力和物力，也不知道从哪条路把九鼎运来齐国。所以臣私下一直在为大王担忧。"齐王说："贤卿屡次来我齐国，说来说去还是不想把九鼎给寡人！"颜率赶紧解释说："臣怎敢欺骗贵国呢，只要大王能赶快决定从哪条路搬运，我东周君臣可迁移九鼎，随时待命。"齐王这才打消了获取九鼎的念头。

苏秦始将连横说秦惠王曰

【题解】

本文选自《秦策一》。

苏秦为战国时期著名的纵横家，他一生主要的政治活动是为燕国服务。他入齐为燕国作反间，当了齐闵王的相。后因反间身份暴露，在公元前284年被齐国处死。他以组织六国合纵抗秦而著称于后世。

本文的内容分为两部分：第一部分从开头至"王固不能行也"，是苏秦说秦王的具体内容。苏秦以夸张铺陈之辞盛赞秦国的河山之险和国富兵强，极力鼓动秦王用武力并吞天下，但因秦国内部矛盾严重，向外扩张的条件尚不成熟，所以他的建议未被采纳；第二部分写苏秦从失败到成功的经历，描述了他为猎取功名富贵而刻苦自励的情况，也反映了当时社会的世态人情和封建伦常关系的实质。

【原文】

苏秦始将连横说秦惠王曰[1]："大王之国，西有巴、蜀[2]、汉中之利[3]，北有胡、貉[4]、代、马之用[5]，南有巫山[6]、黔中之限[7]，东有肴[8]、函之固[9]。田肥美，民殷富，战车万乘，奋击百万，沃野千里，蓄积饶多，地势形便，此所谓'天府'，天下之雄国也。以大王之贤，士民之众，车骑之用，兵法之教，可以并诸侯，吞天下，称帝而治。愿大王少留意，臣请奏其效。"

秦王曰："寡人闻之，毛羽不丰满者，不可以高飞；文章不成者，不可以诛罚；道德不厚者，不可以使民；政教不顺者，不可以烦大臣。今先生俨然不远千里而庭教之，愿以异日。"

【注释】

〔1〕苏秦：战国纵横家代表人物之一。近人或有说苏秦游说六国合纵的记载不可信。

〔2〕巴、蜀：二国名。巴，今重庆巴南。蜀，今四川成都。

〔3〕汉中：郡名，在今陕西终南山以南。

〔4〕胡、貉：地名。今内蒙古南部。

〔5〕代、马：古代郡地。在今山西东北部。
〔6〕巫山：今四川巫山东部。
〔7〕黔中：今贵州东北，湖南北部、西部。
〔8〕肴：崤山，今河南洛宁北。
〔9〕函：函谷关，在河南灵宝东北。

【译文】

苏秦一开始准备倡导连横，他游说秦惠王说："大王的国家，西边有巴、蜀、汉中的富饶物产，北边有胡、貉、代、马的资财，南边有巫山、黔中屏障，东边又有崤山、函谷关这样坚固的要塞。土地肥沃，百姓富裕；拥有战车万辆，壮士百万；沃野千里，积蓄富足；地势险要，能攻便守。这正是人们常说的'天府之国'呀！所以秦国是天下少有的强国。凭借大王您的贤能，士卒与百姓的众多，发挥车骑部队的作用，并进行有素的军事训练，一定能够吞并其他诸侯，统一天下，称号皇帝，治理全国。希望大王能考虑一下这一前景，允许我陈述自己的策略。"

秦惠王说："寡人常听人说，羽毛不够丰满的鸟儿不可以高飞，法令不完备的国家不可以出兵征战，道德不崇高的君主不可以统治万民，政教不清明的君主不可以号令大臣。如今先生不远千里来到我秦国登庭指教，寡人内心非常感激，不过关于军国大计，最好还是等将来再说吧！"

【原文】

苏秦曰："臣固疑大王之不能用也。昔者神农伐补遂〔1〕，黄帝伐涿鹿而禽蚩尤〔2〕，尧伐驩兜，舜伐三苗〔3〕，禹伐共工，汤伐有夏，文王伐崇，武王伐纣，齐桓任战而伯天下。由此观之，恶有不战者乎？古者使车毂击驰，言语相结，天下为一；约从连横，兵革不藏；文士并饬〔4〕，诸侯乱惑；万端俱起，不可胜理；科条既备，民多伪态；书策稠浊，百姓不足；上下相愁，民无所聊；明言章理，兵甲愈起；辩言伟服，战攻不息；繁称文辞，天下不治；舌弊耳聋，不见成功；行义约信，天下不亲。

"于是，乃废文任武，厚养死士，缀甲厉兵，效胜于战场。夫徒处而致利，安坐而广地，虽古五帝、三王、五伯〔5〕、明主贤君，常欲坐而致之。其势不能，故以战续之。宽则两军相攻，迫则杖戟相撞，然后可建大功。是故兵胜于外，义强于内；威立于上，民服于下。今欲并天下，凌万乘，诎敌国，制海内，子元元，臣诸侯，非兵不可！今之嗣主忽于至道，皆惛于教，乱于治，迷于言，惑于语，沉于辩，溺于辞。以此论之，王固不能行也。"

【注释】

〔1〕补遂：古部落名，一作辅遂。

〔2〕涿鹿：山名，在今河北涿鹿西南。

〔3〕三苗：古部落名，在今湖南境内。

〔4〕饬：明辨。

〔5〕五帝：黄帝、颛顼、帝喾、尧、舜。三王：夏禹、商汤、周文王（周武王）。五伯（也作五霸）：齐桓公、晋文公、秦穆公、楚庄王、宋襄公。

【译文】

苏秦说："我本来就怀疑大王不肯听取我的意见，现在证明果然如此。以前神农氏攻打补遂，黄帝讨伐涿鹿，擒获蚩尤，唐尧放逐驩兜，虞舜攻打三苗，夏禹王攻打共工，商汤王灭夏桀，周文王攻打崇侯，周武王灭商纣，齐桓公也是通过战争而雄霸天下的。由此看来，一个国家要想称霸天下，哪有不经过战争就能达到目的的？古代使者都坐着兵车奔驰，各国互相缔结口头盟约，谋求天下统一；虽然讲究合纵连横，却是战争不息；说客进行巧辩和施行权诈之术，致使诸侯慌乱疑惑，结果一切纠纷都从此发生，简直复杂到无法处理的地步。等到章程和法律都完备了，人们又常常做出虚伪的行为；文书、籍册杂乱烦琐，百姓生活贫困不足；君臣上下都愁眉不展，百姓无所仰赖。法令规章越多，战争发生得也越多；能言善辩、穿着儒服的越多，战争就越无法停止。凡事不顾根本而专门讲求文辞末节，天下就越发无法太平。因此说客的舌头说焦了，听的人耳朵都听聋了，却不见什么成效；做事即使讲义气守信用，也没办法使天下和平安乐。

"因此就废除文治而使用武力，多养敢死之士，制作好各种甲胄，磨光了各种刀枪，然后到战场上去争胜负。大王要知道，什么也不做却想使国家富强，安居不动却要使国土扩大，即使是古代五帝、三王、五霸和明主贤君，若是经常想不用刀兵而获得这些，也是无法达到目的的，所以最后只好通过战争来解决。距离远的就用强兵互相攻伐，距离近的就短兵相杀，只有如此才能建立伟大功业。所以军队得胜于外，正义治强于内；威权建立于上，人民自然服从于下。现在假如想要并吞天下，侵犯天子夺取王位，折服故国统治天下，保护百姓号令诸侯，非用武力不行。可是如今继嗣君主，却都忽略了用兵的重要性，而且都不懂得教化人民；同时也不修明政治。常常被一些诡辩之士的言论所迷惑，又被一些游说之士所左右，而误信各种不适当的外交政策。照这样的情形，大王一定不能实现连横。"

【原文】

说秦王书十上而说不行。黑貂之裘弊，黄金百斤尽，资用乏绝，去秦而归。嬴縢履蹻，负书担橐，形容枯槁，面目犁黑，状有归色[1]。归至家，妻不下纴，嫂不为炊，父母不与言。苏秦喟然叹曰："妻不以我为夫，嫂不以我为叔，父母不以我为子，是皆秦之罪也。"

乃夜发书，陈箧数十，得太公《阴符》之谋[2]，伏而诵之，简练以为揣摩。读书欲睡，引锥自刺其股，血流至足。曰："安有说人主不能出其金玉锦绣，取卿相之尊者乎？"期年揣摩成，曰："此真可以说当世之君矣！"

于是乃摩燕乌集阙[3]，见说赵王于华屋之下[4]，抵掌而谈。赵王大悦，封为武安君[5]。受相印，革车百乘，锦绣千纯，白璧百双，黄金万溢[6]，以随其后，约从散横，以抑强秦。

【注释】

〔1〕归：通"愧"。
〔2〕太公：姜太公，吕尚。阴符：吕尚所著的兵书。
〔3〕燕乌集阙：古关塞名。
〔4〕赵王：肃侯。
〔5〕武安：赵地名，在今河北武安南。
〔6〕溢：通"镒"。

【译文】

苏秦游说秦王的奏章，虽然一连上了十次之多，但他的建议始终没被秦王采纳。他的黑貂皮袄也破了，钱也用完了，最后甚至连生活费都没有了，不得已只好离开秦国回到洛阳。他腿上打着绑腿，脚上穿着草鞋，背着书箱，挑着自己的行囊，神情憔悴，面孔又黄又黑，很显失意。他回到家里以后，妻子织布不理他，嫂子也不肯给他做饭，甚至连父母都不跟他说话，因此他深深叹了口气说："妻子不把我当丈夫，嫂子不把我当小叔，父母不把我当儿子，这都是我苏秦的罪过。"

当晚，苏秦就从几十个书箱里面找出一部姜太公著的《阴符》来。从此他发奋钻研，选择其中重要的熟读，而且一边读一边揣摩时事。当他读到疲倦而打瞌睡时，就用锥子刺自己的大腿，鲜血一直流到脚上。他自语道："哪有游说人主而不能让他们掏出金玉锦绣，得到卿相尊位的呢？"过了一年，钻研有得，他又自言自语道："现在我真的可以去游说各国君王了。"

于是，苏秦就取道燕国的燕乌集阙，在华屋之下游说赵肃侯。他对赵王滔滔不绝地说出合纵的外交政策。赵王听了非常高兴，立刻封他为武安君，并授以相印，赐给他兵车一百辆，锦绣一千束，白璧一百双，黄金万镒，车队尾随，他到各国去约定合纵，拆散连横，以此压制强秦。

【原文】

故苏秦相于赵而关不通。当此之时，天下之大，万民之众，王侯之威，谋臣之权，皆欲决苏秦之策。不费斗粮，未烦一兵，未战一士，未绝一弦，未折一矢，诸侯相亲，贤于兄弟。夫贤人在而天下服，一人用而天下从。故曰：式于政，不式于勇；式于廊庙之内，不式于四境之外。

当秦之隆，黄金万溢为用，转毂连骑，炫熿于道，山东之国，从风而服，使赵大重。且夫苏秦特穷巷掘穴、桑户棬枢之士耳。伏轼撙衔，横历天下，廷说诸侯之王，杜左右之口，天下莫之能伉。

【译文】

所以当苏秦在赵国做宰相时，秦国不敢出兵函谷关。这个时候，广大的天下、众多的百姓、威武的诸侯、掌权的谋臣，都要听苏秦来决定一切政策。苏秦没费一斗军粮，没发一个兵卒，没派一员大将，没用坏一把弓，没损失一支箭，就使天下诸侯和睦相处，甚至比亲兄弟还要亲近。可见贤明人士当权主政，天下都会服从他。所以说：应该运用政治号令天下，而不必用武力征服；要在朝廷上慎谋策划，而不必到边疆上去作战。

当苏秦大权在握时，带了万镒金去游说诸侯，他所指挥的战车和骑兵连接不断，所到之处都显得威风八面，崤山以东的各诸侯王国，莫不望风听从他的号令，因而使赵国的地位格外受到尊重。苏秦这个人，只不过是一个住在陋巷，掘墙做门，砍桑做窗，用弯曲的木头做门轴一类的穷人罢了；可他一旦坐上豪华的四马战车，骑着高头大马游历天下，到各国朝廷访问，各诸侯王的亲信就都不敢开口，天下就无人敢跟他对抗。

【原文】

将说楚王，路过洛阳，父母闻之，清宫除道，张乐设饮，郊迎三十里。妻侧目而视，倾耳而听；嫂蛇行匍伏，四拜自跪而谢。苏秦曰："嫂，何前倨而后卑也？"嫂曰："以季子之位尊而多金[1]。"苏秦曰："嗟乎！贫穷则父母不子，富贵则亲戚畏惧。人生在世，势位富贵，盖可忽乎哉？"

【注释】

[1]季子：一说苏秦的字。

【译文】

苏秦要去游说楚王，路过洛阳。父母得知，就赶紧整理房间，清扫道路，雇用乐队，准备酒席，到距城三十里远的地方去迎接。妻子斜着眼睛看他的威仪，侧着耳朵听他说话；而嫂子更跪在地上不敢站起，像蛇一样在地上爬，对苏秦一再叩头请罪。苏秦问："嫂子你以前为什么对我那样傲慢不逊，而现在又为什么这样卑下呢？"他嫂子说："因为现在你社会地位尊显而且钱又多。"苏秦叹息一声说："唉！一个人如果穷困落魄，父母都不把他当儿子，然而一旦富贵之后，所有亲戚家人都会畏惧他。由此可见，一个人活在世界上，怎么能不顾权势和富贵呢？"

司马错与张仪争论于秦惠王前

【题解】

本文选自《秦策一》。

文中记述了司马错与张仪之间的一场争论。在秦国的攻伐对象应该是蜀还是韩、周的问题上，两人的意见针锋相对。张仪主张伐韩劫周，挟天子以令诸侯，以便早日称霸。司马错则认为那样做会引起诸侯的反对，陷入复杂的矛盾之中，而秦国当前的力量尚不足以与众多的诸侯国相抗衡，因此，伐韩劫周对秦不利。他主张避难就易，先伐巴蜀以利于富国强兵，然后再逐渐建立霸业。从两人的驳论中不难看出，司马错的意见符合秦国当时的政治经济形势，因而是切实可行的，所以被秦王采纳了。

【原文】

司马错与张仪争论于秦惠王前[1]。司马错欲伐蜀[2]，张仪曰：

"不如伐韩。"王曰："请闻其说。"

对曰："亲魏善楚，下兵三川[3]，塞轘辕[4]、缑氏之口[5]，当屯留之道[6]，魏绝南阳[7]，楚临南郑[8]，秦攻新城[9]、宜阳[10]，以临二周之郊，诛周主之罪，侵楚、魏之地。周自知不救，九鼎宝器必出[11]。据九鼎，按图籍，挟天子以令天下，天下莫敢不听，此王业也。今夫蜀，西辟之国，而戎狄之长也[12]，弊兵劳众不足以成名，得其地不足以为利。臣闻：'争名者于朝，争利者于市。'今三川、周室，天下之市朝也，而王不争焉，顾争于戎狄，去王业远矣。"

【注释】

〔1〕司马错：秦人，官为司马，后来以官为氏。秦惠王：孝公之子，名驷，即惠文王。

〔2〕蜀：国名，在今四川成都一带。

〔3〕三川：指河、洛、伊三水，在今河南黄河以南。

〔4〕轘（huán）辕：山名，有十二道山路，连环往复，山势峻峭，因此得名。在今河南偃师东南。

〔5〕缑（gōu）氏：山名，在今河南偃师东南。

〔6〕屯留：韩地，在今山西东南部，当时属上党地。即太行羊肠坂道。

〔7〕南阳：在韩、魏之间，在今河南济源与获嘉一带。

〔8〕南郑：古郑地，今河南新郑西北。

〔9〕新城：在今河南伊川西南。

〔10〕宜阳：在今河南西部洛河中游。

〔11〕九鼎：传国之宝，夏亡商兴，商汤迁鼎至商邑。商灭周兴，周武迁鼎到洛邑。

〔12〕戎狄：古时中原人对西北各族的贱称，此处指巴蜀一带的少数民族。

【译文】

司马错跟张仪在秦惠王面前争论战事。司马错主张秦国应该先去攻打蜀国，可是张仪却反对说："不如先去攻打韩国。"秦惠王说："我愿听听你的意见。"

张仪回答说："我们先跟楚、魏两国结盟，然后再出兵到三川，堵住轘辕和缑氏山的通口，挡住屯留的孤道，这样魏国和南阳就断绝了交通，楚军逼近南郑，秦兵再攻打新城、宜阳，这样我们便兵临东、西两周的城外，征讨二周的罪过，并且可以进入楚、魏两国。周王知道自己的危急，一定会交出传国之宝。我们据有传国之宝，再按照地图户籍，假借周天子的名义号令诸侯，天下又有谁敢不听我们的命令呢？这才是霸王之业。至于蜀国，那是一个在西方边远之地，由野蛮人做酋长的国家，我们即使劳民伤财发兵前往攻打，也不足以因此而建立霸业。臣常听人说：'争名的人要在朝廷，争利的人要在集市。'现在三川、周室，乃是天下的集市和朝廷，可是大王却不去争，反去争夺戎、狄，这就距霸王之业太远了。"

【原文】

司马错曰："不然。臣闻之，欲富国者，务广其地；欲强兵者，务富其民；欲王者，务博其德。三资者备，而王随之矣。今王之地小民贫，故臣愿从事于易。夫蜀，西辟之国也，而戎狄之长也，而有桀、纣之乱，以秦攻之，譬如使豺狼逐群羊也。取其地，足以广国也；得其财，足以富民；缮兵不伤众，而彼已服矣。故拔一国，而天下不以为暴；利尽西海[1]，诸侯不以为贪。是我一举而名实两符，而又有禁暴正乱之名。

"今攻韩，劫天子，劫天子，恶名也，而未必利也，又有不义之名，而攻天下之所不欲，危！臣请谒其故：周，天下之宗室也；齐，韩、周之与国也。周自知失九鼎，韩自知亡三川，则必将二国并力合谋，以因于齐、赵，而求解乎楚、魏。以鼎与楚，以地与魏，王不能禁。此臣所谓危，不如伐蜀之完也。"

【注释】

[1] 西海：此处指蜀国。

【译文】

司马错说："事情并不像张仪所说的那样。我听说，要想使国家富强，务必先扩张领土；要想兵强马壮，必须先使人民富足；要想得到天下，一定要先广施仁德。这三件事都做到以后，那么天下自然可以获得。如今大王地盘小而百姓穷，所以臣希望大王先从容易的地方着手。因为蜀国是一个偏僻小国，而且是戎狄之邦的首领，并且有像夏桀、商纣一样的内乱，如果用秦国的兵力去攻打蜀国，就好像派豺狼去驱逐羊群一般简单。秦国得到蜀国的土地可以扩大版图，得到蜀国的财富可以富足百姓；虽是用兵却不伤害一般百姓，并且又让蜀国自动屈服。所以秦虽然灭了蜀国，但诸侯不会认为是暴虐；即使秦抢走蜀国的一切珍宝，诸侯也不会以秦为贪。于是我们只要做伐蜀一件事，就会有名义和实际上的两种收益，并且还可以获得除暴安良的美名。

"假如现在我们去攻打韩国，就等于是劫持天子，那会招致恶名，而且也不见得能获得什么利益，反而会落得一个不义的坏名，而且是做天下人不愿做的事情，实在是一件危险的事。我请求讲明这个道理：周天子是天下的共主，同时齐是韩与周的友邦，周自己知道要失掉九鼎，韩自己清楚要失去三川，这样两国必然精诚合作，一方面联络齐、赵去解楚、魏之围，自动把九鼎献给楚，把土地割让给魏，这些都是大王所不能制止的，也就是臣所说的危险，实在不如先伐蜀，那样才是万全之计。"

【原文】

惠王曰："善！寡人听子。"

卒起兵伐蜀，十月取之，遂定蜀。蜀主更号为侯，而使陈庄相蜀。蜀既属，秦益强富厚，轻诸侯。

【译文】

秦惠王说："好的！寡人听你的。"

于是，秦国就出兵攻打蜀国，经过十个月的征讨，终于占领了蜀地，把蜀主的名号改为侯，并且派秦臣陈庄去做蜀的相国。蜀地既已划归秦国的版图，秦国就越发强盛富足，而且也更加轻视天下诸侯。

齐助楚攻秦

【题解】

本文选自《秦策二》。

本文通过张仪欺骗楚怀王与齐国绝交，然后趁机打败楚国一事，反映了战国时代诸侯之间互相倾轧、兼并的历史事实，讽刺了楚怀王目光短浅、见利忘义和昏庸愚蠢，也谴责了张仪的不择手段和背信弃义。文中的陈轸虽然具有先见之明，能洞察到各国之间的政治形势，识破了张仪的阴谋，但他提出的赂秦损齐的计策，对齐国也是很不道义的。张仪此举的成功，大伤了楚国的元气，从而使之成了秦国兼并六国的转折点。

【原文】

齐助楚攻秦，取曲沃，其后[1]，秦欲伐齐，齐、楚之交善，惠王患之，谓张仪曰："吾欲伐齐，齐、楚方欢，子为寡人虑之，奈何？"张仪曰："王其为臣约车并币，臣请试之。"

张仪南见楚王[2]，曰："弊邑之王所说甚者，无大大王；唯仪之所甚愿为臣者，亦无大大王。弊邑之王所甚憎者，亦无先齐王[3]；唯仪之所甚憎者，亦无大齐王[4]。今齐王之罪，其于弊邑之王甚厚，弊邑欲伐之，而大国与之欢，是以弊邑之王不得事令，而仪不得为臣也。大王苟能闭关绝齐，臣请使秦王献商於之地[5]，方六百里。若此，齐必弱，齐弱则必为王役矣。则是北弱齐，西德于秦，而私商於之地以为利也，则此一计而三利俱至。"

【注释】

〔1〕曲沃：战国时有二曲沃，一在今山西闻喜，一在今河南陕县的曲沃镇。本文的曲沃属后者，原属魏地，当时已归秦。
〔2〕楚王：怀王。
〔3〕鲍本衍"亦"字。鲍本"先"作"大"。
〔4〕齐王：齐宣王。
〔5〕商於（wū）：秦地。在今西安东南。

【译文】

　　齐国帮楚国进攻秦国，攻下了曲沃。后来秦想要攻齐报仇，可是由于齐、楚交往友善，秦惠王为此甚为忧虑，于是惠王就对张仪说："寡人想要发兵攻齐，无奈齐、楚两国关系正密切，请贤卿为寡人考虑一下怎么办才好？"张仪说："请大王为臣准备车马和金钱，让臣南去游说楚王试试看！"

　　于是张仪就南去楚国见楚怀王说："敝国国王最敬重的人，莫过于大王了；我最愿意做臣子的，也莫过于大王您了。敝国国王最痛恨的君主莫过于齐王；而臣张仪最不愿臣事的君主，也莫过于齐王。现在齐国的罪恶，对秦王来说是最严重的，因此秦国才准备发兵征讨齐国，无奈贵国跟齐国缔结有军事攻守同盟，以致秦王无法好好侍奉大王，同时也不能使臣张仪做大王的忠臣。然而如果大王能关起国门跟齐断绝交邦，让臣劝秦王献上方圆六百里的商於土地，如此一来，齐就丧失了后援，而必然走向衰弱；齐走向衰弱以后，就必然听从大王的号令。由此看来，大王如果能这样做，楚国不但在北面削弱了齐国的势力，而且又在西面对秦国施有恩惠，同时获得了商於六百里的土地，这真是一举三得的上策。"

【原文】

　　楚王大说，宣言之于朝廷，曰："不穀得商於之田，方六百里。"群臣闻见者毕贺，陈轸后见，独不贺。楚王曰："不穀不烦一兵，不伤一人，而得商於之地方六百里，寡人自以为智矣！诸士大夫皆贺，子独不贺，何也？"陈轸对曰："臣见商於之地不可得，而患必至也，故不敢妄贺。"王曰："何也？"对曰："夫秦所以重王者，以王有齐也。今地未可得而齐先绝，是楚孤也，秦又何重孤国？且先出地后绝齐，秦计必弗为也；先绝齐后责地，且必受欺于张仪；受欺于张仪，王必惋之。是西生秦患，北绝齐交，则两国兵必至矣[1]。"楚王不听，曰："吾事善矣！子其弭口无言，以待吾事。"楚王使人绝齐，使者未来，又重绝之。

【注释】

〔1〕两国：齐秦。

【译文】

楚怀王一听，非常高兴，就赶紧在朝宣布说："寡人已经从秦国得到商於六百里的肥沃土地了！"群臣听了怀王的宣布，都一致向怀王道贺，唯独客卿陈轸最后晋见，而且根本不向怀王道贺。这时怀王就很诧异地问："寡人不发一卒，而且没有伤亡一名将士，就得到商於六百里土地，寡人认为这是一次外交上的极大胜利，朝中文武百官都向寡人道贺，偏只有贤卿一个人不道贺，这是为什么？"陈轸回答说："因为我认为，大王不但得不到商於六百里的土地，反而会因此招来祸患，所以臣才不敢随便向大王道贺。"怀王问："什么道理呢？"陈轸回答说："秦王之所以重视大王，是因为大王有齐国这样一个强大盟邦。如今秦国还没把地割给大王，大王就跟齐国断绝邦交，如此就会使楚国陷于孤立状态，秦国又怎会重视一个孤立无援的国家呢？何况如果先让秦割让土地，楚国再来跟齐断绝邦交，秦国必不肯这样做；要是楚国先跟齐断绝邦交，然后再向秦要求割让土地，那么必然会遭到张仪的欺骗而得不到土地；受了张仪的欺骗，以后大王必然懊悔万分。结果是西面惹出秦国的祸患，北面切断了齐国的后援，这样秦、齐两国的兵都将进攻楚国。"楚怀王不听从，说："我的事已经办妥当了，你就闭口，不要再多说，你就等待寡人的事成吧！"于是怀王就派使前往齐国宣布跟齐断绝邦交，还没等第一个绝交使者回来，楚王竟急着第二次派人去与齐国绝交。

【原文】

张仪反，秦使人使齐，齐、秦之交阴合。楚因使一将军受地于秦。张仪至，称病不朝。楚王曰："张子以寡人不绝齐乎？"乃使勇士往詈齐王。张仪知楚绝齐也，乃出见使者曰："从某至某，广从六里。"使者曰："臣闻六百里，不闻六里。"仪曰："仪固以小人，安得六百里？"使者反报楚王，楚王大怒，欲兴师伐秦。陈轸曰："臣可以言乎？"王曰："可矣。"轸曰："伐秦非计也，王不如因而赂之一名都，与之伐齐，是我亡于秦而取偿于齐也。楚国不尚全乎？王今已绝齐，而责欺于秦，是吾合齐、秦之交也，国必大伤。"楚王不听，遂举兵伐秦。秦与齐合，韩氏从之，楚兵大败于杜陵[1]。故楚之土壤士民非削弱，仅以救亡者，计失于陈轸，过听于张仪。

【注释】

〔1〕杜陵：楚地，在今陕西旬阳西部。

【译文】

张仪回到秦国之后，秦王就赶紧派使者前往齐国游说，秦齐的盟约暗暗缔结成功。当楚国派一名将军去秦国接收土地时，张仪为了躲避楚国的索土使臣，竟然装病不上朝。楚怀王说："张仪以为寡人不愿诚心跟齐国断交吗？"于是楚怀王就派了一名勇士前去齐国骂齐王。张仪在证实楚、齐确实断交以后，才勉强出来接见楚国的索土使臣，说："敝国所赠送贵国的土地，从这里到那里，方圆总共是六里。"楚国使者很惊讶地说："我只听说是六百里，却没听说是六里。"张仪赶紧郑重其事地巧辩说："我张仪在秦国只不过是一个微不足道的小官，怎么能说有六百里呢？"楚国使节回国报告楚怀王以后，怀王大为震怒，就准备发兵去攻打秦国。这时陈轸走到楚王面前表示："现在我可以说话了吗？"怀王说："可以。"于是陈轸就很激动地说："楚国发兵去打秦国，绝对不是一个好办法。大王实在不如趁此机会，不但不向秦索求商於六百里土地，反而再送给秦一个大都市，目的是跟秦连兵伐齐，如此或许可以把损失在秦国手中的再从齐国得回来，这不就等于楚国没有损失吗？大王既然已经跟齐国绝交，现在又去责备秦国的欺骗，岂不是在加强秦、齐两国的邦交吗？这样的话，楚国必受大害！"可惜楚怀王仍然没有采纳陈轸的忠谏，而是照原定计划发兵北去攻打秦国。秦、齐两国组成联合阵线，同时韩国也加入了他们的军事同盟，结果楚军被三国联军在杜陵打得惨败。可见，楚国的土地并非不大，而人民也并非比其他诸侯国的软弱，但是之所以会到几乎亡国的惨境，就是怀王没采纳陈轸的良言，而过于听信张仪诡诈游说的缘故。

范雎至秦

【题解】

本文选自《秦策三》。

本文记叙了策士范雎向秦昭王进献谋略而取得高位的故事。当时的秦国，以秦昭王的母亲宣太后和舅舅穰侯魏冉为首的贵族势力很大。他们独揽国政，横行猖獗，而又骄奢淫逸，千方百计地扩充私家势力而危害国家利益，并排斥六国入秦的士人，以架空秦昭王。范雎以敏锐的眼光看出了秦国政治上的弊病，认为秦国要想称霸天下，对内必须铲除腐朽的奴隶主贵族势力，对外必须采取灵活有利的外交政策。后来，他得到秦王的信任和重用而登上了政治舞台，对秦国的富强和发展起到了极为重要的积极作用。

【原文】

范雎至秦，王庭迎，谓范雎曰："寡人宜以身受令久矣！今者义渠之事急，寡人日自请太后。今义渠之事已，寡人乃得以身受命。躬窃闵然不敏，敬执宾主之礼。"范雎辞让。

是日见范雎，见者无不变色易容者。秦王屏左右，宫中虚无人，秦王跪而请曰："先生何以幸教寡人？"范雎曰"唯唯"。有间，秦王复请，范雎曰"唯唯"。若是者三。

【译文】

范雎来到秦宫，秦王亲自到大厅迎接。秦王对范雎说："我早就该亲自来领受您的教导了，正碰上要急于处理义渠国的事务，而我每天又要亲自给太后问安。现在义渠国的事已经处理完毕，我这才能够亲自领受您的教导。我深深感到自己行动迟缓，现在请让我恭行宾主之礼吧！"范雎表示谦让。

这天，凡是见到范雎的人，没有不肃然起敬、另眼相待的。秦王把左右支使出去，宫中只剩下他们两人，秦王直起腰腿，诚恳地请求说："先生怎样荣幸地来教导我呢？"范雎只是"啊啊"了两声。过了一会儿，秦王再次请求，范雎还是"啊啊"了两声。就这样一连三次。

【原文】

秦王跽曰[1]："先生不幸教寡人乎？"

范雎谢曰："非敢然也。臣闻始时吕尚之遇文王也，身为渔父而钓于渭阳之滨耳，若是者，交疏也。已一说而立为太师，载与俱归者，其言深也。故文王果收功于吕尚，卒擅天下而身立为帝王。即使文王疏吕望而弗与深言，是周无天子之德，而文、武无与成其王也。今臣羁旅之臣也，交疏于王，而所愿陈者，皆匡君之事，处人骨肉之间，愿以陈臣之陋忠，而未知王心也，所以王三问而不对者是也。臣非有所畏而不敢言也，知今日言之于前，而明日伏诛于后，然臣弗敢畏也。大王信行臣之言，死，不足以为臣患；亡，不足以为臣忧；漆身而为厉[2]，被发而为狂，不足以为臣耻。五帝之圣焉而死，三王之仁焉而死，五伯之贤焉而死，乌获之力焉而死，奔、育之勇焉而死。死者，人之所必不免也。处必然之势，可以少有补于秦，此臣之所大愿也，臣何患乎？伍子胥橐载而出昭关，夜行而昼伏，至于蔆水，无以饵其口，坐行蒲服，乞食于吴市，卒兴吴国，阖庐为霸。使臣得进谋如伍子胥，加之以幽囚，终身不复见，是臣说之行也，臣何忧乎？箕子、接舆，漆身而为厉，被发而为狂，无益于殷、楚。使臣得同行于箕子、接舆，可以补所贤之主，是臣之大荣也，臣又何耻乎？臣之所恐者，独恐臣死之后，天下见臣尽忠而身蹶也[3]，是以杜口裹足，莫肯即秦耳。足下上畏太后之严，下惑奸臣之态；居深宫之中，不离保傅之手；终身暗惑，无与照奸；大者宗庙灭覆，小者身以孤危。此臣之所恐耳！若夫穷辱之事、死亡之患，臣弗敢畏也。臣死而秦治，贤于生也。"

【注释】

〔1〕跽（jì）：长跪。
〔2〕厉：通"癞"，疮肿。
〔3〕蹶：摔倒。比喻失败或挫折。

【译文】

秦王又拜请说："先生不肯荣幸地教导我了吗？"

范雎便恭敬地解释说："我并不敢这样。我听说，当初吕尚与文王相遇的时候，他只是一个渔夫，在渭河钓鱼而已，那时，他们交情疏远。此后，当吕尚一进言，就被尊为太师，和文王同车回去，这是因为他们谈得很深刻。所以文王终于因吕尚而建立了功业，最后掌握了天下的大权，自己立为帝王。如果文王当时疏远吕尚，不与他深谈，周朝就不可能有天子的圣德，而文王、武王也不可能成就帝王的事业。现在，我只是个旅居在秦国的宾客，与大王交情疏远，但是希望陈述的又都是纠正君王政务的大事，而且还将干预骨肉之亲。我本想陈述我的愚忠，可又不知大王心意如何，所以大王三次问我，我都没有回答。我并不是有什么畏惧而不敢进言，我知道，今天在大王面前说了，明天就会遭到杀身之祸，但是，我并不畏惧。大王真能按照我的计谋去做，我即使身死，也不会以为是祸患；即使流亡，也不会以此为忧虑；即使不得已漆身为癞，披发为狂，也不会以此为耻辱。五帝是天下的圣人，但终究要死；三王是天下的仁人，但终究要死；五霸是天下的贤人，但终究要死；乌获是天下的大力士，但终究要死；孟贲、夏育是天下的勇士，但终究要死。死，是人人都不可避免的，这是自然界的必然规律。如果能够稍有补益于秦国，这就是我最大的愿望，我还有什么可忧虑的呢？伍子胥当年是躲藏在口袋里逃出昭关的，他晚上出行，白天躲藏，到了淩水，吃不上饭饿着肚子，双膝跪地，双手爬行，在吴市讨饭度日，但终于帮助阖庐复兴了吴国，使吴王阖庐建立了霸业。如果让我像伍子胥一样能呈献计谋，即使遭到囚禁，终生不再出狱，但只要能实现我的计谋，我还有什么可忧虑的呢？当初箕子、接舆，漆身为癞，披发为狂，却终究无益于殷、楚。如果使我与箕子、接舆有同样的遭遇，只要有益于圣明的君王，这就是我最大的光荣，我又有什么可感到耻辱的呢？我所担心的是，我死了以后，人们见到我这样尽忠于大王，终究还是身死，因此人们都闭口不言，裹足不前，不肯到秦国来。大王对上畏惧太后的威严，对下又迷惑于大臣的伪诈；住在深宫之中，不离保姆之手；终身迷惑糊涂，不能了解坏人坏事；这样，大而言之，则使得国家遭受灭亡之祸；小而言之，则使得自己处于孤立的危境。这就是我所担心害怕的。至于穷困、受辱这样的事，身死、流浪这样的不幸，并不是我所害怕的。如果我死了，秦国却治理得很好，这比我活着要好得多。"

【原文】

秦王跽曰："先生是何言也？夫秦国僻远，寡人愚不肖，先生乃幸至此，此天以寡人恩先生[1]，而存先王之庙也！寡人得受命于先生，此天所以幸先王而不弃其孤也！先生奈何而言若此？事无大小，上及太后，下至大臣，愿先生悉以教寡人，无疑寡人也。"范雎再拜，秦王亦再拜。

范雎曰："大王之国，北有甘泉、谷口，南带泾、渭，右陇、蜀，左关、阪；战车千乘，奋击百万。以秦卒之勇，车骑之多，以当诸侯，譬若驰韩卢而逐蹇兔也[2]，霸王之业可致。今反闭关而不敢窥兵于山东者，是穰侯为国谋不忠，而大王之计有所失也。"

【注释】

〔1〕恩（hùn）：搅扰。
〔2〕韩卢：俊犬名。

【译文】

秦王挺直身子说："先生怎么说出这样的话呢？秦国是个偏僻边远的国家，我又是个没有才能的愚人，先生能到敝国来，是上天让我来烦扰先生，使得先王的宗庙祭祀得以保存。我能接受先生的教导，是上天要先生扶助先王，不抛弃我。先生怎么说出这样的话呢？今后事无大小，上至太后，下及大臣，所有一切，都希望先生一一给我教导，千万不要对我有什么疑惑。"范雎因而再次拜谢，秦王也再次回拜。

范雎说："大王的国家，北有甘泉、谷口，南有泾水和渭水环绕，西面有陇山、蜀地，东面有函谷关、陇阪；战车有千辆，精兵有百万。拿秦国兵卒的勇敢，车骑的众多，来抵挡诸侯国，就如驰猛犬去追赶跛兔一般，轻易就可达成霸王的功业。如今反而闭锁函谷关门，兵卒不敢向山东诸侯窥视一下，这是穰侯魏冉为秦国谋划不忠，而大王的策略有所失误啊！"

【原文】

王曰："愿闻所失计。"

雎曰："大王越韩、魏而攻强齐，非计也。少出师，则不足以伤齐；多之，则害于秦。臣意王之计，欲少出师而悉韩、魏之兵，则不义矣！今见与国之可亲，越人之国而攻，可乎？疏于计矣！昔者，齐人伐楚，战胜，破军杀将，再辟千里，肤寸之地无得者，岂齐不欲地哉，形弗能有也。诸侯见齐之罢露〔1〕，君臣之不亲，举兵而伐之，主辱军破，为天下笑。所以然者，以其伐楚而肥韩、魏也。此所谓藉贼兵而赍盗食者也。王不如远交而近攻，得寸则王之寸，得尺亦王之尺也。今舍此而远攻，不亦缪乎？且昔者，中山之地方五百里，赵独擅之，功成、名立、利附，则天下莫能害。今韩、魏中国之处而天下之枢也。王若欲霸，必亲中国而以为天下枢，以威楚、赵。赵强则楚附，楚强则赵附，楚、赵附则齐必惧，惧必卑辞重币以事秦；齐附而韩、魏可虚也。"

【注释】

〔1〕罢：同"疲"。露：败。

【译文】

秦王说:"愿闻所以失计之处!"

范雎说:"大王越过韩、魏的国土去进攻强齐,这不是好的计谋。出兵少了,并不能够损伤齐国;多了,则对秦国有害。臣揣大王的计谋,是想本国少出兵,而让韩、魏全部出兵,这就不相宜了。如今明知盟国不可以信任,却越过他们的国土去作战,这可以吗?显然是疏于计算了!从前,齐国攻伐楚国,打了大胜仗,攻破了楚国军队,擒杀了它的将帅,两次拓地千里,最后连寸土也没有得到,难道是齐国不想得到土地吗?疆界形势不允许它占有啊!诸侯见齐国士卒疲敝,君臣不和睦,起兵来攻打它,齐王出走,军队被攻败,遭到天下人的耻笑。之所以落得如此下场,就因为它伐楚而使韩、魏获得土地壮大起来。这就是所说的借给强盗兵器而资助小偷粮食啊!大王不如采取结交远国而攻击近国的策略,得到寸土是王的寸土,得到尺地是王的尺地。如今舍近而攻远,这不是个错误吗?且说从前,中山国的土地,方圆有五百里,赵国单独把它吞并,功业也成就了,声名也树立了,财利也归附了,天下也没能把赵国怎么样。如今韩、魏的形势,居各诸侯国的中央,是天下的枢纽。大王如果想要成就霸业,一定要先亲近居中的国家而将之作为天下的枢纽,来威胁楚国和赵国。赵国强盛,那么楚就要附秦;楚国强盛,那么赵就要附秦。楚、赵都来附秦,齐国一定恐慌,齐国恐慌肯定会说好话,送厚礼来服侍秦国。如果齐国归附,那么韩、魏就有机可乘了。"

【原文】

王曰:"寡人欲亲魏,魏多变之国也,寡人不能亲。请问亲魏奈何?"范雎曰:"卑辞重币以事之,不可;削地而赂之,不可;举兵而伐之。"于是举兵而攻邢丘,邢丘拔而魏请附。

曰:"秦、韩之地形,相错如绣。秦之有韩,若木之有蠹,人之病心腹。天下有变,为秦害者,莫大于韩。王不如收韩。"王曰:"寡人欲收韩,不听,为之奈何?"

范雎曰:"举兵而攻荥阳,则成皋之路不通;北斩太行之道,则上党之兵不下;一举而攻荥阳,则其国断而为三。韩见必亡,焉得不听?韩听而霸事可成也。"王曰:"善。"

【译文】

秦王说:"寡人本想亲睦魏国,但魏的态度变幻莫测,寡人无法亲善它。请问怎样才能亲魏呢?"范雎说:"用美好的言辞和厚礼来讨好它,这样不行;割地来贿赂它,这样还不行;最好的选择就是起兵攻伐它。"于是,起兵攻打邢丘，邢丘被攻陷，而魏国来请求归附。

范雎说："秦、韩两国的地形，相互交错，有如锦绣的花纹。秦旁有韩存在，就像树木有蠹虫、人有心腹之疾一样。天下一朝有变，危害秦国的，没有比韩国更强的。大王不如让韩归附秦。"秦王说："我打算让韩归附，韩国不听从，可怎么办呢？"

范雎说："起兵攻打荥阳，那么成皋的道路就不通了；北部截断太行山的道路，那么上党的兵也就不能南下了；一举拿下荥阳，那么韩国将分成孤立的三块（谓新郑、成皋、泽潞）。韩国看到自身将要覆亡，怎么能够不听从呢？韩国一顺从，那么霸业就可以成功了。"秦王说："这很好！"

邹忌修八尺有余

【题解】

本文选自《齐策一》。

这是一则脍炙人口的故事。齐相邹忌的妻妾、客人出于不同的动机，一致夸大邹忌的美貌，但邹忌却有自知之明，他冷静地思考，看清了事情的真相，从中悟出了深刻的道理，于是就拿这件事做比喻，劝谏齐王不要在赞美声中自我陶醉。因为地位高的人容易受到阿谀和蒙蔽，只有广开言路，虚心接受批评和建议，并积极加以改正，才能修明政治。齐王接受了他的建议，果然收到了富国强兵的政治效果。

【原文】

邹忌修八尺有余，身体昳丽[1]。朝服衣冠，窥镜，谓其妻曰："我孰与城北徐公美[2]？"其妻曰："君美甚，徐公何能及君也！"城北徐公，齐国之美丽者也。忌不自信，而复问其妾曰："吾孰与徐公美？"妾曰："徐公何能及君也！"旦日，客从外来，与坐谈，问之客曰："吾与徐公孰美？"客曰："徐公不若君之美也！"

明日，徐公来，孰视之，自以为不如；窥镜而自视，又弗如远甚。暮寝而思之，曰："吾妻之美我者，私我也；妾之美我者，畏我也；客之美我者，欲有求于我也。"

【注释】

〔1〕昳（yì）丽：光艳美丽。
〔2〕徐公：《十二国史》作"徐君平"。

【译文】

齐相邹忌身高八尺有余，是一位相貌英俊的美男子。有一天早晨他穿戴好衣冠准备上朝时，一边照镜子一边对夫人说："你说我跟城北徐公哪一个长得英俊？"夫人回答说："当然是你长得英俊啦，徐公怎能和你比？"邹忌说的城北徐公，是齐国有名的美男子。邹忌听他妻子说他比徐公还英俊，自己却不太相信，于是又去问自己的妾："我跟徐公谁长得英俊？"妾回答说："徐公无法与您相比。"第二天早晨有客来访，邹忌跟客人谈话时，他又问客人说："我和徐公谁长得英俊？"客人回答说："徐公当然不如阁下啦！"

又隔一天徐公来到邹忌家，邹忌仔细看看徐公，认为自己并不如徐公英俊；再对着镜子仔细看看，也觉得远不如徐公英俊。当天夜里，邹忌躺在床上想，并且自言自语道："我妻夸赞我英俊是出于爱我，我妾夸赞我英俊是惧怕我，客人夸赞我英俊是有求于我。"

【原文】

于是入朝见威王曰〔1〕："臣诚知不如徐公美，臣之妻私臣，臣之妾畏臣，臣之客欲有求于臣，皆以美于徐公。今齐地方千里，百二十城，宫妇左右，莫不私王；朝廷之臣，莫不畏王；四境之内，莫不有求于王。由此观之，王之蔽甚矣！"王曰："善。"乃下令："群臣吏民，能面刺寡人之过者，受上赏；上书谏寡人者，受中赏；能谤议于市朝，闻寡人之耳者，受下赏。"

令初下，群臣进谏，门庭若市；数月之后，时时而间进；期年之后〔2〕，虽欲言，无可进者。燕、赵、韩、魏闻之，皆朝于齐。此所谓战胜于朝廷。

【注释】

〔1〕威王：齐威王，名田齐。
〔2〕期年：一周年。

【译文】

于是邹忌在上朝时对齐威王说："臣确实知道远不如徐公英俊，但是由于臣的妻爱臣，臣的妾怕臣，臣的客人有求于臣，于是他们就都夸赞臣比徐公英俊。如今齐国地方千里,是有一百二十个城池的大国,宫妃嫔娥都爱君王,而朝廷群臣都怕君王,国内百姓都有求于君王。由此可见,君王被蒙蔽得一定很厉害。"齐威王说:"贤卿的话很有道理。"于是齐威王立刻颁布诏令说:"从今以后,凡是齐国臣民,能够当面指出寡人过错的,可接受'上赏';上书极力直谏寡人过错的,可接受'中赏';能在街头巷尾批评寡人过错的,可接受'下赏'。"

这道诏令刚一公布,群臣就争相谏诤,王宫门庭若市;几个月后还经常有人向朝廷进言;满一年以后,想要进言的人已无言可进,因为所有的意见都已献给朝廷。燕、赵、韩、魏等国听到这个消息以后,都纷纷派使臣来齐国朝贡。这就是所谓通过朝廷的举措,不需要用兵,就可以战胜别国了。

昭阳为楚伐魏

【题解】

本文选自《齐策二》。

策士们为了使自己的说辞更有说服力,往往在抽象议论中插入妙趣横生的寓言故事,用以自然、生动地表达出他要阐述的深刻道理。

策士陈轸站在齐国一边,劝说楚将昭阳放弃攻打齐国的计划。他抓住昭阳患得患失的心理特点,用"画蛇添足"的比喻,形象地说明昭阳再去攻打齐国是多此一举的事情。昭阳从个人的利害出发,认识到攻齐对自己并无任何好处,就退兵回国了。

【原文】

昭阳为楚伐魏[1],覆军杀将得八城,移兵而攻齐。陈轸为齐王使[2],见昭阳,再拜贺战胜,起而问:"楚之法,覆军杀将,其官爵何也?"昭阳曰:"官为上柱国[3],爵为上执圭[4]。"陈轸曰:"异贵于此者何也?"曰:"唯令尹耳[5]。"

陈轸曰:"令尹贵矣!王非置两令尹也,臣窃为公譬可也。楚有祠者,赐其舍人卮酒。舍人相谓曰:'数人饮之不足,一人饮之有余。请画地为蛇,先成者饮酒。'一人蛇先成,引酒且饮之,乃左手持卮,右手画蛇,曰:'吾能为之足。'未成,一人之蛇成,夺其卮曰:'蛇固无足,子安能为之足?'遂饮其酒。为蛇足者,终亡其酒。今君相楚而攻魏，破军杀将得八城，不弱兵，欲攻齐，齐畏公甚，公以是为名亦足矣，官之上非可重也。战无不胜而不知止者，身且死，爵且后归，犹为蛇足也。"昭阳以为然，解军而去。

【注释】

〔1〕昭阳：楚怀王之将。
〔2〕齐王：齐威王。
〔3〕上柱国：楚国最高武官。
〔4〕上执圭：楚国最高的爵位。圭，一种长条形玉器。
〔5〕令尹：楚国最高的官职，是出任宰相的上卿，执掌军政大权。

【译文】

昭阳率楚军攻打魏国，歼灭敌军杀死敌将，攻下魏国八座城池之后，就转兵去攻打齐国。陈轸作为齐王的使臣，前往拜见昭阳，陈轸向昭阳拜了两拜，祝贺昭阳的战事胜利，起身问昭阳："按照楚国法律，消灭敌军杀死敌将时，应该获得什么官爵的封赏？"昭阳回答说："赏赐上柱国的官职，封给上执圭的爵位。"陈轸说："除此还有什么比这更尊贵的官爵吗？"昭阳回答说："那只有令尹了。"

于是陈轸说："令尹的确是最尊贵的官位，但楚王却不可能有两个令尹。臣愿意为将军打一个比喻。楚国有个人祭完祖先后，想要请他的门客喝一杯酒，门客互相商议的结果是：'这酒，我们几个人不够喝，一个人喝又太多，让我们在地上画一条蛇，谁先画成谁先喝。'有一个人画好后，就拿起酒杯要喝，他左手端着酒杯，右手继续画着说：'我能给蛇画上脚。'还没等这个人把脚画成，另一个人也画好了一条蛇，并且从他手中夺过酒杯说：'蛇本来就没有脚，你怎么能给它画脚呢？'于是这个人就喝下了这杯酒。画蛇添足的人失去了他的酒。现在将军辅佐楚国攻打魏，消灭敌军杀死敌将，占领了魏国的八个城池，兵力没有受到什么损耗，将军却想要继续攻打齐国。齐国固然非常恐惧将军，然而要知道，将军的名已经够了，官上面已经不能再加官了。您战无不胜，却不懂适可而止。凡是战无不胜却不知道适可而止的人，自己将招来杀身之祸，官爵还是归属别人，那道理就像'画蛇添足'一般。"昭阳认为陈轸的话很有道理，于是撤军而去。

齐人有冯谖者

【题解】

本文选自《齐策四》。

齐国寒士冯谖投奔到孟尝君门下当食客。他虽然胸怀大志，富有才干和远见，但并不炫耀自己，因此最初曾一度受到冷遇。他为了要求提高生活待遇曾三次"弹铗而歌"，虽然遭受到其他食客的讥笑，但孟尝君对他还是很宽厚的。后来，冯谖在为孟尝君到薛地收债的过程中施展了高明的政治手腕，在孟尝君尚不理解的情况下为之营造了"三窟"，从而使孟尝君摆脱了困境，解除了后顾之忧，很好地巩固了统治地位。

【原文】

齐人有冯谖者，贫乏不能自存，使人属孟尝君，愿寄食门下。孟尝君曰："客何好？"曰："客无好也。"曰："客何能？"曰："客无能也。"孟尝君笑而受之，曰："诺。"左右以君贱之也，食以草具。

居有顷，倚柱弹其剑，歌曰："长铗归来乎[1]！食无鱼。"左右以告，孟尝君曰："食之，比门下之客。"居有顷，复弹其铗，歌曰："长铗归来乎！出无车。"左右皆笑之，以告，孟尝君曰："为之驾，比门下之车客。"于是乘其车，揭其剑，过其友，曰："孟尝君客我！"后有顷，复弹其剑铗，歌曰："长铗归来乎！无以为家。"左右皆恶之，以为贪而不知足。孟尝君问："冯公有亲乎？"对曰："有老母。"孟尝君使人给其食用，无使乏。于是冯谖不复歌。

【注释】

[1]铗：剑把。

【译文】

齐国有个叫冯谖的，家境贫穷，不能维持生活，托人请求孟尝君，说愿意投靠门下混碗饭吃。孟尝君问："客人有什么爱好？"回答说："客人没有什么爱好。"又问："客人有什么本事？"回答说："客人没有什么本事。"孟尝君笑了笑，答应收留他，说："好吧。"孟尝君左右亲近的人以为他看不起冯谖，就给他粗劣的饭菜。

不久，冯谖靠在柱子上，弹着他的剑，歌唱道："长剑啊，咱们还是回去吧，吃饭没有鱼。"左右管事的人把这情况告诉了孟尝君。孟尝君说："给他吃鱼，按照中等门客的待遇。"过了不久，冯谖又弹着他的剑，歌唱道："长剑啊！咱们还是回去吧，出门没有车。"左右的人都讥笑他，把这一情况告诉了孟尝君，孟尝君说："给他准备车马，按照车客的待遇。"于是，冯谖乘上车子，举起宝剑，去见他的朋友，说："孟尝君尊我为上客。"过了不久，冯谖又弹着他的剑，歌唱道："长剑啊！咱们还是回去吧，没办法养家。"左右的人都很厌恶他，认为他是一个贪得无厌的人。孟尝君问："冯先生有亲属吗？"冯谖回答说："家有老母。"孟尝君便派人给她吃的用的，不使她缺少什么。于是冯谖不再唱歌了。

弹剑而歌

战国策

【原文】

后孟尝君出记[1]，问门下诸客："谁习计会，能为文收责于薛者乎[2]？"冯谖署曰："能。"孟尝君怪之，曰："此谁也？"左右曰："乃歌夫'长铗归来'者也。"孟尝君笑曰："客果有能也，吾负之，未尝见也。"请而见之，谢曰："文倦于事，愦于忧[3]，而性懧愚[4]，沉于国家之事，开罪于先生。先生不羞，乃有意欲为收责于薛乎？"冯谖曰："愿之。"于是约车治装，载券契而行，辞曰："责毕收，以何市而反？"孟尝君曰："视吾家所寡有者。"

【注释】

〔1〕记：文告。
〔2〕责：同"债"。
〔3〕愦：昏乱，糊涂。
〔4〕懧愚：困劣，懦弱愚蠢。

【译文】

后来，孟尝君拿出账簿，问门下的食客："谁熟悉会计业务，能为我到薛

孟尝君

邑去收债呢？"冯谖签上名，说："我能办到。"孟尝君诧异地说："这人是谁呢？"下人说："是唱'长剑回去吧'的那个人。"孟尝君笑说："客人果然是有专长啊！我很抱歉，没能见一见他。"于是，请他来见，谢罪说："文事务缠身，忧思昏愦，而秉性愚弱，沉溺于国事家事，得罪于先生。先生不以为羞，竟愿意代我到薛地去讨债吗？"冯谖说："愿意。"于是套车准备行装，载着文书契约启程，辞行说："收完债，置买些什么回来呢？"孟尝君说："看着我家所缺少的东西买吧。"

【原文】

驱而之薛，使吏召诸民当偿者悉来合券。券遍合，起矫命[1]，以责赐诸民，因烧其券，民称万岁。

长驱到齐，晨而求见。孟尝君怪其疾也，衣冠而见之，曰："责毕收乎？来何疾也！"曰："收毕矣。""以何市而反？"冯谖曰："君云'视吾家所寡有者'。臣窃计，君宫中积珍宝，狗马实外厩，美人充下陈。君家所寡有者，以义耳！窃以为君市义。"孟尝君曰："市义奈何？"曰："今君有区区之薛，不拊爱子其民，因而贾利之！臣窃矫君命，以责赐诸民，因烧其券，民称万岁。乃臣所以为君市义也。"孟尝君不说，曰："诺！先生休矣！"

【注释】

[1]矫命：假传命令。

【译文】

车驾奔驰到薛，使小吏召集诸民债户，都来验合债券。债券验合完毕，冯谖起身假托孟尝君命令，宣布免掉民众所欠的债务，遂当场烧掉债券，民众高呼"万岁"。

然后，驾车直奔回齐，天明求见孟尝君。孟尝君对他回来这么快有点奇怪，穿戴好衣冠接见他，问："债收完了吗？回来得真快呀！"答说："收完了。""买了些什么回来呢？"冯谖说："您说'看我家所缺少的东西'。臣私下思忖，您宫内堆积珍宝，狗马挤满外厩，美女站满堂下。您家所少有的，唯'义'而已。私下已经为您买来'义'了。"孟尝君问："买'义'是怎么一回事？"答说："现在您有一个小小的薛邑，不去抚爱、滋养它的百姓，反而刮剥它的财富。臣私自假借您的命令，把债款赐给百姓，并烧毁债券，民众高呼'万岁'。这就是臣为您买到的'义'呀！"孟尝君不高兴地说："嗯，先生下去休息吧！"

【原文】

后期年，齐王谓孟尝君曰："寡人不敢以先王之臣为臣！"孟尝君就国于薛，未至百里，民扶老携幼，迎君道中。孟尝君顾谓冯谖曰："先生所为文市义者，乃今日见之！"冯谖曰："狡兔有三窟，仅得免其死耳！今君有一窟，未得高枕而卧也！请为君复凿二窟！"孟尝君予车五十乘，金五百斤，西游于梁，谓惠王曰："齐放其大臣孟尝君于诸侯，诸侯先迎之者，富而兵强。"于是，梁王虚上位，以故相为上将军，遣使者黄金千金、车百乘往聘孟尝君。冯谖先驱诫孟尝君曰："千金，重币也；百乘，显使也。齐其闻之矣！"梁使三反，孟尝君固辞不往也。齐王闻之，君臣恐惧，遣太傅赍黄金千斤，文车二驷，服剑一，封书谢孟尝君，曰："寡人不祥，被于宗庙之祟，沉于谄谀之臣，开罪于君，寡人不足为也，愿君顾先王之宗庙，姑反国统万人乎？"冯谖诫孟尝君曰："愿请先王之祭器，立宗庙于薛。"庙成，还报孟尝君曰："三窟已就，君姑高枕为乐矣！"

孟尝君为相数十年，无纤介之祸者，冯谖之计也。

【译文】

一年以后，齐王对孟尝君说："寡人不敢用先王旧臣为臣。"孟尝君只好回到封国薛，还差百里才到，民众便扶老携幼，在路旁迎接孟尝君。孟尝君回头对冯谖说："先生为我买的'义'，今天方才看到。"冯谖说："狡兔有三个洞穴，仅仅能够免死而已。如今只有一个'洞穴'，还不能高枕而卧。请让我为您再凿两个'洞穴'。"孟尝君给他车五十辆，黄金五百斤，让他西游于魏。冯谖对魏王说："齐王把他的大臣孟尝君放逐到国外，诸侯先迎接到他的，就能国富而兵强。"于是魏王空着高位，徙原丞相为上将军，派遣使者，携带黄金千斤，使车百辆，去聘请孟尝君。冯谖先驱车回国，告诫孟尝君说："千金，是很重的财礼；百辆车，是很显赫的使者。齐王大概会听到这件事！"魏使往返三次，孟尝君固辞不就。齐王闻知，君臣惶恐，派遣太傅携带黄金千斤，彩车二辆，佩剑一把，书信一封，向孟尝君道歉说："寡人不祥，

·297·

撞见祖宗神灵降下的灾祸，惑于谄谀之臣，得罪了你，寡人不值得你辅佐。愿你看在先王分上，姑且返齐来统理万民吧！"冯谖告诫孟尝君说："希望求得先王的祭器，在薛设立宗庙。"宗庙建成，冯谖还报孟尝君说："三'穴'业已凿成，您就高枕无忧吧！"

孟尝君相齐几十年，没有遇到丝毫的祸患，是出于冯谖的谋划呀。

齐宣王见颜斶曰

【题解】

本文选自《齐策四》。

国君与士人谁尊谁卑？在封建社会，认为"王者贵"，是天经地义的，而布衣之士颜斶却不屈服于这种传统的看法。他公开声言"士贵耳，王者不贵"，并列举了许多历史上士人对国家的卓越贡献，说明统治者"得士则兴，失士则亡"的道理。他指出国君对待士人的态度，会影响人才的去留，因此当政者必须礼贤下士。

【原文】

齐宣王见颜斶曰[1]："斶前！"斶亦曰："王前！"宣王不悦。左右曰："王，人君也，斶，人臣也！王曰斶前，斶亦曰王前，可乎？"斶对曰："夫斶前为慕势，王前为趋士。与使斶为慕势，不如使王为趋士。"

王忿然作色曰："王者贵乎？士贵乎？"对曰："士贵耳，王者不贵。"王曰："有说乎？"斶曰："有。昔者秦攻齐，令曰：'有敢去柳下季垄五十步而樵采者[2]，罪死不赦。'令曰：'有能得齐王头者，封万户侯，赐金千镒。'由是观之，生王之头，曾不若死士之垄也。"王默然不悦。

【注释】

〔1〕颜斶：齐国隐士。

〔2〕柳下季：柳下惠。姓展，名禽，字季，鲁国贤人，居于柳下，因此称柳下季。

【译文】

齐宣王召见颜斶说："颜斶你到前面来！"颜斶也对齐宣王说："国王，

您到前面来！"齐王听了这话很不高兴，左右侍臣警告颜斶："国王身为君主，你是人臣。国王可以对你说'你到前面来'，但是你却不可以对国王说'您到前面来'！"颜斶回答说："我颜斶到国王前面来有贪慕权势的嫌疑，国王到我前面来是表示谦恭下士。"

齐宣王一听这话，就声色俱厉地说："君王尊贵呢，还是士人尊贵呢？"颜斶说："当然是士人尊贵，国王并不尊贵。"齐宣王问："为什么这样说？"颜斶说："从前秦国攻打齐国，秦王下了一道命令说：'凡胆敢在柳下季坟墓周围五十步内打柴的，死罪不赦。'又下令说：'假如有人砍下齐王的头，就封他为万户侯，并且赏黄金二万四千两。'由此看来，一个活国王的头颅，反而不如死士的坟墓。"宣王默默不乐。

【原文】

左右皆曰："斶来，斶来！大王据千乘之地而建千石钟、万石簴。天下仁义之士，皆来役处；辩知并进，莫不来语；东西南北，莫敢不服。求万物无不备具，而百姓无不亲附。今夫士之高者乃称匹夫，徒步而处农亩；下者鄙野监门闾里，士之贱也亦甚矣！"

【译文】

左右侍臣又对颜斶说："颜斶你上前来，颜斶你上前来！大王拥有可以出产千辆战车的广大土地，而且建造过一千石重的大钟和可悬挂一万石重的乐器架子。天下所有讲求仁义的士人，都到大王这里来效命；雄辩睿智的人都到大王这里来献策；四面八方的诸侯也都臣服于大王。大王所需要的东西无不齐备，全国人民无不心服。最清高的士人，也只能自称匹夫，徒步而行，身处农田；至于贫贱无车而住在乡间的，乃是鄙陋粗野的监门闾里小吏，士人的地位真是卑贱到了极点！"

【原文】

斶对曰："不然。斶闻古大禹之时，诸侯万国，何则？德厚之道，得贵士之力也。故舜起农亩，出于野鄙而为天子。及汤之时，诸侯三千。当今之世，南面称寡者

乃二十四。由此观之，非得失之策与！稍稍诛灭，灭亡无族之时，欲为监门闾里，安可得而有乎哉！是故《易传》不云乎：'居上位未得其实，以喜其为名者，必以骄奢为行。据慢骄奢，则凶从之。'是故无其实而喜其名者削，无德而望其福者约，无功而受其禄者辱，祸必握。故曰：'矜功不立，虚愿不至。'此皆幸乐其名，华而无其实德者也。是以尧有九佐[1]，舜有七友[2]，禹有五丞[3]，汤有三辅[4]，自古及今而能虚成名于天下者，无有。是以君王无羞亟问，不愧下学。是故成其德而扬功名于后世者，尧、舜、禹、汤、周文王是也。故曰：'无形者，形之君也。无端者，事之本也。'夫上见其原，下通其流，至圣人明学，何不吉之有哉！《老子》曰：'虽贵，必以贱为本；虽高，必以下为基。'是以侯王称孤、寡不榖。是其贱之本与？夫孤寡者，人之困贱下位也，而侯王以自谓，岂非下人而尊贵士与？夫尧传舜，舜传禹，周成王任周公旦[5]，而世世称曰明主，是以明乎士之贵也。"

【注释】

[1] 九佐：佐，辅佐的官。传说有舜、契、禹、后稷、夔（kuí）、倕（chuí）、伯夷、皋陶、益。

[2] 七友：传说有雄陶、方回、续牙、伯阳、东不訾（zī）、秦不虚、灵甫。

[3] 五丞：丞，辅佐的官。传说有益、稷、皋陶、倕、契。

[4] 三辅：辅弼的官。传说有谊伯、仲伯、咎单。

[5] 周公旦：周公名旦，武王弟。武王死后，成王年幼，周公摄政。

【译文】

颜斶回答说："不对。据我颜斶所知，早在大禹王时代，诸侯共有一万多。为什么有这么多诸侯呢？因为那时道高尚，有贤能的士人辅佐。所以舜虽然出生于鄙陋的农村，却获得了天子的崇高地位。到了商汤时代，天下诸侯也有三千之多。可是在当今这个时代，面南称王的只有二十四个。由此看来，这难道不是政策的得失造成了天下治乱吗？诸侯之间相互大动干戈，一直到宗族灭绝的时候，想给人在闾里看门，怎么能有这种可能呢？所以《易传》才说：'身居高位的人却不能修身养性，只喜欢标榜虚名，必然骄傲奢侈。如果骄傲、怠慢蛮横、奢侈，凶祸就必然降临。'可见缺乏修养徒好虚名的必被削弱，无德行而希望享福的必受穷困，没功劳而接受俸禄的必被侮辱，并且不会有好下场。'所以说：'夸耀自己功德的人事业不能成功，空有愿望的人愿望无法实现。'这些话都是指喜好虚名而没有实际德行的人。所以尧有五位辅弼，舜有七位良友，禹有五位助手，汤有三位忠臣，从古到今没一个人能无实

际德行而成名于天下。可见君王不应当以向他人请教为可耻，不应当以向下面的人学习为惭愧。这样说来，能建立崇高美德而扬名于后世的人，就是像尧、舜、禹、汤和周文王这样的人。所以说：'无形乃是有形的主宰，无始乃是事物的根本。'上能溯其源，下能通其流，如此圣明而又通晓学理的人，哪还有不吉祥的事情发生呢？《老子》说：'纵然地位尊贵，必定要以卑贱为根本；纵然高尚，必定要以低下为基础。'所以各国诸侯都自称孤、寡、不榖，这可能就是以卑贱作为根本的缘故吧！孤、寡都是人中困苦卑贱，处于最低下地位的人，然而王侯却用来称自己，这不就是谦恭下士的行为吗？尧传天下给舜，舜传天下给禹，周成王重用周公旦，后世人们都歌颂他们为明君圣主，这是因为他们都懂得士人之可贵。"

【原文】

宣王曰："嗟乎！君子焉可侮哉，寡人自取病耳！及今闻君子之言，乃今闻细人之行，愿请受为弟子。且颜先生与寡人游，食必太牢，出必乘车，妻子衣服丽都。"

颜斶辞去曰："夫玉生于山，制则破焉，非弗宝贵矣，然大璞不完。士生乎鄙野，推选则禄焉，非不得尊遂也，然而形神不全。斶愿得归，晚食以当肉，安步以当车，无罪以当贵，清静贞正以自虞。制言者王也，尽忠直言者斶也。言要道已备矣，愿得赐归，安行而反臣之邑屋。"则再拜而辞去也。

斶知足矣，归反于璞，则终身不辱也。

【译文】

齐宣王说："唉！一个君子怎么可以随便加以侮辱呢？都是因为寡人自讨没趣而不懂得'士贵王贱'的道理。现在才听见君子的高论，明白了小人的行径，所以寡人愿意做先生的弟子。再说先生一旦和寡人结为好友，我定让您吃的必是牛、羊、猪肉，出行必定乘坐车辆，妻子儿女的衣服更是华丽无比。"

颜斶听了齐宣王这话，就立刻告辞说："玉石生在山里，一琢磨就破坏了其天然本性，这并不是说它不宝贵，而是说不如不琢磨的完美。士人生在乡野，经过推荐选用就接受俸禄，这也并不是说不尊贵显达，而是说他们的形神从此难以完全属于自己。所以我宁愿回到乡野，晚一点进餐，吃再粗劣的饭菜也会像吃肉那么津津有味，安安稳稳地步行权当作高车驷马，把一身无罪当作高贵，用清静纯洁来自我娱乐。发号施令的是君王，尽忠直言的是颜斶，我所要说的重要道理都说完了，希望君王让我回到田野，安步走回我的家乡！"颜斶这才向齐宣王拜了两拜，告辞离去。

应该说颜斶知足了，回到家乡，犹如返璞归真，并且一生不受屈辱。

田单将攻狄

【题解】

本文选自《齐策六》。

田单是齐国的将领，在齐国危亡的时候，坚持抗战，击败了强敌燕国军队，为齐国立下了汗马功劳，成为当时驰名天下的军事家。但是，成名之后，他却居功自傲，养尊处优，不再与战士同甘共苦，以致在攻狄的战斗中屡遭失败。好在他能接受批评，知过而改，最后取得了胜利。他勇于改过的精神是值得后人学习的。

【原文】

田单将攻狄，往见鲁仲子。仲子曰："将军攻狄，不能下也。"田单曰："臣以五里之城，七里之郭，破亡余卒，破万乘之燕，复齐墟，攻狄而不下，何也？"上车弗谢而去。遂攻狄，三月而不克之也。

齐婴儿谣曰："大冠若箕，修剑拄颐；攻狄不能下，垒枯丘。"田单乃惧，问鲁仲子曰："先生谓单不能下狄，请闻其说！"鲁仲子曰：

"将军之在即墨，坐而织蒉，立则丈插，为士卒倡曰：'无可往矣，宗庙亡矣，魂魄惝矣，归于何党矣。'当此之时，将军有死之心，而士卒无生之气，闻若言，莫不挥泣奋臂而欲战，此所以破燕也。当今将军东有夜邑之奉，西有菑上之虞[1]，黄金横带而驰乎淄、渑之间，有生之乐，无死之心，所以不胜者也。"田单曰："单有心，先生志之矣！"

明日，乃厉气循城，立于矢石之所及，及援桴鼓之，狄人乃下。

【注释】

[1] 虞：通"娱"。

【译文】

田单将要进攻狄城，去拜访鲁仲连，鲁仲连说："将军进攻狄城，会攻不下的。"田单说："我曾以区区即墨五里之城，七里之郭，带领残兵败将，打败了万辆战车的燕国，收复了失地，为什么进攻狄城就攻不下呢？"说罢，他没有告辞，登车就走了。随后，他带兵进攻狄城，一连三月，却没有攻下。

齐国的小孩唱着一首童谣说："高高的官帽像簸箕，长长的宝剑托腮齐，攻打狄城不能下，白骨成山空伤悲。"田单听了很担忧，便去问鲁仲连："先生说我攻不下狄城，请您讲讲道理吧。"鲁仲连说："将军从前在即墨时，坐下去就编织草袋，站起来就舞动铁锹，身先士卒，您号召说：'我们已没处可去了，国家已经灭亡了，但是我们的魂魄不在，我们将何处安生呢？'在那时，将军有决死之心，士卒无生还之意，听了您的号召，莫不挥泪振臂，奋勇求战。这就是当初您打败燕国的原因。现在，将军您东可收纳夜邑封地的租税，西可在淄水之上尽情地欢乐，黄金的带钩系在腰间，驰骋在淄水、渑水之间，现在您有生的欢乐，而无战死的决心，这就是您攻不下狄城的原因。"田单说："我决心已下，先生您就看着吧！"

第二天，田单就激励士气，巡视城防，选择站在敌军箭弩能击中的地方，擂鼓进军，狄城终于被攻下了。

张仪为秦破从连横

【题解】

本文选自《楚策一》。

这是张仪对楚怀王的一篇说辞。张仪一生为秦国推行连横的策略，设法瓦解山东六国的合纵联盟，以便秦国能对六国各个击破。张仪惯用的手法是极力夸大秦国的强大以威胁吓唬对方，并用小恩小惠来利诱对方就范。本篇中的楚怀王，昏庸无能，轻信了张仪的花言巧语，背弃了原来的盟友齐国，以致后来遭到秦齐两国的夹攻，遂使楚国一蹶不振。

【原文】

张仪为秦破从连横，说楚王曰："秦地半天下，兵敌四国，被山带河，四塞以为固。虎贲之士百余万，车千乘，骑万匹，粟如丘山。法令既明，士卒安难乐死，主严以明，将知以武。虽无出兵甲，席卷常山之险，折天下之脊，天下后服者先亡。且夫为从者，无以异于驱群羊而攻猛虎也。夫虎之与羊，不格明矣。今大王不与猛虎而与群羊，窃以为大王之计过矣！

"凡天下强国，非秦而楚，非楚而秦，两国敌侔交争，其势不两立。而大王不与秦，秦下甲兵，据宜阳，韩之上地不通；下河东，取成皋，韩必入臣于秦。韩入臣，魏则从风而动。秦攻楚之西，韩、魏攻其北，社稷岂得无危哉？且夫约从者，聚群弱而攻至强也。夫以弱攻强，不料敌而轻战，国贫而骤举兵，此危亡之术也。臣闻之：'兵不如者，勿与挑战；粟不如者，勿与持久。'夫从人者，饰辩虚辞，高主之节行，言其利而不言其害，卒有秦祸，无及为已！是故，愿大王之熟计之也！

【译文】

张仪为秦国瓦解合纵联盟，组织连横阵线去游说楚王，说："秦国土地广阔，占有天下之半；武力强大，可与诸侯对抗，四境有险山阻隔，东边又绕着黄河，四边都有险要的屏障，国防巩固如同铁壁铜墙，还有战士百多万，战车千辆，战马万匹，粮食堆积如山。法令严明，士卒赴汤蹈火，安然自得，拼死战斗，毫不畏惧，国君严厉而又英明，将帅足智多谋而又勇武，秦国一旦出兵，夺得恒山的险隘就像卷席那样轻而易举，这样，就控制了诸侯要害之地，天下后来臣服的人必然遭到灭亡。再说，搞合纵联盟的人，无异于驱赶群羊去进攻猛虎，弱羊敌不过猛虎，这是很明显的。现在大王不与猛虎友好，却与群羊为伍，我认为大王的主意完全错了。

"大凡天下的强国，不是秦国，就是楚国，不是楚国，就是秦国，两国不相上下，互相争夺，势不两立。如果大王不与秦国联合，秦国出兵杀将进来，占据宜阳，韩国的上党要道就被切断；他们进而出兵河东，占据成皋，韩国必然投降秦国。韩国投降秦国，魏国也必跟着归顺秦国，这样，秦国进攻楚国的西边，韩、魏又进攻楚国的北边，楚国怎能没有危险呢？况且那合纵联盟，只不过是联合了一群弱国去进攻最强的秦国。以弱国去进攻强国，不估量强敌便轻易作战，致使国家贫弱而又经常发动战争，这是危险的做法。我听说：'兵力不强，切勿挑战；粮食不足，切勿持久。'那些主张合纵联盟的人，夸夸其谈，巧言辩说，赞扬人主的节操和品行，只谈好处，不谈祸害，一旦楚国大祸临头，就手足无措了，所以希望大王要深思熟虑。

【原文】

"秦西有巴蜀，方船积粟，起于汶山，循江而下，至郢三千余里。舫船载卒，一舫载五十人，与三月之粮，下水而浮，一日行三百余里；里数虽多，不费汗马之劳，不至十日而距扞关[1]。扞关惊，则从竟陵已东，尽城守矣，黔中、巫郡非王之有已。秦举甲出之武关，南面而攻则北地绝。秦兵之攻楚也，危难在三月之内；而楚恃诸侯之救，在半岁之外，此其势不相及也。夫恃弱国之救而忘强秦之祸，此臣所以为大王患也。且大王尝与吴人五战三胜而亡之，陈卒尽矣；有偏守新城而居民苦矣。臣闻之：'攻大者易危，而民弊者怨于上。'夫守易危之功而逆强秦之心，臣窃为大王危之！

"且夫秦之所以不出甲于函谷关十五年以攻诸侯者，阴谋有吞天下之心也。楚尝与秦构难，战于汉中，楚人不胜，通侯、执珪死者七十余人，遂亡汉中。楚王大怒，兴师袭秦，战于蓝田，又却，此所谓两虎相搏者也。夫秦、楚相弊，而韩、魏以全制其后，计无危于此者矣。是故愿大王熟计之也！

【注释】

〔1〕扞（hàn）关：古关名。

【译文】

"秦国西有巴、蜀,用船运粮,自汶山起锚,并船而行,顺长江而下,到楚都有三千多里,并船运兵,一船载五十人,和运三个月粮食的运粮船同行,浮水而下,一日行三百多里,路程虽长,却不费车马之劳,不到十天,就到达扞关,与楚军对峙。扞关为之惊动,因而自竟陵以东,都要加强守卫,黔中、巫郡都会不为大王所有了。秦国又出兵武关,向南进攻,则楚国的北部交通被切断,秦军攻楚,三月之内形势将十分危急;而楚国等待诸侯的援军,要在半年之后,这将无济于事。依靠弱国的救援,忘记强秦迫在眉睫的祸患,这就是我为大王所担忧的。再说,大王曾与吴国交战,五战三胜,您的兵卒已尽,又远守新得之城,居民深受其苦。我听说:'进攻强大的敌人则易遭危险;人民疲惫穷困,则易抱怨君上。'追求易受危难的功业,而违背强秦的意愿,我暗自为大王感到危险!

"至于秦国之所以十五年不出函谷关进攻诸侯,是因为它暗中订下了吞并诸侯的计划。楚国曾与秦国交战,战于汉中,楚国被打败,通侯、执珪以上官爵死了的有七十多人,终究失掉了汉中。楚王于是大怒,出兵袭秦,战于蓝田,又遭失败。这就是所谓'两虎相斗'啊!秦国和楚国互相削弱,韩、魏两国却保存实力,趁机进攻楚国的后方,没有比这更加危险的做法了。所以希望大王要深思熟虑。

【原文】

"秦下兵攻卫阳晋,必扃天下之匈[1]。大王悉起兵以攻宋,不至数月而宋可举,举宋而东指,则泗上十二诸侯尽王之有已。凡天下所信约从亲坚者苏秦,封为武安君而相燕,即阴与燕王谋破齐共分其地,乃佯有罪,出走入齐,齐王因受而相之,居二年而觉,齐王大怒,车裂苏秦于市。夫以一诈伪反覆之苏秦,而欲经营天下,混一诸侯,其不可成也亦明矣。

"今秦之与楚也,接境壤界,固形亲之国也。大王诚能听臣,臣请秦太子入质于楚,楚太子入质于秦,请以秦女为大王箕帚之妾,效万家之都以为汤沐之邑,长为昆弟之国,终身无相攻击。臣以为计无便于此者。故敝邑秦王使使臣献书大王之从车下风,须以决事。"

【注释】

〔1〕扃(jiōng):门闩。匈:同"胸"。

【译文】

"秦国出兵进攻卫的阳晋以后,必定卡住诸侯的交通要道。大王全力进攻宋国,不到数月,就可以灭宋,若再继续东进,泗上十二诸侯就全为大王所有了。在诸侯中坚持合纵联盟的苏秦,被封为武安君,但他出任燕相,暗地里与燕王合谋进攻齐国,瓜分齐国。他假装在燕国获罪,逃到齐国,齐王接待了他,并又任命他为相国。过了两年,齐王发觉他的阴谋,非常气愤,便车裂了苏秦。一贯靠着诙骗欺诈、反复无常来求荣的苏秦,想要图谋左右天下,统一诸侯,不可能成功,这是很明显的了。

"现在,秦、楚两国接界,本来是友好的国家。大王果真能听从我的劝告,我可以让秦太子做楚国的人质,让楚太子做秦国的人质,让秦女作为大王侍奉洒扫之妾,并献出万户大邑作为大王的汤沐邑,从此秦、楚两国永远结为兄弟之邦,互不侵犯。如果真是这样,我认为没有比这更有利于楚国的了。所以秦王派我出使贵国,呈献国书,敬候您的决定。"

【原文】

楚王曰:"楚国僻陋,托东海之上。寡人年幼,不习国家之长计。今上客幸教以明制,寡人闻之,敬以国从。"乃遣车百乘,献骇鸡之犀、夜光之璧于秦王。

【译文】

楚王说:"楚国地处穷乡僻壤,靠近东海之滨。我年幼无知,不懂得国家的长远大计。现在承蒙贵宾的英明教导,我完全接受您的高见,把国事委托给您,参加连横阵线。"于是,他派出使车百辆,将骇鸡犀角、夜光宝璧献给了秦王。

威王问于莫敖子华曰

【题解】

本文选自《楚策一》。

通过莫敖子华对楚王的讽谏,说明了应该怎样评价和使用人才的问题。楚王出于片面的认识而感叹国家没有"社稷之臣",莫敖子华则列举了本国历史上五位杰出人物的事迹，说明这五种类型的人才都是"社稷之臣"，从而开导楚王要善于识别各种人才，并不拘一格地重用他们。他指出，当政者只要真正地好贤爱才，就不难罗致人才。他所列举的五个卓越的爱国之士，大都是不贪图高官厚禄，并置个人生死于外的人，因而能为国家做出巨大贡献。即使其中有的人因功受到过封赏，享有高官厚禄，但仍不失为忧国忧民的"社稷之臣"。

【原文】

威王问于莫敖子华曰："自从先君文王以至不穀之身，亦有不为爵劝、不为禄勉，以忧社稷者乎？"莫敖子华对曰："如华不足以知之矣。"王曰："不于大夫，无所闻之。"莫敖子华对曰："君王将何问者也？彼有廉其爵，贫其身，以忧社稷者；有崇其爵，丰其禄，以忧社稷者；有断脰决腹[1]，一瞑而万世不视，不知所益，以忧社稷者；有劳其身，愁其志，以忧社稷者；亦有不为爵劝，不为禄勉，以忧社稷者。"王曰："大夫此言将何谓也？"

【注释】

[1]脰（dòu）：脖子。

【译文】

楚威王问莫敖子华说："从先君文王到我这一辈为止，真有既不追求爵位，也不追求俸禄，而忧虑国家安危的大臣吗？"莫敖子华回答说："像我这样的人，不可能知道这些。"威王说："我要是不问您，是没法知道的。"莫敖子华回答说："君王您问的是哪类大臣呢？有奉公守法、安于贫困而忧虑国家安危的；有为了提高爵位、增加俸禄而忧虑国家安危的；有不怕断头，不怕剖腹，视死如归，不顾个人利益而忧虑国家安危的；有劳其筋骨、苦其心志而忧虑国家安危的；也有既不追求爵位，又不追求俸禄而忧虑国家安危的。"威王说："您这些话，说的都是谁呢？"

【原文】

莫敖子华对曰："昔令尹子文缁帛之衣以朝，鹿裘以处。未明而立于朝，日晦而归食；朝不谋夕，无一月之积。故彼廉其爵，贫其身，以忧社稷者，令尹子文是也。

"昔者，叶公子高身获于表薄，而财于柱国；定白公之祸，宁楚国之事；恢先君以掩方城之外，四封不侵，名不挫于诸侯。当此之时也，天下莫敢以兵南乡，叶公子高食田六百畛。故彼崇其爵，丰其禄，以忧社稷者，叶公子高是也。

"昔者，吴与楚战于柏举，两御之间，夫卒交。莫敖大心抚其御之手，顾而大息曰：'嗟乎！子乎，楚国亡之日至矣！吾将深入吴军，若扑一人，若挫一人，以与大心者也，社稷其为庶几乎！故断脰决腹，一瞑而万世不视，不知所益，以忧社稷者，莫敖大心是也。

【译文】

莫敖子华回答说："从前令尹子文上朝时，身穿朴素的黑丝绸长衫，在家时，穿着简朴的鹿皮衣。黎明即起，就去上朝，太阳落山才回家吃饭，朝不保夕，连一个月的粮食也没有积存。所以，我说的那个奉公守法、安于贫困而忧虑国家安危的，就是令尹子文。

"从前楚国叶公子高，其貌不扬，而有柱国之才；平定了白公之乱，使楚国得以安定，发扬了先君的遗德，影响到方城之外，四境诸侯都不敢来犯，使楚国的威名在诸侯中未受损伤。在这个时候，诸侯都不敢出兵南侵，叶公子高的封地有六百轸。所以，我说的那个为了提高爵位、增加俸禄而忧虑国家安危的，就是叶公子高。

"从前，吴、楚两国在柏举交战，双方对垒，士卒已经短兵相接。莫敖大心拉着驾车战士的手，望着他们说：'唉！唉！楚国亡国的日子就要到了，我要深入吴军，如果你们能打倒一个敌人，助我一臂之力，我们楚国也许还不至于灭亡！'所以，我说的那个不怕断头，不怕剖腹，视死如归，不顾个人利益而忧虑国家安危的，就是莫敖大心。

【原文】

"昔吴与楚战于柏举，三战入郢，君王身出，大夫悉属，百姓离散。棼冒勃苏曰：'吾被坚执锐，赴强敌而死，此犹一卒也，不若奔诸侯。'于是赢粮潜行，上峥山，逾深谷，蹠穿膝暴[1]，七日而薄秦王之朝。崔立不转[2]，昼吟宵哭，七日不得告，水浆无入口，瘨而殚闷，旄不知人。秦王闻而走之，冠带不相及，左奉其首，右濡其口，勃苏乃苏。秦王身问之：'子孰谁也？'棼冒勃苏对曰：'臣非异，楚使新造盭棼冒勃苏[3]，吴与楚人战于柏举，三战入郢，寡君身出，大夫悉属，百姓离散。使下臣来告亡，且求救。'秦王顾令不起：'寡人闻之，万乘之君，得罪于士，社稷其危，今此之谓也！'遂出革车千乘，卒万人，属之子蒲与子虎，下塞以东，与吴人战于浊水而大败之，亦闻于遂浦。故劳其身，愁其思，以忧社稷者，棼冒勃苏是也。

【注释】

〔1〕蹠（zhí）：脚掌。

〔2〕雀：同"鹤"。

〔3〕蛰（lì）：同"戾"，罪。

【译文】

"从前，吴、楚两国在柏举交战，吴军连攻三次，攻入楚都，楚君逃亡，大臣们跟随，百姓流离失所。棼冒勃苏说：'我如果身披铠甲，手执武器与强敌作战，不幸战死，其作用也只像一个普通士卒而已，还不如向诸侯去求援。'于是，他背着干粮，秘密出发，越过高山峻岭，渡过深谷，鞋子穿烂了，脚掌磨破了，裤子破了，露出了膝盖，走了七天，到了秦王的朝廷。他踮着脚翘望，希望得到秦王的帮助；他日夜哭泣，希望得到秦王的同情。过了七昼夜，也未能面告秦王，他就这样，滴水不进，以致头昏眼花，气绝晕倒，不省人事。秦王知道后赶快跑来看他，连帽带、衣带都没来得及系好，左手捧着他的头，右手给他灌水，勃苏才慢慢苏醒过来。秦王亲自问他：'你是什么人？'棼冒勃苏回答说：'我不是别人，是楚王派来的刚刚获罪的棼冒勃苏。吴、楚两国现在在柏举交战，吴国连攻三次，进入楚都，楚君逃亡，大臣们跟随，百姓流离失所。敝国君王特派我来报告楚国面临的亡国大祸，并且请求援救。'秦王让他躺着别动，说：'我听说，万乘大国的君王，如果得罪了志士，国家就会危险，如今就是这样。'于是，秦王派出战车千辆，兵士万人，让公子蒲州和公子虎带领，出边关，向东挺进，与吴军战于浊水之上，大败吴军，又听说还在遂浦打了一仗。所以，我说的那个劳其筋骨，苦其心志，而忧虑国家安危的，就是棼冒勃苏。

【原文】

"吴与楚战于柏举，三战入郢，君王身出，大夫悉属，百姓离散。蒙榖给斗于宫唐之上，舍斗奔郢，曰：'若有孤，楚国社稷其庶几乎？'遂入大宫，负离次之典以浮于江，逃于云梦之中。昭王反郢，五官失法，百姓昏乱。蒙榖献典，五官得法而百姓大治。比蒙榖之功，多与存国相若。封之执珪，田六百畛。蒙榖怒曰：'榖非人臣，社稷之臣。苟社稷血食，余岂患无君乎？'遂自弃于磨山之中，至今无胄。故不为爵劝，不为禄勉，以忧社稷者，蒙榖是也。"

【译文】

"吴、楚两国在柏举交战，吴国连攻三次，攻入楚都，楚君逃亡，大臣们跟随，百姓流离失所。楚臣蒙穀在宫唐与吴军遭遇，这时楚王生死未卜，蒙穀撇开吴军跑到楚都，说：'如果有孤子可以继位，楚国大概可能免遭灭亡。'于是，他来到楚宫，把那些散乱的典籍收拾起来，背在身上，乘船浮游于江上，逃到云梦地区。以后，楚昭王返回楚都，百官无法可依，百姓混乱；蒙穀献出了他保存的法典，百官便有法可依，百姓得以治理。相形之下，蒙穀立了大功，等于使楚国得以保全。于是，楚王封他为执珪，给他封田六百畛。蒙穀生气地说：'我并不是君王个人的大臣，我是国家的大臣。国家平安无事，我难道会去忧虑没有国君吗？'于是他自动放弃封赏，隐居磨山之中，至今他的后代仍无人做官。所以，我说的那个既不追求爵位，也不追求俸禄，而忧虑国家安危的，就是蒙穀啊！"

【原文】

王乃大息曰："此古之人也，今之人焉能有之耶？"

莫敖子华对曰："昔者，先君灵王好小要[1]，楚士约食，冯而能立[2]，式而能起[3]。食之可欲，忍而不入；死之可恶，就而不避。章闻之：'其君好发者，其臣抉拾[4]。'君王直不好，若君王诚好贤，此五臣者，皆可得而致之！"

【注释】

[1] 要：同"腰"。
[2] 冯（píng）：同"凭"，靠着。
[3] 式：同"轼"，扶着。
[4] 抉拾：指射箭。

【译文】

楚王叹息道："这些都是古人，现在还有这样的人吗？"

莫敖子华回答说："从前，楚灵王喜爱细腰女子，楚国的人便少吃饭，使自己的腰都细起来，饿得要扶着东西才能站立、行走。虽然想吃东西，但总是忍着不吃；死亡是令人憎恶的，而他们却不管是否饿死。我听说：'国君喜好射箭，大臣也会去学习射箭。'大王您只是不喜好贤臣而已，如果真是喜好贤臣，上述这五种贤臣，都是可以被大王罗致来的。"

魏王遗楚王美人

【题解】

本文选自《楚策四》。

本文记述了楚王宠姬郑袖设毒计谗害魏美人的故事。郑袖是个外表美丽而心如蛇蝎的坏女人，出于对魏美人的嫉妒，她假装善良而骗取魏美人的信任；她施展鬼蜮伎俩，最后假借楚王之手置魏美人于死地。

【原文】

魏王遗楚王美人[1]，楚王说之[2]。夫人郑袖知王之说新人也，甚爱新人。衣服玩好，择其所喜而为之；宫室卧具，择其所善而为之[3]。爱之甚于王。王曰："妇人所以事夫者，色也；而妒者，其情也。今郑袖知寡人之说新人也，其爱之甚于寡人，此孝子之所以事亲，忠臣之所以事君也。"

郑袖知王以己为不妒也，因谓新人曰："王爱子美矣。虽然，恶子之鼻。子为见王，则必掩子鼻。"新人见王，因掩其鼻。王谓郑袖曰："夫新人见寡人，则掩其鼻，何也？"郑袖曰："妾知也。"王曰："虽恶必言之。"郑袖曰："其似恶闻君王之臭也。"王曰："悍哉！"令劓之[4]，无使逆命。

【注释】

〔1〕魏王：魏惠王。
〔2〕楚王：楚怀王。
〔3〕译文依姚本"善"作"喜"字。
〔4〕劓（yì）：古代一种刑罚，割掉鼻子。

【译文】

魏惠王赠给楚怀王一位美人，怀王很喜欢。怀王的夫人郑袖知道怀王宠爱新娶的美人，所以表面上也很爱护这个新娶的美人，不论衣服首饰，都挑美人喜欢的送去；房间和家具，也都选美人喜欢的让她使用。似乎比楚王更喜欢她。楚王说："女人仰仗自己的美色来博取丈夫的欢心，而嫉妒也是人之常情。现在郑袖明知寡人喜欢魏女，可是她爱魏女比寡人还要厉害，这简直是孝子侍奉双亲，忠臣侍奉君主。"

郑袖知道楚王认定她不是嫉妒以后，就去对魏女说："君王爱你的美貌。虽然这样说，但是他讨厌你的鼻子。所以你见了君王，一定要捂住鼻子。"从此魏女见到楚王就捂住自己的鼻子。楚王对郑袖说："魏女看见寡人时就捂住自己的鼻子，这是为什么？"郑袖回答说："我倒是知道这件事。"楚王说："即使再难听的话，你也要说出来。"郑袖说："她好像是讨厌君王身上的气味。"楚王说："真是个泼辣的悍妇！"命人割掉美女的鼻子，不许违命。

庄辛谓楚襄王曰

【题解】

本文选自《楚策四》。

楚襄王在位时，楚国已经非常衰弱，而他却一味贪图享乐，宠幸佞臣，不恤国政，没有振兴国家的大志，所以终于在秦国的突然袭击下遭此惨败，丢失了大片国土，被迫迁都于陈。楚臣庄辛事先就批评过襄王，在楚国败于秦后，再次对襄王进行讽谏，一再说明国君奢侈纵欲、居安忘危的恶果，意欲使襄王接受教训而重振朝纲。

【原文】

庄辛谓楚襄王[1]曰："君王左州侯[2]，右夏侯[3]，辇从鄢陵君与寿陵君[4]，专淫逸侈靡，不顾国政，郢都必危矣。"襄王曰："先生老悖乎？将以为楚国祆祥乎？"庄辛曰："臣诚见其必然者也，非敢以为国祆祥也。君王卒幸四子者不衰，楚国必亡矣。臣请辟于赵，淹留以观之。"庄辛去之赵。留五月，秦果举鄢、郢、巫、上蔡、陈之地，襄王流掩于城阳[5]。于是使人发驺征庄辛于赵。庄辛曰："诺。"庄辛至，襄王曰："寡人不能用先生之言，今事至于此，为之奈何？"

【注释】

〔1〕庄辛：楚臣。楚襄王：怀王之子，名横。
〔2〕州侯：楚王宠臣，封于州邑，在今湖北监利。

〔3〕夏侯：楚王宠臣，封于夏邑，在今湖北汉口。

〔4〕鄢陵君：楚王宠臣，封于鄢陵，在今河南鄢城东南。寿陵君：楚王宠臣，封于寿陵，在今安徽。

〔5〕城阳：地名。楚邑，在今河南淮阳东南。

【译文】

庄辛对楚襄王说："君王左有州侯右有夏侯，车后又有鄢陵君和寿陵君跟从着，一味寻欢作乐，奢侈浪费，不照看国家政事，如此会使郢都变得很危险。"楚襄王说："先生老糊涂了吗，还是用妖言惑乱楚国人呢？"庄辛说："臣当然是看到了这事情的必然后果，并不敢妖言惑众。假如君王始终宠幸这四个人，那楚国一定会因此而灭亡的。请君王准许臣到赵国避难，居留在那里静观楚国的变化。"庄辛离开楚国到了赵国，他只在那里住了五个月，秦国就发兵攻占了鄢、郢、巫、上蔡、陈这些地方，楚襄王也流亡躲藏在城阳。这时候襄王才派人专车到赵国召请庄辛。庄辛说："可以。"庄辛到了城阳以后，楚襄王对他说："寡人当初不听先生的话，如今事情发展到这个地步，可怎么办呢？"

【原文】

庄辛对曰："臣闻鄙语曰：'见兔而顾犬，未为晚也；亡羊而补牢，未为迟也。'臣闻昔汤、武以百里昌，桀、纣以天下亡。今楚国虽小，绝长续短，犹以数千里，岂特百里哉？

"王独不见夫蜻蛉乎？六足四翼，飞翔乎天地之间，俯啄蚊虻而食之〔1〕，仰承甘露而饮之，自以为无患，与人无争也。不知夫五尺童子，方将调饴胶丝，加己乎四仞之上，而下为蝼蚁食也。蜻蛉其小者也，黄雀因是以。俯啄白粒，仰栖茂树，鼓翅奋翼，自以为无患，与人无争也。不知夫公子王孙，左挟弹，右摄丸，将加己乎十仞之上〔2〕，以其颈为的。昼游乎茂树，夕调乎酸咸，倏忽之间，坠于公子之手。

"夫黄雀其小者也，黄鹄因是以。游于江海，淹乎大沼，俯啄鳝鲤，仰啮菱衡，奋其六翮而凌清风，飘摇乎高翔，自以为无患，与人无争也。不知夫射者，方将修其碆卢〔3〕，治其矰缴，将加己乎百仞之上。被磻磻引微缴〔4〕，折清风而抎矣〔5〕。故昼游乎江河，夕调乎鼎鼐。

【注释】

〔1〕啄（zhuō）：同"啄"。

〔2〕仞：七尺。

〔3〕碆（bō）卢：弓箭。碆，石箭头。卢，黑色的弓。

〔4〕礛磻（jiān bō）：锐利的箭。礛，锐利。磻，同"磻"。
〔5〕抎（yǔn）：陨落，坠落。

【译文】

庄辛回答说："臣知道一句俗谚：'见到兔子以后再放出猎犬去追并不算晚；羊丢掉以后再去修补羊圈，也不算迟。'臣听说过去商汤王和周武王，依靠百里土地，而使天下昌盛；而夏桀王和殷纣王，虽然拥有天下，到头来终不免身死国亡。现在楚国土地虽然狭小，然而如果截长补短，也有方圆数千里，岂止一百里而已？

"大王难道没见过蜻蜓吗？长着六只脚和四只翅膀，在天地之间飞翔，低下头来啄食蚊虫，抬起头来喝甘美的露水，自以为无忧无患，和人也没有争执。岂不知那些几岁的孩子，正在将糖稀涂在丝网上，将要在二十八尺的高空之上粘住它，丢给蚂蚁吃掉。蜻蜓的事可能是小事，其实黄雀也是如此。它俯下身去啄食谷粒，仰头飞到茂密的树丛中栖息，鼓动着它的翅膀奋力高翔，自己满以为没有祸患，和人没有争执，却不知那公子王孙左手拿着弹弓，右手按上弹丸，将要向七十尺的高空射击它，将黄雀的脖子作为射击的目标。黄雀白天还在茂密的树丛中游玩，晚上就被和醋盐调和在一起，成了桌上的佳肴，转眼之间就掉在公子王孙的手里了。

"黄雀的事情可能还是小事情，其实黄鹄也是如此。黄鹄在江海上翱翔，停留在大沼泽旁边，低下头吞食黄鳝和鲤鱼，抬起头来吃菱角和荇菜，奋翅振羽，凌驾清风，飘飘摇摇在高空飞翔，自认为不会有祸患，又与人无争。然而它却不知那射箭的人，已准备好箭和弓，将向七百尺的高空射击自己。它将带着箭，拖着细微的箭绳，从清风中坠落下来，掉在地上。因此，黄鹄白天还在江湖里嬉游，晚上就被人放在锅里煮成了清炖美味。

【原文】

"夫黄鹄其小者也，蔡灵侯之事因是以[1]。南游乎高陂，北陵乎巫山，饮茹溪之流[2]，食湘波之鱼，左抱幼妾，右拥嬖女，与之驰骋乎高蔡之中[3]，而不以国家为事。不知夫子发方受命乎宣王[4]，系己以朱丝而见之也。

"蔡圣侯之事其小者也，君王之事因是以。左州侯，右夏侯，辇从鄢陵君与寿陵君，饭封禄之粟，而载方府之金[5]，与之驰骋乎云梦之中，而不以天下国家为事。不知夫穰侯方受命乎秦王[6]，填黾塞之内，而投己乎黾塞之外[7]。"

【注释】

〔1〕蔡灵侯：一作蔡圣侯。
〔2〕茹溪：水名，在今四川巫山北。
〔3〕高蔡：上蔡，在今河南上蔡。
〔4〕子发：楚将。
〔5〕方府：财库。
〔6〕穰侯：即魏冉。秦王：秦昭王。
〔7〕黾塞：黾（miǎn），即平靖关，在今河南信阳西南。内：指南方。外：指北方。

【译文】

"那黄鹄的事可能是小事，其实蔡灵侯的事也是如此。他曾南到高陂游玩，北到巫山之顶，饮茹溪里的水，吃湘江里的鱼，左手抱着年轻貌美的侍妾，右手接着如花似玉的宠妃，和这些人同车驰骋在高蔡市上，根本不管国家大事。却不知道那子发正在接受楚宣王的进攻命令，将要绑他去见楚宣王。

"蔡灵侯的事只是当中的小事，其实君王您的事也是如此。君王左边是州侯，右边是夏侯，鄢陵君和寿陵君始终跟随着君王的车辆，吃的是从封地运来的粮食，车上载着四方府库送来的黄金，您跟这些人驰骋在云梦地区，根本不把国家的事情放在心上。然而君王却没料到，穰侯魏冉已经奉秦王的命令，在黾塞之南布满军队，州侯等却把君王您抛弃在黾塞以北。"

【原文】

襄王闻之，颜色变作，身体战栗。于是乃以执珪而授之，封之为阳陵君，与淮北之地也。

【译文】

楚襄王听了庄辛这番话之后，大惊失色，全身发抖，这时才把执珪的爵位送给庄辛，封他为阳陵君。不久，庄辛帮助楚王攻取了淮北的土地。

汗明见春申君

【题解】

本文选自《楚策四》。

汗明借用"骥服盐车"的故事，向春申君阐明了这样一个道理：当政者要想得到真正的人才，就不仅要善于发现人才和恰当地使用人才，还要用伯乐爱护千里马那种特殊的感情去理解和珍惜人才。

【原文】

汗明见春申君[1]，候问三月，而后得见。谈卒，春申君大悦之。汗明欲复谈，春申君曰："仆已知先生，先生大息矣。"汗明憱焉曰[2]："明愿有问于君而恐固。不审君之圣孰与尧也？"春申君曰："先生过矣，臣何足以当尧？"汗明曰："然则君料臣孰与舜？"春申君曰："先生即舜也。"汗明曰："不然，臣请为君终言之。君之贤实不如尧，臣之能不及舜。夫以贤舜事圣尧，三年而后乃相知也。今君一时而知臣，是君圣于尧而臣贤于舜也。"春申君曰："善。"召门吏为汗先生著客籍[3]，五日一见。

汗明曰："君亦闻骥乎？夫骥之齿至矣，服盐车而上太行。蹄申膝折，尾湛胕溃，漉汁洒地，白汗交流，中坂迁延，负辕不能上。伯乐遭之[4]，下车攀而哭之，解纻衣以幂之。骥于是俯而喷，仰而鸣，声达于天，若出金石声者，何也？彼见伯乐之知己也。今仆之不肖，厄于州部[5]，堀穴穷巷，沉污鄙俗之日久矣，君独无意湔拔仆也，使

得为君高鸣屈于梁乎？"

【注释】

〔1〕汗明：春申君的客人，疑为魏人。
〔2〕愬（cù）：不安的样子。
〔3〕著客籍：籍，簿子。在簿子上登记宾客的名字。
〔4〕伯乐：姓孙名阳，善于相马。
〔5〕州部：古代的一种基层组织，此指下层。

【译文】

说客汗明去拜见楚相春申君黄歇，等候了三个月才总算见到。两人谈完话，春申君很高兴，汗明想要再谈，可是春申君却说："我已经了解了先生，先生可以多休息几天了。"汗明很不安地说："我想问您一句话，又怕您责备我孤陋寡闻。不知您和尧比较谁更圣明？"春申君说："先生这话太过分了，我怎么敢和尧相提并论呢？"汗明说："那么在您看来，臣是否可以和舜相比呢？"春申君说："先生就是舜的化身。"汗明说："您的话错了，请让我为您把话说完吧。您的贤德实在不如尧，而臣的才能更赶不上舜。可是让有才能的舜侍奉圣德的尧，三年以后两人才算互相了解。现在您在很短的时间里就了解了我，这就证明了您比尧还圣明，而臣比舜还有才能。"春申君说："先生的话很有道理。"于是，召来守门官把汗明的名字写在宾客簿上，每五天接见一次。

汗明对春申君说："您听说过千里马的故事吗？千里马到可以驾车的年龄时，拉着载满盐的车上太行山。四蹄伸展，两膝变曲，尾巴低垂，脚趾磨破，口涎流在地上，身上汗水交流，走到半山腰就艰难地挣扎，驾着车辕，怎么也爬不上山。伯乐遇见了千里马，跳下车来拉着它哭起来，解开自己的麻布衣服盖在马身上。这时千里马低下头喘着粗气，又仰起头嘶鸣着，金属和石器撞击般的声音震动九霄云天，为什么会这样呢？因为千里马认为伯乐是它的知己。现在敝人没有才干，生活穷困，穴居山巷，沦落在污浊鄙俗的环境里，已经很长时间了，可是您就无意为臣洗去污点排除厄运，使我也能在山梁上高声吐露心里的委屈吗？"

楚考烈王无子

【题解】

本文选自《楚策四》。

阴谋家李园用"献妹"的美人计打入了楚国宫廷，并伺机发动了宫廷政变，杀死了楚国重臣春申君，从而篡夺了楚国政权。这一事件，充分表现了阴谋篡权的野心家的阴险和毒辣，也暴露出了封建统治阶级丑恶的宫廷内幕。

【原文】

楚考烈王无子[1]，春申君患之，求妇人宜子者进之，甚众，卒无子。

赵人李园，持其女弟，欲进之楚王，闻其不宜子，恐又无宠。李园求事春申君为舍人。已而谒归，故失期。还谒，春申君问状。对曰："齐王遣使求臣女弟，与其使者饮，故失期。"春申君曰："聘入乎？"对曰："未也。"春申君曰："可得见乎？"曰："可。"于是园乃进其女弟，即幸于春申君。

【注释】

[1] 楚考烈王：名完，顷襄王之子。

【译文】

楚考烈王没有儿子，相国春申君为此甚为忧愁，寻求宜于生子的妇人进献给考烈王。虽然进献了许多妇人，却始终没能生儿子。

这时赵国人李园想把自己的妹妹献给考烈王，可是又听人说楚王不能生孩子，担心自己的妹妹将来得不到考烈王的宠幸。李园就请求能当春申君的舍人。李园当上舍人不久，请假回家，又故意超过期限。回来见到春申君，春申君问他的情况。李园回答说："齐王派人来娶我的妹妹，我和使者喝酒，结果耽误了回来的时间。"春申君说："送过聘礼了吗？"李园说："还没有。"春申君说："可以让我见一下令妹吗？"李园说："可以的。"于是李园就把妹妹献给了春申君，得到了春申君的宠爱。

【原文】

　　知其有身，园乃与其女弟谋。园女弟承间说春申君曰："楚王之贵幸君，虽兄弟不如。今君相楚王二十余年，而王无子，即百岁后将更立兄弟。即楚王更之，彼亦各贵其故所亲，君又安得长有宠乎？非徒然也，君用事久，多失礼于王兄弟。兄弟诚立，祸且及身，奈何以保相印、江东之封乎[1]？今妾自知有身矣，而人莫知。妾之幸君未久，诚以君之重而进妾于楚王，王必幸妾。妾赖天而有男，则是君之子为王也，楚国封尽可得，孰与其临不测之罪乎？"春申君大然之。乃出园女弟，谨舍而言之楚王。楚王召入，幸之。遂生子男，立为太子，以李园女弟立为王后。楚王贵李园，李园用事。

　　李园既入其女弟为王后，子为太子。恐春申君语泄而益骄，阴养死士，欲杀春申君以灭口，而国人颇有知之者。

【注释】

　　[1]江东之封：江东，指长江下游以南地区。春申君在此有十二县的封地。

【译文】

　　当李园知道妹妹有了身孕，就和妹妹商量好一个计谋。李园妹妹对春申君说："君王宠信你，超过了他的亲兄弟。现在你当楚国相国已经二十多年，可是楚王还没有儿子。等到楚王死后，必然拥立兄弟为王。楚国王位更换，必然重用自己的亲人，您又怎么能长久得到宠信呢？不仅如此，您出任宰相的时间又长，难免对大王兄弟有许多失礼得罪之处。将来大王兄弟如果真能登上王位，您定会身受大祸，又怎能保住相国和江东的封地呢？现在臣妾已经知道自己怀有身孕，其他人谁也不知道。臣妾受您的宠幸还不算久，假如能凭您的高贵身份而把臣妾献给楚王，那楚王必然会宠幸臣妾。万一臣妾能得上天的保佑而生个儿子，那岂不是您的儿子做了楚王？到那时楚国的所有不尽在您的掌握之中吗？这和面对不可猜测的罪过相比，哪一个更好呢？"春申君认为她说得对，就把李园的妹妹迁到一个秘密住处另行安置，推荐给楚王。楚王召李园妹妹进宫后就非常喜欢她。后来她果然生了一个男孩，而且被立为太子。楚王立李园的妹妹为皇后，也因此重用李园，李园也就掌握了朝政。

　　李园把自己的妹妹送入宫中当了皇后，所生的孩子又成了太子，深恐春申君越发骄纵或者泄露内幕，因此就在暗中养着刺客，想杀死春申君灭口，不过楚国已经有很多人知道这件事了。

【原文】

春申君相楚二十五年，考烈王病。朱英谓春申君曰[1]："世有无妄之福，又有无妄之祸。今君处无妄之世，以事无妄之主，安不有无妄之人乎？"春申君曰："何谓无妄之福？"曰："君相楚二十余年矣，虽名为相国，实楚王也，五子皆相诸侯。今王疾甚，旦暮且崩，太子衰弱，疾而不起，而君相少主，因而代立当国，如伊尹、周公，王长而反政，不即遂南面称孤。因而有楚国。此所谓无妄之福也。"春申君曰："何谓无妄之祸。"曰："李园不治国，王之舅也。不为兵将，而阴养死士之日久矣。楚王崩，李园必先入。据本议制断君命，秉权而杀君以灭口。此所谓无妄之祸也。"春申君曰："何谓无妄之人？"曰："君先仕臣为郎中[2]，君王崩，李园先入，臣请为君刜其胸杀之[3]。此所谓无妄之人也。"春申君曰："先生置之，勿复言已。李园，软弱人也，仆又善之，又何至此？"朱英恐，乃亡去。

【注释】

〔1〕朱英：赵人。
〔2〕郎中：官名，负责宫中侍卫。
〔3〕刜（chōng）：刺。

【译文】

在春申君做楚国相国的第二十五年时，考烈王生病了。这时朱英对春申君说："世间有出人意料的洪福，也有始料不及的横祸。现在您正处在出人意料的世界里，去侍奉出人意料的君主，怎能得不到出人意料的人呢？"春申君说："什么叫作出人意料的福分呢？"朱英说："您当楚国的相国已经二十多年了，虽然名是楚国的相国，实际上是楚国的国王，五个儿子都当上了诸侯的辅相。现在君王病得很重，早晚要去世，一旦大王彻底病倒了，您就得做少主的相国，太子又弱小，您就得代少主掌管国政，就像伊尹和周公一样，等少主长大再让他亲政，要不然，您就可以面南称王，掌握楚国。这就是所谓的出人意料的福分。"春申君说："那什么叫出人意料的横祸呢？"朱英说："李园不是治理国家的相国，而是君王的大舅子。他既然不是领兵大将，却在暗地里豢养刺客，这事已经很久了。楚王死后，李园必定入宫，据本奏议，假传君王命令依权杀死阁下灭口，这就是所谓意想不到的横祸。"春申君说："什么叫作意想不到的人呢？"朱英说："阁下先任命臣为郎中卫士官，君王死后，李园一定先入宫，请让臣替您以利剑刺入他的胸膛把他杀死，这就是所谓意想不到的人。"春申君说："先生先别提这事，李园为人诚恳老实，我又和他很要好，他怎么能用这种毒辣手段呢？"朱英一看春申君不肯听他的话，心里便很害怕，就赶紧逃离了楚国。

【原文】

后十七日，楚考烈王崩，李园果先入，置死士，止于棘门之内[1]。春申君后入，止棘门。园死士夹刺春申君，斩其头，投之棘门外。于是使吏尽灭春申君之家。而李园女弟，初幸春申君有身，而入之王所生子者，遂立为楚幽王也。

是岁，秦始皇立九年矣。嫪毐亦为乱于秦[2]，觉，夷三族，而吕不韦废[3]。

【注释】

〔1〕棘门：《史记》作"寿明城门"。一说"棘"同"朝"，有持戟卫士把守的宫门。

〔2〕嫪毐（lào ǎi）：秦宫官，与秦始皇母私通。

〔3〕吕不韦：秦相国，因送嫪毐于太后，被废除相位。

【译文】

十七天后，楚考烈王驾崩，李园果然先入宫中，暗中在棘门内布置刺客。当春申君随后进宫经过棘门时，李园的刺客从门两边跳出杀死了他，然后将他的头割下丢到棘门外。同时李园又派人杀死春申君的全族。李园的妹妹所生的孩子，被立为楚幽王。

当时秦始皇已经在位九年，嫪毐也正与秦太后通奸，被发觉后，满门抄斩，被灭三族，吕不韦也因为这件事而被废除了相位。

知伯帅赵、韩、魏而伐范、中行氏

【题解】

本文选自《赵策一》。

赵、韩、魏三家分晋，开始了我国历史上的战国时代。本文记述了赵、韩、魏三家联合起来消灭晋国最强大的贵族——知伯，并最终瓜分了晋国这一著名的历史事件。

【原文】

知伯帅赵[1]、韩、魏而伐范、中行氏[2]，灭之。休数年，使人请地于韩。韩康子欲勿与。段规谏曰[3]："不可。夫知伯之为人也，好利而鸷愎，来请地不与，必加兵于韩矣，君其与之。与之，彼狃[4]，又将请地于他国，他国不听，必乡之以兵；然则韩可以免于患难而待事之变。"康子曰："善。"使使者致万家之邑一于知伯。知伯说。又使人请地于魏，魏宣子欲勿与[5]。赵葭谏曰[6]："彼请地于韩，韩与之。请地于魏，魏弗与，则是魏内自强而外怒知伯也。然则其错兵于魏必矣！不如与之。"宣子曰："诺。"因使人致万家之邑一于知伯，知伯说。又使人之赵，请蔺、皋狼之地[7]，赵襄子弗与。知伯因阴结韩、魏，将以伐赵。

【注释】

〔1〕知伯：晋臣，名瑶。知空子之子。
〔2〕范、中行氏：晋臣。范，范吉射。中行，中行寅。
〔3〕段规：郑共叔段之后代，韩康子之相国。
〔4〕狃（niǔ）：习惯。
〔5〕魏宣子：晋臣。
〔6〕赵葭：魏宣子臣。
〔7〕蔺、皋狼：在今山西离石一带。

【译文】

知伯率赵、韩、魏三国联军攻打范氏和中行氏，大胜。休整了几年以后，知伯又派人到韩国去要土地，韩康子想拒绝不给，这时韩臣段规谏言韩康子说："不可不给知伯土地，因为知伯这个人贪得无厌，而且生性残暴无度。如今他来要土地如果不给，他必定派兵来攻打韩国。所以君王不如给他土地，必然使他恶习膨胀再向其他国家去要土地，别的国家如果不给他土地，他也必然发兵去攻打；韩国则可以蚀财消灾，再等待形势的转变。"韩康子说："很好。"于是韩康子就派使献一万户人家的城邑给知伯。知伯得到土地后很高兴，因而又派人去到魏国要土地，魏宣子想不给他，这时魏臣赵葭谏言魏宣子说："知伯向韩国要土地时，韩王给他一个一万户人家的城邑。他现在又来向魏国要，假如魏国不给他土地，那就等于是魏国自恃强大而对外激怒知伯，知伯必然会发兵攻打魏国，所以还是给他土地好。"魏宣子说："就这样办。"于是就派使割让一万户人家的城邑给知伯。知伯很高兴，就又派人向赵国要求蔺、皋狼等地，可是赵襄子却不给。于是知伯就跟韩、魏两国缔结密约，准备组成联军攻打赵国。

【原文】

赵襄子召张孟谈而告之曰[1]："夫知伯之为人，阳亲而阴疏，三使韩、魏，而寡人弗与焉，其移兵寡人必矣。今吾安居而可？"张孟谈曰："夫董阏于[2]，简主之才臣也[3]，世治晋阳，而尹铎循之[4]，其余政教犹存，君其定居晋阳。"君曰："诺"。乃使延陵生将车骑先之晋阳[5]，君因从之。至，行城郭，案府库，视仓廪，召张孟谈曰："吾城郭已完，府库足用，仓廪实矣，无矢奈何？"张孟谈曰："臣闻董子之治晋阳也，公宫之垣皆以狄蒿苦楚廧之[6]，其高至丈余，君发而用之。"于是发而试之，其坚则箘簬之劲不能过也。君曰："足矣[7]，吾铜少若何？"张孟谈曰："臣闻董子之治晋阳也，公宫之室皆以炼铜为柱质，请发而用之，则有余铜矣。"君曰："善。"号令以定，备守以具。

【注释】

[1] 张孟谈：赵襄子的谋臣。
[2] 董阏（yān）于：赵氏家臣。
[3] 简主：即赵鞅，谥号子，赵襄子之父。
[4] 尹铎：赵氏家臣。
[5] 延陵生：赵襄子家将。
[6] 苦楚：木名。可作箭杆。廧：同"墙"。

〔7〕译文依鲍本"足"前有"矢"。

【译文】

这时赵襄子召见张孟谈，把知伯要土地的事告诉他说："知伯的为人，表面上跟你亲密，内心却跟你疏远。他已经得到了韩、魏的土地，如今又屡次向我赵国勒索，寡人却偏偏不愿意给他，那他必然会发兵攻打赵国，您认为我该如何对付？"张孟谈说："我认为以前董阏于是赵简子最具才干的臣子，世代治理晋阳，其后由尹铎继任；现在他们的政教遗风还存在，所以我建议君主不如先还都晋阳！"赵襄子说："就这么办。"于是赵襄子就派延陵生率领战车和骑兵先去晋阳，而自己则率领文武朝臣随后赶到。赵襄子到了晋阳以后，首先巡视城郭，察看府库和粮仓，召见张孟谈说："寡人看城郭很牢固，府库也很充实，军粮也足够吃，只可惜没有箭，怎么办？"张孟谈说："我听说以前董子治理晋阳，宫殿的墙是用狄、蒿、楂楷、荆条相连筑成，能有一丈多高，现在把这些东西拿来用就可以了。"于是赵襄子就把这些用树筑成的篱笆拆下来，试一下篱笆的坚固程度，果然做得比竹箭还要硬。赵襄子说："箭是够了，但是铜却很少，又该怎么办呢？"张孟谈说："听说董子治理晋阳时，宫殿都是用炼过的铜作柱子，君王可以把这些铜柱挖出来使用，那就有用不完的铜了。"赵襄子说："好的。"号令已经定好，防御物资已经齐备。

【原文】

三国之兵乘晋阳城，遂战。三月不能拔，因舒军而围之，决晋水而灌之。围晋阳三年，城中巢居而处，悬釜而炊，财食将尽，士卒病羸。襄子谓张孟谈曰："粮食匮，财力尽，士大夫病，吾不能守矣，欲以城下，何如？"张孟谈曰："臣闻之，亡不能存，危不能安，则无为贵知士也。君释此计，勿复言也。臣请见韩、魏之君。"襄子曰："诺。"张孟谈于是阴见韩、魏之君曰："臣闻唇亡则齿寒，今知伯帅二国之君伐赵，赵将亡矣，亡则二君为之次矣。"二君曰："我知其然。夫知伯为人也，粗中而少亲，我谋未遂而知，则其祸必至，为之奈何？"张孟谈曰："谋出二君之口，入臣之耳，人莫之知也。"二君即与张孟谈阴约三军，与之期日，夜遣入晋阳。张孟谈以报襄子，襄子再拜。

【译文】

知伯、韩、魏三国联军开到晋阳。于是赵国就和三国展开激战。经过三个月之久，晋阳还未被攻下。于是三国联军就把军队散开，从四面八方包围晋阳城，同时又挖开晋水来淹晋阳。攻晋阳三年之后，城内人都在高处搭房子住，把锅吊起来做饭。当军资粮饷快用完时，赵国的守军也疲惫不堪了。这时赵襄子又问张孟谈说："粮食已经快要吃完，将士的力气也快要用尽，而士大夫更加痛苦不堪，寡人已经无法守住晋阳了，因此寡人想开城投降，贤卿你看如何？"张孟谈说："我听说，国家将灭亡而不想办法使它保存，国家发生危险而不设法使它安定，那要这些足智多谋的谋士干什么呢？君主可以放弃这种想法，不必再说，让臣去见韩、魏两国君王！"赵襄子说："就这样办吧！"于是张孟谈悄悄去见韩、魏两国君主说："我听说'嘴唇丧失了，牙齿就会寒冷。'现在知伯率领韩、魏两国君主的军队攻打赵国，赵危在旦夕，赵国灭亡后，就会轮到韩、魏两国。"韩、魏两国君主说："我们也都知道会是如此，因为知伯为人狂暴不仁，假如我们的计谋还没有形成就被知伯识破，那就必然大祸临头，足下你看该怎么办？"张孟谈说："计谋是从君王的嘴里说出的，听到的只有臣的耳朵，别人是无法知道的。"于是韩、魏两国君主才与张孟谈暗地里联合三军，约好时间，夜晚派兵入晋阳。张孟谈向赵襄子汇报以后，赵襄子向张孟谈拜了两次以致谢。

【原文】

张孟谈因朝知伯而出，遇知过辕门之外[1]。知过入见知伯曰："二主殆将有变。"君曰："何如？"对曰："臣遇张孟谈于辕门之外，其志矜，其行高。"知伯曰："不然。吾与二主约谨矣，破赵三分其地，寡人所亲之，必不欺也。子释之，勿出于口。"知过出，见二主，入说知伯曰："二主色动而意变，必背君，不如今杀之。"知伯曰："兵著晋阳三年矣，旦暮当拔之而飨其利，乃有他心，必不然，子慎勿复言。"知过曰："不杀则遂亲之。"知伯曰："亲之奈何？"知过曰："魏宣子之谋臣曰赵葭，康子之谋臣曰段规，是皆能移其君之计。君其与二君约，破赵则封二子者各万家之县一，如是则二主之心可不变，而君得其所欲矣。"知伯曰："破赵而三分其地，又封二子者各万家之县一，则吾所得者少，不可。"知过见君之不用也，言之不听，出，更其姓为辅氏，遂去不见。

【注释】

〔1〕知过：知伯同族。

【译文】

张孟谈又去拜见知伯，走出宫门后在辕门外边遇见知过。知过进去见知伯说："韩、魏两国君主恐怕要叛变。"知伯问："何以见得？"知过回答说："臣在辕门外遇见了张孟谈，他趾高气扬，阔步而行。"知伯说："不会的。

寡人跟韩、魏两国君主订立密约，明言灭赵以后三分赵国土地，我信得过这两位君主，他们不会背叛我。贤卿可尽管放心，千万不要把话泄露出去！"知过就出去见韩、魏两国君主，回来对知伯说："臣见韩、魏两国君主神情反常，已经有背叛贤君的迹象，所以不如现在赶紧把他们杀死！"知伯说："我三国联军围困晋阳三年，如今晋阳的陷落指日可待，也就是马上就可享受利益瓜分土地了，韩、魏君主怎么会有异心叛变呢？绝对不会的，贤卿不要再说这种话了！"知过说："如果不杀韩、魏君主，那就要尽量跟他们亲善。"知伯说："你说该怎么办呢？"知过说："魏宣子有个谋臣叫赵葭，韩康子有个谋臣叫段规，这两位重臣都有影响君主决策的实力。因此贤君不如跟这两位重臣订立密约，言明灭赵以后封给他们每人一个一万户人家的大县，这样他们两人就可以使韩、魏君主不叛变，到那时贤君的一切愿望就都可以实现。"知伯说："灭赵以后我们三家平分赵地，假如再各封两位重臣一万户人家的县一个，那寡人所得的土地岂不是太少了吗？"知过如何苦劝也不能使知伯采纳他的意见，就赶紧离开知伯，改姓为辅氏，不再去见知伯。

【原文】

张孟谈闻之，入见襄子曰："臣遇知过于辕门之外，其视有疑臣之心，入见知伯，出更其姓。今暮不击，必后之矣。"襄子曰："诺。"使张孟谈见韩、魏之君曰："夜期，杀守堤之吏，而决水灌知伯军。"知伯军救水而乱，韩、魏翼而击之。襄子将卒犯其前，大败知伯军而禽知伯。

知伯身死、国亡、地分，为天下笑，此贪欲无厌也。夫不听知过，亦所以亡也。知氏尽灭，唯辅氏存焉。

【译文】

张孟谈知道此事后，就进去见赵襄子说："臣在辕门外遇见知过，他好像对臣存有疑心，他去见知伯，出来后就立刻改名换姓。假如君王今晚不进攻他们，必然会错过大好时机。"赵襄子说："就这么办！"于是派张孟谈去见韩、魏君主说："今晚杀死守河堤的将士，以便决堤淹知

伯军营！"当夜韩、魏果然掘开河堤，知伯军为了救水而大乱，而韩、魏两军又从左右夹击，赵襄子率军迎头痛击，结果大败知伯军并生擒知伯。

结果知伯身死国亡，土地被赵、韩、魏三国瓜分，成为天下人的笑柄。这都是贪得无厌所招来的灾祸。知伯不听知过的苦谏，也是招致灭亡的原因之一。知氏被全部灭掉，唯独辅氏存在。

武灵王平昼闲居

【题解】

本文选自《赵策二》。

赵武灵王执政时，赵国与许多北方民族部落为邻。这些部落以游牧为生，强悍善战，骑马射箭，来去如飞。他们的不断骚扰、侵犯使赵国的安全受到极大的威胁。为了抗击他们的入侵，并能与秦、齐等诸侯强国抗衡，赵武灵王决定改变传统的步兵车战的作战方式，建立骑兵队伍；废除传统的宽袍长袖式的服饰和笨重的战争装备，采用有利于骑射的轻便胡服，提高战斗力。以公子成为首的一批宗室贵戚，因循守旧，以华夏正宗、古法古教不可变为理由反对改革，赵武灵王针锋相对，提出了"治世不必一道，便国不必法古""观时而制法，因事而制礼"的进步观点来开导他们，从而批驳了保守思想，冲破了种种阻力，终于取得了改革的成功。

【原文】

武灵王平昼闲居，肥义侍坐[1]，曰："王虑世事之变，权甲兵之用，念简、襄之迹[2]，计胡、狄之利乎？"王曰："嗣立不忘先德，君之道也；错质务明主之长，臣之论也。是以贤君静而有道民便事之教，动有明古先世之功。为人臣者，穷有弟长辞让之节，通有补民益主之业。此两者，君臣之分也。今吾欲继襄主之业[3]，启胡、翟之乡，而卒世不见也。敌弱者，用力少而功多，可以无尽百姓之劳，而享往古之勋。夫有高世之功者，必负遗俗之累；有独知之虑者，必被庶人之怨。今吾将胡服骑射以教百姓，而世必议寡人矣。"

【注释】

〔1〕肥义：赵臣，以分名为氏，名义。

〔2〕简、襄：简，赵简子，名鞅。襄，赵襄子，名无恤。

〔3〕襄主：赵襄子。

【译文】

赵武灵王平日在家闲坐，肥义在旁陪坐，说："大王是不是在考虑当今形势的变化，权衡军事力量的使用，追念先主简子、襄子的功业，盘算抗击胡、狄带来的利益呢？"赵武灵王说："继承王位，不忘先主的功德，这是国君应该做的；为国君服务，力图使国君的特长发扬光大，这是大臣应该明确的。所以，贤明的国君，平时要制定教导人民、便利国事的政令；战时要建立超越古代、盖世无双的功业。做人臣的，无官闲居时，要具备尊敬长辈、谦恭辞让的品德；在朝做官时，要做出造福人民、辅助国君的贡献。这两方面是国君和人臣的本分。现在我想继承襄主的功业，开发胡、狄僻陋的郊野，而我这些打算终究是不会被人理解的。如果对付一般弱敌，用力小而功效大，可以不使人民精疲力竭，又能获得先王那样的功勋。要想建立盖世功业的人，必然会遭到习惯势力的牵制；有独到见解的人，必然会遭到一般人的抱怨。现在我想教导百姓，改穿胡服，训练骑射，那么世俗一定会议论批评我。"

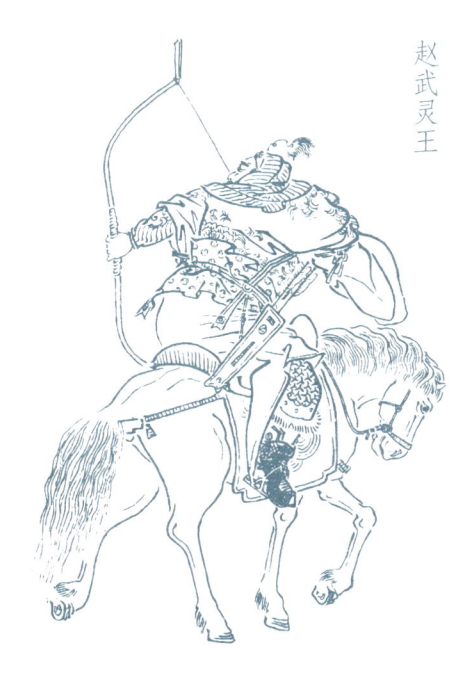

【原文】

肥义曰："臣闻之，疑事无功，疑行无名。今王即定负遗俗之虑，殆毋顾天下之议矣。夫论至德者，不和于俗；成大功者，不谋于众。昔舜舞有苗[1]，而禹袒入裸国[2]，非以养欲而乐志也，欲以论德而要功也。愚者暗于成事，智者见于未萌，王其遂行之。"王曰："寡人非疑胡服也，吾恐天下笑之。狂夫之乐，知者哀焉；愚者之笑，贤者戚焉。世有顺我者，则胡服之功未可知也。虽驱世以笑我，胡地、中山吾必有之。"王遂胡服。

【注释】

〔1〕有苗：苗族，三苗后裔，在今湖南溪洞一带。

〔2〕禹袒入裸国：《淮南子》里有："禹入裸国，解衣而入，衣带而出，因之也。"

【译文】

肥义说："我听说，谋事如果犹豫不决，就不会成功；行动如果瞻前顾后，就没有成果。现在大王既下定了摆脱世俗的决心，就不必再顾虑人们的议论批评了。讲究最高德行的人，是不附和世俗之论的；建立伟大功业的人，是不与众人谋划的。从前舜帝跳苗族的舞蹈，禹帝裸体进入裸国，这并不是放纵情欲，欢娱心志，而是去宣扬德政，建立功业。愚蠢的人看不清已经成功了的事，聪明的人在事情还没有露出苗头时就能觉察到。大王您就按照您的打算马上施行吧！"赵王说："我并不是对改穿胡服还有什么疑虑，而是担心人们讥笑我这种做法。狂人高兴，聪明人却为他哀伤；愚人欢笑，贤能者却为他忧愁。世人如果有同意我的措施的，那么改穿胡服的功效是难以估量的。虽然举世皆笑我，但胡地和中山国一定为我所有。"于是赵王就下令全国改穿胡服。

【原文】

使王孙绁告公子成曰："寡人胡服且将以朝，亦欲叔之服之也。家听于亲，国听于君，古今之公行也；子不反亲，臣不逆主，先王之通谊也。今寡人作教易服而叔不服，吾恐天下议之也。夫制国有常，而利民为本；从政有经，而令行为上。故明德在于论贱，行政在于信贵。今胡服之意，非以养欲而乐志也。事有所出，功有所止。事成功立，然后德且见也。今寡人恐叔逆从政之经，以辅公叔之议。且寡人闻之：'事利国者行无邪，因贵戚者名不累。'故寡人愿慕公叔之义，以成胡服之功。使绁谒之叔，请服焉。"

【译文】

赵王派王孙绁给公子成传达他的意见，说："寡人要穿上胡服上朝，希望叔父也能穿上胡服。在家听从父母的，在朝听从国君的，这是古今公认的准则；做儿子的不能违背父母之命，做大臣的不能违背国君之命，这是先王时就通行的规矩。现在我下令全国改革服装，而您不穿胡服，我担心天下人会为此而议论我。治理国家有一定的原则，以有利于人民为根本；从事政治有一定的准则，以政令能够通行为首要。所以，要想建立出色的政绩，必须为人民着想；要想推行政令，首先要使贵戚以身作则。现在我改穿胡服的用意，并非为了放纵情欲，欢娱心志。凡事有了开头，成功也就有了基础；事情完成了，功业建立了，政绩必然表现出来。现在我担心叔父违反了治理国家的原则，而去附和贵族们的那些反对胡服的议论。况且，我听说：'事情只要有利于国家，做起来就不会有偏差；办事只要借助贵戚的力量，名声就不会受到损害。'所以寡人希望仰仗叔父的义行,以成就改穿胡服的功业。特派王孙绁去拜见叔父,请叔父改穿胡服吧。"

【原文】

公子成再拜曰:"臣固闻王之胡服也,不佞寝疾,不能趋走,是以不先进。王今命之,臣固敢竭其愚忠。臣闻之:'中国者,聪明睿知之所居也,万物财用之所聚也,贤圣之所教也,仁义之所施也,《诗》《书》《礼》《乐》之所用也,异敏技艺之所试也,远方之所观赴也,蛮夷之所义行也。'今王释此而袭远方之服,变古之教,易古之道,逆人之心,畔学者,离中国,臣愿大王图之。"

【译文】

公子成拜了两拜说:"臣下本来听说君王改穿胡服了,可是不才因为卧病在床,行动不便,所以没能及早进言。君王如今下了命令,臣下坚决对君王竭尽忠诚。臣下听说:'中原是聪明有远见的人居住的地方,是万物财用聚集的地方,是圣贤实行教化的地方,是仁义施行的地方,是《诗》《书》《礼》《乐》运用的地方,是各种精巧技艺试行的地方,是远方国家前来观摩学习的地方,是四方少数民族效法的地方。'如今君王放弃这些固有的东西,而袭用远方的服装,改变古人的礼教,更改古代的主张,违背人们的心意,背叛学者的教诲,背离中原的传统,臣下希望大王要多多考虑啊。"

【原文】

使者报王。王曰:"吾固闻叔之病也。"即之公叔成家,自请之曰:"夫服者,所以便用也;礼者,所以便事也。是以圣人观其乡而顺宜,因其事而制礼,所以利其民而厚其国也。祝发文身,错臂左衽,瓯越之民也。黑齿雕题,鳀冠秫缝,大吴之国也。礼服不同,其便一也。是以乡异而用变,事异而礼易。是故圣人苟可以利其民,不一其用;果可以便其事,不同其礼。儒者一师而礼异,中国同俗而教离,又况山谷之便乎!故去就之变,知者不能一;远近之服,贤圣不能同。穷乡多异,曲学多辨。不知而不疑,异于己而不非者,公于求善也。今卿之所言者,俗也;吾之所言者,所以制俗也。今吾国东有河、薄洛之水,与齐、中山同之,而无舟楫之用。自常山以至代、上党,东有燕、东胡之境,西有楼烦、秦、韩之边,而无骑射之备。故寡人且聚舟楫之用,求水居之民,以守河、薄洛之水;变服骑射,以备其燕、东胡、楼烦、秦、韩之边。且昔者简主不塞晋阳以及上党,而襄主兼戎取代,以攘诸胡。此愚知之所明也。先时中山负齐之强兵,侵掠吾地,系累吾民,引

变服骑射，以备其燕、东胡、楼烦、秦、韩之边

水围鄗，非社稷之神灵，即鄗几不守。先王忿之，其怨未能报也。今骑射之服，近可以备上党之形，远可以报中山之怨。而叔也顺中国之俗以逆简、襄之意，恶变服之名，而忘国事之耻，非寡人所望于子！"

公子成再拜稽首曰："臣愚不达于王之议，敢道世俗之闻。今欲继简、襄之意，以顺先王之志，臣敢不听令？"再拜，乃赐胡服。

【译文】

使者王孙绁把公子成的情况报告给赵武灵王。武灵王说："我早已听说叔父生病了。"便立刻前往公叔成家，亲自对公叔成说："衣服，是便于应用的东西；礼仪，是便于行事的礼节。因此圣人考察当地的风俗而因地制宜，根据行事的便利而制定礼仪，这是为了有利于民众及增强国家的实力。剪断头发，身刺花纹，左臂刻着纹饰并向左掩衣襟，这是瓯越百姓的风俗礼仪。用草汁染黑牙齿，在额上刺刻着图画，戴着用鲇鱼皮做的帽子，穿着粗针大线的衣服，这是吴国的风俗和礼仪。他们的礼俗和服饰虽然不一样，但是求便利的心却是相同的。所以地区不同，其举止措施就有变化；客观实际不同，礼法自然也要改变。因而圣人主张，只要对百姓有利，绝对不硬性统一风俗习惯；只要对事情便利，绝对不强行统一礼法。儒生的师法相同，但主张与礼法却不相同；中原地区的风俗相同，而政令却不相同，何况那些居住在偏僻山谷中的人们，都因地制宜地各求方便！因此风俗的选择、取舍，即使再聪明的人也不能使它固定为一；不同地区、不同时代的服饰，即使是圣人也不能统一。穷乡僻壤多奇风异俗，雅辟的学者多诡辩。不知道底细不要去怀疑，和自己的习惯不同更不要轻易非议，这才是大公无私的求善之心。现在叔父所说的是世俗之论，而寡人所说的是革新之论。我国东有黄河、薄洛之水，是我国和齐国、中山国的交界线，但是我们没有船舶备用。从常山一直到代郡、上党郡一带，东边与燕国、东胡为邻，西边与楼烦、秦、韩接壤，但我们没有骑射的装备。所以寡人要设法筹备船舶，招募水兵，防守黄河、薄洛之水；换上胡服练习骑射，以便

防守我国与燕国、东胡、楼烦、秦、韩接壤的边境。况且从前简主没有把我国的疆域版图局限在晋阳到上党一带,襄主兼并戎狄占领代郡,驱走了各部胡人,这些功绩不论愚鲁或聪明的人都很清楚。以前中山国仗着齐国的强兵支援,侵扰我赵国土地,俘虏我赵国百姓,并且引水围困鄗城,如果没有社稷神明的保佑,鄗城就会失守。先王虽然很气愤,但是这个仇却没能报。现在假如我军能够改穿便于骑射的胡服,不但就近可以防守上党,而且能够远报中山之仇。然而如今叔父却固守中原习俗,违背简主和襄主的遗愿,反对改穿胡服的命令,忘掉了国家的奇耻大辱,这绝不是寡人所希望于叔父的!"

公子成拜了两拜,叩头说:"臣愚昧无知,没能领会君王的意旨,只知道陈述世俗的言论。现在君王既然想继承简主和襄主的遗志,以便完成先王的心愿,臣又怎敢不服从君王的命令呢?"说完又拜了两拜,于是赵武灵王便赐给他一套胡服。

【原文】

赵文进谏曰:"农夫劳而君子养焉,政之经也。愚者陈意而知者论焉,教之道也。臣无隐忠,君无蔽言,国之禄也,臣虽愚,愿竭其忠。"王曰:"虑无恶扰,忠无过罪,子其言乎!"赵文曰:"当世辅俗,古之道也;衣服有常,礼之制也;修法无愆,民之职也。三者,先圣之所以教。今君释此,而袭远方之服,变古之教,易古之道,故臣愿王之图之。"王曰:"子言世俗之闻。常民溺于习俗,学者沉于所闻。此两者,所以成官而顺政也,非所以观远而论始也。且夫三代不同服而王,五伯不同教而政。知者作教,而愚者制焉。贤者议俗,不肖者拘焉。夫制于服之民,不足与论心;拘于俗之众,不足与致意。故势与俗化,而礼与变俱,圣人之道也。承教而动,循法无私,民之职也。知学之人,能与闻迁,达于礼之变,能与时化。故为己者不待人,制今者不法古,子其释之。"

【译文】

这时赵文进谏说:"农夫辛苦耕田,君子却坐享其成,这是国家的常规。愚鲁的人提出的意见,由聪明的人择善而定,这是朝廷教化的准则。臣下不隐讳忠贞之言,君王不阻塞臣下的言路,就是国家之福。臣虽然愚鲁,却愿意竭尽忠诚。"赵武灵王说:"考虑问题,不要讨厌不同意见的干扰,对尽忠直言的人,不要斥责他的罪过,就请贤卿说吧!"赵文说:"顺从当下社会的习俗,这是自古以来的原则;不变更传统服饰是礼法的规定;遵守法令不犯罪是百姓的本分。这三者都是古代圣贤的教化。如今君王竟然舍弃这些,而穿远方胡人的服饰,这就等于变更了古人的教化,更改了自古以来的行动准则,所以臣恳请君王要慎重考虑！"赵武灵王说："贤卿所说的都是世俗的观点。一般人都拘泥于传统习俗，读书人拘泥于书本上的知识。这两种人，用来做官和管理政务是可以的，可是却不能用来高瞻远瞩地改革创新。再说，夏、商、周三代，服饰虽然都不尽相同，却能拥有天下；五霸的教化虽然都不同，却能修明政治。聪明者制定出规章制度，愚鲁无知的人就受到控制。贤明之士探讨礼法、教化，没才能的人只能墨守成规。那些恪守传统习俗的人，不能和他们交流思想；那些拘泥世俗礼教的人，不能和他们谈论理想、志向。所以习俗应按照形势演变，礼法应跟随形势改变，这也就是圣人治国的原则。秉承命令而采取行动，遵循法度而排除私心，是百姓的本分。有远见卓识的人，能随着新事物的出现而改变原来的观点，通晓礼法的变化，能随着时代的变化而变化。所以有主见的人不追随他人，治理当世的人不模仿古人。贤卿应当放弃那些不正确的意见。"

【原文】

　　赵造谏曰："隐忠不竭，奸之属也；以私诬国，贼之类也。犯奸者身死，贼国者族宗。此两者，先圣之明刑，臣下之大罪也。臣虽愚，愿尽其忠，无遁其死。"王曰："竭意不讳，忠也。上无蔽言，明也。忠不辟危，明不距人，子其言乎！"

　　赵造曰："臣闻之：'圣人不易民而教，知者不变俗而动。'因民而教者，不劳而成功；据俗而动者，虑径而易见也。今王易初不循俗，胡服不顾世，非所以教民而成礼也。且服奇者志淫，俗辟者乱民。是以莅国者不袭奇辟之服，中国不近蛮夷之行，所以教民而成礼者也。且循法无过，修礼无邪，臣愿王之图之。"

【译文】

　　赵造进谏说："不竭尽忠言的是奸臣之辈；因私利而危害国家的，是贼害一类的人。犯了奸佞罪的人，应该处死；犯了危害国家罪的人，应该灭族。犯了这两种罪的人，先王明确规定要判刑，这是臣下的大罪。我虽愚蠢，但愿意竭尽忠心，绝不畏死。"赵武灵王说："做臣子的知无不言，言无不尽，不加避讳，就是尽忠；为君的广开言路，就是英明。竭尽忠心的大臣是不害怕危险的，英明通达的国君是不会拒绝别人提意见的。你就畅快地说吧！"

　　赵造说："我听说：'圣人不改变人民的要求进行教化，智者不变更旧的礼俗来治理国家。'根据人民的要求进行教化，不用费力就会收到成效；根据人民旧的礼俗来治理国家，考虑起来方便，做起来也容易见效。现在大王要改变最初的服饰，不遵循旧的礼俗，改穿胡服而不顾人民的议论，这不能用来教化人民，树立新的礼俗。况且奇装异服，惑乱人心；习俗不正，扰乱人民。所以，国君不采用奇装异服，中原之国不效法蛮夷的不开化行为，这些都是用来教化人民、建立礼法制度的。而且，遵循旧的制度是不会犯错误的，遵循旧的礼俗是不会走上邪路的。我希望大王深思熟虑。"

【原文】

王曰："古今不同俗，何古之法？帝王不相袭，何礼之循？宓戏[1]、神农教而不诛，黄帝、尧、舜诛而不怒。及至三王，观时而制法，因事而制礼，法度制令，各顺其宜；衣服器械，各便其用。故治世不必一道，便国不必法古。圣人之兴也，不相袭而王；夏、殷之衰也，不易礼而灭。然则反古未可非，而循礼未足多也。且服奇而志淫，是邹、鲁无奇行也[2]；俗辟而民易，是吴、越无俊民也[3]。是以圣人利身之谓服，便事之谓教，进退之谓节，衣服之制，所以齐常民，非所以论贤者也[4]。故圣与俗流，贤与变俱，谚曰：'以书为御者，不尽于马之情[5]；以古制今者，不达于事之变。'故循法之功，不足以高世；法古之学，不足以制今。子其勿反也。"

【注释】

〔1〕宓（fú）戏：伏羲，传说中的圣王。
〔2〕邹、鲁无奇行：邹鲁人冠顶长缨，可谓奇服，然而却产生孔子、孟子、颜回等有"奇行"的人。
〔3〕吴、越无俊民：吴越出现过季札、大夫种这些智多的人。
〔4〕论：衡量。
〔5〕不尽于马之情：不能完全了解马的习性。

【译文】

赵武灵王说："古今的习俗不同，究竟要遵循哪种习俗呢？帝王的礼法也不是一脉相承的，那究竟遵循哪种礼法呢？伏羲、神农教化民众而不处罚民众，黄帝、唐尧、虞舜处罚民众而不仇视民众。而到三王时代，观察时事而制定法律，按照实情而制定礼仪，所有法令制度都顺应时代制定，衣服、器械也都讲求便利。所以治理百姓不必统一其道，只要对国家有利不必模仿古人。圣人兴起时，不因袭旧制就能够获得天下；夏朝和商朝衰亡时，并没有变更礼法便灭亡了。由此可见违背古法无可厚非，而死守古礼也不足称道。如果说奇装异服就会惑乱人心，那么在邹、鲁两国就不会产生孔子、孟子、颜回等有'奇行'的人了；如果说习俗不正就会使民情陷于骚乱，那么吴越一带就不会产生俊杰之士了。所以圣人认为，能够保护身体的就叫'服'，对事情有帮助的就叫'教'，进退适度的就叫'节'。至于衣服之制，是用来整肃民众的，并不能依此来评价贤能的人。所以圣人能随着风俗而变化，贤人能随社会变化而变化。谚语说：'按照书本上的方法来驾驭马的人，不能完全了解马的习性；用古礼来治理当今国家的人，不可能符合变化的实际情况。'所以遵循旧制的做法不会建立盖世的功勋，尊崇古代的理论并不能治理当今之世。贤卿还是不要出言反对吧！"

秦攻赵于长平

【题解】

本文选自《赵策三》。

秦国在长平之战中大败赵军，继而要求赵国割地求和，并派出奸细楼缓去诱骗赵国就范。赵臣虞卿深谋远虑地分析了敌我双方形势，极力劝说赵王不要上当，并指出割地求和，姑息妥协，只能自取灭亡，只有坚持斗争，团结抗秦，才有出路。赵王最终被说服，拒绝割地。而楼缓在其阴谋被揭穿之后，也只得"逃之夭夭"了。

【原文】

秦攻赵于长平[1]，大破之，引兵而归。因使人索六城于赵而讲。赵计未定。楼缓新从秦来[2]。赵王与楼缓计之曰[3]："与秦城何如？不与何如？"楼缓辞让曰："此非臣之所能知也。"王曰："虽然，试言公之私。"楼缓曰："王亦闻夫公甫文伯母乎？公甫文伯官于鲁[4]，病死，妇人为之自杀于房中者二人。其母闻之，不肯哭也。相室曰：'焉有子死而不哭者乎？'其母曰：'孔子，贤人也，逐于鲁，是人不随。今死，而妇人为死者二人，若是者，其于长者薄而于妇人厚？'故从母言之，之为贤母也；从妇言之，必不免为妒妇也。故其言一也，言者异，则人心变矣。今臣新从秦来，而言勿与，则非计也；言与之，则恐王以臣之为秦也，故不敢对。使臣得为王计之，不如予之。"王曰："诺。"

【注释】

〔1〕长平：赵地。在今山西高平西北。
〔2〕楼缓：赵人，当时为秦臣。

〔3〕赵王：赵孝成王，名丹。

〔4〕公甫文伯：鲁定公的大夫。

【译文】

秦国在长平攻破赵国，大败赵军，当秦将率兵归国后，就派使者向赵国要求割让六个城邑作为和谈的条件。赵国还未做最后决定，这时楼缓刚从秦国来到赵国，赵孝成王就和他商量说："贤卿认为把城割给秦国好呢，还是不割好呢？"楼缓推辞说："这不是臣所能知道的事。"赵孝成王说："话虽如此，不过还是请贤卿谈谈你的意见吧！"于是楼缓就说："我想君王一定知道公甫文伯母亲的事吧？公甫文伯在鲁国做官，当他病死以后，有两个女人为他自杀。他母亲知道后就不肯为他哭泣了，这时有一个老女仆说：'世间哪有儿子死了不哭的道理呢？'他母亲说：'孔子是圣人，当他被鲁国放逐时，我的儿子并没一同去。现在他死了，有两个女人为他而自杀，可见他对长者很薄情，而对女人却情意太厚。'作为一个母亲能说出这种话，就是一位贤母；不过这句话如果出于妻子口中，必定会被人误会是忌妒。由此可见，同样是一句话，说话人不同，听的人反应也不同。现在臣刚从秦国回来，如果臣说不割给秦六城，就不能算是为君王献计；如果臣说割给秦六城，又恐怕君王会误会臣是亲秦，所以臣才不敢回答。假如君王一定要让臣来谋划，臣认为最好还是割给秦城！"赵孝成王说："好的。"

【原文】

虞卿闻之[1]，入见王，王以楼缓言告之。虞卿曰："此饰说也。"王曰："何谓也？"虞卿曰："秦之攻赵也，倦而归乎？王以其力尚能进，爱王而不攻乎？"王曰："秦之攻我也，不遗余力矣，必以倦而归也。"虞卿曰："秦以其力攻其所不能取，倦而归。王又以其力之所不能攻以资之，是助秦自攻也。来年秦复攻王，王无以救矣。"

【注释】

〔1〕虞卿：赵臣，力主合纵抗秦。

【译文】

虞卿听说这件事,就去晋见赵孝成王,孝成王把楼缓的话告诉他。虞卿说:"这是一种诡辩。"赵孝成王说:"为什么呢?"虞卿说:"君王认为,秦国攻打赵国,是由于疲惫而撤兵呢,还是秦兵能继续进攻,只是因为怜恤君王才不进攻呢?"赵孝成王说:"秦兵攻我赵国,已经动用了全部兵力,必然是因为疲惫不堪才撤兵的。"虞卿说:"秦尽最大努力却一无所获,最后由于精疲力竭而撤兵。现在君王竟割让秦兵所不能攻下的六城,就等于是帮助秦兵攻打我赵国。假如明年秦兵再入侵,那君王可能就没有办法自救了。"

【原文】

王又以虞卿之言告楼缓。楼缓曰:"虞卿能尽知秦力之所至乎?诚不知秦力之所不至,此弹丸之地,犹不予也,令秦来年复攻王,得无割其内而媾乎?"王曰:"诚听子割矣,子能必来年秦之不复攻我乎?"楼缓对曰:"此非臣之所敢任也。昔者三晋之交于秦,相善也。今秦释韩、魏而独攻王,王之所以事秦必不如韩、魏也。今臣为足下解负亲之攻,启关通币,齐交韩、魏,至来年而王独不取于秦,王之所以事秦者,必在韩、魏之后也。此非臣之所敢任也。"

【译文】

赵孝成王把虞卿的话告诉了楼缓。楼缓说:"虞卿能够完全了解秦国的实力吗?如果他确实不了解秦国的实力,这点弹丸之地也不肯割给它,假如来年秦兵再攻打赵国,岂不是要割让更重要的城池求和吗?"赵孝成王说:"假如采纳贤卿的意见割地,贤卿能否保证来年秦兵不再攻打我赵国呢?"楼缓回答说:"这是臣所不敢担保的。以前三晋跟秦国交往,韩、赵、魏和秦的邦交都很好。如今秦放过韩、魏,只发兵攻打赵国,这就证明君王侍奉秦国,远不如韩、魏那样殷勤友善。现在臣为君王解除因您背弃秦国而受到的攻伐,使秦、赵两国彼此开启边关,互通使节,让赵国像韩、魏一样与秦国亲善。假如到来年只有君王不能取悦秦国,那就证明君王侍奉秦国又落在韩、魏之后了,到那时就不是臣所敢保证的了!"

【原文】

王以楼缓之言告。虞卿曰:"楼缓言,不媾,来年秦复攻,王得无更割其内而媾。今媾,楼缓又不能必秦之不复攻也,虽割何益?来年复攻,又割其力之所不能取而媾也,此自尽之术也,不如无媾。秦虽善攻,不能取六城;赵虽不能守,而不至失六城。秦倦而归,兵必罢。我以五城收天下以攻罢秦，是我失之于天下，而取偿于秦也。吾国尚利，孰与坐而割地，自弱以强秦？今楼缓曰：'秦善韩、魏而攻赵者，必王之事秦不如韩、魏也。'是使王岁以六城事秦也，即坐而地尽矣。来年秦复求割地，王将与之乎？不与，则是弃前功而挑秦祸也；与之，则无地而给之。语曰：'强者善攻，而弱者不能自守。'今坐而听秦，秦兵不敝而多得地，是强秦而弱赵也。以益愈强之秦，而割愈弱之赵，其计固不止矣。且秦虎狼之国也，无礼义之心。其求无已，而王之地有尽。以有尽之地，给无已之求，其势必无赵矣。故曰：此饰说也。王必勿与。"王曰："诺。"

【译文】

赵孝成王把楼缓的话告诉虞卿。虞卿说："楼缓说如果不讲和来年秦兵就会再攻赵，到那时君王还会割让更重要的城池给秦以求和。现在如果跟秦讲和，楼缓又不能保证秦兵不再入侵，可见即使割城给秦又有什么好处呢？来年秦兵再入侵，又割城池来讲和，这就是赵国自取灭亡，所以不如根本不讲和。秦兵虽然英勇善战，可是却攻不下赵国的六城；赵军虽然不能镇守国土，然而也不至于一下子就失陷六城。秦国既然是由于力竭而撤兵，那现在的秦军必然都疲劳不堪。假如我赵国用五城收买天下诸侯，结盟来攻打疲秦，就等于是把割让给天下诸侯的土地，再从秦国补偿回来，这对我赵国比较有利，怎能拱手割地而长秦国志气灭自己威风呢？现在楼缓却说：'秦之所以不攻韩、魏而攻赵，必然是因为君王对秦不如韩、魏那样恭顺。'这等于是要君王每年拿六座城侍奉秦，也就等于坐等他人瓜分。假如来年秦再要求割地，那还给不给呢？假如不给，就等于前功尽弃，而且又会招来战祸；假如给，恐怕赵国已无城可给。俗话说：'强国之军英勇善战，弱国之兵不能自守。'现在假如任由秦国摆布，那就等于是让秦国毫不费力地获得六城，这就是强化秦国削弱赵国的愚蠢做法。增加越来越强大的秦国疆土，削减越来越衰弱的赵国领域，仍然无法满足秦的野心。秦国是虎狼一样的国家，根本不讲什么礼义。秦国的欲望永无止境，而君王的土地却非常有限。用有限的土地去满足无穷的欲望，其结果必然是赵国灭亡。所以臣认为：楼缓是诡辩。君王千万不能割城给秦！"赵孝成王说："好。"

【原文】

楼缓闻之，入见于王，王又以虞卿言告之。楼缓曰："不然，虞卿得其一，未知其二也。夫秦、赵构难，而天下皆说，何也？曰：'我将因强而乘弱。'今赵兵困于秦，天下之贺战胜者，则必尽在于秦矣。故不若亟割地求和，以疑天下，慰秦心。不然，天下将因秦之怒，乘赵之敝而瓜分之。赵且亡，何秦之图！王以此断之，勿复计也。"

【译文】

楼缓听到这话后又晋见赵孝成王，孝成王就把虞卿的话告诉他。楼缓说："事情并非如此，虞卿知其一不知其二。秦、赵之间兵连祸结，天下诸侯都抱着幸灾乐祸的态度，这是为什么呢？他们要说：'我们将靠着强大的夺取弱小的。'如今赵国困在秦国手里，诸侯祝贺战胜的人，一定都到秦国去了。因此赵国不如赶紧割地求和，借以扰乱天下诸侯与秦、赵之间的关系，进而缓和秦国侵略赵国的野心。否则天下诸侯将利用秦国的强大，趁赵国之疲惫而瓜分赵国土地。到那时赵国业已面临灭亡命运，还奢谈什么图谋秦国呢？希望君王以此为决断，而不必再另谋他策。"

【原文】

虞卿闻之，又入见王曰："危矣，楼子之为秦也！夫赵兵困于秦，又割地为和，是愈疑天下，而何慰秦心哉！是不亦大示天下弱乎？且臣曰勿予者，非固勿予而已也。秦索六城于王，王以五城赂齐。齐，秦之深仇也，得王五城，并力而西击秦，齐之听王，不待辞之毕也。是大王失于齐而取偿于秦，一举结三国之亲，而与秦易道也。"赵王曰："善！"因发虞卿东见齐王，与之谋秦。

虞卿未反，秦之使者已在赵矣。楼缓闻之，逃去。

【译文】

虞卿听到楼缓的话后，又晋见赵孝成王说："危险啊，因为楼缓完全是为秦国着想！所谓赵国困在秦国手里，而且又割地向秦国屈膝求和，这更使天下诸侯怀疑我们守不住了，又怎能缓和秦国侵略赵国的野心呢！这不明显地向天下诸侯暴露赵国的弱点吗？况且臣之所以主张不要割地，并不是这样就算完事。秦国向我赵国索取六城，君王可以用五城贿赂齐国。齐、秦有深仇，齐国得到君王的五城以后，就会跟我军合力向西攻秦国，齐王不等您把话说完就会听从君王号令。这就等于丧失在齐国的土地，能在秦国那儿获得补偿，一举就可以和韩、魏、齐三国结成友好同盟，结果会使秦、赵的局面完全调换过来。"赵孝成王说："贤卿的分析极高明！"因而就派虞卿东去齐国游说齐王建，与他商量对付秦国的策略。

还没等虞卿从齐国回来，秦国派来议和的使节已经来到赵国。楼缓马上闻风而逃了。

秦围赵之邯郸

【题解】

本文选自《赵策三》。

公元前260年，秦国攻打赵国长平，大破赵军，又出兵围困赵都邯郸，前后达三年之久。其间，赵国求救于友邦魏国，魏王从道义上不得不派援军，但因惧怕秦国，其援军却在距邯郸百里之外的荡阴徘徊不前，并派出说客辛垣衍去劝说赵国"尊秦为帝"。这时鲁仲连正在赵国，他不顾个人安危，挺身而出，反对投降，主张抗秦，和辛垣衍展开面对面的说理斗争。他剖析了侵略者的本性，用大量无可辩驳的历史事实论证"帝秦"的危害，终于降服了以辛垣衍为代表的投降主义力量，坚定了赵国坚决抗秦的信心。后来在魏、楚援军的支援下，秦国被迫退兵，鲁仲连也谢绝了赵国的答谢而离去。

【原文】

秦围赵之邯郸[1]。魏安釐王使将军晋鄙救赵[2]。畏秦，止于荡阴不进[3]。魏王使客将军辛垣衍间入邯郸[4]，因平原君谓赵王曰[5]："秦所以急围赵者，前与齐湣王争强为帝，已而复归帝，以齐故。今齐已益弱，方今唯秦雄天下，此非必贪邯郸，其意欲求为帝。赵诚发使尊秦昭王为帝，秦必喜，罢兵去。"平原君犹豫未有所决。

【注释】

[1]邯郸：赵国都城，在今河北邯郸。
[2]魏安釐（xī）王：名圉。晋鄙：魏将。
[3]荡阴：在今河南汤阴。
[4]辛垣衍：复姓辛垣，名衍，他国人，在魏任将军。
[5]平原君：赵孝成王之叔，封平原君，战国四公子之一，时为赵相国。赵王：赵孝成王。

【译文】

秦国围攻赵都邯郸，魏安釐王派将军晋鄙领兵救赵。可是晋鄙很害怕秦兵，不敢前进，就驻扎在荡阴。魏王又派客将军辛垣衍秘密去邯郸城，通过平原君赵胜对赵孝成王说："秦兵之所以急发兵围攻贵国邯郸，是因为秦以前和齐湣王争相逞强称帝，可是不久又把帝号取消了，就因为齐王首先废除了帝号。如今齐国已经越发衰弱，只有秦国争霸天下，可见秦国并不一定是为了贪图邯郸之地，其真正用意是想要称帝。因而只要赵国能派遣专使，尊秦昭王为帝，那秦王必然很高兴，这样秦兵就会自解邯郸之围。"平原君一时犹豫不决。

【原文】

此时鲁仲连适游赵，会秦围赵。闻魏将欲令赵尊秦为帝，乃见平原君曰："事将奈何矣？"平原君曰："胜也何敢言事？百万之众折于外，今又内围邯郸而不能去。魏王使将军辛垣衍令赵帝秦，今其人在是，胜也何敢言事？"鲁仲连曰："始吾以君为天下之贤公子也，吾乃今然后知君非天下之贤公子也。梁客辛垣衍安在？吾请为君责而归之。"平原君曰："胜请召而见之于先生。"平原君遂见辛垣衍曰："东国有鲁仲连先生[1]，其人在此，胜请为绍介而见之于将军。"辛垣衍曰："吾闻鲁仲连先生，齐国之高士也。衍，人臣也，使事有职。吾不愿见鲁仲连先生也。"平原君曰："胜已泄之矣。"辛垣衍许诺。

鲁仲连见辛垣衍而无言。辛垣衍曰："吾视居此围城之中者，皆有求于平原君者也。今吾视先生之玉貌，非有求于平原君者，曷为久居此围城之中而不去也？"

【注释】

[1] 东国：指齐国。

【译文】

这时鲁仲连刚好在赵国游历，正碰上秦兵围攻赵都邯郸。他听说魏国准备叫赵王尊秦王为帝，就去见平原君说："战事怎么样了？"平原君说："我现在还敢谈战事？赵国的百万大军战败于外，如今国都邯郸又被秦兵包围而不能击退。魏王派将军辛垣衍劝赵王尊秦王为帝，现在辛垣将军就在邯郸，我还敢说什么？"鲁仲连说："我当初以为阁下是天下的贤公子，现在我才知道阁下徒有虚名。魏国客人辛垣衍在哪里？我可以替阁下责令他回去。"平原君说："那么我把辛将军请来和先生见面。"于是平原君就去见辛垣衍说："东方的齐国有一位鲁仲连先生，此人就在这里，我想介绍将军和他见面。"辛垣衍说："我早就知道鲁仲连先生是齐国的高士，而我辛垣衍只不过是一个使臣，奉命出使，职事在身。我不愿见鲁仲连先生。"平原君说："可是我已经答应他介绍将军见面了。"辛垣衍只好答应。

鲁仲连见到辛垣衍竟一言不发。辛垣衍说："我想凡是留在这座被围困的邯郸城中的人，都是有求于平原君的。但是我看先生的相貌，好像并非有求于平原君，真不知道先生为什么在这座围城内久住不走？"

【原文】

鲁仲连曰："世以鲍焦无从容而死者[1]，皆非也。今众人不知，则为一身。彼秦者[2]，弃礼义而上首功之国也。权使其士，虏使其民。彼则肆然而为帝，过而遂正于天下，则连有赴东海而死矣，吾不忍为之民也！所为见将军者，欲以助赵也。"辛垣衍曰："先生助之奈何？"鲁仲连曰："吾将使梁及燕助之。齐、楚则固助之矣。"辛垣衍曰："燕则吾请以从矣；若乃梁，则吾乃梁人也，先生恶能使梁助之耶？"鲁仲连曰："梁未睹秦称帝之害故也，使梁睹秦称帝之害，则必助赵矣。"辛垣衍曰："秦称帝之害将奈何？"鲁仲连曰："昔齐威王尝为仁义矣[3]，率天下诸侯而朝周。周贫且微，诸侯莫朝，而齐独朝之。居岁余，周烈王崩[4]，诸侯皆吊，齐后往。周怒，赴于齐曰：'天崩地坼，天子下席。东藩之臣田婴齐后至，则斫之！'威王勃然怒曰：'叱嗟！而母婢也。'卒为天下笑。故生则朝周，死则叱之，诚不忍其求也。彼天子固然，其无足怪。"辛垣衍曰："先生独未见夫仆乎？十人而从一人者，宁力不胜，智不若耶？畏之也。"鲁仲连曰："然梁之比于秦若仆耶？"辛垣衍曰："然。"鲁仲连曰："然吾将使秦王烹醢梁王。"辛垣衍怏然不悦曰："嘻！亦太甚矣，先生之言也！先生又恶能使秦王烹醢梁王？"

【注释】

[1]鲍焦：周代的隐士。《庄子》："鲍焦饰行非世，抱木而死。"
[2]彼秦者：依鲍本，无"者"字。
[3]齐威王：田氏，名婴齐，宣王之父。
[4]周烈王：名喜。

鲁仲连不肯帝秦

左传·吕氏春秋·战国策

【译文】

　　鲁仲连说:"世人都认为鲍焦是由于心胸狭窄而绝食自杀的,这都是错误的想法。由于人们不了解他的内心,才会误认为他是为个人私事而死的。那秦国是一个背弃礼义、只知道崇尚战功的国家。它用权术操纵士大夫,把百姓当俘虏一般役使。假如秦王肆无忌惮地称帝,甚至进一步对天下发号施令,那么我鲁仲连宁愿投东海而死,也不做秦国的顺民!我来拜见将军的用意,是想帮助赵国抵抗秦国。"辛垣衍说:"请问先生打算怎样帮助赵国呢?"鲁仲连说:"我准备请魏、燕两国帮助赵国,而齐、楚两国本来已经在援助赵国了。"辛垣衍说:"燕国嘛,我相信会听从您的;至于魏国,我就是魏国人,不知道先生要如何使魏国援助赵国呢?"鲁仲连说:"这是因为魏国还没有看到秦国称帝的害处,假如魏国能明了秦国称帝之害,就必然发兵救赵。"辛垣衍说:"秦王称帝的害处在哪里呢?"鲁仲连说:"以前齐威王曾行仁义之政,他率领天下诸侯去朝拜周天子。当时的周朝既穷又弱,天下诸侯都不肯朝贡,只有齐国肯称臣朝拜。过了一年多,周烈王驾崩,诸侯都去吊丧,可是齐国却最后才到。周显王大怒,就派使警告齐王说:'天崩地裂,新即位的天子守丧都要离开宫室,而东方藩国之臣田婴齐竟最后才到,当处斩刑。'齐威王勃然大怒道:'呸!你只不过是一个贱婢所生的奴才!'后来被天下诸侯所耻笑。周天子活着的时候齐王去朝拜他,死后又如此咒骂他,是由于实在无法忍受周朝的苛求。做天子的本来就是这样,没有什么值得奇怪的。"辛垣衍说:"先生难道没有见过那些仆人吗?十个人服侍一个人,难道是因为他们的力量和智慧不如主人吗?是因为他们惧怕主人。"鲁仲连说:"那么魏国和秦国的关系,就如同仆人和主人的关系吗?"辛垣衍说:"是的。"鲁仲连说:"既然这样,我将要让秦王烹杀魏王,把魏王剁成肉酱。"辛垣衍很不高兴地说:"唉!先生的话也未免太过分了!先生又怎能叫秦王把魏王煮成肉酱呢?"

【原文】

　　鲁仲连曰:"固也,待吾言之。昔者,鬼侯、鄂侯、文王[1],

纣之三公也。鬼侯有子而好，故入之于纣，纣以为恶，醢鬼侯。鄂侯争之急，辨之疾，故脯鄂侯。文王闻之，喟然而叹，故拘之于牖里之库百日[2]，而欲舍之死。曷为与人俱称帝王，卒就脯醢之地也？齐闵王将之鲁[3]，夷维子执策而从[4]，谓鲁人曰：'子将何以待吾君？'鲁人曰：'吾将以十太牢待子之君。'夷维子曰：'子安取礼而来待吾君？彼吾君者，天子也。天子巡狩，诸侯辟舍，纳筦键，摄衽抱几，视膳于堂下。天子已食，乃退而听朝也。'鲁人投其籥，不果纳，不得入于鲁。将之薛，假涂于邹。当是时，邹君死，闵王欲入吊。夷维子谓邹之孤曰：'天子吊，主人必将倍殡柩，设北面于南方，然后天子南面吊也。'邹之群臣曰：'必若此，吾将伏剑而死。'故不敢入于邹。邹、鲁之臣，生则不得事养，死则不得饭含。然且欲行天子之礼于邹、鲁之臣，不果纳。今秦万乘之国，梁亦万乘之国。俱据万乘之国，交有称王之名，睹其一战而胜，欲从而帝之，是使三晋之大臣不如邹、鲁之仆妾也。且秦无已而帝，则且变易诸侯之大臣。彼将夺其所谓不肖，而予其所谓贤；夺其所憎，而与其所爱。彼又将使其子女谗妾为诸侯妃姬，处梁之宫，梁王安得晏然而已乎？而将军又何以得故宠乎？"

【注释】

〔1〕鬼侯：媿姓赤狄首领，其活动中心在今山西西北部。鄂侯：鄂国首领。文王：周文王，姬姓，名昌。

〔2〕牖里：一作"羑里"。在今河南汤阴北。

〔3〕齐闵王：齐湣王。

〔4〕夷维子：齐人。以邑为姓。夷维，在今山东。

【译文】

鲁仲连说："我自然可以这样做，请将军听我解释。从前，鬼侯、鄂侯、文王是商纣的三个诸侯。鬼侯有个女儿长得很漂亮，于是就献给纣王纳入后宫，可是纣王嫌她不够妩媚，就把鬼侯剁成肉酱。鄂侯替鬼侯争辩，因为言语激烈了一些，纣王又把鄂侯杀死晒成肉干。文王听到这两件惨事以后，不由得长叹一声，竟被纣王囚禁在牖里的仓库里，囚禁了一百天，还想把他处死。为什么有些人和别人同称帝王，结果反倒被杀死晒成肉干、剁成肉酱呢？齐湣王要去鲁国时，夷维子拿着马鞭驾车随行，他对鲁国人说：'你们打算如何接待我们国君呢？'鲁国人说：'我们准备用猪、牛、羊各十头的礼节来款待你们的国君。'夷维子说：'你们怎么能用这种礼节来接待我们国君呢？我们国君乃是天子，天子出来巡视时，诸侯都要让出宫殿，交出钥匙，撩起衣襟恭立在几案旁侍候天子进餐。天子吃完后，诸侯才能退出去处理本国的朝政。'鲁国

· 345 ·

人听了这话以后，就把城门锁上，不让齐湣王入境，以致齐国君臣都不能进入鲁国。又要去薛城的时候，想从邹国借路通过。当时正好碰上邹君去世，齐湣王想去吊丧。夷维子对邹国的新君说：'天子来吊丧，丧主必须把灵柩转移到相反的方向，使它朝着北面，然后请天子面朝南吊唁。'邹国的群臣说：'假如齐国一定要叫我们这样做，那我们宁可拔剑自杀。'因此，齐湣王君臣也不敢进入邹国。邹、鲁两国的臣子，当君主在世时没能力更好地奉养，君主去世以后，又不能举行把米和玉放入口中的殡礼，但是当齐湣王想要把对待天子的礼节强加给邹、鲁两国的臣子时，他们都不肯接受。如今秦国是拥有万辆兵车的大国，而魏国也是一个万乘之邦。既然都是万乘之邦，而且都互相称帝称王，但只看见秦国打了一次胜仗，就想尊秦王为帝，这样看来三晋重臣连邹、鲁的小臣都不如。再说秦王不达到称帝的目的决不罢休，到那时他必调换诸侯的大臣：废除他所谓的奸臣，把官爵给他的亲信；剥夺他所憎恨的人的官职，任命他所喜欢的人为新官。同时他又要把秦国的女子、善于说坏话的女人嫁给诸侯做姬妾，住在魏宫里，魏王又怎能平安无事呢？而将军又怎能得到原有的宠幸呢？"

【原文】

于是，辛垣衍起，再拜，谢曰："始以先生为庸人，吾乃今日而知先生为天下之士也。吾请去，不敢复言帝秦。"

【译文】

于是，辛垣衍起身，拜了两拜，谢罪说："起初我以为先生是一个平庸的人，现在我才知道先生是天下的通达之士。请让我告辞，再也不敢谈论尊秦王为帝之事了。"

【原文】

秦将闻之，为却军五十里。适会魏公子无忌夺晋鄙军以救赵击秦[1]，秦军引而去。于是平原君欲封鲁仲连。鲁仲连辞让者三，终不肯受。平原君乃置酒，酒酣，起前以千金为鲁仲连寿。鲁仲连笑曰："所贵于天下之士者，为人排患、释难、解纷乱而无所取也。即有所取者，是商贾之人也，仲连不忍为也。"遂辞平原君而去，终身不复见。

【注释】

〔1〕魏公子无忌：信陵君，阳王之少子，安釐王异母弟。战国四公子之一。

【译文】

秦国将领听到此事后，为此退兵五十里。这时正好赶上信陵君魏公子无忌夺取了晋鄙指挥的军队来救赵攻秦，秦军只好率兵回国。于是平原君想封赏鲁仲连。鲁仲连却再三辞谢，始终不肯接受。平原君摆设酒宴招待他，当喝得正高兴时，平原君起身向前，以千金为鲁仲连祝酒。鲁仲连笑着说："一个受天下崇拜的贤士，就应为人排难解忧而不收取报酬。假如收取报酬，那是商人的勾当，我鲁仲连不愿这样做。"于是辞别平原君而去，从此终生不再来见平原君。

赵太后新用事

【题解】

本文选自《赵策四》。

这是一篇历来为人们喜读乐诵的名作，它通过触龙巧妙地说服赵太后送幼子到齐国做人质以换取救兵救国家于危难的故事，提出了一个值得深思的问题：做父母的怎样才是真正爱护子女？是让他们依靠父母的地位养尊处优、不劳而获呢，还是让他们经受锻炼，为国家出力以继承先辈的事业呢？显然应该是后者。

【原文】

赵太后新用事，秦急攻之。赵氏求救于齐。齐曰："必以长安君为质，兵乃出。"太后不肯，大臣强谏。太后明谓左右："有复言令长安君为质者，老妇必唾其面！"

左师触龙言愿见太后，太后盛气而胥之。入而徐趋，至而自谢，曰："老臣病足，曾不能疾走，不得见久矣。窃自恕，而恐太后玉体之有所郄也，故愿望见太后。"太后曰："老妇恃辇而行。"曰："日食饮得无衰乎？"曰："恃粥耳。"曰："老臣今者殊不欲食，乃自强步，日三四里，少益嗜食，和于身也。"太后曰："老妇不能。"太后之色少解。

触龙拜见赵太后

【译文】

　　赵太后刚执政，秦国就加紧进攻赵国。赵国向齐国求救。齐国提出条件说："必须拿长安君做人质才派出援兵。"赵太后不肯，大臣们竭力劝说。太后明确地告诉左右侍臣说："有谁再说让长安君去做人质，我一定吐他一脸唾沫。"

　　左师触龙声言要拜见太后，太后怒气冲冲地等着他。他入宫时，很吃力地快走几步，到了太后跟前，首先自我请罪，说："老臣的脚有毛病，所以不能快走，很久没有来拜见您了。老臣私下原谅自己，又担心太后玉体是不是有什么不适，所以想要谒见太后。"太后说："我只能依靠车子走动走动。"触龙问："您每天饮食没减少吧？"太后回答说："只能吃点稀粥罢了。"触龙说："老臣最近特别不想吃东西，自己就勉强地散散步，每天走上三四里，渐渐地便想吃点东西了，这对身体是有好处的。"太后说："我可不行。"这时太后的脸色有所缓和。

【原文】

　　左师公曰："老臣贱息舒祺[1]，最少，不肖。而臣衰，窃爱怜之，愿令得补黑衣之数[2]，以卫王宫，没死以闻。"太后曰："敬诺。年几何矣？"对曰："十五岁矣。虽少，愿及未填沟壑而托之。"太后曰："丈夫亦爱怜其少子乎？"对曰："甚于妇人。"太后笑曰："妇人异甚！"对曰："老臣窃以为媪之爱燕后贤于长安君。"曰："君过矣！不若长安君之甚。"左师公曰："父母之爱子，则为之计深远。媪之送燕后也，持其踵为之泣[3]，念悲其远也，亦哀之矣！已行，非弗思也，祭祀必祝之，祝曰：'必勿使反。'岂非计久长，有子孙相继为王也哉？"太后曰："然。"

【注释】

〔1〕贱息：谦称自己的儿子。息，子。
〔2〕黑衣：原指王宫卫士穿的黑色衣服，此处代指侍士。
〔3〕踵：脚后跟。

【译文】

左师公触龙说："老臣的小儿子舒祺，没有出息。可老臣老了，偏偏又很疼爱他。希望能让他补进黑衣侍卫的队伍里来守卫王宫，因此，老臣冒着死罪提出这个要求。"太后说："非常同意。多大年纪了？"触龙回答："十五岁了。虽然岁数还小，总希望趁老臣还没入土之前，让他也有个着落。"太后说："男人也疼爱他的小儿子吗？"触龙回答说："比女人家还厉害。"太后笑了起来，说："女人家爱小儿子才特别厉害呢！"触龙回答说："老臣内心认为您老人家疼爱燕后胜过长安君。"太后说："你错了，可不像疼爱长安君那么厉害。"

左师公触龙说："做父母的疼爱儿女，就得为他们考虑周到、长远。您老人家送燕后出嫁的时候，临别登车，握住她的足跟，为她掉泪，想到她远远地离开了您，内心也为她感到悲痛呀！她已经走了，并不是就不想念了，祭祀时总要为她祝福，祝告说：'千万别让人家遗弃而送回来呀！'这难道不是考虑得很长远，祈求燕后的子孙世世代代能继承王位吗？"太后说："正是这样。"

【原文】

左师公曰："今三世以前，至于赵之为赵，赵主之子孙侯者，其继有在者乎？"曰："无有。"曰："微独赵，诸侯有在者乎？"曰："老妇不闻也。""此其近者祸及身，远者及其子孙。岂人主之子侯则必不善哉？位尊而无功，奉厚而无劳，而挟重器多也。今媪尊长安君之位，而封之以膏腴之地，多予之重器，而不及今令有功于国。一旦山陵崩〔1〕，长安君何以自托于赵？老臣以媪为长安君计短也，故以为其爱不若燕后。"太后曰："诺！恣君之所使之〔2〕。"于是为长安君约车百乘质于齐。齐兵乃出。

【注释】

〔1〕山陵崩：比喻地位高的人逝世，像山陵崩倒一样。
〔2〕恣：任凭，听随。

【译文】

左师公触龙问："从现在往前数三代，一直到赵建国时，赵国每一代国君

的子孙，凡受封为侯的，他们的后代继承为侯的，现在还有吗？"太后说："没有了。"触龙又问："不光是赵国，其他诸侯还有相同情况吗？"太后回答说："我也没有听说过。"触龙说："这样看来，从眼前看，赵武灵王长子章因争位被杀，自己要受害；从长远看，成侯之子与太子语争位，败逃韩国，子孙要受害。难道君主的子孙封侯，就一定都不好吗？这是由于他们地位显贵而没有功勋，俸禄优厚却没有劳绩，又拥有大量的贵重宝物。现在您老人家为了使长安君地位显贵，就封给他肥美的土地，并给他很多珍贵的宝物，倒不如现在就让他为国家多建立功勋。不然，一旦您老人家不幸去世，长安君又如何立足于赵国呢？老臣认为您为长安君考虑得太短浅了，所以老臣才说您疼爱长安君不如燕后多。"太后说："说得是！那就任凭你安排吧！"于是就为长安君准备好一百辆车子，送到齐国去做人质。齐国援兵这才出动。

【原文】

子义闻之曰："人主之子也，骨肉之亲也，犹不能恃无功之尊，无劳之奉，而守金玉之重也，而况人臣乎？"

【译文】

子义听到这件事，说："国君的儿子是骨肉之亲，如果他对国家没有功勋，尚且不能让他处于显贵地位，没有劳绩也不能让他得到优厚俸禄，坐拥金玉等贵重财物，更何况做人臣的呢？"

魏武侯与诸大夫浮于西河

【题解】

本文选自《魏策一》。

文章通过著名军事家吴起的一段论述,说明国家的安全和富强单靠河山之险是不行的。富国强兵的关键在于国内的政治修明,否则,虽有险阻的地形,也难逃脱灭亡的命运。这种"在德不在险"的观点,是具有进步意义的。

【原文】

魏武侯与诸大夫浮于西河[1],称曰:"河山之险,岂不亦信固哉?"王错侍坐,曰:"此晋国之所以强也[2]。若善修之,则霸王之业具矣。"吴起对曰:"吾君之言,危国之道也;而子又附之,是重危也。"武侯忿然曰:"子之言有说乎?"

吴起对曰:"河山之险,不足保也;伯王之业,不从此也。昔者三苗之居,左彭蠡之波[3],右有洞庭之水,文山在其北[4],而衡山在其南[5]。恃此险也,为政不善,而禹放逐之。夫夏桀之国,左天门之阴,而右天豁之阳[6],庐、峄在其北[7],伊、洛出其南[8]。有此险也,然为政不善,而汤伐之。殷纣之国,左孟门而右漳、釜[9],前带河,后被山。有此险也,然为政不善,而武王伐之。且君亲从臣而胜降城,城非不高也,人民非不众也,然而可得并者,政恶故也。从是观之,地形险阻,奚足以霸王矣?"

武侯曰:"善。吾乃今日闻圣人之言也!西河之政,专委之子矣。"

【注释】

〔1〕魏武侯:名击,魏文侯之子。
〔2〕晋国:指魏国。
〔3〕彭蠡:即今鄱阳湖,在今江西南昌东北部,湖分东西,东广而西狭。
〔4〕文山:即岷山,在今四川松潘北,绵延于川、甘两省边境。
〔5〕衡山:在今湖南衡山西北。
〔6〕天豁:指黄河、济水。

〔7〕庐、皋：山名，今不详。

〔8〕伊、洛：伊水、洛水。

〔9〕孟门：古隘名，在今河南。漳、滏：漳水、滏水。

【译文】

魏武侯和诸位大夫坐船在西河上游荡，武侯赞叹说："山河如此险要，边防难道不是很坚固吗？"王错陪坐在旁边，说："这就是魏国之所以强盛的原因。假如好好地治理它，那么成就霸王之业的条件就具备了。"吴起回答说："君王的话是危国之言；而阁下又从旁附和，就更危险了。"魏武侯很生气地说："你这话有什么根据吗？"

吴起回答说："光是山河的险要，实际并不能保护国家；建立霸业，并不靠这些。从前三苗部落所居住的地方，左边有彭蠡泽，右边有洞庭湖水，而岐山在其北，衡山在其南。他们虽然仗恃这些险要，可是由于施政不善，被大禹放逐。夏桀的国都，左边靠着天门，右边靠着黄河、济水，庐、皋二山在北，伊、洛二水在南。虽然有这些天险，然而由于国家没治理好，就被商汤讨伐。殷纣的国都，左有孟门，右有漳、滏二水，前临河，后靠山。虽然有这些险阻，然而由于没有治理好国家，终于被周武王所灭。况且君王亲自率领臣民迫使敌方的城邑投降，那些城的城墙并非不高，臣民也并非不多，然而之所以能被君王征服，是他们施行恶政的缘故。由此观之，地形险要，又怎能用来建立霸业呢？"

魏武侯说："说得好。寡人到今天总算听到了圣人的言论！寡人把西河的政务都托付给贤卿吧！"

秦王使人谓安陵君曰

【题解】

本文选自《魏策四》。

秦国在灭韩亡魏之后，又企图吞并安陵这个方圆只有五十里的小国。秦王施展欺诈惯伎，假借与安陵君交换土地的办法达到吞并安陵的目的。安陵国使臣唐雎单枪匹马地去与残暴的秦王交涉，他大义凛然，维护国家主权，拒绝与秦国换地。秦王碰了钉子，恼羞成怒，便露出狰狞的面孔，恫吓威胁。但唐雎不畏强暴，敢于牺牲，与秦王进行了针锋相对的辩论，并准备拼死刺杀秦王，直至同归于尽。他的大智大勇和宁死不屈的精神，终于使秦王折服，于是顺利地完成了使命。

【原文】

秦王使人谓安陵君曰[1]："寡人欲以五百里之地易安陵，安陵君其许寡人？"安陵君曰："大王加惠，以大易小，甚善。虽然，受地于先王，愿终守之，弗敢易。"秦王不说。安陵君因使唐雎使于秦[2]。秦王谓唐雎曰："寡人以五百里之地易安陵，安陵君不听寡人，何也？且秦灭韩亡魏，而君以五十里之地存者，以君为长者，故不错意也。今吾以十倍之地，请广于君，而君逆寡人者，轻寡人与？"唐雎对曰："否，非若是也。安陵君受地于先王而守之，虽千里不敢易也，岂直五百里哉！"

【注释】

〔1〕秦王：秦始皇嬴政。当时始皇还未称帝，因此称秦王。安陵君：安陵君主。安陵，小国名，魏国的附庸。
〔2〕唐雎：战国时代魏国著名策士。

【译文】

秦王派人对安陵君说："寡人要用五百里的土地来换安陵，安陵君能答应寡人吗？"安陵君说："大王施恩于臣，用大块土地换小块的，这当然太好了。虽然这样，但安陵是从先王那里继承下来的，我愿意终身死守，而不敢拿来交换。"秦王听了很不高兴。所以安陵君就派唐雎出使秦国。秦王对唐雎说："寡人用五百里土地来换安陵，可安陵君不听从我，这是为什么？再说秦国已经灭了韩、魏，而安陵君仅凭五十里的地方得以生存下来，那是因为我念他是有德的长者，所以才没有放在心上。现在我用十倍的土地请安陵君扩大地盘，可是安陵君竟违抗寡人，这是轻视寡人吧？"唐雎回答说："不，不是这样。安陵君从先王那里继承下来的土地，就要保住它，即使方圆千里的土地也不敢交换，何况方圆五百里呢？"

【原文】

秦王怫然怒，谓唐雎曰："公亦尝闻天子之怒乎？"唐雎对曰："臣未尝闻也。"秦王曰："天子之怒，伏尸百万，流血千里。"唐雎曰："大王尝闻布衣之怒乎？"秦王曰："布衣之怒，亦免冠徒跣，以头抢地尔。"唐雎曰："此庸夫之怒也，非士之怒也。夫专诸之刺王僚也，彗星袭月[1]；聂政之刺韩傀也，白虹贯日[2]；要离之刺庆忌也[3]，苍鹰击于殿上。此三子者，皆布衣之士也，怀怒未发，休祲降于天，与臣而将四矣。若士必怒，伏尸二人，流血五步，天下缟素，今日是也。"挺剑而起。

秦王色挠，长跪而谢之曰："先生坐，何至于此？寡人谕矣。夫韩、魏灭亡，而安陵以五十里之地存者，徒以有先生也。"

【注释】

[1]"专诸"两句：春秋时，吴国公子光派遣专诸刺杀吴王僚，据说惊动了彗星。袭月，指彗星之光掩盖了月光。

[2]"聂政"两句：春秋时，韩臣严遂与相国韩傀有仇，严遂就派遣聂政刺杀韩傀，据说当时白色的虹带穿过太阳。

[3]庆忌：吴王僚之子。

【译文】

秦王勃然大怒，对唐雎说："您也曾听说过天子发怒吗？"唐雎回答说："臣下没听说过。"秦王说："天子发起怒来，就会有百万尸体倒地，血流千里。"唐雎说："大王可曾听说过平民发怒吗？"秦王说："平民发起怒来，不过是披着头发光着脚，将脑袋往地上撞罢了。"唐雎说："这是庸人的发怒，不是侠士的发怒。专诸刺杀王僚的时候，彗星之光掩盖了月光；聂政刺杀韩傀的时候，白虹穿过太阳；要离刺杀庆忌的时候，苍鹰在宫殿上搏击。这三个人都是平民中的侠士，他们满怀的怒火还没发泄出来，凶兆就从天而降，把臣下算上就是四个这样的勇士了。如果侠士发起怒来，就将使两具尸体同时倒下，五步之内鲜血四溅，天下臣民都要穿上白色孝服，现在这个时机已经到了。"唐雎说完就拔出宝剑，挺起身来。

秦王吓得脸色大变，从座位上挺直身子，向唐雎道歉说："先生请坐下，哪里会到这一步呢？寡人现在明白了：韩、魏两个庞大的国家相继灭亡，而安陵能靠五十里的地方得以幸存，正因为有像先生这样的人。"

韩傀相韩

【题解】

本文选自《韩策二》。

韩国大臣严遂与国相韩傀有仇，严遂被迫逃亡在外。他结交了一个隐居在市井间的侠义之士聂政，聂政感激严遂的"知己"之恩而答应代他报仇。后来，聂政单刀入韩，刺死了韩傀，并且自杀。

【原文】

韩傀相韩[1]，严遂重于君[2]，二人相害也。严遂政议直指，举韩傀之过。韩傀叱之于朝，严遂拔剑趋之，以救解。于是严遂惧诛，亡去游。求人可以报韩傀者。

【注释】

〔1〕韩傀：韩相国。《史记》作"侠累"。
〔2〕严遂：濮阳人，字仲子，韩臣。

【译文】

韩傀做韩国相国的时候，严遂也受到了韩王的重用，两个人彼此忌恨。严遂公开直斥韩傀的过失。韩傀于是就在朝廷上叱骂他，严遂拔出宝剑追杀韩傀，由于别人的劝阻才化解了这场纠纷。于是严遂害怕被韩傀杀害，逃出韩国，游荡在外，寻找可以替自己报仇的人。

【原文】

至齐，齐人或言："轵深井里聂政[1]，勇敢士也，避仇隐于屠者之间。"严遂阴交于聂政，以意厚之。聂政问曰："子欲安用我乎？"严遂曰："吾得为役之日浅，事今薄，奚敢有请？"于是严遂乃具酒，觞聂政母前。仲子奉黄金百镒，前为聂政母寿。聂政惊，愈怪其厚，固谢严仲子。仲子固进，而聂政谢曰："臣有老母，家贫，客游以为狗屠，可旦夕得甘脆以养亲。亲供养备，义不敢当仲子之赐。"严仲子辟人，因为聂政语曰："臣有仇，而行游诸侯众矣。然至齐，闻足下义甚高。故直进百金者，特以为大人粗粝之费，以交足下之欢，岂敢以有求邪？"聂政曰："臣所以降志辱身，居市井者，徒幸而养老母。老母在，政身未敢以许人也。"严仲子固让，聂政竟不肯受。然仲子卒备宾主之礼而去。

【注释】

〔1〕轵（zhǐ）：地名，今河南济源南部。深井里：轵地的里名。

【译文】

严遂到了齐国，听到齐国有人说："轵地深井里的聂政，是一个勇士，为躲避仇人隐藏在屠夫之中。"严遂就暗中与聂政交往，有意厚待他。聂政问严遂说："您想让我干什么？"严遂说："我为您效劳的日子还很短，与您的交情还很浅薄，怎么敢有所求呢？"于是严遂就准备酒菜，向聂政的母亲敬酒。严遂又拿出百镒黄金，上前为聂政母亲祝寿。聂政很吃惊，更加奇怪他何以厚礼相待，坚决辞谢严遂的厚礼。严遂坚持呈献，聂政辞谢说："我有老母亲，家中贫寒，流落他乡，以杀狗为业，早晚能够得到些可口的食物奉养母亲。母亲的供养已经够用，按情理实在不敢接受您的赏赐。"严遂于是避开周围的人，对聂政说："我有仇要报，为此我游访过许多诸侯国。到了齐国，听说您很讲义气。我之所以直接奉上百金作为老夫人粗茶淡饭的费用，只是想与足下交个朋友，怎敢有什么要求呢？"聂政说："我之所以降低志向，辱没身份，隐居在市井之中，只是为奉养老母。老母活着，我的生命不敢交给别人。"严遂极力推让，聂政始终不肯接受礼物。然而严遂还是尽了宾主之礼才离开。

【原文】

久之，聂政母死，既葬，除服。聂政曰："嗟乎！政乃市井之人，鼓刀以屠，而严仲子乃诸侯之卿相也，不远千里，枉车骑而交臣，臣之所以待之，至浅鲜矣，未有大功可以称者。而严仲子举百金为亲寿，我虽不受，然是深知政也。夫贤者以感忿睚眦之意，而亲信穷僻之人，而政独安可嘿然而止乎？且前日要政，政徒以老母。老母今以天年终，政将为知己者用。"

遂西至濮阳，见严仲子曰："前所以不许仲子者，徒以亲在。今亲不幸，仲子所欲报仇者为谁？请得从事焉。"严仲子具告曰："臣之仇，韩相傀。傀又韩君之季父也，宗族盛，兵卫设，臣使人刺之，终莫能就。今足下幸而不弃，请益车骑壮士以为羽翼。"政曰："韩与卫中间相去不远，今杀人之相，相又国君之亲，此其势不可以多人。多人不能无生得失，生得失则语泄，语泄则韩举国而与仲子为仇也，岂不殆哉！"遂谢车骑人徒，辞，独行仗剑至韩。

【译文】

过了很久，聂政的母亲去世，安葬完毕，守丧期满。聂政说："唉！我只是个市井平民，动刀杀畜罢了，而严遂却是诸侯的卿相，他不远千里屈尊来结交我，可我对待他的情分太淡薄了，没有可以称道的大功劳。而严遂却拿出百金为我的母亲祝寿，我虽然没有接受，但他是深深理解我的人。贤德的人因为心中有令人激愤、怒目而视的仇恨而来亲近穷困僻远的人，我怎么可以默然不动呢？况且严遂以前约请过我，只是我因为有老母而未能应允。老母如今已享尽天年，我将要为知己者效力了。"

于是聂政西行到了濮阳，见到严遂说："从前之所以没有答应您，只是因为老母还在世。如今老母不幸谢世，请问您想报仇的人是谁？我愿意帮您解决。"严遂把全部情况都告诉聂政，说："我的仇人是韩国相国韩傀。韩傀又是韩王的叔父，他的家族很有势力，住处又有士兵守卫着，我曾派人刺杀他，一直没能成功。现在有幸承蒙您不抛弃我，请让我为您多准备车马、壮士作为您的帮手。"聂政说："韩国与卫国相距不远，如今去杀人家的相国，相国又是韩王的至亲，在这种形势下不可以多带人。人多了不能保证不出差错，出了差错就会泄露秘密，泄露了秘密就会使韩国举国上下与您为敌，岂不是危险了！"于是他辞谢了车马随从，辞别了严遂，独自持剑来到韩国。

【原文】

韩适有东孟之会，韩王及相皆在焉，持兵戟而卫者甚众。聂政直入，上阶刺韩傀。韩傀走而抱烈侯[1]，聂政刺之，兼中烈侯，左右大乱。聂政大呼，所杀者数十人。因自皮面抉眼，自屠出肠，遂以死。韩取聂政尸暴于市，县购之千金。久之莫知谁子。

政姊闻之，曰："弟至贤，不可爱妾之躯，灭吾弟之名，非弟意也。"乃之韩，视之曰："勇哉！气矜之隆。是其轶贲、育而高成荆矣[2]。今死而无名，父母既殁矣，兄弟无有，此为我故也。夫爱身不扬弟之名，吾不忍也。"乃抱尸而哭之曰："此吾弟轵深井里聂政也。"亦自杀于尸下。

【注释】

〔1〕烈侯：一说为"哀侯"。
〔2〕轶：超过。贲、育：即孟贲、夏育。二人是战国时的勇士。

【译文】

恰逢韩国在东孟举行盛会，韩王和相国韩傀都在那里，手持武器护卫的人很多。聂政径直闯入，奔上台阶就去刺杀韩傀。韩傀逃跑时抱住了韩烈侯，聂政上去刺死了他，同时也刺中了韩烈侯，左右大乱。聂政大吼，被他杀死的人有几十个。于是聂政自己刺毁面容，挖出眼睛，剖腹挑出自己的肠子，很快就死去了。韩国人把聂政暴尸在街市上，悬赏千金想知道他的名字，过了很久，都没有人知道他究竟是谁。

聂政的姐姐听说后，说："我的弟弟真是太好了，我不应该吝惜自己的身躯，而埋没了弟弟的英名，虽然这并不是弟弟的本意。"于是她来到韩国，看着聂政的尸体说："英勇啊！浩气雄壮。这样壮烈的行为超过了孟贲、夏育，高过了成荆。现在你死了，却没留下名字，父母已经去世，又没有其他兄弟，你这样做是为了不牵连我啊。吝惜自己的身躯而不传扬弟弟的英名，我不忍心这样做。"她就抱着聂政的尸体哭着说："这是我的弟弟，轵地深井里的聂政。"说完也自杀在聂政的尸体旁。

【原文】

晋、楚、齐、卫闻之曰："非独政之能，乃其姊者，亦列女也。"聂政之所以名施于后世者，其姊不避菹醢之诛以扬其名也〔1〕。

【注释】

〔1〕菹（zū）醢（hǎi）：古刑，把人剁成肉酱。

【译文】

晋、楚、齐、卫等国的人听说此事后，都说："不只是聂政勇敢，他的姐姐也是一个刚烈女子。"聂政之所以能名传后世，是因为他的姐姐不怕死而传扬了他的名声啊。

燕昭王收破燕后即位

【题解】

本文选自《燕策一》。

燕昭王即位时，燕国由于严重的内乱和外患，已经残破不堪。他决心发愤图强，励精图治，复兴国家，报仇雪耻。他的复兴国家大业是从尊重人才、广招贤士、虚心求教开始的。他采纳了郭隗的建议，并将郭隗尊为师长，百般地优待，从而使人们了解了他思贤若渴的愿望，于是各国许多优秀的人才纷纷来燕，辅佐他完成复国大业。同时，他关心国内人民的疾苦，也得到了人民的拥护。所以，他最终实现了富国强兵和报仇雪耻的政治理想。

【原文】

燕昭王收破燕后即位，卑身厚币，以招贤者，欲将以报仇。故往见郭隗先生曰："齐因孤国之乱，而袭破燕。孤极知燕小力少，不足以报。然得贤士与共国，以雪先王之耻，孤之愿也。敢问以国报仇者奈何？"

郭隗先生对曰："帝者与师处，王者与友处，霸者与臣处，亡国与役处。诎指而事之[1]，北面而受学，则百己者至；先趋而后息，先问而后嘿，则什己者至；人趋己趋，则若己者至；冯几据杖，眄视指使，则厮役之人至；若恣睢奋击，呴籍叱咄[2]，则徒隶之人至矣。此古服道致士之法也。王诚博选国中之贤者，而朝其门下，天下闻王朝其贤臣，天下之士必趋于燕矣。"

【注释】

[1] 诎指：折节。
[2] 呴（jū）籍：凌辱。

【译文】

燕昭王收拾了残破的燕国之后，登上了王位。他谦卑恭敬，以厚礼重金招聘贤才，准备依靠他们报仇雪耻。于是，他去见郭隗先生，说："齐国趁我国内乱，发动突然袭击，打败了燕国。我深知国小力弱，不可能报仇。然而如果能得到有才干的人，与他共同管理国家来洗雪先王的耻辱，这是我的愿望。请问要报国家大仇，应该怎么办？"

郭隗先生回答说："成就帝业的国君，以贤者为师，同朝共事；成就王业的国君，以贤者为友，同朝共事；成就霸业的国君，以贤者为臣，同朝共事；亡国的国君，以贤者为奴仆，则不能保有国家。国君如能折节屈尊侍奉贤者，像弟子一样向贤人求教，那么，才能超过自己百倍的人就会到来；如果先于别人去劳役，后于别人去休息，先于别人向人求教，别人已经不求教了，自己还求教不止，那么，才能超过自己十倍的人就会到来；如果跟着别人亦步亦趋，才能与自己相当的人就会到来；如果靠着几案，拄着手杖，颐指气使，指手画脚，那么，供跑腿差使的人就会到来；如果对人暴虐粗野，任意凌辱，大声吼叫，那么，只有唯唯诺诺、唯命是从的犯人、奴隶会到来。这些都是古代施行王道、招揽人才的办法。大王如果能够广泛选拔国内的人才，亲自登门拜访，天下人听说大王亲自拜访贤臣，天下的贤士一定都会奔赴燕国。"

【原文】

昭王曰："寡人将谁朝而可？"郭隗先生曰："臣闻古之人君，有以千金求千里马者，三年不能得。涓人言于君曰：'请求之。'君遣之。三月得千里马，马已死，买其首五百金，反以报君。君大怒曰：'所求者生马，安事死马而捐五百金？'涓人对曰：'死马且买之五百金，况生马乎？天下必以王为能市马，马今至矣！'于是不能期年，千里之马至者三。今王诚欲致士，先从隗始。隗且见事，况贤于隗者乎？岂远千里哉！"

【译文】

昭王说："我应当拜访谁才合适呢？"郭隗先生说："我听说，古代有个君王，想以千金求购千里马，经过三年，也没有买到。宫中有个侍臣对国君说：'请让我去求吧！'国君就派他去。三个月后他找到了千里马，可是马已经死了，就以五百金买了那匹死马的头，回来报告国君。国君大怒，说：'我要找的是活马，死马有什么用？还白白花了五百金。'侍臣回答说：'死马尚且肯花五百金，更何况活马呢？天下人由此一定会认为大王喜欢千里马，那么千里马就会买到。'于是，不到一年，三匹千里马就送上门来。现在大王果真想招揽人才，就先从我开始吧。像我这样的人尚且被任用，何况比我更有才能的人呢？难道他们还会嫌千里太远而不肯前来吗？"

【原文】

于是昭王为隗筑宫而师之。乐毅自魏往，邹衍自齐往，剧辛自赵往，士争凑燕。燕王吊死问生，与百姓同其甘苦。二十八年，燕国殷富，士卒乐佚轻战。于是遂以乐毅为上将军，与秦、三晋合谋以伐齐。齐兵败，闵王出走于外。燕兵独追北入至临淄，尽取齐宝，烧其宫室宗庙。齐城之不下者，唯独莒、即墨。

【译文】

于是，燕昭王专为郭隗修建了宫宅，并且尊他为师。不久，乐毅从魏国来了，邹衍从齐国来了，剧辛从赵国来了，有才能的人都争先恐后地聚集到燕国。昭王悼念死去的人，安慰活着的人，同老百姓同甘共苦。二十八年后，燕国殷实富裕了，士兵生活安适，都乐意为国而战。于是，昭王就任命乐毅为上将军，与秦、赵、魏、韩等国合谋讨伐齐国。齐国大败，齐闵王逃往国外。燕国的军队单独追击败逃的齐军，攻下齐都临淄，把那里的宝物全部搬走，烧毁了齐国的宫殿和宗庙。齐国的城邑没有被攻下的，只有莒和即墨两处了。

昌国君乐毅为燕昭王合五国之兵而攻齐

【题解】

本文选自《燕策二》。

燕将乐毅因为受到燕昭王的信任和重用，得以施展军事才能，所以在伐齐战争中立下了大功。新即位的燕惠王却不辨贤愚，听信了谗言，中了敌人的反间计，撤换了乐毅，致使前功尽弃。由于受到国君的猜忌，乐毅为了免遭不测，在不得已的情况下，弃燕奔赵。燕惠王不仅不反省自己用人不当，反而派人去责备乐毅。因此，乐毅给燕惠王写了一封长信作答，驳斥了他对自己的无理指责。

【原文】

昌国君乐毅为燕昭王合五国之兵而攻齐[1]，下七十余城，尽郡县

说四国乐毅灭齐

之以属燕。三城未下而燕昭王死[2]。惠王即位，用齐人反间，疑乐毅，而使骑劫代之将。乐毅奔赵，赵封以为望诸君[3]。齐田单欺诈骑劫，卒败燕军，复收七十城以复齐。燕王悔，惧赵用乐毅承燕之弊以伐燕。

燕王乃使人让乐毅，且谢之曰："先王举国而委将军，将军为燕破齐，报先王之仇，天下莫不振动，寡人岂敢一日而忘将军之功哉！会先王弃群臣，寡人新即位，左右误寡人。寡人之使骑劫代将军者，为将军久暴露于外，故召将军且休计事。将军过听，以与寡人有郤，遂捐燕而归赵。将军自为计则可矣，而亦何以报先王之所以遇将军之意乎？"

【注释】

〔1〕合五国之兵而攻齐：昌国君乐毅联合五国之兵攻齐。
〔2〕三城：指聊、莒、即墨。一说为两城：莒、即墨。
〔3〕望诸君：赵封乐毅于观津，号为望诸君。

【译文】

昌国君乐毅为燕昭王率五国联军伐齐，一连攻陷齐国七十多座城，而且都划归了燕国，只剩聊、莒、即墨三座城没被攻下。这时燕昭王逝世。燕惠王即位，齐人对燕实行反间计，致使燕惠王怀疑乐毅，而另派燕将骑劫接替乐毅统领燕军。乐毅逃往赵国，赵王封他为望诸君。这时齐将田单用计欺骗骑劫，最后大败燕军，夺回被燕国占领的七十多座城，拯救了齐国。燕惠王懊悔不已，担心赵国重用乐毅，趁燕国之败来伐燕。

燕惠王派人责备乐毅，并且婉转地说："先王把全燕国都委托给将军，将军率军为燕国大败齐国，报了我列祖列宗的血海深仇，使天下诸侯都为之震惊，寡人怎敢一日而忘掉将军的丰功呢？不幸先王丢下群臣而去，寡人新即王位，结果竟被左右侍臣所蒙蔽。寡人之所以使骑劫接替将军的职位，是因为将军奔波战场已经很久，所以才想召回将军暂且休息，并借机与你共商大计。将军竟误听了别人的话，对寡人有了成见，于是背弃燕国投奔赵国。将军为自己打算，这样做是可以的，但又怎么报答先王恩待将军的厚意呢？"

【原文】

望诸君乃使人献书报燕王曰："臣不佞，不能奉承先王之教，以顺左右之心，恐抵斧质之罪，以伤先王之明，而又害于足下之义，故遁逃奔赵。自以负不肖之罪，故不敢为辞说。今王使使者数之罪，臣恐侍御者之不察先王之所以畜幸臣之理，而又不白于臣之所以事先王之心，故敢以书对。

"臣闻贤圣之君，不以禄私其亲，功多者授之；不以官随其爱，能当者处之。故察能而授官者，成功之君也；论行而结交者，立名之士也。臣以所学者观之，先王之举错有高世之心，故假节于魏王，而以身得察于燕。先王过举，擢之乎宾客之中，而立之乎群臣之上，不谋于父兄，而使臣为亚卿。臣自以为奉令承教，可以幸无罪矣，故受命而不辞。

【译文】

于是望诸君乐毅就派人献上书信，回复燕惠王说："臣庸碌无能，不能秉承先王的遗教来顺应左右重臣的心意，深恐为此触犯刀斧诛戮的罪刑，如果这样的话，不但伤害了先王的遗教，而且也伤害了君王的仁义美德，所以臣不得已只好逃往赵国。臣自知身负不忠的重罪，所以也不敢为自己辩护。现在君王既然派人数说臣的罪状，臣恐怕君王左右的重臣不理解先王信任臣的原因，也不明白臣对先王尽心尽力的心情，所以才敢用书信来回答。

"臣听说圣贤的君主不将禄位私自给自己的亲人，而是授给对国家功劳多的人；不把官爵随便赏赐给自己所爱的人，谁能胜任这项工作就任命谁。所以根据才能任命官吏的，就是成功的君王；根据品行来结交朋友的，就是成名的士人。据我观察，先王处理国事，其眼光远超过当代诸侯，所以臣才借替魏王出使的机

会来到燕国而得到先王的明察赏识。先王过分器重臣,从众多宾客中把臣提拔起来,使臣位居群臣之上,凡事都不和同姓贵臣商量,而任命臣做亚卿。臣自认为,接受先王的命令和教诲,可以免除罪过,所以才接受任命不加推辞。

【原文】

"先王命之曰:'我有积怨深怒于齐,不量轻弱,而欲以齐为事。'臣对曰:'夫齐,霸国之余教也,而骤胜之遗事也,闲于兵甲,习于战攻。王若欲攻之,则必举天下而图之。举天下而图之,莫径于结赵矣。且又淮北宋地,楚、魏之所同愿也。赵若许,约楚、魏、宋尽力,四国攻之,齐可大破也。'先王曰:'善。'臣乃口受令,具符节,南使臣于赵。顾反命,起兵随而攻齐。以天之道,先王之灵,河北之地,随先王举而有之于济上。济上之军,奉令击齐,大胜之。轻卒锐兵,长驱至国。齐王逃遁走莒[1],仅以身免。珠玉财宝,车甲珍器,尽收入燕,大吕陈于元英[2],故鼎反于历室,齐器设于宁台[3]。蓟丘之植[4],植于汶篁。自五伯以来,功未有及先王者也。先王以为惬其志,以臣为不顿命,故裂地而封之,使之得比乎小国诸侯。臣不佞,自以为奉令承教,可以幸无罪矣,故受命而弗辞。

【注释】

〔1〕齐王:齐闵王。
〔2〕大吕:齐钟名。元英:燕宫殿名。
〔3〕宁台:燕台名。
〔4〕蓟丘:燕都蓟城的标志性地方,在今北京白云观西。

【译文】

"当年先王对臣说:'寡人跟齐国有几代的深仇,所以寡人不度量国家的强弱,想要图谋齐国来复仇。'臣回答说:'齐国有春秋五霸的遗风,又有屡战屡胜的经验,精于甲兵,对战事很熟悉,君王如果想攻打齐国,就必须联合天下诸侯共同对付它。联合天下诸侯来攻打齐国,首先必须拉拢赵国。况且淮北是宋国的地方,楚、魏两国都想得到它。假如赵国答应出兵攻齐,再联合楚、魏之师,宋国也必然尽力,由四国联军攻齐,就可以大败齐国。'先王说:'好。'臣就接受先王的口头命令,准备好使臣所用的符节,向南出使赵国。在我回国复命后,随即出兵攻齐。仰仗上天的保佑和先王的神威,我黄河以北之地随先王的举措而扩大到济水滨,济水一带的军队奉命攻打齐国,大获全胜。轻装的精锐联军,长驱直入齐都临淄。齐王逃亡莒城,才算勉强保留一命。齐都的所有珠玉财宝和战车等武器都被收入燕国的府库。齐国的大吕陈放在燕国的元英殿上，燕国从前失去的宝鼎也被送回历室宫，齐国的器物摆在燕国的宁台上。燕都蓟丘的竹子移植到齐国的汶水边。春秋五霸以来，还没有谁所建的功业能与先王所建的功业相比。先王觉得很满意，认为臣没有辜负使命，所以才封给臣土地，使臣能像小国的诸侯一样。臣愚鲁无能，自以为按照先王的指令办事就可以避免罪过，所以才接受先王的命令而不敢推辞。

【原文】

"臣闻贤明之君，功立而不废，故著于春秋；蚤知之士，名成而不毁，故称于后世。若先王之报怨雪耻，夷万乘之强国，收八百岁之蓄积，及至弃群臣之日，余令诏后嗣之遗义，执政任事之臣，所以能循法令，顺庶孽者[1]，施及萌隶[2]，皆可以教于后世。

"臣闻善作者，不必善成；善始者，不必善终。昔者伍子胥说听乎阖闾，故吴王远迹至于郢。夫差弗是也，赐之鸱夷而浮之江。故吴王夫差不悟先论之可以立功，故沉子胥而不悔。子胥不蚤见主之不同量，故入江而不改。夫免身全功，以明先王之迹者，臣之上计也。离毁辱之非，堕先王之名者，臣之所大恐也。临不测之罪，以幸为利者，义之所不敢出也。

"臣闻古之君子，交绝不出恶声；忠臣之去也，不洁其名。臣虽不佞，数奉教于君子矣。恐侍御者之亲左右之说，而不察疏远之行也。故敢以书报，唯君之留意焉。"

【注释】

〔1〕庶孽：妾所生之子。
〔2〕萌：通"氓"，百姓。

【译文】

"臣听说，贤能圣明的君主建立功业以后就不会半途而废，因此才可以留名青史；有先见之明的士人，成名以后就不会堕落，所以才能为后代所歌颂。像先王这样报仇雪耻，削平拥有万辆兵车的强国，取走敌人八百多年的积蓄，等到先王遗弃群臣驾崩时，他的影响继续存在，执掌政事的大臣，凭着先王的旨意遵循法令，理顺嫡庶关系，施恩给百姓，这些都可以成为后世的典范。

"臣又听说，善于开拓的人，未必有好的成功；有好的开始，未必有好的结果。以前伍子胥的计谋被吴王阖闾采纳，所以阖闾才能发兵攻陷遥远的楚都郢城。然而吴王夫差却不听伍子胥的意见，把他杀死装在皮囊里投进江中。可见吴王夫差不明白采纳伍子胥先前的意见可以立功，所以把伍子胥杀死沉入江中并不后悔。伍子胥没能及早发现两个君主度量不同,所以无法改变沉江的命运。免掉杀身之祸,保全已有的功劳,阐扬先王的伟业,这是臣所采行的上策。使身心遭受毁谤侮辱,而且损害先王的英名,这是臣最恐惧的。面临不可预测的大罪,侥幸为别国从中取利,从道义上讲,我绝不会这样去做。

"臣听说古代君子绝交时不出恶言;忠臣离国时不洗刷自己的名声。臣虽然不才,却多次受到君子的教诲。臣唯恐君王只相信左右侍臣的话,而不了解被疏远的臣子的言行,所以才冒昧上书回答君王,请君王三思吧!"

燕太子丹质于秦[1]

【题解】

本文选自《燕策三》。

战国末年,秦国即将统一天下。它在灭韩、亡魏之后,又兵临易水,直逼燕国。燕国弱小,无力抵御,燕太子丹为了挽救危局,保全燕国,企图用行刺秦王的办法以引起秦国的内乱,从而争取时间,重新组织诸侯共同抗秦。于是,就产生了"荆轲刺秦王"这则著名的历史故事。

【原文】

燕太子丹质于秦[2],亡归。见秦且灭六国,兵以临易水[3],恐其祸至,太子丹患之,谓其太傅鞠武曰:"燕、秦不两立,愿太傅幸而图之!"武对曰:"秦地遍天下,威胁韩、魏、赵氏,则易水以北未有所定也。奈何以见陵之怨,欲批其逆鳞哉[4]?"太子曰:"然则何曲?"太傅曰:"请今图之。"

【注释】

[1]本章又见《史记·刺客列传》。据《史记》,燕太子丹质秦逃归,在秦王政十五年(前232);使荆轲刺秦王,在二十年(前227);而秦虏燕王喜,灭燕,在二十六年(前221)。本章所述内容虽历时较长,然主要是叙述荆轲刺秦王之事,故以系于二十年为宜。据方苞《望溪集·书刺客列传后》的意见,以为此策乃是采司马迁之作而去其首尾。

[2]太子丹:燕王喜之子。

[3]以:鲍本作"已"。按,二字通。

〔4〕逆鳞：据说龙颔下生有逆鳞径尺，触之则怒不可遏，必杀人。

【译文】

燕国太子丹在秦国做人质，逃归燕国。他眼见秦就要吞灭六国，大兵已逼近易水，恐怕灾祸将至，就忧心忡忡地对太傅鞠武说："燕与秦，势不两立，望太傅能够图谋良策。"鞠武回答说："秦国地盘遍布天下，威胁着韩、魏、赵三国，然而易水以北，局势还不定。何必为曾在秦受凌辱的怨恨而去招惹它发怒呢？"太子说："那么，怎样才好呢？"太傅说："请容我好好想一想。"

【原文】

居之有间，樊将军亡秦之燕〔1〕，太子容之。太傅鞠武谏曰："不可！夫秦王之暴而积怨于燕，足为寒心，又况闻樊将军之在乎？是以委肉当饿虎之蹊〔2〕，祸必不振矣〔3〕！虽有管、晏〔4〕，不能为谋。愿太子急遣樊将军入匈奴以灭口〔5〕。请西约三晋，南连齐、楚，北讲于单于〔6〕，然后乃可图也。"太子丹曰："太傅之计，旷日弥久，心惛然，恐不能须臾。且非独于此也，夫樊将军困穷于天下，归身于丹，丹终不迫于强秦，而弃所哀怜之交，置之匈奴，是丹命固卒之时也。愿太傅更虑之。"鞠武曰："燕有田光先生者，其智深，其勇沉，可与之谋也。"太子曰："愿因太傅交于田光先生，可乎？"鞠武曰："敬诺。"出见田光，道太子曰："愿图国事于先生。"田光曰："敬奉教。"乃造焉。

【注释】

〔1〕樊将军：秦将，名於（wū）期，因得罪秦王而逃至燕。
〔2〕委：弃。
〔3〕振：救。
〔4〕管、晏：管仲与晏婴。春秋时齐国二位名相。
〔5〕匈奴：古族名。战国时分布于燕、赵之北，以游牧为生。
〔6〕单于：匈奴王的称号。

【译文】

过了一段时间，樊将军从秦国逃到燕国，太子收留了他。太傅鞠武劝谏说："不可以。秦王残暴，对燕有积怨，这就足以使人担惊受怕了，又何况听说樊将军在此呢？这样做，就像丢肉在饿虎经过的道路上，灾祸必定不可挽救了！即使有管仲、晏婴在世，也不能想出好办法。愿太子赶紧让樊将军前往匈

燕太子丹

奴来消除秦国的借口。请您西边约结三晋，南边联合齐、楚，北边联络匈奴王单于，这样才可以举事。"太子丹说："太傅的主意，旷日持久，我的心乱了，恐怕一刻也等不得。况且问题还不仅如此。樊将军逃离秦国，各国不容，托身于丹，丹终究不能迫于强秦而把可怜的朋友弃置在匈奴。看来是丹的性命快要完结的时候了。愿太傅再想一想。"鞠武说："燕国有位田光先生，他智谋深邃，勇敢沉着，可以跟他商议。"太子说："希望通过太傅来结交田先生，可以吗？"鞠武说："可以。"鞠武就去会见田光，并且传达太子丹的意思，说："太子有国事愿与先生相商。"田光说："谨遵指教。"于是田光就去拜见太子。

【原文】

太子跪而逢迎，却行为道[1]，跪而拂席。田先生坐定，左右无人，太子避席而请曰："燕、秦不两立，愿先生留意也。"田光曰："臣闻骐骥盛壮之时，一日而驰千里，至其衰也，驽马先之。今太子闻光壮盛之时，不知吾精已消亡矣。虽然，光不敢以乏国事也。所善荆轲可使也[2]。"太子曰："愿因先生得交于荆轲，可乎？"田光曰："敬诺。"即起，趋出。太子送之至门，戒曰："丹所报先生，所言者，国大事也，愿先生勿泄也。"田光俛而笑曰："诺。"

偻行见荆轲曰："光与子相善，燕国莫不知。今太子闻光壮盛之时，不知吾形已不逮也，幸而教之曰：'燕、秦不两立，愿先生留意也。'光窃不自外，言足下于太子，愿足下过太子于宫。"荆轲曰："谨奉教。"田光曰："光闻长者之行，不使人疑之。今太子约光曰：'所言者，国之大事也，愿先生勿泄也。'是太子疑光也。夫为行使人疑之，非节侠士也[3]。"欲自杀以激荆轲，曰："愿足下急过太子，言光已死，明不言也。"遂自刭而死。

【注释】

〔1〕却行为道：倒退着行走做引导。道，同"导"。
〔2〕荆轲：本齐人，姓庆，迁卫，称庆卿。后至燕，燕人谓之荆卿。
〔3〕节侠士：守节义的侠士。荀悦曰："立气势，作威福，结私交，以立强于世者，谓之游侠。"

【译文】

太子跪着迎接田光，倒退着行走为他做引导，跪下来为他抹拭座席。田先生坐定，左右无人，太子离开座位向田光请教说："燕、秦势不两立，希望先生想想办法。"田光说："臣闻听，骏马盛壮之时，一日而行千里，到它衰老时，劣马也能超过它。太子听到的是壮年时的田光，不知现在我的精力已经消失了。尽管如此，光也不敢怠慢国事。我有一位要好的朋友荆轲，可以任用他来办。"太子说："希望通过先生来结交荆轲，可以吗？"田光说："可以。"于是立即起身，快步而出。太子送他到门口，嘱咐说："丹对先生所说的那些话，是国家大事，请先生不要泄露。"田光俯身笑了笑说："好的。"

田光弯腰步行去见荆轲，说："光与你交好，燕国无人不知。现在太子听到的是壮年时的田光，不知道我的身体已经不及当年了。我荣幸地听到太子教导我说：'燕、秦势不两立，希望先生想想办法。'光私下里觉得不应该和您见外，向太子推荐了您，希望您到宫中拜见太子。"荆轲说："谨遵指教。"田光说："我听说德高望重的人做事是不会让人怀疑的，如今太子叮嘱光说：'所说的，是国家大事，请先生不要泄露。'这是太子怀疑光。如果立身行事使人怀疑，就不是守节义的侠士。"他想通过自杀来激励荆轲，说："请您赶紧到太子那里，就说光已死，以表明我永远不会泄露机密。"说完就自刎了。

【原文】

轲见太子，言田光已死，明不言也。太子再拜而跪，膝行流涕，有顷而后言曰："丹所请田先生无言者，欲以成大事之谋。今田先生以死明不泄言，岂丹之心哉？"荆轲坐定，太子避席顿首曰："田先生不知丹不肖，使得至前，愿有所道，此天所以哀燕而不弃其孤也！今秦有贪饕之心[1]，而欲不可足也。非尽天下之地、臣海内之王者，其意不餍。今秦已虏韩王，尽纳其地，又举兵南伐楚，北临赵。王翦将数十万之众[2]，临漳、邺，而李信出太原、云中[3]。赵不能支秦，必入臣，入臣则祸至燕。燕小弱，数困于兵，今计举国不足以当秦。诸侯服秦，莫敢合从。丹之私计，愚以为诚得天下之勇士使于秦，窥以重利[4]，秦王贪其贽[5]，必得所愿矣。诚得劫秦王，使悉反诸侯之侵地，若曹沫之与齐桓公[6]，则大善矣；则不可，因而刺杀之。彼大将擅兵于外，而内有大乱，则君臣相疑，以其间诸侯得合从，其破秦必矣。此丹之上愿，而不知所以委命[7]。唯荆卿留意焉。"久之，荆轲曰："此国之大事也，臣驽下，恐不足任使。"太子前顿首，固请无让，然后许诺。于是尊荆轲为上卿，舍上舍，太子日日造问，供太牢[8]，具异物，间进车骑美女，恣荆轲所欲，以顺适其意。

【注释】

〔1〕饕（tāo）：贪。鲍本及《史记》均作"利"。
〔2〕王翦：秦将军，频阳东乡人。曾先后攻破赵、燕、楚等国，以功封武成侯。
〔3〕李信：秦将军，陇西成纪人。太原、云中：均赵郡。
〔4〕窥：视。与"示"同义。
〔5〕贽：古时初次谒见尊者所持的礼物。
〔6〕曹沫：鲁将，或云即曹刿。鲁与齐三战皆败北，失地。齐桓公与鲁庄公会于柯，沫执匕首劫桓公于坛上，遂尽返鲁之失地。
〔7〕不知所以委命：谓不知将使命委托于何人也。
〔8〕太牢：指猪、牛、羊三牲。

【译文】

荆轲去见太子，说田光已死以表明守密不言。太子听后，拜了两拜，流着泪跪下用两膝走到荆轲面前，停了一会儿才说："丹之所以请田先生不要说出去，是想把这件大事办成。如今田先生用死来表明自己信守秘密，难道是丹的本意吗？"荆轲坐定，太子离开自己的座席对荆轲叩头说："田先生不知道丹的不肖，使您前来，愿意对我指教，这是上天哀怜燕国而不遗弃它的孤子。如今秦国有贪利之心，而欲望不能满足。除非尽得天下的土地，使海内的君王臣服，否则它的贪欲是不会得到满足的。如今秦已俘虏韩王，尽收韩国的土地，又举兵攻打南边的楚国，进逼北边的赵国。王翦率领几十万大军，兵临赵南部边境的漳水、邺城，而李信率军深入赵西部的太原、云中。赵国抵抗不住秦国，必然入秦称臣。赵国称臣，那么燕国就大祸临头了。燕国弱小，屡屡困于兵灾，估计全国奋起也不能够抵御秦军。诸侯都害怕秦国，没有敢坚持合纵抗秦的。丹有个想法，认为如果能找到一位天下最勇敢的人出使于秦，诱以重利，只要秦王贪图礼物，就定能遂愿了。如果能劫持秦王，使他归还诸侯的失地，就像曹沫挟持齐桓公那样，就太好了；如果秦王不答应，那就刺杀他。秦国的大将领兵在外，如果国内大乱，他们就会上下互相猜疑。由此给诸侯以喘息的时机，诸侯得以合纵，就必定能够抵抗秦国了。这是丹最大的愿望，但不知道把这个使命委托给谁，所以只有请荆卿把这事放在心上。"过了好久，荆轲说："这是国家大事，臣愚钝无能，恐怕难当重任。"太子上前向他叩头，坚决请他不要推让，荆轲才答应。于是，太子尊荆轲为国家的上卿，让他住最好的房舍，太子每日都前来拜望、问安，供给他三牲肉食和珍异的物品，有时进献车马和美女，尽量满足荆轲的一切愿望，使他心情舒畅。

【原文】

久之，荆卿未有行意。秦将王翦破赵，虏赵王，尽收其地，进兵北略地[1]，至燕南界。太子丹恐惧，乃请荆卿曰："秦兵旦暮渡易水，则虽欲长侍足下，岂可得哉？"荆卿曰："微太子言，臣愿得谒之。今行而无信，则秦未可亲也。夫樊将军，秦王购之金千斤，邑万家。诚能得樊将军首与燕督亢之地图献秦王[2]，秦王必说见臣，臣乃得有以报太子。"太子曰："樊将军以穷困来归丹，丹不忍以己之私而伤长者之意，愿足下更虑之。"

荆轲知太子不忍，乃遂私见樊於期曰："秦之遇将军，可谓深矣[3]，父母宗族皆为戮没！今闻购将军之首金千斤、邑万家，将奈何？"樊将军仰天太息流涕，曰："吾每念，常痛于骨髓，顾计不知所出耳！"轲曰："今有一言可以解燕国之患，而报将军之仇者，何如？"樊於期乃前曰："为之奈何？"荆轲曰："愿得将军之首以献秦，秦王必喜而善见臣。臣左手把其袖，而右手揕其胸[4]，然则将军之仇报，而燕国见陵之耻除矣！将军岂有意乎？"樊於期偏袒扼腕而进曰[5]："此臣日夜切齿拊心也[6]，乃今得闻教！"遂自刎。太子闻之，驰往，伏尸而哭，极哀。既已无可奈何，乃遂收盛樊於期之首，函封之。

【注释】

〔1〕略：经略。
〔2〕督亢：燕膏腴之地。在今河北涿州东。
〔3〕深：犹言厉害，狠毒。
〔4〕揕（zhèn）：刺。
〔5〕偏袒扼腕：表示激愤或振奋的样子。偏袒，露一臂。扼腕，一手握另一手之腕。
〔6〕拊：捶击。

【译文】

过了许久，荆卿没有赴秦的意思。秦将王翦攻破赵国，俘虏赵王，尽收赵国土地，并且继续向北进兵掠夺地盘，一直到达燕国的南界。太子丹非常恐慌，就去恳请荆轲说："秦兵早晚会渡过易水，那么我虽想要长久地侍奉您，可是哪里还能办到？"荆轲说："即使太子不说，臣也想去见您。现在启程没有信物，恐怕不能接近秦王。樊将军是秦王用千斤黄金和万户城邑的悬赏来追捕的人，如果能得到樊将军的首级与燕国督亢的地图，献给秦王，秦王必定非常高兴见臣，臣才能有机会报答太子。"太子说："樊将军因走投无路来投奔

樊於期

丹，丹不忍拿自家的私事来伤害长者的心意，还请您另做打算。"

荆轲知道太子于心不忍，就私自去见樊於期，说："秦国对待将军，可以说是太狠毒了，父母和族人全被杀掉。现在听说正在求购将军的首级，出千斤黄金、万户城邑的封赏，您准备怎么办呢？"樊将军仰天长叹，流着泪说："我每次想起这事，都痛入骨髓，只是不知如何是好罢了。"荆轲说："现在我有一句话对您说，既可以解除燕国的危难，又可以替将军报仇，您看怎样？"樊於期凑上前说："怎么办呢？"荆轲说："我想得到将军的首级拿去献给秦王，秦王必定高兴而好好接待臣。臣左手揪住他的衣袖，右手刺他的前胸，这样，将军的仇可报，而燕国被欺凌的耻辱也就洗雪了。将军有意吗？"樊於期袒臂握腕激愤地向前道："这是臣日夜切齿所痛恨的事，今天才听到您的指教！"于是自刎。太子听说后，驰车而往，伏尸痛哭，极其悲哀。事已至此，也就无可奈何，于是收起樊於期的首级，用匣子装上封起来。

【原文】

于是太子预求天下之利匕首，得赵人徐夫人之匕首[1]，取之百金，使工以药淬之[2]，以试人，血濡缕[3]，人无不立死者。乃为装遣荆轲。燕国有勇士秦武阳，年十二杀人，人不敢忤视[4]，乃令秦武阳为副。荆轲有所待，欲与俱，其人居远未来，而为留待。顷之未发，太子迟之，疑其改悔，乃复请之曰："日以尽矣，荆卿岂无意哉？丹请先遣秦武阳。"荆轲怒，叱太子曰："今日往而不反者，竖子也[5]！今提一匕首入不测之强秦，仆所以留者，待吾客与俱。今太子迟之，请辞决矣！"遂发。

【注释】

[1] 徐夫人：赵国男子名。
[2] 淬（cuì）：淬火。此谓烧剑入药水中以浸之。
[3] 血濡缕：血流如丝缕。濡，沾湿。
[4] 忤视：谓迎面而视。忤，逆也。

〔5〕竖子：小子，鄙贱之称。旧解谓指太子，金正炜谓轲自责，均未切。按，此"竖子"似指武阳方妥。盖轲本不愿偕武阳，惧其败事，故言"待吾客以俱"。今太子急欲先遣武阳，轲因斥言如此。

【译文】

随后，太子寻求天下最锋利的匕首，求得赵国徐夫人的匕首，用百金购取，使工匠用毒药淬火，拿来试人，流血虽仅如丝缕，却没有不立即死亡的。于是太子为荆轲准备行装，遣送荆轲。燕国有一勇士名秦武阳，十二岁时就杀了人，人们不敢和他迎面而视，太子就让秦武阳给荆轲当副手。荆轲还在等候一个人，想跟他共同赴秦，那人住在远处，尚未赶到，因此荆轲还想再等等他。过了些时候，荆轲还未能启程，太子嫌他拖延了时间，怀疑荆轲有所反悔，于是又敦促说："已经刻不容缓了，荆卿难道不想启程了吗？丹请让秦武阳先行。"荆轲恼怒，斥责太子说："今日若有去无回，就坏在小子秦武阳身上！现在我只带一把匕首，就前往凶险难料的秦国，所以没有动身，等候我的朋友一同前往。如今太子嫌我拖延了时间，那就让我告辞吧！"于是出发。

【原文】

太子及宾客知其事者，皆白衣冠以送之，至易水上。既祖〔1〕，取道。高渐离击筑〔2〕，荆轲和而歌，为变徵之声〔3〕，士皆垂泪涕泣。又前而为歌曰："风萧萧兮易水寒，壮士一去兮不复还！"复为慷慨羽声〔4〕，士皆瞋目，发尽上指冠。于是荆轲遂就车而去，终已不顾。

既至秦，持千金之资币物，厚遗秦王宠臣中庶子蒙嘉〔5〕。嘉为先言于秦王曰："燕王诚振怖大王之威，不敢兴兵以逆军吏，愿举国为内臣，比诸侯之列，给贡职如郡县，而得奉守先王之宗庙。恐惧不敢自陈，谨斩樊於期头，及献燕之督亢之地图，函封，燕王拜送于庭，使使以闻大王。唯大王命之。"

【注释】

〔1〕祖：古时出行祭祀路神。
〔2〕高渐离：荆轲的友人，以屠狗为业，善击筑。筑：似琴，以竹击之。
〔3〕变徵（zhǐ）之声：古音乐中一种凄厉悲凉的声调。变徵，古代七种音调之一。
〔4〕羽声：古代七种音调之一。其调高亢愤激。
〔5〕中庶子：国君、太子身边的侍从之臣。蒙嘉：秦臣。

【译文】

太子和知道这件事的门客都穿戴白色衣冠到了易水边上,来为荆轲送行。祭祀完路神之后,就要上路。高渐离击打乐器筑,荆轲和筑而歌,歌调是悲怆的变徵声,士人听后都流泪哭泣。突然,荆轲朝前走了几步,用高亢悲壮的羽声唱道:"风萧萧兮易水寒,壮士一去兮不复还!"听的人都怒目圆睁,因为愤怒,头发都冲着帽子竖立起来。于是荆轲登车而去,始终没有回顾。

到了秦国后,荆轲拿价值千金的厚礼贿赂了秦王的宠臣中庶子蒙嘉。蒙嘉预先对秦王说:"燕王实在畏惧大王的威势,不敢兴兵来对抗大王,愿举国作为臣下,与其他降服的诸侯同列,并像秦国的郡县一样给大王献纳贡品,只求能够奉守先王的宗庙。他心中害怕,不敢亲自前来向大王面陈,谨斩樊於期的头颅,并献出燕国督亢的地图,用匣封妥,燕王亲自恭拜,送出宫廷,遣使禀报大王。请大王裁处。"

【原文】

秦王闻之,大喜。乃朝服,设九宾[1],见燕使者咸阳宫[2]。荆轲奉樊於期头函,而秦武阳奉地图匣,以次进至陛下。秦武阳色变振恐,群臣怪之。荆轲顾笑武阳,前为谢曰:"北蛮夷之鄙人,未尝见天子,故振慑。愿大王少假借之,使得毕使于前。"秦王谓轲曰:"起,取武阳所持图!"轲既取图奉之,秦王发图,图穷而匕首见。因左手把秦王之袖,而右手持匕首揕之。未至身,秦王惊,自引而起,绝袖。拔剑,剑长,掺其室[3]。时惶急,剑坚,故不可立拔。荆轲逐秦王,秦王还柱而走,群臣惊愕,卒起不意,尽失其度。而秦法,群臣侍殿上者,不得持尺寸之兵。诸郎中执兵皆陈殿下,非有诏不得上。方急时,不及召下兵,以故荆轲逐秦王,而卒惶急无以击轲,而乃以手共搏之。是时,侍医夏无且以其所奉药囊提轲[4]。秦王之方还柱走,卒惶急不知所为,左右乃曰:"王负剑!王负剑!"遂拔剑击荆轲,断其左股。荆轲废,乃引其匕首提秦王,不中,中柱。秦王复击轲,轲被八创。轲自知事不就,倚柱而笑,箕踞以骂曰:"事所以不成者,乃欲以生劫之,必得约契以报太子也。"左右既前斩荆轲,秦王目眩良久。已而论功赏群臣及当坐者[5],各有差。而赐夏无且黄金二百镒,曰:"无且爱我,乃以药囊提荆轲也!"

【注释】

〔1〕设九宾:用九位宾相接待。这是古时朝廷接待外宾的重礼。
〔2〕咸阳宫:秦宫殿名。孝公时所建。
〔3〕掺其室:揽持剑鞘。掺,同"操"。室,指剑鞘。
〔4〕提:投掷。
〔5〕坐:谓坐罪。

【译文】

秦王听说后非常高兴,于是穿上朝服,用九位傧相的接待礼仪在咸阳宫接见燕国使者。荆轲捧着装有樊於期首级的匣子,秦武阳捧着盛地图的匣子,依次走到台阶的下面。秦武阳恐惧变色,浑身战栗,群臣觉得奇怪。荆轲回头看着秦武阳笑了笑,向前谢罪说:"北方蛮夷野人,没有见过天子,所以吓得发抖。愿大王稍加宽容,使他在您的面前完成使命。"秦王对荆轲说:"起来吧,把秦武阳所持的地图拿上来。"荆轲呈上地图。秦王打开地图,地图展尽,露出匕首。于是荆轲左手揪住秦王的衣袖,右手持匕首刺向他。没有刺中,秦王大惊,从座位上跳起来,衣袖被扯断。秦王去拔剑,剑身过长,慌忙中只抓住了剑鞘。当时极度慌张,剑在鞘里卡得很紧,所以不能立即拔出来。荆轲追赶秦王,秦王绕柱急逃。群臣惊呆了,事发仓促,出乎意料,尽皆失态。秦国法令规定,群臣侍立在殿上时,不许携带任何武器。持兵器的众卫士,都站在殿下,除非召唤,不得擅自上殿。在这紧急关头,来不及召唤卫士。因此,荆轲追赶秦王,大家仓促慌急,没有武器回击荆轲,而只得用手自卫搏击。这时,侍医夏无且,用他所持药囊向荆轲掷去。秦王正绕柱而跑,慌张急迫,不知怎么办是好,左右便说:"大王把宝剑推到身后!大王把宝剑推到身后!"于是秦王把剑推到身后才拔出来回击荆轲,把他的左腿砍断。荆轲腿残,便用匕首投掷秦王,没有刺中,击在柱上。秦王又砍杀荆轲,荆轲被砍伤八处。荆轲自知事情不能成功了,倚柱大笑,叉开两腿坐在地上,咒骂道:"事情之所以没有成功,是因为要活着劫持你,得到归还土地的凭证来回报燕太子。"左右上前把荆轲杀死,秦王目眩了好久才安定下来。过后,秦王论功赏赐群臣和处罚该当受处罚的人,轻重有别。他赐给夏无且黄金二百镒,说:"无且真心爱护我,才会用药囊投掷荆轲。"

【原文】

　　于是，秦大怒燕，益发兵诣赵，诏王翦军以伐燕，十月而拔燕蓟城[1]。燕王喜、太子丹等皆率其精兵东保于辽东。秦将李信追击燕王，王急，用代王嘉计[2]，杀太子丹，欲献之秦。秦复进兵攻之，五岁而卒灭燕国[3]，而虏燕王喜。秦兼天下。其后，荆轲客高渐离，以击筑见秦皇帝，而以筑击秦皇帝，为燕报仇，不中而死。

【注释】

〔1〕蓟城：燕都，在今北京。
〔2〕代王嘉：公元前228年，秦灭赵，赵公子嘉率宗族数百人逃至代，自立为代王，东与燕合兵。
〔3〕灭燕国：公元前222年，秦将王贲攻燕辽东，虏燕王喜，遂灭燕。

【译文】

　　于是，秦对燕十分怨恨，增派军队至赵国，命令王翦的军队去伐燕。在秦王政二十一年十月攻克燕都蓟城。燕王喜、太子丹等人率领全部精兵退守到辽东一带。秦将李信追击燕王，燕王着急了，采用代王嘉的计谋，杀死太子丹，想要献给秦国。秦国仍进兵攻伐燕王，经过五年，终于灭掉燕国，俘获了燕王喜。秦国统一了天下。此后，荆轲的友人高渐离，因善于击筑得见秦始皇，于是用筑袭击秦王为燕国报仇，但没有击中，被杀死。

昭王既息民缮兵

【题解】

　　本文选自《中山策》。
　　秦昭王四十七年（前260），秦昭王派白起率兵伐赵。攻破长平后，乘胜进逼邯郸。眼看赵国将被秦国兼并的时候，秦昭王却听信了范雎的逸言，以"秦军劳"为借口，错误地下令收兵，致使功亏一篑。事过一年，秦昭王打算再次伐赵，白起客观地分析了敌我双方力量的变化，指出当时不宜伐赵的道理。但秦昭王一意孤行，结果吃了败仗。他不仅不加反省，反而迁怒于人，结恨于白起。

【原文】

昭王既息民缮兵，复欲伐赵。武安君曰："不可！"王曰："前年国虚民饥，君不量百姓之力，求益军粮以灭赵。今寡人息民以养士，蓄积粮食，三军之俸有倍于前，而曰'不可'，其说何也？"

武安君曰："长平之事，秦军大克，赵军大破。秦人欢喜，赵人畏惧。秦民之死者厚葬，伤者厚养，劳者相飨，饮食馎馈[1]，以靡其财。赵人之死者不得收，伤者不得疗，涕泣相哀，勠力同忧，耕田疾作以生其财。今王发军虽倍其前，臣料赵国守备亦以十倍矣！赵自长平以来，君臣忧惧，早朝晏退，卑辞重币，四面出嫁，结亲燕、魏，连好齐、楚，积虑并心，备秦为务。其国内实，其交外成。当今之时，赵未可伐也。"

【注释】

〔1〕馎馈（bū kuì）：馈赠食物。馈，通"馈"。

【译文】

秦昭王在百姓得到休养生息、武器得到整顿之后，又准备攻打赵国。武安君说："不行。"秦昭王说："前一年，国家府库空虚，百姓遭受饥饿，您不考虑百姓的能力，却要求增加军粮去消灭赵国。现在寡人使百姓得到休息，士卒得到安养，蓄积了粮食，全军的给养超过从前一倍，您却说'不行'。为什么这么说呢？"

武安君说："在长平之战中，秦军大胜，赵军大败；秦国人欢喜，赵国人害怕。秦国人战死的给以厚葬，受伤的给以精心治疗，有功绩的获得慰劳，吃饱喝足并得到馈饷，以弥补他们精神与物质上的损失；赵国人战死的无人收殓，受伤的得不到治疗，军民悲泣哀号，尽力共同分担忧患，努力耕作，增加了资财。现在大王派出的军队数量虽然超过之前一倍，我预料赵国的守备力量也会相当于以前的十倍。赵国从长平之战以来，君臣都忧愁恐惧，早上很早上朝，晚上很晚退朝，用谦卑的言辞、贵重的礼物向四方派出使节，结交盟友，与燕、魏、齐、楚结为友好盟邦。他们处心积虑，一切都以防备秦国为当务之急。赵国国内国力充实，在外外交活动成功。现在这个时候，是不可以攻打赵国的。"

【原文】

王曰："寡人既以兴师矣。"乃使五大夫王陵将而伐赵。陵战失利，亡五校[1]。王欲使武安君，武安君称疾不行。王乃使应侯往见武安君，责之曰："楚地方五千里，持戟百万，君前率数万之众入楚，拔鄢、郢，焚其庙，东至竟陵，楚人震恐，东徙而不敢西向。韩、魏相率，兴兵甚众，君所将之，不能半之，而与战之于伊阙，大破二国之军，流血漂卤，斩首二十四万，韩、魏以故至今称东藩。此君之功，天下莫不闻。今赵卒之死于长平者已十七八，其国虚弱，是以寡人大发军，人数倍于赵国之众，愿使君将，必欲灭之矣。君尝以寡击众，取胜如神，况以强击弱、以众击寡乎？"

【注释】

〔1〕五校：四千士兵。校，古时部队每八百人为一校，即主尉。

【译文】

秦昭王说："寡人已经准备好发兵了。"于是他派出五大夫王陵率军攻打赵国。王陵战败，损失了四千人。秦王又要派武安君白起出战，武安君称病不出。秦王于是派应侯范雎探望武安君，责备他说："楚国土地方圆五千里，持戟的士兵有百万。您从前率领数万军队攻打楚国，攻下了鄢、郢，烧了他们的宗庙，一直打到东面的竟陵，楚国人震惊，只好往东迁都而不敢向西抵抗。韩、魏两国联合发兵，动员大批军队，而您率领的军队不及韩、魏联军的一半，却和他们大战于伊阙，大败了韩、魏联军，以致血流成河，漂起大盾，共斩首二十四万人。因此，韩国、魏国至今还自称是秦国东面的属国。这是您的丰功，天下诸侯无不知道。现在赵国士卒死于长平之战的已有十之七八，赵国虚弱，所以寡人才发动几倍于赵国的大军，希望派您领兵出战，必然一举灭亡赵国。您曾以少击多，获胜如神，何况现在是以强攻弱、以多攻少呢？"

【原文】

武安君曰："是时楚王恃其国大，不恤其政，而群臣相妒以功，谄谀用事，良臣斥疏，百姓心离，城池不修，既无良臣，又无守备。故起所以得引兵深入，多倍城邑，发梁焚舟以专民心，掠于郊野以足军食。当此之时，秦中士卒，以军中为家，将帅为父母，不约而亲，不谋而信，一心同功，死不旋踵。楚人自战其地，咸顾其家，各有散心，莫有斗志，是以能有功也。伊阙之战，韩孤顾魏，不欲先用其众；魏恃韩之锐，欲推以为锋。二军争便之力不同，是以臣得设疑兵以待韩阵，专军并锐，触魏之不意。魏军既败，韩军自溃，乘胜逐北，以是之故能立功。皆计利形势，自然之理，何神之有哉！今秦破赵军于长平，不遂以时乘其振惧而灭之，畏而释之，使得耕稼以益蓄积，养孤长幼以益其众，缮治兵甲以益其强，增城浚池以益其固，主折节以下其臣，臣推体以下死士。至于平原君之属，皆令妻妾补缝于行伍之间。臣人一心，上下同力，犹勾践困于会稽之时也。以今伐之，赵必固守。挑其军战，必不肯出；围其国都，必不可克；攻其列城，必未可拔；掠其郊野，必无所得。兵出无功，诸侯生心，外救必至。臣见其害，未睹其利。又病，未能行。"

【译文】

武安君说："当时楚王依仗他的国家大，不顾念国政，大臣们居功自傲，嫉妒争功，阿谀诌媚之臣掌权，贤良的忠臣受到排挤而被疏远，百姓离心离德，城墙和护城河不修治，既无良臣，又无守备。所以臣能够领兵深入楚国，占领了很多城邑，拆除桥梁，烧毁船只，绝其归路，来坚定士卒作战的决心，并在郊野到处寻找食物来补充军粮。在这个时候，秦国的士兵把军队当作自己的家，把将、帅当作自己的父母，不用约束，自然就都很亲近；不用商量，自然就很信任。全军上下同心同德，抱着必死的决心，至死也不回头。相反，楚国人在自己的国家作战，都只关心自己的家，全军将士离心离德，没有斗志。所以，我才能够建立战功。在伊阙一战中，韩国力单势孤，只考虑利用魏国，不愿首先动用自己的军队。魏国依靠韩国的精锐雄师，想推韩军打先锋。韩、魏两军争利，不能同心协力，所以臣才有机会设置埋伏来对付韩国的军队，并集中精锐，组织劲旅，出其不意，进攻魏军。魏国军队已经战败，韩国军队自然溃散，臣才乘胜穷追败军。因此之故，臣才能够建立战功。这都是由于谋划得当，利用形势，随机应变，符合自然的道理，哪有什么神兵啊！现在秦国在长平打败了赵军，不在当时趁赵国畏惧而灭掉它，却有所顾虑，放弃了机会，让他们能够从事耕种，提高生产，增加积蓄；使孤儿能够养育，幼儿成长，以增加人口；并修缮兵器，以增强战斗力；增高城墙，修浚护城河，以巩固防守；国君放下架子，对臣下以礼相待；上级军官对士卒推心置腹，同甘共苦。至于平原君赵胜这类人，都让他们的妻妾到军营中为将士们缝补衣裳。臣民一心，上下协力，如同越王勾践当初被困在会稽山上受辱，而后卧薪尝胆，励精图治一样。现在如果攻打赵国，赵国必定拼死坚守。如果向赵军挑战，他们必定不出战；包围其国都邯郸，必然不可能取胜；攻打赵国其他的城邑，必然不可攻下；掠夺赵国的郊野，必然一无所获。假如我国对赵国出兵毫无战功，诸侯就会产生抗秦救赵之心，赵国一定会得到诸侯的援助。臣只看到攻打赵国的危害，还没有看到有利之处。再加上臣有病，所以不能出征。"

【原文】

应侯惭而退，以言于王。王曰："微白起，吾不能灭赵乎？"复益发军，更使王龁代王陵伐赵。围邯郸八九月，死伤者众而弗下。赵王出轻锐以寇其后，秦数不利。武安君曰："不听臣计，今果何如？"王闻之，怒，因见武安君，强起之，曰："君虽病，强为寡人卧而将之！有功，寡人之愿，将加重于君；如君不行，寡人恨君。"武安君顿首曰："臣知行虽无功，得免于罪；虽不行无罪，不免于诛。然惟愿大王览臣愚计，释赵养民，以观诸侯之变。抚其恐惧，代其骄慢[1]，诛灭无道，以令诸侯，天下可定，何必以赵为先乎？此所谓为一臣屈而胜天下也。大王若不察臣愚计，必欲快心于赵，以致臣罪，此亦所谓胜一臣而为天下屈者也。夫胜一臣之严焉，孰若胜天下之威大耶？臣闻明主爱其国，忠臣爱其名；破国不可复完，死卒不可复生。臣宁伏受重诛而死，不忍为辱军之将。愿大王察之。"王不答而去。

【注释】

〔1〕愾：骄傲。

【译文】

应侯范雎惭愧地退下，把白起所说的话告诉秦王。秦王说："没有他白起，我就不能灭掉赵国了吗？"于是又增加兵力，另派王龁替换王陵攻打赵国。包围赵都邯郸八九个月，死伤人数很多，却没有攻下。赵王派出轻兵锐卒来袭击秦军的后路，秦军接连失利。武安君白起说："不采纳我的意见，现在结果怎么样呢？"秦王听说后大怒，于是亲自去见武安君白起，强迫他起床，说："您虽然生病，也要勉强为寡人抱病带兵。如果您能建立军功，完成寡人的愿望，一定重赏您；如果您不肯奉命出战，寡人就会怨恨您。"武安君白起叩头至地，说："臣明知出战虽然不会成功，却可以免于获罪；不出战虽然没有罪过，却免不了遭受诛杀。但臣还是希望大王接受臣的愚见，放弃攻打赵国，让百姓休养生息，以应付诸侯之间局势的转变，安抚他们中担惊受怕的，讨伐他们中骄傲轻慢的，诛灭他们中昏庸无道的，这样来号令诸侯，天下就可以平定，为什么一定要把赵国作为首先进攻的对象呢？这就是所谓被一个臣子折服，却可以战胜天下的做法呀。如果大王不明察臣的愚见，一定要先灭亡赵国，求得一时痛快，以至于降罪于臣，这也就是所谓的压服一个臣下，却被天下人屈服的做法呀。压服一臣的威严，哪里比得上战胜天下的威严大呢？臣听说，明君爱他的国家，忠臣爱他的名誉；灭亡的国家不可能再复原，死去的士卒不可能复活。臣甘受重罪而死，也不能做一个辱军败国的将领，希望大王明察。"秦王没有回答，转身就走了。